陕西师范大学教材建设基金资助出版

出版质量管理概论

王勇安　郝　捷　郭永新　主编

陕西师范大学出版总社有限公司

图书代号 JC12N0117

图书在版编目(CIP)数据

出版质量管理概论 / 王勇安，郝捷，郭永新主编. —西安:陕西师范大学出版总社有限公司，2012.5
ISBN 978-7-5613-6010-1

Ⅰ.①出… Ⅱ.①王… ②郝… ③郭… Ⅲ.①出版工作-质量管理 Ⅳ.①G231

中国版本图书馆 CIP 数据核字(2012)第038321号

出版质量管理概论

主　　编/ 王勇安　郝　捷　郭永新
责任编辑/ 张　立
责任校对/ 赵荣芳
封面设计/ 鼎新设计
出版发行/ 陕西师范大学出版总社有限公司
(西安市长安南路199号　邮编 710062)
网　　址/ http://www.snupg.com
经　　销/ 新华书店
印　　刷/ 陕西翔云印务有限公司
开　　本/ 787mm×960mm　1/16
印　　张/ 23
字　　数/ 350千
版　　次/ 2012年5月第1版
印　　次/ 2012年5月第1次印刷
书　　号/ ISBN 978-7-5613-6010-1
定　　价/ 40.00元

读者购书、书店添货或发现印刷装订问题，请与本社高教出版分社联系、调换。
电　话:(029)85303622(传真)　85307826

前 言

21 世纪以来，人类社会已经进入信息时代和知识经济时代——一个被称之为信息大爆炸的时代，信息和知识成为最为重要的社会资源，对出版业而言，必须从海量信息中选择可供传承的文化成果，其承担的文化选择和文化传承的任务愈发艰巨。但是，出版活动精神生产和物质生产的两重性，使图书出版质量的监测、控制不同于一般物质生产，具有一定难度。因此，产业和社会的发展与出版的精神生产能力之间就产生了两对尖锐的矛盾，即日益沉重的文化选择任务与徘徊不前的编校能力之间的矛盾、出版业物质生产与精神生产之间的矛盾。这两对矛盾决定了仅仅关注出版活动的具体结果（单个产品），并不能彻底解决图书质量问题，图书出版后的编校质量检查，也只能作为一种引起出版企业重视的权宜之计。于是，出版业在信息时代面临的诸多困难都迅速反映在出版质量活动上，形成了积重难返的出版物质量问题。针对这种问题，我们认为，只有顺应现代质量管理思想的深刻变革，学习借鉴发达国家和国内其他行业的经验，在尊重出版活动的内在规律的基础上进行全面质量管理，将质量管理关注的重点从具体的出版物逐步转移到出版组织自身的生存与发展能力上，才能彻底解决出版物的质量问题。

为此，我们以全面质量管理理论为出发点，结合多年从事编辑出版工作的体会，借鉴国内同行引入 ISO9000 质量管理体系的成功经验，在深入探讨出版质量活动规律的基础上撰成本教材。教材以全面质量管理为主线，结合国内外质量管理的最新成果，在论述出版质量管理的基本概念的基础上，系统介绍了出版质量管理体系的建立、运行与改进的方法，全面探讨了选题、组稿、审稿、编校装帧、成本、发行等图书出版诸多主要环节的质量管理问题，取得了以下几个方面的突破：

第一，对图书质量概念进行充分论证，认为图书的质量构成要素分为印制质量、编校装帧质量和内容质量三个层次，其中，内容质量主要指图书在文化选择和文化传播方面的质量，主要包括选题质量、学术质量和服务质量，是图书作为知识信息载体的最深层的精神内容质量。三个层次的质量要素相互交织、相互作用，构成了统一的质量实体，任何一个层次出现问题，都表现为整个图书的质量问题。因此，图书出版必须以读者为本，为社会提供合格优质产品，不断满足读者提高素质、享受阅读、审美愉悦等多重需求。

第二,全面探讨图书出版质量管理体系的建立、出版质量管理体系文件的建立和维护,以及出版质量管理体系的运行与持续改进,为建立图书出版质量管理体系,实施全面质量管理规划了切实可行的工作路径,为彻底解决日益沉重的文化选择任务与徘徊不前的编校能力之间的矛盾、出版业物质生产与精神生产之间的矛盾提供了理论武器,为信息时代图书出版质量管理打下了坚实基础。

第三,系统研究了选题质量管理,提出了选题质量规划、选题质量设计、选题质量论证的原理。我们认为应在进行选题创意的同时做好选题质量规划,明确读者需求和选题内容质量目标之间的关系;通过选题质量设计将选题规划得出的选题质量目标转换为选题关键的内容特性,使选题设计有的放矢;通过选题质量论证,分析评价选题设计缺陷,确保选题开发设计质量,防止设计缺陷进入组稿、编校等环节中影响图书质量。

第四,研究组稿和审稿的质量管理,结合实践,明确了组稿审稿过程中的关键点,讨论了对这些关键点进行控制的基本方法。

第五,全面论证了对编校装帧进行过程管理的可行性,对编校装帧过程进行分析优化,探讨了编校装帧流程质量控制和质量改进的基本方法,研究了编校装帧的基本操作规程。

第六,分析了发行质量管理体系的基础,探讨了发行质量管理体系建立和实施的方法。

教材共分九章,其中第二章由郝捷撰写,第四章由郭永新撰写,其余章节由王勇安撰写,全书由王勇安统稿。出版质量管理是一门交叉性的边缘学科,涉及出版学、现代企业管理、产品质量控制等多个学科,因此教材编写过程中参考了大量文献资料,我们在书后一一列出以示致谢。将出版质量管理作为编辑出版学专业的教材是一次大胆的尝试,需要横跨多个学科、综合多种知识,限于我们的能力,本书难免有错漏之处,希望广大同仁不吝赐教。

编　者

2011 年 10 月

目录

1 第一章　出版质量管理概述
1 第一节　质量与图书质量
1 一、图书质量及其特征
3 二、图书质量产生、形成的客观规律
7 三、影响图书质量产生、形成的因素
10 第二节　图书出版质量管理的概念
10 一、质量管理的由来与发展
12 二、出版质量管理的概念
16 第三节　出版质量管理的基本思路
16 一、引入 ISO9000 族标准
18 二、进行全面质量管理
24 第四节　出版质量管理的基础工作
25 一、标准化工作
26 二、计量工作
27 三、质量信息工作
28 四、质量责任制
29 五、质量教育工作
30 【复习思考题】
31 第二章　出版质量管理体系的建立
31 第一节　质量管理原则
31 一、质量管理原则的内容及在出版质量管理中的实施要点
47 二、质量管理原则之间的关系
50 第二节　质量管理体系的基本概念
50 一、质量管理体系的基本原理
55 二、质量管理体系的特点

56 三、建立实施质量管理体系的总体要求和步骤
57 第三节 出版质量管理体系的设计与建立
57 一、明确质量管理体系的设计原则
59 二、确立出版质量管理体系的基本框架
68 三、结合自身情况策划设计出版质量管理体系
71 四、建立和完善出版质量管理体系
73 五、分配质量职能
74 【复习思考题】
75 第三章 出版质量管理体系文件的建立维护
75 第一节 质量管理体系的文件化
76 一、学习培训阶段
76 二、调查策划阶段
77 三、组织实施阶段
77 第二节 质量管理体系文件概述
77 一、质量管理体系文件的作用
79 二、质量管理体系文件的构成
83 三、质量管理体系文件的特性
85 第三节 质量管理体系文件编写的要求
85 一、质量管理体系文件的总体设计
85 二、质量管理体系文件的编写原则
86 三、质量管理体系文件的编写程序
89 四、质量管理体系文件编写的技术要求
90 第四节 质量方针和质量目标的制定
90 一、质量方针的制定
95 二、质量目标的制定
98 第五节 质量手册的编写
98 一、编写质量手册的目的
98 二、质量手册的形式和结构
100 三、质量手册的编写程序
101 四、质量手册的内容
103 第六节 程序文件的编写
103 一、出版组织程序文件的构成
105 二、程序文件的外观、内容与格式

110 三、程序文件的编写要求
111 四、程序文件的编写步骤
114 五、程序文件编写示例
130 第七节 质量记录的设计
130 一、ISO9000:2000 族标准对质量记录的要求
132 二、质量记录的设计
134 第八节 作业指导书的编写
134 一、作业指导书的分类和主要内容
135 二、作业指导书的编写依据和编写原则
136 三、作业指导书的编写格式
137 四、作业指导书编写示例
140 第九节 质量计划的编制
140 一、质量计划的类别与形式
142 二、产品质量计划的编制
148 三、年度综合性质量计划的编制
150 第十节 出版质量管理文件的受控管理
150 一、受控管理文件的范围与受控管理方法
151 二、外来文件的获取
152 三、质量管理体系文件的评审
153 四、外来文件的评审
153 五、质量管理体系文件的修订或换版
154 【复习思考题】
155 第四章 出版质量管理体系的运行与持续改进
155 第一节 质量管理体系运行的过程方法
155 一、过程与过程网络
157 二、质量管理的过程方法
158 三、质量管理体系与过程方法模式
161 四、过程的策划与管理
163 第二节 产品实现过程管理与图书出版流程优化
163 一、产品实现过程的管理
165 二、过程质量控制
166 三、图书出版流程的优化
174 第三节 出版质量管理体系的监测分析

174 一、质量管理体系的监测
175 二、对顾客满意程度、过程、产品的监测
179 三、不合格品的控制
184 四、数据分析
189 第四节 资源管理
189 一、出版质量管理体系的资源管理
191 二、人力资源管理
195 三、环境资源管理
197 四、信息资源管理
199 五、供方及合作关系资源管理
202 六、金融资源管理
204 第五节 质量管理体系的持续改进
204 一、持续改进的定义和特征
204 二、创造持续改进需要的环境
205 三、持续改进的项目和机遇
208 四、持续改进的策划
210 五、持续改进的组织管理
213 六、持续改进阻力的克服
216 七、持续改进的方法
217 第六节 质量改进工具与技术简介
218 一、质量改进工具与技术种类
219 二、适用于数字数据的工具与技术
224 三、适用于非数字数据的工具与技术
227 四、同时适用于数字数据和非数字数据的工具与技术
228 【复习思考题】
229 第五章 选题质量管理
229 第一节 质量管理视野下的选题策划
229 一、选题与选题策划的过程
232 二、选题质量管理的意义与内容
234 三、选题质量管理的方法——质量功能配置
238 第二节 选题质量规划
238 一、读者需求确定
241 二、读者需求与内容质量目标转换

243 三、内容质量目标的确定
245 第三节 选题质量设计
245 一、选题关键内容特性的确定与选题设计
247 二、编校装帧工艺规划
248 三、工序质量控制规划
249 第四节 选题质量论证
249 一、选题设计缺陷分析评价
250 二、选题质量经济分析评价
251 【复习思考题】
252 第六章 组稿审稿质量管理
252 第一节 作者与组稿质量管理
252 一、组稿关键点分析
256 二、组稿质量控制
259 第二节 审稿与原稿质量管理
259 一、审稿的一般程序
261 二、审稿过程的关键点控制
265 【复习思考题】
266 第七章 编校装帧质量管理
266 第一节 编校装帧流程的分析优化
266 一、编校装帧的特点
268 二、编校装帧流程概述
270 三、编校装帧流程的识别与分析
275 四、编校装帧流程优化
280 第二节 编校装帧流程质量控制
280 一、影响编校装帧流程质量的关键因素
284 二、编校装帧流程质量控制的条件和内容
286 三、编校装帧流程质量控制点的设置
290 四、编校装帧流程质量数据的采集
293 五、编校装帧流程的工序质量控制
301 第三节 编校装帧质量改进
302 一、找出主要的质量问题
304 二、分析产生质量问题的原因
305 三、列出改进对策表并撰写质量改进报告

307 第四节 编校装帧标准操作规程
307 一、编校装帧标准操作规程的内涵
308 二、编校装帧标准操作规程的基本内容和格式
309 三、编校装帧标准操作规程的制定原则和程序
311 四、编校装帧标准操作规程的实施和修订
314 第五节 编校装帧的差错管理
314 一、应对编校装帧差错的两种策略
315 二、单纯应用差错防范策略的局限性
316 三、差错管理策略下的编校装帧差错管理
320 【复习思考题】
322 第八章 出版质量成本管理
322 第一节 质量成本的概念
322 一、什么是质量成本
324 二、质量成本的构成
326 三、出版质量成本管理的意义
326 第二节 质量成本的数据收集和计算
326 一、质量成本数据的来源
327 二、质量成本数据的收集方法
328 三、质量成本计算
329 第三节 质量成本分析
329 一、质量成本构成的合理比例
331 二、质量成本分析的内容和方法
334 第四节 质量成本的控制与预测
334 一、质量成本控制
336 二、质量成本预测
337 【复习思考题】
338 第九章 发行质量管理
338 第一节 发行质量管理体系基础
338 一、出版物发行质量特性
339 二、发行质量管理体系的关键因素
341 三、发行服务的实现过程
349 第二节 发行质量管理体系的建立和实施
349 一、出版组织发行质量管理体系的建立步骤

350　二、转变读者客户需求为发行服务的质量要求
351　三、建立并实施发行质量管理体系
351　【复习思考题】
352　参考文献

第一章　出版质量管理概述

【本章重点】

图书质量的概念、特征及其产生、形成的客观规律。

图书出版质量管理的概念和内涵。

出版质量管理的基本思路和基础工作。

著名质量管理学家约瑟夫·M.朱兰(Joseph M. Juran,1904—2008)曾经说过,20世纪是生产率的世纪,21世纪是质量的世纪,质量是和平占领市场最有效的武器。时至今日,出版企业要获取利润,完成文化传承的神圣使命,获得生存、发展的机会,都必须向市场提供高质量的产品和服务。质量已成为出版企业高度关注的主题。

第一节　质量与图书质量

一、图书质量及其特征

与物理学上的"质量"和哲学上的"质"与"量"不同,质量管理学中的"质量"有特定的含义。

1.质量与产品质量的概念

国际标准化组织2000年颁布的《质量管理和质量保证》系列国际标准(简称ISO9000:2000标准),对质量的定义是"一组固有特性满足要求的程度"。根据这个定义,质量是由一组以满足顾客和其他相关方面要求为特征的固有特性组成,并且这些特性由其满足要求的程度加以表征。值得注意的是,这个定义没有界定质量的载体,说明质量存在于各个领域和任何事物之中。不过对于质量管理体系来说,质量的载体主要是指产品过程和体系。

质量由一组固有特性组成，这些固有特性是指满足顾客和其他相关方面的要求的特征，并由其满足的程度来表征。固有特性是指事物本来就有的、永久性的特征。具体来说，固有特性是通过产品、过程或体系设计和开发及其后的实现过程形成的属性，例如，机械、电气、化学、生物等物质特性，触觉、视觉、味觉等感官特性，礼貌、诚实、正直等行为特性，准时、可靠、可用等时间特性，航程、准确等功能特性等。这些固有特性大都是可测量的。与固有特性对应的是赋予特性，例如，产品的价格，不是产品、体系或过程所固有的特性。

产品质量是指产品能够满足使用要求所具备的特性，除固有特性外还包括赋予特性，一般包括性能、可靠性、寿命、安全性、经济性以及外观等。

性能是根据产品使用目的所提出的各项功能的要求，包括正常性能、特殊性能等。

可靠性是产品在规定的条件下和时间内完成规定功能的能力。对飞机、车辆、重要建筑等发生质量事故会造成巨大损失的产品而言，可靠性是其最主要的质量指标。

寿命是产品能够正常使用的期限，包括使用寿命和储存寿命两种。使用寿命是产品在规定条件下满足规定功能要求的工作总时间；储存寿命是指产品在规定条件下功能不失效的储存总时间。药品对储存寿命的规定比较严格。

安全性是产品在流通、使用过程中保证安全的程度，一般要求极为严格，是关键特性而需要绝对保障。

经济性是赋予特性，即产品寿命周期的总费用，包括生产、销售过程中的费用和使用过程中的费用等。

外观泛指产品的外形、造型、感官、装潢、色彩、包装等。

值得我们注意的是，质量管理学对精神产品质量的研究还是远远不够的。以上关于产品质量的定义，是针对一般物质产品给出的。

2. 图书质量及其构成要素

根据产品质量的定义，我们可以认为图书质量是指满足读者阅读使用所具备的特性。出版是批量复制原稿的活动，既有物质生产活动成分，又有精神生产活动成分，但其本质是将作者个体化的精神劳动转化成社会化的文化生产活动。这种特殊的生产活动，赋予图书双重属性，即物质产品属性和精神产品属性。产品质量与产品属性密切相关，对于图书质量的内涵，必须从物质产品属性和精神产品属性两方面认真分析。

图书的物质产品属性，使其质量表现出普通物质产品的属性；图书的精神产品特性,又使其质量表现出不同于普通物质产品的特性。物质产品和精神产品的质量表现交织在一起,使图书质量的构成非常复杂。这种复杂的质量构成,往往造成出版实践中对图书质量的认识误区。例如,近年来,日趋严重的图书编校质量问题使出版管理部门将出版质量检查的重点放在了编校质量上,一些出版组织因此产生了编校质量就等同于图书精神内容质量的错觉,以致在实际工作中忽视了更为重要的思想性、科学性等内容质量。因此,我们有必要沿着物质产品属性为图书产品表征、精神产品属性为图书产品本质的认识思路,认真分析图书质量的构成,把握其质量要素。

根据这个思路,我们可以由外向内,将图书的质量构成要素分为三个层次:

①图书印制质量,包括装订、印刷等一般物质产品共有的质量要素,是外在的物质产品质量;

②图书编校质量和装帧质量,主要是图书在呈现方式上的质量,是浅层次的精神内容质量;

③图书内容质量,主要指图书内容在文化选择和文化传播方面的质量,主要包括选题质量、学术质量和服务质量,是深层次的精神内容质量。

精神产品依靠内容影响人类生活,传诸后世。内容质量决定了编校质量和装帧质量,印制质量是作为内容载体的图书物质外壳的质量。因此,任何图书,其质量构成核心都应当是深层精神内容质量,然后是编校质量和装帧质量等浅层次内容质量,最外层是外在的印制质量。

需要注意的是,这三个层次的质量构成相互交织、相互作用,构成了统一的质量实体,任何一个方面的质量出现问题,就表现为整个图书的质量问题。出版活动具有精神产品生产和物质产品生产的双重意义,也正因为如此,出版产业才必须以读者为本,全面提高图书质量,为读者提供合格和优质产品,满足其提高素质、享受阅读、审美愉悦等多重需求,只有这样,出版质量管理才富有极大的挑战性。

二、图书质量产生、形成的客观规律

任何产品的质量都有一个产生、形成的过程,图书也不例外。

1. 图书质量是逐步形成的

(1)质量螺旋

美国质量管理专家朱兰博士将质量形成过程称为"质量螺旋",意思是质量从市场研究、开发研制开始,经过设计、制定产品规格、制定工艺、采购、装置设备、生产、工序控制、检验测试、销售实现后交付使用,在顾客使用和售后服务中又产生新的想法，构成动力，再开始新的质量过程，所以产品质量呈螺旋式上升。如图1－1所示。

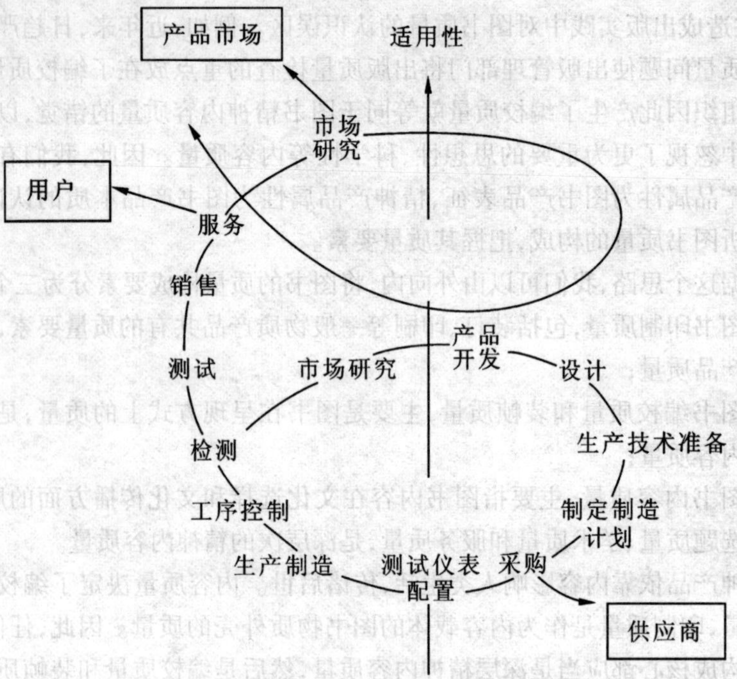

图1－1 朱兰质量螺旋曲线

瑞典学者L.桑德霍姆着眼于企业内部管理，将朱兰质量螺旋归纳为企业内部八大质量职能：市场研究、产品研制、工艺准备、采购、制造、检验，以及销售和企业外部的两个环节——供应商、用户，形成质量循环图。

(2)质量环

国际标准ISO9000族提出质量形成全过程职能理论模式。根据这个模式，质量形成过程用“质量环”来表示。根据ISO9000族标准，营销和市场调研、产品设计和开发、过程策划和开发、采购、生产或服务提供、验证、包装和贮存、销售和分发、安装和投入运行、技术支持和服务、售后、使用寿命结束时的处置或再生利用等都影响着产品质量。如图1－2所示。

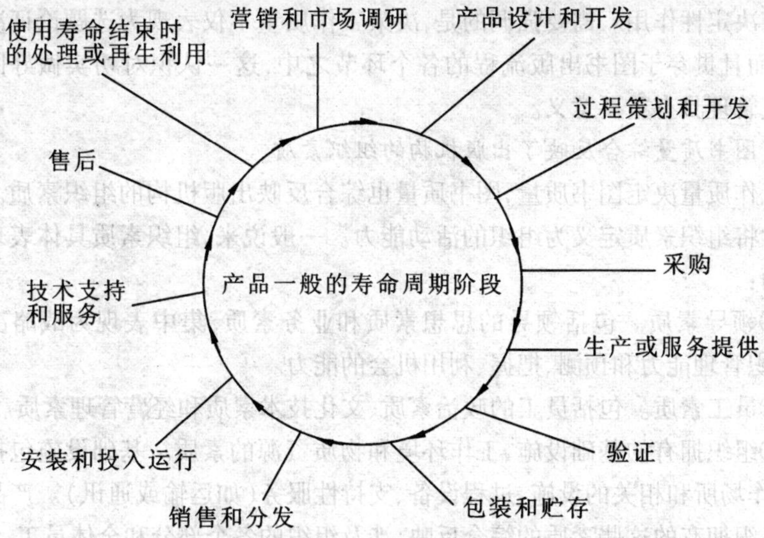

图1－2　质量环

(3)图书质量的形成过程

上述理论模式都说明产品质量是逐步形成的。从产品属性考虑,市场调研、选题策划、审稿和编辑加工、装帧设计、校对、复制、贮运销售、售后服务、深层次开发等环节都影响着图书质量。具体来说,图书的质量源自选题策划和编辑校对,在复制、贮运销售中保存下来,在读者阅读中发挥出来,在售后服务和深层次开发中体现出来。以往出版界对编辑加工、校对和复制等环节的质量问题非常重视,但在知识经济时代,市场调研和选题策划设计对确定读者需求、期望和对产品的要求,对如何以最低成本按规定的规范生产产品提出基本原则特别重要,同样是关键环节。

2. 工作质量决定图书质量

读者对图书的需求,除了精神内容、外观设计、复制效果外,还包括价格、上市交货日期、售后服务等。这些需求要依靠出版组织各个部门和全体员工的工作质量来保证。质量管理学认为,工作质量是为保证和提高产品质量所做的各个方面工作达到或符合要求的水平,包括现场执行工作质量和决策工作质量两大类。根据这个理论,结合出版工作流程,我们可以这样认为:图书出版的现场执行工作质量表现为出版组织内各个环节或各职能部门执行工作的完善程度,而决策工作质量则集中在领导层对重大质量问题决策的正确程度。因此,如果说现场执行工作质量是图书质量的直接保证,那么决策工作质量则对促进图书质量有决定性作用。需要强调的是,决策工作质量不仅表现为选题论证决策的质量,而且贯穿于图书出版流程的各个环节之中,这一认识对切实做好图书出版质量管理具有重要意义。

3. 图书质量综合反映了出版机构的组织素质

工作质量决定图书质量,图书质量也综合反映出版机构的组织素质。质量管理学将组织素质定义为组织的活动能力。一般说来,组织素质具体表现为三个方面:

①领导素质。包括领导的思想素质和业务素质,集中表现为战略决策能力、组织管理能力和预测、把握、利用机会的能力。

②员工素质。包括员工的政治素质、文化技术素质和经营管理素质。

③组织拥有的基础设施、工作环境和物质资源的素质。基础设施包括建筑物、工作场所和相关的设施、过程设备、支持性服务(如运输或通讯)。产品质量就是组织拥有的这些素质的综合反映,涉及组织的各个部分和全体员工。

值得注意的是,出版的专业文化属性和图书精神产品属性,都使得出版机构的组织素质呈现出自己的特点。第一,图书质量所反映的出版机构组织素质,更多的是领导素质和员工素质,而出版组织拥有的基础设施、工作环境和物质资源素质,对质量的影响相对较小。第二,图书质量也反映了出版机构的组织文化素质。在很大程度上,出版机构的组织文化素质对图书质量往往还起到决定作用。

4. 图书质量特性值具有分散波动性

一般产品的质量特性值不可能完全一样,总是在一定范围内分散波动。这种波动具有一定的规律性,即正常情况下计量的质量特性值数据服从正态分布,质量状况(数据)总是集中在一个点的周围,越靠近这个点越集中,越往点的两端越少,如图1-3所示。计数特性值服从二项式分布或泊松分布。

但如前所述,图书质量构成核心是深层精神内容质量,然后是编校质量和装帧质量等浅层精神内容质量,最外层是外在的印制质量。更通俗一点说,内容质量、编校质量和装帧质量实际上决定了图书生产"模板"的质量,印制质量是根据"模板"复制的质量。因此,与一般产品的质量特性值相比,图书质量特性值的分布具有自己的特点。具体来说,就是每一种图书的印制质量的特性值数据服从正态分布,而内容质量、编校质量和装帧质量特性值数据的变化是确定性变化,不存在波动,更不服从正态分布。但是,对于一个出版组织而言,一段时间里出版的各种图书的内容质量、编校质量和装帧质量,肯定是波动且呈正态分布的。因此,我们对图书质量特性值的考察,一般不是针对具体某一种图书,而是针对一个出版组织出版的各种图书。

正常状况计量的质量特性值数据都是这样的:中间为顶峰,左右对称地分布(即符合正态分布)。如图 1-3 所示。

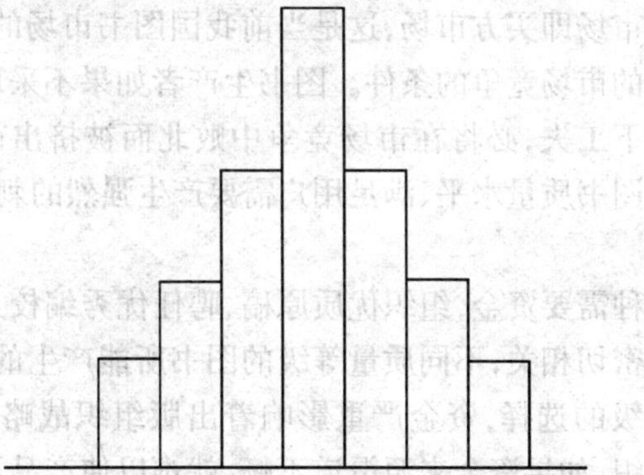

图 1-3 质量特性值分布状态图

三、影响图书质量产生、形成的因素

质量管理科学将对确定产品满足顾客需求水平和影响质量特性值波动的原因称为质量因素。质量因素影响产品质量产生、形成,决定产品质量的优劣,决定产品能否符合社会和顾客的需要。影响图书质量产生、形成的因素,可分为影响图书质量的因素和引起图书质量特性值波动的因素两大类。

1. 影响图书质量的因素

在出版组织中,影响图书质量的最主要因素如下。

(1)市场

需求和供给是一对矛盾,在自由竞争条件下,市场的调节和价值规律的作用有效地改变各种商品的生产和供应状况。因此,市场是读者对图书质量要求的晴雨表,它直接影响图书质量水平。不同的市场形态和不同的市场领域,对出版组织确定图书质量水平有不同的作用,是影响图书适用性水平确定的首要因素。

新中国成立以来,我国的图书市场大致经历了数量需求型和质量需求型两个发展阶段。

数量需求型市场即卖方市场。这种市场形态会对生产满足读者需要的图书质量水平带来不利影响。从改革开放初到 20 世纪 90 年代中后期的近二十年里,我国的图书市场一直表现为数量需求型。在数量需求型市场形态下,图书供不应求的状况削弱了市场竞争，冲淡了提高图书质量的经济机制，出版组织的领导者往往只注意图书的数量而不太重视质量，出版组织也缺乏主动改进和提高图书质量的动力。到20世纪和21世纪之交，我国图书质量水平与读者需求之间的差距越来越大。

质量需求型市场即买方市场，这是当前我国图书市场的主要形态。国家正在尽量创造公平的市场竞争的条件。图书生产者如果不采取以质取胜的战略，不在图书质量上下工夫，必将在市场竞争中败北而被挤出市场。因此，这种市场形态会对提高图书质量水平、满足用户需要产生强烈的刺激作用。

(2)资金

增加图书品种需要资金，组织优质原稿、聘任优秀编校人员更离不开资金。资金与图书成本密切相关，不同质量等级的图书所能产生的利润也常常支配着出版者对产品等级的选择，资金严重影响着出版组织战略中对产品质量的决策。一个出版组织，如果资金来源渠道不畅，就难以使产品更新换代。所以，资金也是影响图书质量水平的重要因素。

(3)管理

管理对图书质量水平的影响是多方面的、综合性的，既包括宏观的出版产业管理，也包括微观的出版组织内部的管理。出版产业的宏观管理，特别是管理体制的改革，可以逐步排除或缓解组织外部对提高图书质量水平的种种干扰。微观的出版组织内部管理，可以通过质量责任制的建立和贯彻落实，逐步解决重数量轻质量、不按标准出版流程组织生产、基础工作薄弱、人员素质和技术素质差等问题。

(4)激励

包括政府、社会对出版组织的激励和出版组织对内部各类人员的激励。激励可以调动人们对提高图书质量水平的积极性，例如优质优价、产品创优保优的奖励、质量否决权制度、ISO9000认证奖励等都会影响产品质量适用性水平的提高。

(5)技术进步

技术进步对图书质量水平的影响既表现在由材料和印刷工艺决定的外在的印制质量上，也表现在计算机技术进步带来的装帧质量、编校质量甚至内容质量上。此外，网络媒体的发展，还使读者对图书质量提出了新的要求。因此，科学技术进步对图书质量水平的影响是全面而深刻的，也是非常重要的。

2. 引起图书质量特性值波动的因素

确定了图书质量水平的要求,还必须能持续稳定地生产出符合这种要求的产品。

引起图书质量特性值波动、干扰图书在使用中正常发挥其规定功能的原因通常称为质量干扰。质量干扰大致可分为外部干扰、内部干扰与随机干扰三种。

(1)外部干扰

外部干扰是指因环境因素与使用条件变化而引起的质量干扰。对图书而言,外部干扰一般影响的是印制质量,例如,空气湿度大会使图书纸张霉变等。一般而言,图书的装帧质量、编校质量和内容质量不会因环境变化而发生变化。

(2)内部干扰

内部干扰是指产品在贮存和使用中,其组成部分往往随着时间的推移而劣化、磨损,以致影响产品正常发挥其功能,产生不正常的质量波动。内部干扰影响的也是印制质量,例如,教科书必须保证学生在一学期或一年内的使用期限,但有些教科书在一个月内就因散页、起皱而无法使用。因此,消除内部干扰因素应当在图书选题设计阶段就加以进行。

(3)随机干扰

质量的随机干扰的因素主要有人(Man)、材料(Material)、机器(Machine)、方法(Method)和环境(Environment),这就是管理学上讲的“4M1E”因素。所谓人,是指与该制造生产工序直接有关的操作者、辅助人员的质量意识和素质;所谓材料,包括原料、半成品及外协配套件等;所谓机器设备,包括设备精度、工装精度及合理性,工具的参数、量具的精度等;所谓工艺方法,包括产品制造工艺、操作规程等指导性生产制造技术文件;所谓环境条件,指产品生产制造场所以及影响操作者思想情绪与心理状态的周围环境。在图书出版过程中,随机干扰毫无疑问地影响印制质量的分散波动性变化。作为精神产品,人是出版生产力中最关键的因素,编校人员的质量意识和素质、出版组织的工作程序和工作方法、出版组织的工作环境甚至企业文化,都会深刻全面地影响图书质量。因此,随机干扰还会影响到装帧质量、编校质量和内容质量的确定性变化。例如,拼版工人懈怠造成的拼版错误,编校人员的编校错误,都会使图书质量呈现出确定性变化。

第二节　图书出版质量管理的概念

时至今日,对质量进行管理是企业管理的重要组成部分,质量管理也逐步发展为一门新兴的学科。从某种意义上讲,作为一种社会文化经济活动,出版就是在与错讹的斗争中逐步发展成熟起来的。从古至今,一代代出版人积累了丰富的出版质量管理经验。但是,面对日益严峻的图书质量问题,我们还必须在质量管理学理论指导下努力探索现代图书出版的质量管理道路。

一、质量管理的由来与发展

质量管理源远流长,据历史文献记载,我国早在2400多年以前,就已有了青铜制刀枪武器的质量检验制度。可以说,自从有了商品生产,人类就开始了以商品的成品检验为主的质量管理。但是,把质量管理作为一门现代科学来研究,则始于20世纪初期的美国。20世纪50年代,日本从美国引进质量管理技术和方法,并结合自己的实践,形成了一套崭新的质量体制,使质量管理走上科学的道路。

作为企业管理的有机组成部分,质量管理是随着企业管理理论和实践的发展、企业管理现代化的发展而发展的。根据世界企业在不同时期用以解决质量问题的理论、技术和方法的演变,质量管理经历了质量检验、统计质量控制和全面质量管理三个不同阶段。

1. 质量检验阶段

质量检验阶段也叫事后检验阶段,一般以20世纪初至20世纪40年代为界,是产品质量管理直接针对产品开展质量控制的活动。质量检验阶段的质量管理主要针对标准化程度很差的手工及半机械化生产,主要依靠部门和检验人员,采用技术检验方法,只重视技术标准,忽略了质量经济性,是以事后把关为主的限于生产现场的质量管理。这种以产品质量检验为中心的质量管理,为提高产品质量发挥了重要作用,但单纯的事后把关方式也暴露出难以克服的缺陷,主要表现为:出现质量问题易扯皮推诿,缺乏系统观念;无法在生产过程中进行预防、控制;它要求百分百检验,从经济角度讲有时是不合理的,有时在技术上也不可能做到,如破坏性检验。

2. 统计质量控制阶段

1924年,为了克服质量检验的缺陷, W. A. 休哈特提出了控制和预防缺陷的概念，并在1931年出版了《工业产品质量的经济控制》。与此同时，贝尔实验室成立了检验工程小组，提出抽样检验的概念，把数理统计引入质量管理，开创了20世纪四五十年代产品质量管理的统计质量控制阶段。统计质量控制阶段的质量管理，依靠技术部门、检验部门和检验人员，应用数理统计方法，按既定标准控制质量，由技术标准发展到质量控制标准，从产品质量向工作质量发展，比较注意质量经济性。统计质量控制阶段的质量管理尽管做到了把关和部分预防相结合，但仍然局限于对生产现场的质量管理。其最大的特点为它是采用统计技术进行质量控制的一套方法、技术和制度，主要内容是以工序为控制对象，对产品在生产加工过程中进行抽样；根据标准进行检查，对检查结果进行统计分析，找出规律，做出判断；发现异常信息反馈到工序中去，及时进行调节控制，达到工序稳定地生产的目的。这种方法实现了从事后把关到在生产过程中积极预防的转变，使事后检验观念转化为事前预测，预防质量事故的发生。

统计质量控制方法有产品质量检验方法无可比拟的优越性，战后许多国家推广应用该方法并也都取得了一定成效。但由于它仍然以满足产品标准为目的，偏重于工序管理，过分强调统计方法而忽视组织管理工作，加上统计技术难度大，使人们误认为“质量管理就是统计方法，高不可攀”，限制了它的普及应用，使它无法适应现代工业生产发展的需要。

3. 全面质量管理阶段

自20世纪60年代以后，便进入了全面质量管理时代。

这一阶段从20世纪60年代开始一直延续至今。20世纪50年代以来，随着生产力迅速发展，科学技术日新月异，出现了许多大型、精密复杂的工业产品和工业工程，在质量方面出现了许多新情况和新问题：一方面，消费者对产品质量的要求越来越高，日益激烈的市场竞争迫使各国企业都必须重视产品责任（PL）和质量保证（QA）；另一方面，在生产技术和企业管理活动中广泛应用系统分析方法，管理理论又有了新发展，更加突出了人在管理中的作用。在此历史背景和社会经济条件下，朱兰、费根堡姆等人先后提出了全面质量管理理论，其主要内容包括：

第一，单靠数理统计方法控制生产不能生产出满足用户要求的产品，还需要从经营上对质量、成本、交货期和服务水平等方面进行一系列的组织管理；

第二，产品质量的形成是一个包括市场调查、研制、制定工艺、采购、制造、工序控制、检验、售后服务等环节，围绕着适用性形成的螺旋上升的过程；

第三，离开产品经济性来谈产品质量没有什么意义，产品质量始终同成本联系在一起。

全面质量管理时代的质量管理是适应现代化大生产要求,讲究质量经济性,依靠全体员工,以用户需要为方向,注重产品适用性,运用多种管理方法、手段,严格标准化、提高工作质量、防检结合,对产品形成的全过程实施全面管理,保证产品质量的质量管理。

全面质量管理理论很快被世界各国接受,发展成风靡世界的现代质量管理方式,演变成为一套以质量为中心的综合的、全面的、全过程的、全员参与的影响全部经营管理工作和技术工作的管理方式和管理理念,使质量管理发展到一个新的阶段。

二、出版质量管理的概念

如何对图书出版进行质量管理?我们以为,当务之急是在理解质量管理定义的基础上搞清图书出版质量管理的内涵,并在此基础上提出切实可行的思路。

1. 出版质量职能

质量有一个产生、形成和实现的过程,这一过程是由一系列彼此联系、相互制约的活动构成的,也就是说,产品质量的形成要经过众多职能业务活动。这些为使产品或服务具有满足顾客需要的质量而进行的职能业务活动的总和,就叫做质量职能。

考察任何生产或服务过程,我们都会发现大部分质量职能由企业内部的各个部门所承担,但还有许多活动涉及企业外部的供应商、批发商、零售商、顾客等,所有这些活动都是保证和提高产品质量必不可少的。由此看来,质量并非只是质量部门的事情,而是要靠企业内外的许多组织和部门共同努力来实现。从这个角度说,质量职能是对在产品质量产生、形成和实现过程中各个环节的活动所发挥的作用或承担的任务的一种概括。

出版组织的质量职能应由各职能部门分别承担,但质量职能不等于部门职能。有些职能部门与产量虽无直接关系,但有间接关系,同样承担着一定的质量职能。出版组织内部的主要质量职能活动一般包括市场调研、选题策划、组稿、审稿、编辑加工、装帧设计、排版制版、校对、印刷装订、检验、贮运、售后服务等环节。

2. 出版质量管理的定义

为了确保图书质量,出版组织需要将众多的质量职能有机地结合在一起,使这些活动互相配合、协调一致,在此背景下,质量管理应运而生。

ISO9000：2000标准将质量管理定义为：在质量方面指挥和控制组织的协调的活动（注：质量方面的指挥和控制活动，通常包括制定质量方针和质量目标以及质量策划、质量控制、质量保证和质量改进）。

这是一个抽象的定义，比较难理解。为了真正搞清什么是质量管理，我们不妨看看1994版的ISO8402：1994对质量管理的定义：质量管理是确定质量方针、目标和职责，并在质量体系中通过诸如质量策划、质量控制、质量保证和质量改进，使其实施的全部管理职能的所有活动。由此看来，ISO9000：2000标准对质量管理所下的定义是对1994版ISO8402的概括。因此，我们可以这样来定义出版质量管理，即出版组织以质量管理体系为载体，建立质量方针和质量目标，通过进行质量策划，实施质量控制、质量保证和质量改进，使其实施和实现的所有质量职能和活动。

3. 出版质量管理的内涵

根据定义，出版质量管理是出版组织在质量方面指挥、控制、协调质量职能的活动，这项活动包括制定质量方针和质量目标，并为实现规定的质量目标进行质量策划，实施质量控制和质量保证，开展质量改进等活动。因此，质量管理的内涵应当包括以下内容。

（1）出版质量管理是出版组织全部管理工作的中心，由最高管理者领导

由于图书质量问题事关重大，出版质量职能又相当复杂，出版质量管理应当由出版组织最高领导全面负责，调动与质量有关的所有人员的积极性，共同做好本职工作。因此，出版质量管理是出版组织各项管理的内容之一，是组织各级职能部门的领导职责。

（2）实施质量方针和实现质量目标是开展出版质量管理的根本目的

质量方针是组织应遵循的质量政策、质量观念和活动准则，以及质量追求和承诺。质量管理学认为，质量方针是组织最高管理者正式发布的该组织总的质量宗旨和方向，质量目标是依据质量方针制定的组织在质量方面所要追求的目的。对具体出版组织而言，质量方针是制定质量目标的依据和框架，质量目标要依据组织质量方针制定，并展开到相关职能和层次。

对出版组织而言，质量目标是图书质量在一定时期内实现的量化要求。出版组织要想以质量求生存，就必须制定正确的质量方针和适宜的质量目标。围绕着一定时期质量目标，为了保证质量管理任务的实现，出版组织必须进行质量策划，建立完善的质量管理体系，并对影响产品质量的各环节进行质量控制和质量保证，持续地开展质量改进活动。显然，在各项质量活动的安排上要讲

求实效，寻找既能满足质量要求又能最经济地实现质量目标的适宜方案，使供、需、社会等相关方的利益都能得到满足。

(3)质量策划是连接质量方针和具体质量管理活动的桥梁和纽带

质量策划致力于确定质量目标、规定必要的运行过程和相关资源并输出质量计划以实现质量目标，是出版质量管理的重要内容。

质量策划强调的是一系列活动，首先要按照质量方针确定质量目标，然后为实现所确立的质量目标规定相应作业过程，组织协调相关资源。只有这样，才能保证被策划的质量控制、质量保证和质量改进得以实施。通过质量策划，将质量策划设定的质量目标及其规定的作业过程和相关资源以书面形式表示出来，这就是通常所说的质量计划。因此，编制质量计划的过程实际上就是质量策划的一部分。

由此可见，质量策划连接着质量方针和具体的质量管理活动，是设定质量目标的前提。质量控制、质量保证和质量改进只有经过质量策划才可能有明确的对象和目标，才可能有切实的措施和方法。

(4)质量控制致力于满足质量要求

产品和服务质量受到质量循环各环节的质量活动的直接影响，任何一个环节的工作没有做好，都会使产品和服务质量受到损害，不能满足质量的要求。质量控制就是采用监视、测量、检查及调控的手段，确保图书能满足顾客、法律法规等方面所提出的质量要求，是质量管理的重要内容之一，其范围涉及产品质量形成全过程的各个环节。具体来说，就是根据出版工作流程，由掌握了必需的技术和技能的人员进行一系列有计划、有组织的活动，将质量要求转化为满足读者质量要求的图书并完好地交给读者，而且在售后服务中进一步收集意见修订再版，完成一个质量循环。

在质量管理中，质量控制应对影响其工作质量的人、机、料、法、环(4M1E)因素进行控制，并且对质量活动的成果进行分阶段验证。质量控制应贯彻预防为主与检验把关相结合的原则，同时，对干什么(What)、为何干(Why)、谁来干(Who)、何时干(When)、何地干(Where)、怎么干(How)这“5W1H”做出规定，并对实际质量活动进行监控，按照质量控制的动态性原则对质量控制进行持续改进。

(5)质量保证是为了取得顾客的信任

质量保证是指为了提供足够的信任，以表明组织能够满足质量要求，而在质量体系中实施并根据需要进行证实的全部有计划的和系统的活动。

随着生产的发展，劳动分工愈来愈细，产品和服务愈来愈复杂，顾客在接收产品和服务时判断其是否满足要求也愈来愈困难。因此,组织需要向顾客提供其设计和生产的各个环节是有能力提交合格产品或服务的证据。质量保证就是有系统、有计划地提供这些证据的质量活动。就出版组织而言,质量保证可以分为外部质量保证和内部质量保证两种。外部质量保证是使读者确信组织提供的产品或服务能够达到预定的质量要求而进行的质量活动;内部质量保证是为了使出版组织内部各级管理者确信本组织本部门能够达到并保持预定的质量要求而进行的质量活动。为了提供这种信任,通常要对企业质量体系中的有关要素不断进行评价和审核,以证实该企业具有持续稳定的使产品或服务满足规定要求的能力。

(6)质量改进的实质是采取增强组织质量管理水平的持续不断的纠正和预防措施

质量改进是质量管理的一部分,致力于满足质量要求的能力,其措施包括纠正措施、预防措施和改进措施。质量改进是一个过程,通过质量改进,不断采取纠正和预防措施,出版组织现有的质量管理水平可以在控制的基础上提高,使质量达到一个新水平和新高度。值得注意的是,每一次质量改进不一定都能取得好的结果,产品的质量水平不一定得到提高,但它的目的是为了实现质量突破。

(7)系统有效的出版质量管理应通过质量管理体系进行

质量管理体系是质量方面控制组织建立方针和目标并实现目标的体系。体系是相互关联或相互作用的一组要素。因此,质量管理体系是建立质量方针和质量目标,并实现这些目标的一组相互关联或相互作用的要素的集合。通过质量管理体系,影响质量的技术、管理、人员和资源等因素都能够综合在一起,在质量方针的指引下,为达到质量目标而互相配合、努力工作。

质量管理体系包括硬件和软件两大部分。出版组织在进行质量管理时,首先根据达到质量目标的需要,准备必要的条件(人员素质、试验、加工、检测设备的能力等资源),然后通过设置组织机构,分析确定需要开发的各项质量活动(过程),再分配、协调各项活动的职责和接口,通过程序的制定给出从事各项质量活动的工作方法,使各项质量活动(过程)能经济、有效、协调地进行。这样组成的有机整体就是组织的质量管理体系。

出版组织可以建立一个综合的管理体系,其内容可包含质量管理体系、环境管理体系和财务管理体系等。

(8)基本概念间的相互关系

出版质量管理和质量策划、质量控制、质量保证、质量改进的概念是从属关系，它们都是一种活动：质量策划致力于设立质量目标，规定过程和资源；质量控制致力于达到质量要求；质量保证致力于提供信任；质量改进致力于提高满足质量要求的能力。只有将四个概念综合起来，才能反映质量管理所有的特性，因此它们是从属关系。也就是说，仅仅实施质量策划活动或质量控制活动或质量保证活动或质量改进活动，并不能说实施了完整的质量管理。

为了使质量管理职能中的质量职能活动能够切实有效地运转起来，首先要制定质量方针，然后建立质量管理体系，在组织措施上加以落实。也就是说，质量管理体系是以质量方针为基础、以质量目标为目的、有一套组织机构、所有员工都有自己的质量职责、按规定的程序进行工作和活动、将资源转化为产品的有机整体。它包括了质量管理的全部内容和要求。

第三节　出版质量管理的基本思路

根据图书质量产生、形成的基本规律，总结多年来图书出版质量工作的经验，结合出版产业发展中面临的一系列新问题，我们认为，出版质量管理的思路应当为：以引入 ISO9000 族标准质量管理体系为契机对图书出版进行全面质量管理，并在此基础上全面实施质量经营战略。

一、引入 ISO9000 族标准

ISO9000 族标准并不是产品的技术标准，而是针对组织的管理结构、人员、技术能力、各项规章制度、技术文件和内部监督机制等一系列体现组织保证产品及服务质量的管理措施的标准。因此，出版质量管理中引入 ISO9000 族标准，既是图书质量获得读者信任的前提，更是实现图书出版全面质量管理的基础。

1. ISO9000 族标准的产生

国际标准化组织（ISO）为适应国际贸易发展需求，在总结各国质量保证制度经验的基础上，经过多年工作，在 1987 年 3 月发布了 ISO9000：1987 系列标准——《质量管理和质量保证》系列国际标准。后经两次修订，国际标准化组织又在 2000 年 12 月正式发布了 ISO9000：2000 标准。

2. ISO9000 族标准简介

国际标准化组织 2000 年发布的 ISO9000 族标准由四项标准构成：ISO9000：2000质量管理体系基础和术语；ISO9001：2000 质量管理体系要求；ISO9004：2000 质量管理体系业绩改进指南；ISO19001 质量和（或）环境管理体

系审核指南。除四项核心标准外,ISO9000 族标准还包括技术报告和小册子,作为对质量管理体系建立和运行的指导性标准,也是 ISO9001 和 ISO9004 质量管理体系标准的支持性标准。

组织活动一般由经营、管理和开发三方面组成,在管理上又主要表现为行政管理、财务管理、质量管理等。ISO9000 族标准主要针对质量管理,涵盖了部分行政管理和财务管理的范畴,在机构、程序、过程和总结四个方面规范质量管理。

机构——标准明确规定了为保证产品质量而必须建立的管理机构及其职责权限。

程序——标准规定了组织的产品生产必须制定规章制度、技术标准、质量手册、质量体系操作检查程序,并使之文件化。

过程——质量控制是对生产的全部过程加以控制,是面的控制,不是点的控制。从根据市场调研确定产品、设计产品、采购原材料到生产、检验、包装和储运等,其全过程按程序要求控制质量。并要求过程具有标识性、监督性、可追溯性。

总结——标准指出组织应不断地总结、评价质量管理体系,不断地改进质量管理体系,使质量管理呈螺旋式上升。

3. 引入 ISO9000 族标准的意义

组织要具备完善的文件化的质量管理体系,保证生产的每一个环节得到控制,保证所提供的产品质量的持续可靠性,是 ISO9000 质量体系总的基本要求。此外,ISO9000 质量体系要求组织的管理克服人治的弊端,使其更公平、更透明,从而增强组织的凝聚力。因此,对于正处在转轨改制的我国出版业来讲,引入 ISO9000 族标准,建立质量体系,必然带来组织管理素质、员工素质和组织整体素质的提高,使整个组织在自我运行、自我监控、自我激励的机制中取得成功并得到持续改善。对于出版业来讲,引入 ISO9000 族标准,能够规范企业管理,帮助出版组织实现良性循环发展。

图书质量是出版企业的生命,有了质量信誉就会赢得市场,从而获得效益。尽管目前出版业还未推行 ISO9000 族质量标准认证,但引入 ISO9000 族标准,毫无疑问会提高图书质量,使组织在质量信誉上取得优势,形成良好的企业形象,提高出版机构的声誉和可信度。

作为质量认证制度,ISO9000 族标准已成为国际上发展国际贸易、规避非关税贸易技术壁垒、质量方面与国际接轨的重要手段。在许多行业中,国与国之间、企业与企业之间都把这一标准作为与供应商方面签订合同的主要要求，如果获得权威机构的认证，便会得到许多国家的普遍认可。虽然国际上还未在文化产业中普遍推行 ISO9000 认证，但我国已经加入 WTO，引入 ISO9000 族标准，按照标准组织出版活动，等于提前取得了进入国际市场的“通行证”。

除上述几点外，取得 ISO9000 认证，还会使出版组织建立以预防为主的思想意识，形成良性发展；不断建立自我检查、自我完善的机制，实现系统优化。树立预防为主的理念，能使组织在竞争中始终处于不败之地。

二、进行全面质量管理

全面质量管理（Total Quality Management，简称 TQM）是一种由顾客的需要和期望驱动的管理哲学。TQM 是一种以质量为中心，建立在全员参与基础上的管理方法，其目的在于长期获得顾客满意，以及组织成员和社会的利益。20 世纪 90 年代，国家新闻出版署在全面质量管理思想指导下，总结我国出版界图书质量控制经验，结合图书出版实践颁布了《图书质量保障体系》。多年运行实践表明，《图书质量保障体系》为保证图书质量发挥了重要作用。但是在出版实践中，大多数出版组织将《图书质量保障体系》作为一种规定来执行，以致其对提高图书质量的作用没有充分发挥出来。因此，面对日益严重的图书质量问题和出版业发展问题，我们有必要旗帜鲜明地对图书出版实施全面质量管理。

1. 全面质量管理的涵义

随着全面质量管理概念的产生和发展，其定义也在不断发展。全面质量管理创始人费根堡姆认为，全面质量管理是为了能够在最经济的水平上，并考虑到充分满足顾客要求的条件下进行市场研究、设计、制造和售后服务，把企业内各部门的研制质量、维持质量和提高质量的活动构成为一体的一种有效的体系。ISO8402 对 TQM 的定义是：一个组织以质量为中心，以全员参与为基础，目的在于通过让顾客满意和本组织所有成员及社会受益而达到长期成功的管理途径。比较两个定义，我们会发现二者的内涵是一致的，都强调全面质量管理是组织全员通过有效的质量体系对质量形成的全过程和全范围进行管理和控制的科学方法和途径，其目的是使顾客满意、组织成员和社会受益。

2. 全面质量管理的特点

全面质量管理是从过去的事后检验、以把关为主转变为以预防为主；从“管结果”转变为“管因素”，即找出影响质量的各种因素，抓住主要矛盾，发动各部门全员参加，运用科学管理方法和程序，使生产经营所有活动均处于受控制状态之中；在工作中将过去的以分工为主转变为以协调为主，使组织的各部门紧密结合成有机的整体。

采用全面质量管理对图书出版进行质量管理，要求做到“三全一综合”，即全面的质量管理、全过程的质量管理、全员参加的质量管理，以及综合采用多种多样的科学方法。

(1)对图书质量实行全面管理

全面质量管理是针对广义的质量概念而言的，它不仅要对图书质量进行管理，也要对工作质量、服务质量进行管理；不仅要对图书的内容进行管理，也要对图书的经济性、时间性和适应性进行管理；不仅要对物进行管理，也要对人进行管理。总之，是对各个方面的质量进行的管理。

(2)对图书质量实行全过程管理

如前所述，图书质量有一个产生、形成和实现的过程。全面质量管理的范围包括从市场调查开始，到选题设计、编校加工、复制生产和销售等，直到图书使用寿命结束为止的全过程。为了使读者得到满意的产品，并使产品能充分发挥其使用价值，不仅要对图书的形成过程进行质量管理，还要对其形成以后的过程乃至使用过程进行质量管理。把图书质量形成全过程的各个环节全面地管理起来，形成一个综合性的质量管理体系。

(3)对图书质量实行全员参加的质量管理

由于全面质量管理是对各方面和全过程进行的质量管理，所以它不仅是质量管理部门或质量检验部门的事，不仅是策划、编校、印制、供应、销售过程中有关人员的事，而且也是出版组织中各个部门所有人员的事。因为企业中从事党政工团、人保、教育、财务、总务、卫生、炊事、环保等各项工作的人员的工作质量，都直接或间接地影响着产品质量和销售服务的质量。因此，全面质量管理要求出版组织全体人员都来参加，并在各自的工作中参与质量管理工作。

(4)采用多种科学的管理方法和技术综合治理图书质量问题

全面质量管理采用的方法是科学的、多种多样的。伴随着信息时代的到来，在文化日益多元的背景下，读者对图书质量提出越来越高的要求，影响图书质量的因素也越来越复杂。其中，既有物质的因素，又有人的因素；既有技术因素，又有管理因素；既有自然环境因素，又有人们的心理因素；既有企业内部因素，又有企业外部因素。单一的管理方法不可能把这一系列的因素系统地控制起来，必须根据不同情况，区别不同的影响因素，采用多种科学的管理方法和技术，进行科学的管理和综合治理，才能真正做好全面质量管理工作。

3. 全面质量管理的基本理论观点

全面质量管理的理论可以归纳为“一个系统”、“四个一切”和“一个统一”。“一个系统”是指从系统和全局出发的理论观点；“四个一切”是指一切为顾客服务的观点，一切以预防预见为主的观点，一切用事实和数据说话的观点，不断改进、一切按 PDCA 循环办事的观点；“一个统一”是指质量与经济统一的理论观点。

(1) 从系统和全局出发

系统管理思想是全面质量管理理论的核心，其本质是对与质量有关的一切方面和一切联系进行全面研究和系统分析。系统管理思想要求人们在研究、解决质量问题时，不仅要重视影响产品质量的各种因素和各个方面的作用，而且要把重点放在整体效应上，通过综合分析和综合治理，达到整体优化，即用最小的投入，生产出满足顾客需要的产品，以取得最佳的经济效益。

全面质量管理是作为整体而存在的，由许多部分组成，系统的目的或特定的功能由许多目标（指标）形成。脱离了整体，其各个部分也就失去了作用。因此，在对图书出版进行全面质量管理过程中，不能离开整体去研究和协调各个组成部分，而应当从整个系统和全局出发，协调各项质量指标、各个过程、各项工作、各类人员，进行综合性的考察和研究。在一些相互矛盾的要求中，追求全局最优、整体效益最优，而不是追求某个局部最优，还要注意眼前利益服从长远利益。解决质量问题时，如果对目前和将来都有利当然最理想，如果目前不利但长远有利也是可取的，即从全局的和长远的利益出发。

(2) 一切为顾客服务

一切为顾客服务的观点是全面质量管理在服务对象上的指导思想。“服务对象”就是顾客。强调为顾客服务是全面质量管理的精髓。根据这个观点，出版组织一方面要开展市场研究，出版满足读者需求、让读者满意的图书，另一方面在图书使用过程中要为读者提供各种服务。此外，在出版组织内部，出版流程的下一个环节的对象就是上一个环节的顾客，工作对象就是顾客，服务对象就是顾客。例如编辑的工作对象是原稿，原稿就是编辑的顾客；校对员的工作对象是校样，校样就是校对员的顾客；校对是编辑的下一个工序，校对就是编辑的顾客；校对员服务的对象是编辑，编辑也是校对员的顾客。

(3) 一切以预防预见为主

一切以预防预见为主的观点是全面质量管理在工作方针上的指导思想。

“预防”是要把质量的隐患消灭在产品质量的形成过程中。一旦出现质量问题，就要进行充分的研究和分析，采取切实有效的措施，防止同类问题再度发生。

从产品质量形成看，图书质量是过程的产物。图书出版流程的每一个环节都承担一定的任务，图书质量是各道工序质量积累的结果。每道工序质量受到人、机器、材料、工艺方法、环境等因素的影响，要保证工序质量，必须控制影响工序质量的各种因素，变管工序结果为管工序因素，通过管工序因素以保工序结果。以预防为主，就必须在图书质量产生、形成和实现的每一个环节中充分重视质量。不仅如此，保证图书质量，还必须进行超前管理，即不仅要管好本工序，还要管好影响本工序质量的前面工序。

预见是指在设计过程中通过广泛的调查研究、周密分析，预测可能出现的质量问题，在产品设计中予以解决。全面质量管理要求质量管理的重点从质量把关转到预防，转到开发设计、生产制造上来。这不仅可以做到防患于未然，而且可以减少许多因质量问题而产生的不必要的浪费。对图书出版来说，重视选题策划设计的质量对提高图书质量具有极为重要的意义。选题策划设计是图书质量产生的重要阶段，选题设计上若存在质量问题，无论编校过程怎么严格控制，出版的图书总是存在"先天不足"。因此，选题设计过程必须严格按科学的程序进行，切实抓好选题设计过程的审核和鉴定，做到早期预警，把质量问题消灭于形成过程之中。在方法上，要充分利用数理统计等科学方法，揭示质量运动规律，使人们能从本质上认识、掌握质量情况，力争主动、可靠地生产出优质产品。在组织上，要建立质量管理体系，把影响产品质量的管理、技术及人员等因素有效控制起来，查明实际的或潜在的质量问题，尽可能预防和控制一切问题的产生。

(4)一切用事实和数据说话

一切用事实和数据说话的观点是全面质量管理在工作方法上的指导思想，其实质是实事求是，科学分析。这个观点要求深入实际，了解真相，用事实和数据说话，做到心中有数，不仅要知道有哪些影响因素，而且要知道各种因素对质量的影响程度，还要掌握一套对数据进行统计分析的工具，通过数据分析找出质量运动和变异的特征和规律，以切实有效地解决存在的问题。

需要注意的是，由于图书出版不同于一般物质产品的生产，出版质量管理中有许多现象不能用数据来表达，只能用事实来表示。但无论是事实还是数据都必须真实可靠，真正反映出质量运动的本来面目，而这样的事实与数据只有经过加工整理、计算、归纳、分类、比较、分析、解释、推断等，才能从本质上深刻反映质量运动的规律性，为质量管理提供正确的信息情报。

(5)不断改进、一切按 PDCA 循环办事

不断改进、一切按 PDCA 循环办事的理论观点是全面质量管理在工作程序上的指导思想。其实质是促使企业不断提高管理水平,改善产品质量,生产出满足顾客需要的产品。

PDCA 循环代表的是计划(Plan)、执行(Do)、检查(Check)、行动(Action),是全面质量管理的办事逻辑。随着社会的进步、科技的发展,人们对图书质量的追求也不断提高。不断追求质量改进是读者的需要,是社会发展的必然。所以,应当树立不断改进的思想,遵循产品质量运动的客观规律。具体来说,就是坚持持续不断的质量改进,在程序上严格按照 PDCA 循环办事。关于 PDCA 循环,我们将在"全面质量管理的工作程序"中详细介绍。

(6)质量与经济统一

质量与经济统一的理论观点,是指在不同的经营条件下,企业用尽可能小的劳动消耗,生产出满足顾客需要的优质产品,以获得尽可能大的收益的思想。其实质是探求质量与经济最佳配合条件,以最少的投入获得数量多、质量好的产品,是全面质量管理在企业经营管理上的指导思想。

根据质量与经济统一的思想,出版组织要开展质量成本管理,其主要内容是针对图书质量改进的所有经济活动领域进行质量经济分析,采用各种优化模式,找出最佳组合方案。具体来说,就是在图书质量的产生、形成和实现的整个过程中贯彻质量与经济统一的思想,谋求质量与数量、质量与消耗、质量与收益的最佳组合,优化选题,科学决策,做到出版的图书质量上适用、经济上合理,适销对路。通过质量成本管理,不仅可以从经济上衡量管理的有效性,还可以揭示质量改进的方向。

贯彻质量与经济统一的思想,要克服片面追求图书印装高指标的倾向,提倡在数量上、印装上、价格和交货周期一致的基础上追求最适宜的质量。贯彻质量与经济统一的思想,有利于提高企业管理水平与经济效益,有利于有效合理地利用资源,提高社会的整体经济效益。

出版机构要在向社会提供质优价廉的图书的同时为自己积累资金,为社会创造财富,就必须走质量效益型的道路。质量成本管理,是出版组织建立质量管理体系必须具备的要素之一。

4. 全面质量管理的工作程序

PDCA 循环是全面质量管理采用的合乎认识论的科学办事程序,反映了质量管理必须遵循的四个阶段。

(1)什么是PDCA循环

由“计划”(Plan)、“执行”(Do)、“检查”(Check)、“行动”(Action)几个词的英文第一个字母组成。

第一阶段为P阶段,即计划阶段。就是要适应顾客的要求,并以取得经济效益为目标,通过调查、设计、试制,制订技术经济指标、质量目标,以及达到这些目标的具体措施和方法。

第二阶段为D阶段,即执行阶段。就是要按照所制订的计划和措施去实践执行。

第三阶段为C阶段,即检查阶段。就是对照计划,检查执行的情况和效果,及时发现和总结计划实施过程中的问题和经验。

第四阶段为A阶段,即行动阶段。就是根据检查的结果采取措施,巩固成绩,吸取教训,以利再干。这是总结处理阶段。

(2)PDCA循环的特点

PDCA循环具有鲜明的特点,主要表现为以下几点。

①大环套小环,互相促进。PDCA循环适用于一切组织,不仅整个出版机构适用,出版机构中的各个部门和个人也适用。根据机构总的方针目标,各级各部门都要有自己的目标和自己的PDCA循环。这样就形成了大环套小环,小环里边又套有更小的环的情况。整个机构就是一个大的PDCA循环,各部门又都有各自的PDCA循环,具体落实到每一个又有更小的PDCA循环。上一级PDCA循环是下一级PDCA循环的依据,下一级PDCA循环又是上一级PDCA循环的贯彻落实和具体化。通过循环把企业各项工作有机地联系起来,彼此协同,互相促进。如图1-4所示。

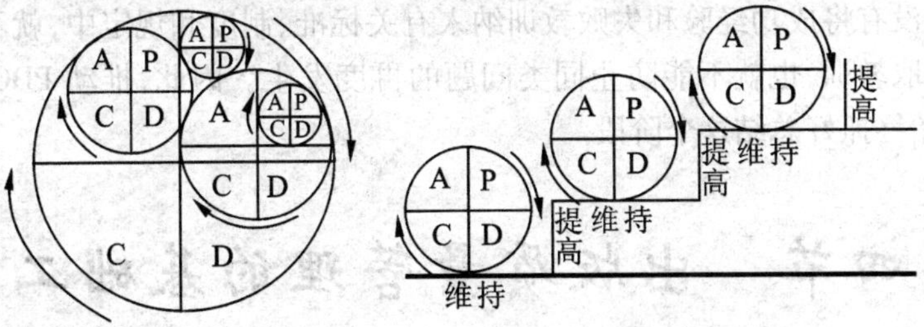

(a) (b)

图1-4 PDCA循环

②不断循环上升。四个阶段要周而复始地循环,而每一次循环都有新的内容和目标,因而就会前进一步,解决一批问题,质量水平就会登上一级新台阶,

一步步不断上升。

(3)全面质量管理的工作步骤

全面质量管理的程序可以具体划分为以下八个步骤。

P 阶段：

第 1 步，调查研究，分析现状，找出存在的质量问题。

第 2 步，根据存在问题，分析产生质量问题的各种影响因素，并对各因素逐个加以分析。

第 3 步，找出影响质量的主要因素，并从主要影响因素着手解决质量问题。

第 4 步，针对影响质量的主要因素，制订计划和活动措施。计划和措施应尽量做到明确具体。

D 阶段：

第 5 步，按照既定计划执行。

C 阶段：

第 6 步，根据计划的要求，检查实际执行结果。

A 阶段：

第 7 步，根据检查结果进行总结，把成功的经验和失败的教训分别总结出来，对原有的制度、标准进行修正，巩固已取得的成绩，同时防止重蹈覆辙。

第 8 步，提出这一次循环遗留的问题，并将其转到下一次 PDCA 循环中去。

(4)全面质量管理的关键

A 阶段是全面质量管理的关键，是质量管理从实践到认识、从认识到实践的两个飞跃的重要条件。A 阶段主要内容是总结，就是肯定成绩，纠正错误，提出新的问题以利再干。这是 PDCA 循环能够上升、前进的关键。如果只有前三个阶段，没有将成功经验和失败教训纳入有关标准、制度和规定中，就不能巩固成绩，吸取教训，也就不能防止同类问题的再度发生。因此，推动 PDCA 循环，一定要始终抓好总结这个阶段。

第四节　出版质量管理的基础工作

出版组织要开展质量管理，保证质量管理体系的有效运转，必须为实现质量目标和质量管理职能提供资料依据、共同准则、基本手段和前提条件。这些质量管理的基础工作，主要包括标准化工作、计量工作、质量信息工作、质量责任制和质量教育工作等，是质量管理工作开展的立足点和出发点，也是质量管理工作取得成效、质量管理体系有效运转的前提和保证。

一、标准化工作

标准是对重复性事物和观念所作的统一规定。它由主管机构批准，以科学、技术和实践经验的综合成果为基础，以特定形式发布，作为共同遵守的准则和依据。它是衡量产品质量和各项管理工作质量的尺度，又是组织进行各项生产技术活动和管理活动的依据。标准化是一个以制定和贯彻标准为主要内容的有组织的活动过程。从一定意义上讲，质量管理的过程也是标准化的过程。组织标准化的基本任务就是通过制定和贯彻标准，使组织的生产、技术、经营活动合理化，改进质量、提高效率、降低成本，以最少的投入实现组织的目标。

在推行和贯彻标准化过程中所遵循的标准可以按不同要求分类。

1. 按内容性质分类

按内容性质分类，可分为技术标准和管理标准两大类。

技术标准是对技术活动中需要统一协调的事物所制定的技术准则，是可直接用于衡量质量特性的尺度，是进行质量管理活动的重要依据。新闻出版总署发布的《图书质量管理规定》就属于技术标准。

管理标准是为合理组织、利用和发展生产力，正确处理生产、交换、分配和消费中的相互关系，以及行政和经济管理机构行使其管理职能而制定的标准。国务院颁布的《出版管理条例》就属于出版业的管理标准。就质量管理而言，凡与质量管理工作有关的管理程序、管理路线、岗位责任及工作方法等经过不断实践总结可以形成规范性行动准则的，都可以列入质量管理标准范围。

2. 按标准发生作用的范围分类

按标准发生作用的范围分类，可分为国际标准、国家标准、行业专业标准和企业标准。

国际标准是指国际标准化组织（ISO）和国际电工委员会（IEC）以及其他权威的国际组织所制定的标准。

国家标准是全国范围内统一的技术标准。在我国，国家标准由国家标准主管部门委托有关部门起草，经审查后由国家标准主管部门公布，全国范围内必须共同遵守。如国家语言文字工作委员会与新闻出版署联合发布的《现代汉语通用字表》，就是与出版活动有关的国家标准。

行业专业标准是全国性的各专业范围统一的技术标准，包括在全国同行业中适用的技术标准、产品质量标准和检验标准。行业专业标准由各行业专业主管部门发布或由有关部门联合发布，并报国家标准主管部门备案。如新闻出版总署发布的《图书质量管理规定》，就属于行业标准。

企业标准是由企业组织制定的技术标准。它包括尚未发布或不必要发布国家标准和行业专业标准的产品技术标准，以及为贯彻国家标准和行业专业标准或根据用户要求，需要补充和必须提高某些指标，由企业组织做出补充的某些技术规定和技术标准。

3. 按标准在生产过程中的作用分类

按标准在生产过程中的作用分类，可分为原材料标准、零部件标准、半成品标准、工艺和工艺装备标准、产品设计和试制标准、设备及其维修标准等。在出版活动中，一些出版机构发表的组稿标准就属于原材料标准，而不同校次校样差错率标准则可视为零部件标准。

4. 按标准对象特性分类

按标准对象特性分类，可分为基础标准、产品标准、方法标准、安全卫生和环境保护标准。基础标准是制定其他各类标准的依据，具有普遍指导意义。产品标准是对产品的结构规格、质量和检验方法所作的技术规定。方法标准是对生产、技术和组织管理活动中最佳方法所作的统一规定。安全卫生和环境保护标准实际上也是一种基础标准，其内容是规定的产品在设计、生产中能适应使用环境条件，规定产品应达到的安全要求，生产、使用中的排污极限，控制不符合规定的产品的生产和使用等。这类标准有时直接成为法律内容的一部分，由国家法律来监督和实施。

质量管理离不开标准。出版组织在开展标准化工作时应有专人负责，以“顾客第一”的思想为指导，坚持系统性原则，做到标准完整配套，标准之间、组织内标准和组织外标准之间协调统一；同时，注意标准的指令性、效益性和广泛性特点，并及时收集标准情报，保持标准的先进性。

二、计量工作

计量是用一种标准的单位量去测定另一种同类量的量值。计量工作包括计量检定、测试、化验和分析工作，主要是用科学的方法和手段对生产经营活动中量与质的数值进行掌握和管理。它对保证量值准确和统一、确保技术标准的贯彻执行及产品质量特性的测定有着直接的影响，是一项重要的技术基础工作。

计量工作既有技术方面的内容，又有管理方面的内容，大致包含三个方面：一是用于产品质量特性的测试分析等方面的计量；二是用于生产工艺方面的计量;三是用于销售经营活动方面的计量。做好计量工作应重点抓好以下几方面。

①计量器具和仪器的合理配置与使用。尽管图书出版计量测试主要依靠人工,但随着技术进步,许多计量测试工作可以交由计算机完成,因此,要按照选题设计、编校加工和装帧设计的要求合理配备计量检测设备,要避免配备的计量检测设备准确度过高而造成资金的浪费。

②合理确定计量检测设备的校准周期,坚持间隔校准制度,完善计量保证。各种计量检测设备在首次使用前应进行校准,通过测定和校准确定计量检测设备的误差符合要求后再投入使用。对自动控制计量检测设备的软件和程序也应进行验证,再根据计量检测设备的技术规范、使用方法及范围等各有关因素分别确定再确认周期。既要保证计量检测设备按规定间隔校准,确保其可靠性和准确性,又要尽量减少不必要的检定频率,合理延长确认间隔,降低检定的人力物力消耗。

③加强对计量检测设备的日常管理,建立健全管理制度。根据本组织的特点,对计量器具的检定、维修及生产流程和经营管理中的计量测试方法,建立健全的计量标准、量值传递系统和计量管理制度,具体规定计量器具的入库(工具库)检定、入室(工具室)检定、周期检定、返回检定、维修和报废等管理制度,防止不合格的计量器具投入使用。计量检测设备的管理制度包括计量人员岗位责任制、计量器具检定制度、量值传递制度、计量器具分级管理制度、周期检定制度、计量室工作制度、计量器具维护保养制度、计量器具损坏赔偿制度等。

④保证计量检测设备使用的环境条件,及时、正确处理不合格计量检测设备。

⑤健全管理机构,配备高素质的计量人员。机构和人员数量应与组织生产经营活动的要求相适应。

三、质量信息工作

质量信息是指质量活动中的各种数据、报表、资料和文件,是质量管理的耳目。

质量信息既包括文件、规定,也包括现场控制信息;既有涉及组织内部的信息,也有涉及组织外部的信息,内部信息包括各种有关质量问题的工艺文件、生产现场的控制信息、质量手册、程序和记录等,外部信息包括顾客的需求、市场变化、政府的相关政策法令、国内国外的技术标准等。

质量信息工作渗透于质量管理工作的全过程,是搞好质量管理不可缺少的一项基础工作。做好质量信息工作,可以使质量信息正确反映与质量形成有关的各种事物的特性和动态,以便确实地掌握客观世界的实际状况;可以满足质量管理组织之间和组织内部的沟通要求,使质量组织整体具有生机与活力;可以提供质量决策依据,为正确判断质量水平、保证产品质量创造条件。要使质量信息能够为组织的决策、运作控制、持续改进提供真实、准确、全面、及时和系统的信息,应抓好以下工作:确定各类活动对质量信息的需求;收集和获取所需的数据信息;对收集的数据进行分析;充分利用所掌握的信息资源;对信息的应用进行评估。

做好质量信息工作的关键是建立健全质量信息管理系统。质量信息管理系统是按照系统原理、控制理论和信息理论建立的一整套专门从事质量信息事务的管理网络,由信息源、信息中心、决策机构和执行机构等组成。它贯穿于组织的各项质量职能之中,成为组织各部门之间以及组织与外部供应厂商和客户之间质量信息联系的纽带。

组织进行质量信息系统的建立工作一定要遵循下列程序才能收到好的效果:确定系统的功能,建立信息中心和分中心;明确信息源,即信息的发生或发出的始端;规定信息流程,就是明确信息传递、反馈的渠道,确定输入输出条目、流向及时间的具体要求;确定信息传递与显示的方法;落实执行部门。

四、质量责任制

质量责任制是组织中形成文件的一种规章制度,规定了各职能部门和每个岗位的员工在质量工作中的职责和权限,是与考核奖惩相结合的一种质量管理制度和手段。质量责任制的核心在于明确职责、落实责任,使员工能更好地参与质量管理工作,确保产品质量。

1. 质量责任制的基本内容

质量责任制的基本内容至少包括各级领导的质量责任制、各职能部门的质量责任制和各岗位人员的质量责任制。责任制应形成文件,明确规定职责和权限、各部门与其他部门或岗位之间的工作接口,制定相应的考核和评价方法。有关规定应得到履行部门和人员的承诺,并让相关部门和人员周知。

2. 质量责任制的贯彻落实

贯彻落实质量责任制,要做好以下三项工作。

(1)培训工作

让每个员工都能熟悉:本岗位应该做什么、怎样做;工作要求达到的结果是什么,工作的好坏对结果产生的影响;所承担的工作的重要性;工作中会发生什么问题，如果发生，会导致什么结果；采取什么措施可以预防或防止问题的再发生。必要时，应有相应的操作规程或作业指导书等文件作指导。

（2）考核上岗

主要是对每个岗位人员适应岗位工作要求的能力和技能进行考核，考核合格者，具备岗位能力保证的方准许上岗。

（3）与激励措施相结合

贯彻落实质量责任制要与考评、奖惩等激励措施相结合，充分体现"责权一致"、"优质优价"的原则，以岗位责任制为基础，同各项工作标准结合起来，使质量指标在工资、奖金分配上具有否决权。

3. 质量责任制的建立健全

质量责任制的建立健全要与贯彻 ISO9000 族标准相结合。贯彻标准有利于质量责任制的进一步完善和落实。同时，贯彻标准中坚持和强化质量责任制，使质量管理体系的运行和控制得到了有力的保证。但要预防发生质量责任制的规定与质量管理体系文件的规定不一致的情况，如质量管理体系中的过程和活动的职责未能在岗位职责中体现，造成"两张皮"现象。

五、质量教育工作

质量教育工作是通过教育和培训使各岗位人员具备所需的素质和能力，以适应质量管理体系运行的要求。质量教育和培训主要包括质量意识教育、质量管理知识教育和专业技能培训。质量意识教育的内容包括质量的概念、质量对组织的意义、质量责任、质量进步等内容；质量管理知识教育的内容包括质量管理的基本原则、质量管理体系、国际标准、质量改进、统计技术方法、质量经济性、可靠性、安全性等内容。这些内容的培训应结合岗位工作的需要，分层次地进行。专业技能培训包括生产技术和技能的培训，让员工了解产品的特性、用途、工艺流程和检验办法等，使他们能不断提高业务工作能力。

要做好质量教育和培训工作，组织的最高领导者除了要真正认识到质量教育和培训的重要性并给予足够的重视外，还要注意掌握以下几个原则。

①质量教育和培训工作应以提高本企业产品质量、解决质量问题为中心，正确识别培训需求，使质量教育和培训系统化、规范化。

②质量教育和培训工作应在各级领导亲自策划下纳入各级组织的工作计划，从高层开始，然后逐层进行，有计划有步骤地开展适宜培训。

③质量教育和培训的教材应有针对性，教材要不断更新变化。

④重视师资的配备和培养。

⑤建立员工质量教育和培训的档案，完善管理制度。评价培训效果时注重其有效性，注意质量教育和培训的持久性。

【复习思考题】

1. 什么是质量？图书质量有哪些构成要素？
2. 图书质量产生、形成的客观规律是什么？
3. 简述质量管理的演变。
4. 简述图书出版质量管理的基本思路和基础性工作。

第二章　出版质量管理体系的建立

【本章重点】

质量管理原则的内容要点及其相互关系。

质量管理体系的概念、基本原理和特点。

出版质量管理体系的设计原则、基本框架和建立实施。

质量管理是出版组织管理的重要组成部分。出版组织若想经营成功，在市场上具有竞争力，就需要针对所有相关方的需求，建立、实施并保持持续改进组织业绩的管理体系，采取一种系统、透明的方式管理质量。

第一节　质量管理原则

向市场提供满足读者需要和期望的图书产品和相关服务，是出版组织存在和发展的前提。图书市场日趋激烈的竞争，最终必然归结为图书质量的竞争。因此，对出版组织来说，加强领导和实施质量管理显得越来越重要。2000 版 ISO9000 族标准在引言中提出的八项质量管理原则，是制定质量管理体系，成功地实施质量管理，达到预期效果的指南。

一、质量管理原则的内容及在出版质量管理中的实施要点

质量管理原则是制定 ISO9000 族质量管理体系标准的理论基础，最高管理者可运用八项质量管理原则领导组织进行业绩改进。这八项质量管理原则的内容及在出版质量管理中的实施要点如下。

1. 质量管理原则一：以顾客为关注焦点

根据 2000 版 ISO9000 族标准，八大质量管理原则的第一个原则是以顾客为

关注焦点:“组织依存于顾客,因此,组织应当理解顾客当前和未来的需求,满足顾客要求并争取顾客期望。”

ISO9000 族标准认为,顾客是接受产品的组织和个人,组织的生存决定于顾客。市场变化背后是顾客需求和期望值的不断变化、发展,组织采取必要措施以适应市场的变化,要落实到把握顾客当前和未来的需求上来,具体来说,就是要满足顾客不断发展的需求和期望,并且超越顾客的需求和期望,使自己的产品处于领先的地位。

为了贯彻“以顾客为关注焦点”的原则,组织一般要开展下列活动。

(1)明确自己产品的顾客及顾客关注什么

对出版组织来说,顾客既有作为图书读者的个人,也有作为经销商的各类组织。顾客的需求和期望主要表现在对图书产品的特性方面的要求上,比如图书内容的权威性、可靠性、可读性,图书按时交货能力、售后服务、价格等。这些需求和期望为出版组织的质量活动提供了目标。

(2)将顾客关注的因素转化为组织的质量目标并在组织内进行沟通

在明确顾客关注因素的基础上,组织要将顾客的需求和期望相结合,将顾客最关心的因素转化为组织的质量目标。不仅如此,组织还要将质量目标分解到相关职能和层次,通过内部沟通程序,将反映顾客需求和期望的质量要求和相关信息在组织内部进行沟通,达到充分理解。对出版组织而言,此项活动要求出版组织在图书的选题策划阶段就要进行相应的质量设计,提出质量目标,并将质量目标分解到组织的各相关职能部门,就如何贯彻质量目标在整个流程中进行商议沟通,让各相关环节都能充分理解质量目标。

(3)测量顾客的满意程度并根据结果采取相应的措施

顾客对某一事项已满足其需求和期望的程度的意见即顾客满意程度,可用多种方式进行测量。出版组织应当对读者和销售商的满意程度进行测量,并根据测量的结果制订出需要实施的活动计划或进一步改进的措施。

(4)理顺与顾客的关系,兼顾顾客与其他相关方之间的利益关系

产品是组织与顾客联系的纽带,组织依存于顾客而存在的商品交换关系是组织与顾客最基本的关系。除此之外,组织的员工、所有者或投资者、供应方或投资伙伴、债务方、政府和社区社会,每个与组织有关的相关方都会对组织提出不同的需求和期望,组织也会为所有相关方带来不同的利益。毫无疑问,出版组织应当处理好与顾客的关系,但同时也要考虑其他相关方的利益,采取相应的措施,兼顾所有相关方的需求和期望,让他们满足各自的需求和期望。

2. 质量管理原则二:领导作用

质量管理的第二个原则是领导作用。所谓领导作用,就是领导者确立组织统一的宗旨和方向。领导者应当创造并保持使员工能充分参与实现组织目标的内部环境。

(1)质量由出版社最高管理层决定

领导者负责指挥和控制组织和下属的人员,具有一定权力。根据管理的领导作用原则,质量应当由出版组织的最高管理层决定。正如手臂不能取代大脑一样,没有人可以替代最高管理者。质量低下、管理混乱是质量管理部门的失职,更是最高管理者的缺位。最高管理层不仅是解决问题的关键,更是造成问题的主因和根本。只有出版组织最高管理层承担起改进质量的责任,质量管理才会有效。改进质量的根本是改进管理,建立质量价值观。因此,出版组织最高管理层必须针对以下问题做出选择:是着眼长远,以质量取胜,还是以短期的经济收益为单一的奋斗目标?是鼓励团结合作,推崇统一的价值观,还是鼓励内部竞争,坚持以财务数据衡量一切?是勇敢地面对市场变化,承担一定风险进行改革创新,还是回避矛盾、拖延时间?

在确立正确的质量观之后,出版组织最高管理层应考虑所有相关方的需求和期望,并考虑如何制定相应的政策和策略来满足这些需求和期望。在此基础上,最高管理层要通过制定组织的质量方针来清晰地描述组织未来的愿景,并制定可测量的、经过努力可实现的、具有挑战性的并能使组织获益的质量目标,还要将质量目标展开到组织的各部门、各层次,实施为达到目标所需的发展战略。与此同时,最高管理层要通过创造并坚持一种共同价值观和职业道德伦理观念,培育健康向上的企业文化。领导者还要为员工创造一个较宽松、和谐的环境氛围,在组织的各个层次提倡公开和诚恳的交流与沟通。不仅如此,最高管理层还要赋予员工职责范围内的自主权,肯定员工的贡献,自觉为员工提供所需的资源和培训。

出版组织贵在创新,实施质量管理的"领导作用"原则,既规定了工作准则,又可以创造并保持宽松、和谐、有序的环境,全体员工能够理解组织的目标并努力去实现这些目标。更为重要的是,实施质量管理的"领导作用"原则,所有活动能以一种统一的方式进行评价、协调和实施。领导者可以通过推广先进经验促进持续改进。

(2)最高管理者应是质量管理的专家

做质量管理专家,是出版组织的最高管理者的基本认识。如果领导者不能以身作则，积极参与质量改进，员工就会把质量管理当做短暂性的活动，只是为了应付考核或评审，而不会产生任何实际效果。质量管理活动必须在最高管理者的指导和推动下，得到出版组织全体成员的认同和参与。

在日常工作中，最高管理者应通过学习，使自己成为质量管理的专家。为使质量管理活动真正产生效果，就要求人们改变传统思维模式、思想观念、处世态度和行为方式，而这些改变是不可能一蹴而就的。如果没有这样的思想准备，质量管理活动就难以持之以恒地开展下去。如果最高管理者没有坚定的质量信念和远见，在遇到困难和问题时也就难以保持清醒的头脑。

在遇到重大质量问题时，不仅质量管理部门和质量管理者要开动脑筋予以解决，最高管理者也要直面问题，协调各种关系，坚定地支持质量部门采取纠正或预防措施，为从根本上解决质量问题提供必要资源，以持续促进质量改进。

(3)管理层各部门之间横向沟通

解决质量问题，需要管理层领导之间充分交流，以创造坦诚交谈的气氛，保证出版组织的全体员工、各部门之间进行无障碍沟通。为此，最高管理层内部首先要开诚布公。当质量管理工作涉及几个部门时，最高管理者要发挥衔接断层的职能，施展沟通的技巧，发挥协调的功能。

(4)做领导者，而不是仅做单纯的管理者

我们常常将“领导者”和“管理者”当做同义词来理解，但实际上二者的差别是很大的。首先，管理与领导的差异就好比行为与思想的差异：管理是有效地把事情做好，领导则是确定所做的事是否正确；管理是在成功的阶梯上努力往上爬，领导则指出所爬阶梯是否靠在正确的墙上。因此，管理者关注效率、方式和短期效应，而领导者关注方向、远景、目标、意图、效果。进一步说，管理者告诉员工什么可以做、什么不能做、怎么动手去做，而领导者则清楚地描绘出组织远景构想来激发人们的努力。

对出版组织领导者来说，不做单纯的管理者尤为重要。创新是出版的灵魂，将领导者的管理行为理解为监视部下的工作，不给基层以决策的机会，总是在复杂事务的细节里打转，只能使员工的创造灵感消失。出版组织在发展渐趋缓慢的时候，更需要领导者来创造增长。在低增长年代，领导者越有挑战的勇气，出版组织就越能在逆境中取胜。

(5)创造和谐的内环境

出版组织的内环境包括出版组织的运行条件和组织文化。运行条件是维持运行的必要条件，主要是指人员、组织结构、设备设施、薪酬、运行机制以及各种内部管理制度。领导者不仅是宗旨和方向的指引者，也是出版组织内环境的创造者，他们的价值观对出版组织文化起着主导作用。质量管理的“领导作用”原则，要求出版组织的领导者营建透明、开放、合作、学习、敬业、质量至上、创新的企业文化。要通过领导活动创造平等和谐的气氛，让员工感到自己处在积极的社会秩序的核心；通过领导活动增强员工的工作意愿，激发他们工作的积极性、信心，促进他们在工作中学习和发展，促使他们在统一的意愿下密切地合作；通过领导活动使出版组织员工体验到“家”的感觉，彼此信任，彼此依赖；通过领导活动使员工获得成就感和满足感。

3. 质量管理原则三：全员参与

“全员参与”原则规定，各级人员都是组织之本，只有他们的充分参与，才能使他们的才干为组织带来收益。

(1)出版组织管理应以人为本

员工是任何组织中最活跃的因素。由于出版活动具有经济和文化双重属性，员工的集体创造力成为出版生产力中最重要的因素。从基层员工到部门负责人，他们都是出版组织最宝贵的财富。对出版组织来说，质量的不断改进不仅来自决策层，更要依靠实施层。编辑、校对员和营销业务员是直接面对作者、读者、客户等的具体操作人员，常常比决策层更了解情况，知道怎样把事情做好。因此，出版组织应当信任自己的员工，依赖、爱惜自己的员工，并且经过教育培训，使员工认同出版组织文化，使员工以自己的劳动成果为荣，以工作为乐，以自己的出版组织为骄傲。但是，员工对工作的热情、对组织的忠诚、团队精神和力求精益求精的责任感，这些对出版组织来说是最重要、最有价值的东西，又是很难量化评估的。所以，出版组织的管理应当以人为本，依靠每一位员工，让大家始终保持活力，鼓励他们不断学习、不断成长，从而激发出他们内在的工作热情。只有这样，员工价值才会不断增大，出版组织的收益才会倍增。

(2)管理的第一个工作就是提高人的质量

出版组织质量管理的根本是人员的质量管理，只有高质量的编辑出版人员，才能创造出高质量的图书产品。因此，出版质量管理的首要工作就是从建立质量意识、培养识别问题的能力、培养解决问题的能力、培养实施解决方案的能力等方面，全面提高编辑出版人员的素质。

针对质量问题，出版组织需要对员工进行持续不断的质量教育。作为信息时代精神产品的生产者，编辑出版人员需要不断学习。通过对编辑出版专业知识和质量管理科学的学习，员工不仅可以获得知识，在思想方法上也会受到深刻影响,有时后者甚至更为重要。诚然,编辑出版人员自学是提高素质的一条重要渠道,但自学带来的偏差也可能会造成持续的错误。因此,不注重员工培训,一味使用员工几乎就是涸泽而渔。鉴于这种情况,出版组织管理者最重要的工作是经常教育和培训员工。

(3)提高质量和专业水平应成为全体员工的共识

面对日益严峻的质量形势,许多出版机构都建立了专门的质量管理部门,但几年工作下来效果一般。通过访谈调查,分析其中问题,我们发现这些机构的员工都普遍存在一种错误的认识:质量管理是质量工作者的专业,其他人只要了解与自己岗位相关的知识就可以了。

其实,古往今来,出版就是在不断与差错斗争、不断谋求提高质量中发展起来的。出版行业有一种优秀的质量文化,那就是无论是编辑对于原稿,还是校对员对于校样,人人都对质量负责。这一点,与全员参与的质量管理原则不谋而合。

质量管理是每位员工必修的基础课,出版组织必须让质量管理的思想深入人心,被出版组织大多数员工接受,使提高质量和专业水平成为全体员工的共识。要让全体员工明白,质量管理不仅是质量工作者的专业,每一员工都要充分认识到自己贡献的重要性和在出版组织中的作用,不断挖掘自己的潜能。每个部门管理者不仅要是自己所负责部门领域的专家,还要接受系统的质量管理相关知识的培训,在质量管理和专业技术水平两方面都成为具有领导力的管理者,帮助、带领并激励员工,引导员工不断提高质量和专业水平。唯有如此,出版组织的质量方针才能得以切实贯彻和执行。

(4)积极参与,勇于承担责任

组织的质量管理活动是通过各部门、各层级人员参与检测产品实现过程及支持过程来完成的。过程的有效性主要取决于各层级人员的质量意识、工作能力和主动精神。

贯彻"全员参与"原则,能使员工了解自身贡献的重要性和在出版组织中的角色,接受所赋予的权限并承担相应职责,识别出版组织对自身活动的约束,树立工作责任感,主动解决各种问题;同时,使每位员工主动寻找机会接受教育、培训,增强能力、技巧、专业技能,扩展并分享知识和经验。

员工在工作中出现失误是在所难免的,特别是以创新为灵魂的出版组织,每位员工从新手成长为有经验的编辑出版人员,必须经历失误乃至失败的磨炼,越是高层的管理者,经历的磨难也就越多。因此,出版组织要允许员工失误,要勇敢地承担起员工业务失误的代价。

另一方面,对每位员工而言,除了积极参与出版组织事务外,也要勇于面对失败,承担责任,为自己的行为和结果负责。无论最高管理者还是普通员工,只有勇于承担责任,承认问题,解决问题,才能得到成长。反之,欺上瞒下、相互不信任的环境,则会扼杀员工的创造力。

(5)让人人参与

著名的马斯洛需求金字塔描绘了人类五个层次的需求,即生理需求、安全需求、爱与归属需求、尊重需求和自我实现。美国著名社会心理学家马斯洛(Abraham Harold Maslow)认为,当一种需求得到相当满足后,更高的需求就会出现,这成为推动人继续努力的内在动力,而已被满足的需求则会减弱,甚至被遗忘或否定。出版活动的本质是将作者个体化的精神劳动转化为社会化的文化活动,以创新为特点的精神劳动是出版工作的一大特点。从事精神劳动的编辑出版人员,爱与归属、尊重和自我实现的需求尤为强烈。全员参与,让员工有决策权,使他们感觉到自己是出版组织的主人或拥有者,激发他们的工作热情和效率,才能为出版组织发展注入原动力。不断应对新的挑战,发现自我,超越自我,在事业上不断创新,大显身手,得到公众的认可,是每位员工心底的渴望,也是个人价值的体现。

(6)让决策权延伸到基层

对以精神生产为主的出版组织来说,为解决日常问题而出谋划策并非领导者的专利。贴近实际工作的基层员工拥有巨大的创造力和创新精神,他们针对组织的战略、管理的建议一旦被采纳并付诸实施,就会更加尽职,主动地提高工作效率。促使员工将他们掌握的情况和盘托出的最佳方式,就是授予他们更大的权力。而仅仅按照管理者的指示按部就班地执行,出版组织员工就很难主动多做工作。

在某些出版组织,决策层事必躬亲,甚至例行公事都必须经过层层审批,这种复杂的制度带来的烦琐手续降低了效率,基层管理人员和员工要在解释和等待之中消耗大量时间,这就阻碍了组织的发展,是不符合"全员参与"的质量管理原则的。

4. 质量管理原则四:过程方法

所谓过程方法,就是将活动当做过程来管理。正如ISO9000族标准所言,"将活动和相关资源作为过程进行管理,可以更高效地得到期望的结果"。

(1)质量形成于过程

ISO9000族标准提出:"任何使用资源将输入转化为输出的活动或一组活动

可视为一个过程。”通俗地说，过程就是通过把人员、设备、设施、资金、程序和材料组织起来，获得预期的结果。为使出版组织有效运行，必须识别和管理许多相互关联和相互作用的过程。通常而言，一个过程的输出直接形成下一个过程的输入。例如，出版组织组稿的输出是审稿的输入，编辑加工输出是排版制版、校对输入之一。ISO9000 族标准将系统地识别和管理组织所应用的过程，特别是将这些过程之间的相互作用称为“过程方法”。

过程包含一个或多个将输入转化为输出的活动，质量形成于产品产生的全过程。出版流程中任何一个问题都会影响整个过程和结果，每一过程对其下一过程的影响通常是不可逆转的。因此，在整个出版流程中，出版组织要管理好每一个过程，以“斩草除根”的态度解决问题，确保下一过程的满意度。

“过程方法”的原则，不仅适用于出版组织质量管理中某些较为独立和单纯的过程，也适用于由许多过程构成的过程网络。以过程网络的形式来描述其相互关系，并以顾客要求为输入，以提供给顾客的产品为输出，通过信息反馈来测定顾客感受程度，进而评价出版组织质量管理体系的业绩。

(2)识别并控制过程

出版活动的最终目标是提供合格的图书产品。合格的图书产品是通过实现相关的质量活动或过程来完成的，方针、目标确定之后，就应该结合出版组织自身的特点，明确图书质量形成的全过程，尤其是关键过程。

图书出版流程可归纳为选题—组稿—审稿—编辑加工—装帧设计—发排—校对—付印—印制。出版组织应根据不同类型的图书产品，对照标准要求来分析现状，结合组织机构设置情况、各类人员素质和配备情况、设备状况、设施和环境条件及质量管理现状等，确定出图书质量形成的过程并加以控制。例如，同样是选题工作，不同类型图书的出版活动是有区别的。文艺图书的选题工作强调发挥作者个人作用，教科书选题则要求发挥在编辑组织下的研发群体的作用。因此，出版组织应在程序中体现出不同的实现过程，并在实施中予以控制。

(3)细分过程，建立标准作业程序

每个过程通常可以分为一系列子过程，一个过程可能包含多个纵向(直接)过程，还可能涉及多个横向(间接、支持)过程，当逐个或同时完成这些过程后，才能完成一个全过程。以选题质量的实现过程为例，其纵向过程通常包括以下三个子过程：选题质量策划，即分析读者对选题功能的需求，提出选题质量目标；选题质量设计，即确定选题设计程序，划分设计阶段，编制组稿、编校、装帧、印制各环节的质量控制方案;选题质量论证,也就是选题质量经济分析评价,即分析评价选题设计缺陷。横向过程通常包括两个子过程:管理过程,即组织结构、文件控制、内部审核、管理评审等;支持过程,即资源配置、量值溯源、分包(必要时)、外购、培训等。如图 2－1 所示。

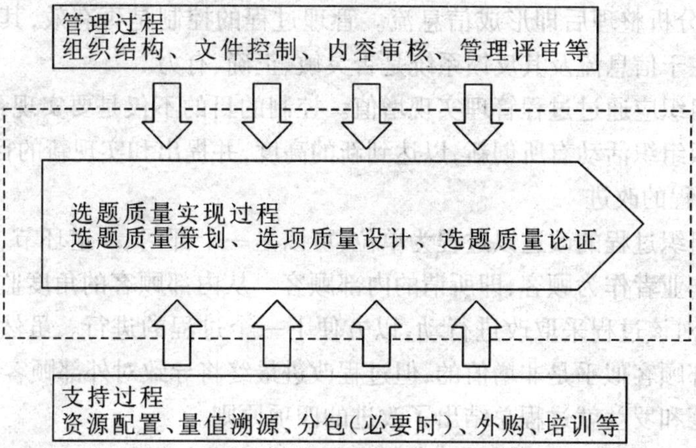

图 2－1　过程方法示意图

在过程的设计中,出版组织要尽量使系统和过程标准化。标准化的系统和过程必须是明确的、高效的、可复现的,以便能更快捷、更高质量地完成工作。设计和建立标准化过程不仅仅是建立粗线条的流程,还要建立标准作业程序(Standard Operation Procedure),包括过程的所有作业细节。明确预期的结果、细化操作的过程,就要把流程细化,把过程标准化,这样过程的输出具有一致性,出版组织才能确保得到无误的结果。

出版组织的每个过程都应标准化。例如,接听电话时询问顾客要求应有标准用语;报告的编排以及表头应尽量标准化。

(4)应用"过程方法"原则管理过程

出版组织质量管理的过程以顾客的要求为输入,经过组织与管理职责的设计、资源管理、出版过程的实现、分析与改进,以提供满足顾客要求的服务为输出,形成封闭环,最终达到不断改进。

管理任何一个过程的过程方法包括:系统地识别过程中的所有活动;明确管理这些活动的职责和权限;识别组织职能之间与组织内部活动的接口;注意能改进组织活动的各种因素,如资源、方法、材料。"过程方法"原则应用于出版组织,体现在质量管理和图书产品的实现两个方面。

出版组织质量管理活动的控制，是一个完整的复杂过程，包括确立目标、衡量成效和纠正偏差。质量管理系统实质也是一个信息反馈系统。通过信息反馈，揭示管理活动中的不足之处，促进系统的持续调整和改革，使其逐渐趋于稳定、完善，直至达到优化的状态。管理活动中的信息来自于管理要求和技术要求，信息经分析整理后即形成信息流。管理过程的控制是否有效，其中一个关键环节就在于信息流及其反馈系统是否灵敏、正确、有力。

出版组织应通过过程管理实现增值。控制的目的不仅是要实现预期目标，还要使出版组织活动有所创新，以达到新的高度，并提出和实现新的目标。

(5)过程的改进

出版组织过程的改进以过程为单位，可以是一个部门、一道环节，它把下一个过程或作业者作为顾客，即所谓的内部顾客。从内部顾客的角度监视过程是否合理，并对该过程采取改进行动，以方便下一个过程的进行。虽然有的过程输出对外部顾客似乎是非增值的，但过程改进最终将导致对外部顾客的增值。

裴帕德和罗兰就过程总结出了改进的四项原则。

①删除不必要、不起作用、可有可无的过程或活动。

②简化过程、程序、活动及内部流程。

③整合相互关联的子过程、内部流程、部门或工作活动。

④使重复、乏味、危险、超过人体能的作业过程自动化。

5. 质量管理原则五：管理的系统方法

ISO9000 族标准规定的质量管理的第五个原则是管理的系统方法，即“将相互关联的过程作为系统加以识别、理解和管理，有助于组织提高实现目标的有效性和效率”。

(1)系统由过程构成

把相互关联或相互作用的一组要素称为系统或体系。系统内各要素的排列、关联及构成方式决定了系统的结构，系统的结构决定了系统的功能。从系统的角度来分析，出版活动是一个以流程形式将一系列过程联系到一起的系统。

过程效率的有效性与不断改进的管理、全面质量控制、解决问题的能力、发展并不断改进文化和质量管理并称为质量的五个源泉。出版组织就是要以改进过程的有效性和提高效率去满足顾客的需要。有效性包括信息的流通、原因和结果关系的不确定性及信息反馈的时间跨度。效率包括所需要的时间、所花费的最低成本以及适应性。

质量管理的系统方法，是围绕某一设定的质量方针和质量目标，确定实现它的关键活动,识别由这些活动构成的过程,分析这些过程之间的相互作用和相互影响的关系,按照某种方式或规律将这些过程有机地组成一个系统,管理这个系统,使之能协调地运行。

管理的系统方法和过程方法是既相互联系,又相互区别的。系统方法和过程方法都以过程为基础,都要求对各个过程之间的相互作用进行识别和管理,促进过程和体系改进,以提高实现目标的有效性和效率。但是,系统方法着眼于整个系统和实现总目标,使得组织所策划的过程之间相互协调和相容,实现出版组织整体优化。过程方法着眼于具体过程,关注的是过程控制和运作,对其输入和输出、相互关联和相互作用的活动进行连续的控制,以实现每个过程的预期结果。

(2)运用系统理论和系统方法处理问题

图书出版系统是一个复杂的系统,许多过程(要素)相互作用,利与弊紧密联系在一起。采用部分最佳就是整体最佳的分割式思维方式,带给我们的往往是顾此失彼,尽管某些方面的工作可能很完美,但图书质量未必有所提高。例如,我们常常会遇到这样的问题:为了创造经济效益和减少单品种核算的成本,出版组织出台了新的鼓励措施,于是,在利益驱动下,有的部门或员工在选题设计上忽视读者的实际需求,在审稿和排版过程中降低了应有的质量要求,在编校过程中忽视了预防措施,最终导致出版的图书质量下降。

因此,为了改进过程的有效性和提高效率去满足顾客的需要,出版组织的管理者就必须自觉地运用系统理论和系统方法,对过程进行系统分析,进而优化管理的整体功能,取得更好的质量管理效果。此外,在出版系统中,一项方针或政策的出台,经常会导致人力、物力、财力、技术等资源的重新配置,出版组织的员工之间围绕资源重新分配会发生新的相互作用。这不仅要求管理者把握整体,用系统分析的方法实施出版组织管理,也要求每个员工以系统思考的方法来观察、看待和处理问题。

(3)管理者职责

在管理过程中运用系统理论和系统方法,管理者要懂得质量管理是一个系统,是出版组织这个更大系统的组成部分。在这个系统中,高级管理层和中级管理层的职责是不同的。

在一个中等规模的出版组织中,高级管理层组成战略计划系统,中级管理层为战略计划提供决策支持,并具体组织出版组织的业务操作。高层管理者是优秀组织文化的倡导者,是质量方针和质量目标的主持制定者。操作层面的管理者应积极推动出版组织部门间的沟通与合作，强调并在基层推行效率哲学，成为质量小组领导和团队的促进者；还应主持建立标准作业程序，培训和促进员工利用各种沟通渠道提出建议，展示向上级报告的写作能力。

(4)质量问题往往出在系统上

出版组织组织文化的核心之一，就是强调工作人员的责任心。因此，当出版组织暴露出质量问题时，我们往往首先从员工的责任心上找原因，解决质量问题的办法也是对员工进行责任心方面的思想教育。但是，这种做法往往事倍功半，每一位出版人对此都深有体会。

系统科学认为，变动性是一种不可避免地存在于系统每个输出之间的差别，引起变动性或变异有来自系统本身的普通原因和由个别因素造成的特殊原因两种。为了保证产品质量，就要对系统加以控制，以便识别和减少变动性。要改进系统的能力，就要找出引起变动性的原因，识别其是来自普通原因还是特殊原因。我们可能会错误地把变动性的原因全部归结为特殊原因，而事实上，没有规律性的变动常常是由系统本身造成的。管理大师戴明曾经估算，在绝大多数的系统或业务情况下，94%的问题来自于系统本身，而只有6%来自特殊原因。因此，当出版组织暴露出问题的时候，绝大多数是出在质量管理体系和程序的规定上，而不是员工身上。不了解系统是有能力限制的，不了解系统的稳定性，不了解引起系统变动性的原因，就会把系统原因引起的质量问题当做是特殊原因引起的，把绝大多数情况下由质量系统本身造成的问题转至对系统无能为力的员工身上。

有鉴于此，当严重质量问题出现时，首先应当分清是系统原因还是特殊原因导致的，再在此基础上系统解决质量问题。在任何一个趋于稳定的系统中，如果问题的出现是由系统本身引起的，管理者要对此负责。

(5)不能将改进质量的希望寄托在大规模检查上

为了改进图书质量，许多出版机构都热衷于大规模质量检查。但是从系统的角度考虑，这种方法的作用是极其有限的。因为它只是阻止错误的结果到达顾客手中，而在人力、物力上消耗过多(例如造成返工)，如果使用不当，还会干扰稳定的出版组织系统。因此，管理者要保持足够的耐心，用系统的观点去思考，从系统上着手解决问题，运用知识和洞察力，去追求优良系统的维护、改进和创新。完善的体系，会让平凡的人也做出不平凡的事。

6. 质量管理原则六：持续改进

ISO9000族标准规定，持续改进总体业绩应当是组织的一个永恒目标，这是质量管理的第六个原则。

持续改进就是增强满足要求能力的循环活动。顾客的要求是动态进步的，体系停滞在一个水平上，势必会带来顾客的不满意，因此要持续改进，不断提高满足顾客要求的能力。持续改进是在体系运行达到稳定状态之后的事，关注的是改善服务、减少浪费、降低成本、提高有效性和效率等。持续改进是一个永恒的主题，永无止境。

(1)改进的机会永远存在

由于持续改进是永无止境的循环活动，所以出版组织员工每天都要思考：今天的工作哪一部分要优先处理？哪些缺点要优先改正？发掘问题首先要从发现工作本身的性质和与自己工作有关的前因后果来理解和认识。如果充分了解本部门与管理部门对自己的要求，以及自己工作的目的，往往能够想出提高效率的方法。

如果在自己工作范围内找不出改进方法，就从与自己有关的过程来反观自己的工作，这样往往能发现许多需要反省改进的地方。例如，有些出版组织基层管理者从对"人力不足"、"编校人员知识结构不合理"的不满意，发掘出"合理搭配不同学科编辑人员"等应对措施。

值得注意的是，改进的方法若不与同事商量、合作，就不可能取得预期的效果。而照搬照抄前人的经验，也未必能成功。以现有的手段为基础，同时吸取别人的经验与建议，就不难找出问题所在。这正是质量管理强调的研究精神。

(2)通过不断学习研究持续改进

持续改进实际上是一个出版组织不断树立目标、实现目标，然后再提高目标、达到新的目标的循环过程。管理者和员工只有不断学习知识和新技能，承担新责任，自发、主动、积极、肯干，挑战墨守成规的做法，才能树立新目标，实现新目标，持续寻找改进的机会。

PDCA 循环可以使方法和过程得到持续改善，适用于任何过程，并能找到系统问题的特殊原因，持之以恒地改进质量。不断改进循环，就是从寻找机会，决定做什么开始，明确改进的议题；进而选择、组成、改进团队；然后研究目前的系统和情况，分析原因，计划改进；接着执行改进计划，研究变化的结果，对改进后的系统进行标准化；最后评估系统，计划未来。针对部门或环节问题，出版组织可以运用 PDCA 循环进行小系统改进，以此迅速扭转一个工作循环的表现。但是对于涉及多部门多过程的大系统改进，则需要出版组织拟订深入细致的计划，运用系统性的方法和工具来实施。

(3)持续改进的前提和必备条件

持续改进是有前提的,出版组织管理层必须制定政策、规章制度、指示和程序,用培训和纪律来保证每一个员工有能力守纪律。持续改进必须具备一定条件,出版组织管理层要建立标准化的工作方法、循环时间和库存系统。

值得强调的是,出版组织要发扬自身优良的质量文化,教育员工将持续改进作为自己的生活方式,让自己每一天都在持续改进中度过。作为组织的管理者和组织者,还要特别注意制定策略,制定良好的解决问题的过程方法,制定规范,使每一位员工都用统一的基本方法来解决问题。

(4)管理者和员工在持续改进中的角色

在持续改进中,出版组织管理者和员工扮演着不同的角色。

高层管理者的首要任务是坚定不移地把持续改进作为组织的战略决策,分配持续改进所需的资源,为持续改进提供帮助和指导。高层管理者要制定持续改进的政策和跨职能部门的目标,并通过部署和审查实现持续改进的目标。此外,还要建立系统程序和组织结构来支持改进。在日常管理工作中,高层管理者还要定义正常状态,即统计控制下稳定系统的状态,通过培训对异常性的变化做出反应。

中层管理者在持续改进中要根据高层管理者的指导,部署执行持续改进目标,利用持续改进提高各职能部门的实际工作能力。中层管理者承担着建立、保持并提升标准的任务,还要通过强化培训计划,大力加强员工的持续改进意识,帮助员工提高工作技能和解决问题的能力。

在持续改进中,基层(低层)管理者通过持续改进发挥职能作用,明确持续改进计划,为员工提供指导。在工作中,基层管理者要改进与员工的交流,保持高昂的士气,要支持小组活动和个人建议系统。更为重要的是,基层管理者要提出工作标准,并提供持续改进建议。

在持续改进中,出版组织员工要通过建议系统和小组活动(质量圈),积极参加持续改进的活动。要在实践中体现工作质量标准,不断提高自觉性,努力成为能更好解决问题的人。此外,还要加强工作技能和提升职业表现,努力成为多面手。

(5)持续改进的具体工作

持续改进的具体工作包括下列七项活动:分析和评价现状,以识别改进区域;确定改进目标;寻找可能的解决办法,以实现这些目标;评价这些目标并做出选择;实施选定的解决办法;测量、验证、分析和评价实施的结果,以确定这些目标已经实现；正式采纳更改。

必要时，对结果进行评审，以确定进一步改进的机会。从这种意义上说，改进是一种持续的活动。顾客和其他相关方的反馈以及质量管理体系的审核和评审，均能用于识别改进的效果。

7. 质量管理原则七：基于事实的决策方法

基于事实的决策方法是关于质量管理的第七个原则。在管理中，事实通常是用数据表达的，因此，ISO9000 族标准规定，有效决策应当建立在数据和信息分析的基础上。

（1）统计分析数据和信息，用统计质量控制解决问题

管理科学认为，数据是用数字表达的事实，信息是有意义的数据。统计质量控制（Statistical Quality Control，简称 SQC）理论告诉我们，对于偶发不稳定事件的管理最有效的办法是数据化。数据化就是尽量将事件用数值表示。没有数字观念，凭经验来判断、推测顾客所提出来的问题，没有数据来支持理论，难以彻底解决问题。

在数据收集过程中，出版组织必须切实把握收集资料的目的。例如，某出版社发行部接到客户投诉，抱怨接电话的人动作太慢，让他们等待很久。分析这一问题，不能漫无边际地随便汲取数据，首先要做的是将一个月的外线等候时间资料作为改进的依据。统计数据发现，让顾客等待 20 秒以上的比率为 26.4%，平均每位顾客的等待时间为 18 秒。其中，等待 20 秒以上的顾客，主要原因是总机找不到责任部门的主管，因为主管正在开会或出差，没在工作现场。

借助目的明确的统计数据，出版组织很容易对症下药地进行改进。例如，该发行部门针对统计数据实行代理人制度，由部门主管指定一位助理，授权助理在其不在办公室时代理自己的工作，包括解答顾客的疑问或处理纠纷等。采取代理制度后再做调查，发现等待 20 秒以上的比率降为 11.2%，等待时间也降为 16 秒。这就是借助数据以 SQC 解决等待时间过长的对策。

（2）确保数据和信息足够准确可靠

质量管理原则要求，准确可靠的数据和资料情报才是质量水平的依据。但长期以来，出版组织的质量依据一直凭借员工直觉与经验，造成了许多不必要的损失。

在实际出版活动中，许多员工急于求成，而不是去掌握、分析资料，往往造成图书产品出现“硬伤”，造成惨重的后果。最突出的表现就是编辑在不认真审稿、不通读原稿的情况下编辑加工，校对员在不了解上一校次差错统计的情况

下直接进入校对。这两种表现实际上就是不重视对测量数据的分析,没有掌握其变化规律,对可能存在的错误没有察觉,以致造成质量问题。

质量管理是以正确的资料为根据,并以统计的思考方式,把事实呈现出来。在此基础上,采用适当的分析方法,掌握其变化规律,寻求解决问题的方法。因此,出版组织的各级管理者要养成搜集资料的习惯,并判断其真伪、对错,确保数据和信息准确可靠。出版组织在运作过程中要对资料做妥善的管理控制,以便做出正确的决策。

(3)使用正确方法整理分析数据

比较客户的变化和读者的需求,可以得到很多信息。但这些基础性的工作目前在出版组织的管理中却未得到应有的重视。在日常的工作中,除了查询业务收入,大多数出版组织的顾客数据库并没有得到充分的利用。因此,在出版组织质量管理过程中,比收集数据更重要也更困难的是分析和利用数据,即从数据中提炼出信息,知道怎样有效地利用这些数据来制定有针对性、时效性的策略。统计学和系统控制论为数据分析提供了工具。出版组织的大多数部门都要掌握这一工具,以便为管理和决策提供依据。

市场的转移、开发投资较大的新项目往往需要采集更多样本,市场调查公司由于其专业性,常常能提供适当的帮助。

8.质量管理原则八:与供方互利的关系

ISO9000族标准规定的第八条质量管理原则是与供方互利,即组织与供方是相互依存的,互利的关系可增强双方创造价值的能力。

(1)出版组织与供方相互依存

作者提供的书稿,材料商提供的纸张,服务商提供的印制服务,会对图书质量产生极为重要的影响。高质量的产品或服务将为出版组织向顾客提供高质量的图书和服务提供保证。

对出版组织来说,与作者、材料商和印制服务商建立相互信任的长期合作关系是极为重要的。相互信任的长期合作关系,要求出版组织把作者、材料商和印制服务商视为合作伙伴,加强相互交流,改进协作互动关系,从而增强由协作带给双方的利益。需要强调的是,出版组织一定要与作者分享信息资料,建立快速准确的真实信息交换反馈系统,使作者清楚地知道出版组织的期望,使双方能及时有效地解决问题。

(2)在组织内部用合作代替部门间竞争

"与供方互利"原则还可应用于出版组织内部。我们常说改革是摸着石头过河，所谓“摸着石头过河”，除了指要大胆探索外，还要对改革的经验大胆扬弃。在改革过程中，许多出版组织都在鼓励部门之间竞争。这种“经验”的理论依据就是出版组织效益，就是各部门效益的简单相加，让各部门最大限度地提高自己的效益，各部门效益最大化，出版组织自然就表现最佳。假如出版组织内部各部门完全独立，不相互影响，这条经验无疑是正确的，但问题是出版组织各部门在很大程度上都是相互依存的。在这种条件下，竞争就会使各部门努力提高自身的地位，无视其他部门的需要，出版组织的整体利益就会受损。在出版组织中，编辑与发行的矛盾、一线与后勤的矛盾、各科室之间的矛盾难以化解，就是因为没有从互利双赢的角度来考虑问题。

因此，出版组织要以本组织和顾客利益为共同利益，在部门间用合作代替竞争。只有自始至终全面相互合作交流，才能尽早发现和解决问题。越晚发现和解决问题，出版组织为之付出的代价就越大。这种代价一方面表现为图书产品质量下降，另一方面表现为成本上升。无论哪种表现，最终结果都是整个组织的效益下滑。

二、质量管理原则之间的关系

八项质量管理原则之间有什么关系？我们可以借助供应链管理理论加以研究。

供应链的概念是从扩大生产（Extended Production）概念发展来的，它将企业的生产活动进行了前伸和后延，是通过计划（Plan）、获得（Obtain）、存储（Store）、分销（Distribute）、服务（Serve）等这样一些活动在顾客和供应商之间形成的一种衔接（Interface），从而使企业能满足内外部顾客的需求。用供应链理论分析八项质量管理原则，我们会发现其阐述的内容包括由供方—组织—顾客所组成的供应链及以持续改进为宗旨的控制理论和方法。

1. 以供方—组织—顾客组成的供应链的质量管理原则

以供方—组织—顾客组成的供应链与“以顾客为关注焦点”、“领导作用”、“全员参与”、“与供方互利”四项质量管理原则的对应关系如表 2－1 所示。

表 2－1　供应链与质量管理原则对应表

供应链	供方	组织	顾客
原则	与供方互利	领导作用、全员参与	以顾客为关注焦点

（1）供应链的前端：顾客，实践“以顾客为关注焦点”的质量管理原则

21 世纪与 20 世纪生产方式的最大区别就是顾客在供应链上的地位。20

世纪初,以“福特制”为标志的生产导向型大量生产方式诞生,顾客被置于供应链的末端,处于从属被动地位。但是到了20世纪末,一些发达国家市场早已处于“过剩经济”时代,只有创造新的需求,才能带来超额利润。因此,以顾客为关注焦点,超越顾客的期望,“引导消费,创造顾客”的理念应运产生。

进入21世纪,在信息和计算机技术实现支撑下,顾客在供应链中的位置发生了巨大变化,居于供应链的最前端,产品的质量环始于顾客终于顾客。在网络和通讯技术发展背景下,发达国家已经开始从批量生产向批量定制转变,以满足顾客追求多样化、个性化的需求。例如,戴尔计算机公司采用规模定制的方式,可以针对每个客户的不同要求实行个性化服务。供应链四项质量管理原则就是在这种重要背景下产生的。

精神产品贵在创新,“引导消费,创造顾客”的理念对出版业来说有天然的亲和力。但是,长期的计划经济和改革滞后,特别是图书市场的区域垄断,以及教材、教辅等学生学习用书能够持续不断地大量复制,使我国出版业在生产理念上深深陷入大批量生产之中;许多出版组织的生产流程还停留在传统的大批量生产方式上,而不是按照“以顾客(读者)为关注焦点”去设计选题;各个出版环节都还是围绕自己的产品让读者满意,而不是用读者满意塑造自己的产品。此外,缺乏诚信的市场环境已成为制约出版业发展的突出问题。对我国出版业来说,实践“以顾客为关注焦点”的原则还有漫长的路要走,关键在于组织内部流程再造机制的创新以及外部环境的管理整顿。

(2)供应链的另一端:供方,实践“与供方互利”的质量管理原则

与顾客相对应的供应链的另一端是供方。供应链管理视角是把供应链中的上、中、下游企业作为一个整体来运作,开展资源共享的协同商务,减少供应链各个环节的无效作业,从而形成互动、公平、共赢的企业的动态联盟。按照供应链管理理论,组织便是供方的顾客。

供应链管理是建立在核心竞争力理论基础上的。剥离供应链的外壳,实际上裸露出的是技术链。技术是一个相关的整体,一种技术影响和制约另一种技术的发展和改进,对技术的依赖往往比对资金、市场的依赖更难以摆脱。图书是凝聚人类文明的精神产品,内容或者说思想应当是匹配图书出版供应链的核心竞争力,与一般物质产品中技术作为核心竞争力的作用相同。

链式结构特点是掌握其中一个环节便可制约整个链条,而离开其他的供应链环节又很难体现自身价值。供应链的这个特点在图书出版流程中表现得非常典型。大批量生产时代传统供需关系是单纯的买卖关系,出版组织与作者、

出版组织与销售商之间都是在信息不对称情况下采购，只能事后把关，易造成浪费。有时因供需双方相互设防而陷入纠纷中，缺乏稳定的供方关系，组织也难于控制库存。此外，面对多变的市场压力，供需双方对顾客的需求不能同步，缺乏对市场的快速反应能力。

信息时代生产方式的重要特征之一就是以核心竞争力匹配起来的供应链。供应链或者价值链的生存和发展是在共生共荣的条件下实现的。与其他产业一样，互利的关系是出版组织与供方共生的基础。如果供需双方懂得共同发展比互相争斗更好，就会朝着建立与供方互利的关系而努力。

(3)供应链的中间环节：组织，实践“领导作用”及“全员参与”的质量管理原则

“领导作用”及“全员参与”两项质量管理原则的结合，全面地反映了现代企业的“人本管理”。“领导作用”是确定组织的宗旨和方向，创造并保持员工能充分参与，实现组织目标的内部环境。内部环境，指营造一个公开、透明的环境，包括物理环境和人文环境。物理环境是指营造安全舒适的、以职业安全和健康为基础的工作环境。人文环境是指通过职务设计，以关键过程、特殊过程为重点，构筑过程控制的制度网络，使员工人尽其才，在各自岗位上发挥作用，通过制度化的渠道使员工的知情权、建议权得到落实。

如何动员员工充分参与是现代人力资源管理的核心问题。形成和谐信任的环境是员工充分参与的重要条件；应提高透明度和参与性来提高信任感；公正、公平的前提是公开，只有公开才能让员工充分参与。

信息技术特别是网络和通讯技术的发展，在成熟的市场经济环境下催生的供应链理论为我们理解上述质量管理原则提供了技术和管理背景，在从批量生产到批量定制的转变中实践上述的质量管理原则，对满足顾客追求多样化、个性化的需求有着重要意义。

2. 以持续改进为宗旨的过程控制理论与方法的质量管理原则

“过程方法”、“管理的系统方法”、“基于事实的决策方法”及“持续改进”四项质量管理原则主要体现了系统思想和方法。四种质量管理原则融为一体，揭示了比较完整的以过程控制为基础的系统管理思想和方法，在质量管理中，是构筑质量管理标准，指导和运作质量管理体系的基本方法。

八项质量管理原则是质量管理实践经验的高度概括总结，是质量管理最基本、最适用的一般性规律，体现了质量管理的基本理念，是质量管理体系的基础。出版组织的最高管理者可通过充分发挥领导作用、实施全员参与、以顾客

为关注焦点、建立与供方互利的关系，围绕持续改进、运用过程方法、管理的系统方法、基于事实的决策方法，领导组织进行业绩改进，确保提供给顾客的产品质量，提高顾客的满意度。

第二节 质量管理体系的基本概念

管理是一个组织（或企业）必需的活动，没有管理，一个组织就不可能正常运行。管理是多方面的，当管理与质量有关时，则称为质量管理，它通常包括制定质量方针和质量目标，以及为实现质量方针和质量目标而开展的质量控制、质量保证和质量改进等活动。对一个组织来讲，要实现质量管理的方针、目标，有效地开展各项质量管理活动，就必须建立相应的管理体系，这一管理体系称为质量管理体系。

一、质量管理体系的基本原理

2000 版 ISO9000 族标准给质量管理体系下了明确的定义："指导和控制组织的关于质量的管理体系"。在一个组织中，质量管理体系与组织的管理体系以及体系之间构成了三个层次上的关系，显然，质量管理体系只是企业管理体系的一项内容，企业管理体系还包括环境管理体系、财务管理体系、人力资源管理体系等内容。

ISO9000:2000 标准第 2 章阐述了质量管理体系的基础。它是将八项质量管理原则应用于质量管理体系的要求，是质量管理体系的基本原理，即着眼于指导组织如何以正确的指导思想和方法来建立、实施和持续改进质量管理体系，确保质量管理体系运行的有效性和效率。质量管理体系基础分为以下 12 项。

1. 质量管理体系的理论说明

2000 版 ISO9000 族标准关于质量管理体系的理论说明，明确了组织采用质量管理体系及其方法的作用，可归纳为：

①质量管理体系能够帮助组织增进顾客满意、分析顾客要求、规定相关的过程，并使其持续受控，以生产出顾客能接受的产品；

②质量管理体系能提供持续改进的框架，以增加顾客和其他相关方满意的机会；

③质量管理体系能提供持续满足要求的产品，向组织及其顾客提供信任；

④顾客的需求和期望是不断变化的，因此组织务必关注顾客要求的变化，不断地改进产品质量和过程质量。

正因为如此，2000 版 ISO9000 族标准能够帮助组织以顾客的要求为焦点，了解和掌握顾客的需求和期望，并对产品实现全过程系统地实施控制，通过测量和分析，持续地开展质量改进，使组织能持续地提供使顾客满意的产品。

2. 质量管理体系要求与产品要求

2000 版 ISO9000 族标准区分了质量管理体系要求和产品要求：

①2000 版 ISO9000 族标准关于质量管理体系的要求是通用的，适用于所有行业或经济领域。在 ISO9001 标准中，具体规定了质量管理体系的要求；

②产品要求可由顾客规定，或由组织通过预测顾客的要求规定，或由法规规定等，ISO9001 标准本身不做规定。在某些情况下，产品要求和有关过程的要求可包含在技术规范、产品标准、过程标准、合同协议和法规要求之中。

3. 质量管理体系方法

组织如何采取合适的方法，有计划、有步骤地建立和实施质量管理体系并取得预期效果？对此，2000 版 ISO9000 族标准提出了如下工作步骤：

①确定顾客和其他相关方的需求和期望；

②建立组织的质量方针和质量目标；

③确定实现质量目标必需的过程和职责；

④确定和提供实现质量目标必需的资源；

⑤规定测量每个过程的有效性和效率的方法；

⑥应用这些测量方法确定每个过程的有效性和效率；

⑦确定防止不合格产生并消除产生原因的措施；

⑧建立和应用持续改进质量管理体系的过程。

4. 过程方法

2000 版 ISO9000 族标准提出，“任何使用资源将输入转化为输出的活动或一组活动可视为一个过程”。

质量管理体系是通过一系列过程来实施的。“为使组织有效运行，必须识别和管理许多相互关联和相互作用的过程，通常一个过程的输出将直接成为下一过程的输入，系统地识别和管理组织所应用的过程，特别是这些过程之间的相互作用称为‘过程方法’。”2000 版 ISO9000 族标准要求组织必须用过程方法实施管理。

5. 质量方针和质量目标

2000版ISO9000族标准指出，质量方针和质量目标不仅确定了预期的结果，而且可以帮助组织利用其资源实现这些结果。质量方针是“由组织的最高管理者正式发布的该组织的质量宗旨和方向”，是组织在质量方面所奉行的宗旨的标志，阐明了该组织在质量工作中的总要求。质量目标是组织“在质量方面所追求的目的”，需要与质量方针和持续改进的承诺相一致，质量目标的实现必须是可测量的。2000版ISO9000族标准认为，质量方针为建立和评审质量目标提供了框架，质量目标的实现对产品质量、运行有效性和财务有积极影响，因此对相关方的满意和信任也产生积极影响。

6. 最高管理者在质量管理体系中的作用

“领导作用”是质量管理八项原则之一，标准中说的最高管理者也即是我们经常所说的领导。组织的领导层是实施质量管理成功与否的关键，在正式发布了组织有关质量宗旨方向和目标的基础上，组织还必须在内部创造一个由组织的各级人员充分发挥其才能的工作环境，为实现组织的质量目标做出应有的贡献。标准明确指出，最高管理者可以质量管理原则作为发挥以下作用的基础：

①制定并保持组织的质量方针和质量目标；

②通过增强员工的意识、积极性和参与程度，在整个组织内促进质量方针和质量目标的实现；

③确保整个组织关注顾客要求；

④确保实施适宜的过程以满足顾客和其他相关方要求并实现质量目标；

⑤确保建立、实施和保持一个有效的质量管理体系以实现这些质量目标；

⑥确保获得必要资源；

⑦定期评定质量管理体系；

⑧决定有关质量方针和质量目标的措施；

⑨决定改进质量管理体系的措施。

7. 文件的价值和类型

文件能够沟通意图、统一行动。在质量管理体系中，文件能使组织满足顾客要求和质量改进，能提供适宜的培训。文件具有重复性和可追溯性，因而能提供客观证据，并能评价质量管理体系的有效性和持续适宜性。正因为如此，文件应当是一项增值的活动。

在ISO9000质量管理体系中，文件体系分为三个层次，即质量手册（第一层文件）、程序文件（第二层文件）、作业性文件（第三层文件）。

这三个层次又可分为质量方针、质量目标、质量计划、质量管理体系程序、作业指导书及其他质量管理体系五项内容，如图 2－2 所示。此外，文件体系还包括作为质量活动客观证据的记录(一般以表格形式呈现)。

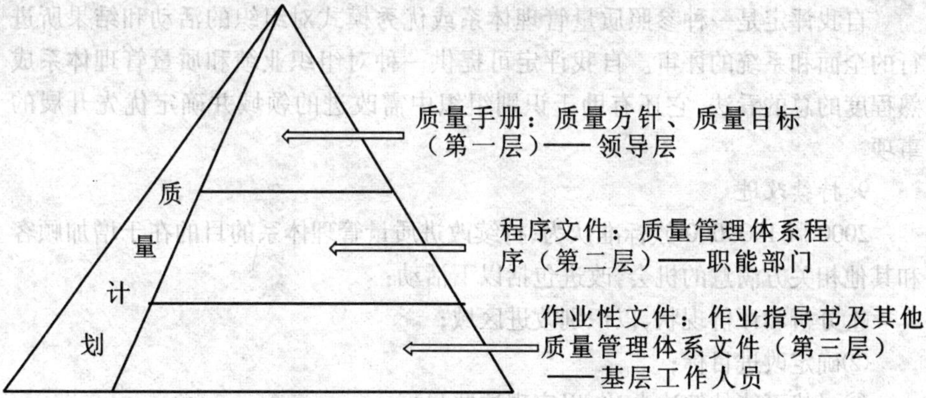

图 2－2　质量管理体系文件层次结构图

8. 质量管理体系评价

2000 版 ISO9000 族标准规定了质量管理体系过程的评价。标准认为，为了保持和不断完善质量管理体系，应当定期客观地评价质量管理体系的现状。标准要求，在评价质量管理体系时，应当对每一被评价的过程提出以下四个基本问题：

①过程是否予以识别和适当规定?

②职责是否已被分配?

③程序是否得到实施和保持?

④在实现所要求的结果方面，过程是否有效?

通过以上四个基本问题得到的信息，可以用于评定质量管理体系的有效性。标准同时提出了三种质量管理体系评价类型，即质量管理体系审核、质量管理体系评审和自我评定。

标准将质量管理体系审核分为第一方审核、第二方审核和第三方审核。第一方审核是组织内部审核，第二方审核由组织的顾客或由其他人以顾客的名义进行，第三方审核由外部独立的组织进行，这类外部独立组织通常是经认可的，提供符合要求的认证或注册。

质量管理体系评审是由组织最高管理者按照质量管理体系的现状对实现质量方针和质量目标的适宜性、充分性、有效性和效率进行定期的系统的评价，确定应采取的措施。这种评审可包括考虑修改质量方针和目标的需求以响应相关方需求和期望的变化。审核报告与其他信息源一同用于质量管理体系的评审。

自我评定是一种参照质量管理体系或优秀模式对组织的活动和结果所进行的全面和系统的评审。自我评定可提供一种对组织业绩和质量管理体系成熟程度的总的看法,它还有助于识别组织中需改进的领域并确定优先开展的事项。

9. 持续改进

2000 版 ISO9000 族标准认为,持续改进质量管理体系的目的在于增加顾客和其他相关方满意的机会,改进包括以下活动:

①分析和评价现状,以识别改进区域;

②确定改进目标;

③寻找可能的解决办法,以实现这些目标;

④评价这些解决办法并做出选择;

⑤实施选定的解决办法;

⑥测量、验证、分析和评价实施结果,以确定这些目标已经实现;

⑦正式采纳更改。

标准强调改进是一种持续的活动,循序渐进地进行,永无止境。

10. 统计技术的作用

应用统计技术可帮助组织了解变异,从而有助于组织解决问题并提高有效性和效率,也有助于组织更好地利用可获得的数据进行决策。统计技术有助于对变异进行测量、描述、解释和建立模型,甚至在数据相对有限的情况下也可以实现。这种对数据的统计分析,能对更好地理解变异的性质、程度和原因提供帮助,从而有助于解决甚至防止由变异引起的问题,并促进持续改进。

11. 质量管理体系与其他管理体系的关注点

2000 版 ISO9000 族标准指出:“质量管理体系是组织的管理体系的一部分。”“一个组织的管理体系的各个部分,连同质量管理体系可以合成一个整体,从而形成使用共有要素的单一的管理体系。这将有利于策划、资源配置、确定互补的目标并评价组织的整体有效性。”因此,组织应关注以下几点:

①一个组织的管理体系可包含若干不同的管理体系,如质量管理体系、环境管理体系、财务管理体系等。建立质量管理体系的目的是为了使建立和实现的质量目标能满足顾客和其他相关方的需要、期望和要求,而质量目标和其他目标如生产成本、资金利用、利润增长、安全生产、环境保护、职业健康等构成了

组织目标，这就要求组织通过建立若干个管理体系分别去实现组织的各项互为补充的目标；

②组织应对管理体系的建立进行总体策划，力求将其他管理体系与质量管理体系所共用的要素融合在一起，这有利于组织合理配置资源，确定相互补充的目标，并评定组织总体的有效性；

③ISO/TC176 质量管理和质量保证技术委员会与 LSO/TC207 环境管理技术委员会成立了专门的协调和合作工作组，致力于将《ISO9001 质量管理体系要求》和《ISO14001 环境管理体系规范使用指南》这两个标准协调和兼容，为组织的环境管理体系的有关部分有可能与质量管理体系整合为一个使用共有要素的管理体系创造条件。

12. 质量管理体系与优秀模式之间的关系

ISO9000 族标准和优秀模式提出的质量管理体系方法依据共同的原则，包括：

①使组织能够识别它的强项和弱项；

②均包含对照通用模式进行评价的规定；

③均为持续改进提供基础；

④包含外部承认的规定。

由此可见，两种方法都是依据规定的模式要求进行评价，通过评价使组织能识别哪几个方面是强项并占有一定的优势，哪些方面还是薄弱环节，以便进行持续改进，以改善本组织的质量能力。而且质量管理体系和优秀模式都以规定的细则作为外部审核检查和认可的依据，所以两者是相互补充的。

ISO9000 族质量管理体系与优秀模式之间的差别在于它们的应用范围不同。ISO9000 族标准提出了质量管理体系要求和业绩改进指南，质量管理体系评价可确定这些要求是否得到满足。优秀模式包含能够对组织业绩进行比较评价的准则，并适用于组织的全部活动和所有相关方。优秀模式评定准则提供了一个组织与其他组织的业绩相比较的基础。

二、质量管理体系的特点

ISO9001:2000 标准在 4.1 中要求组织应建立文件化的质量管理体系，文件化是质量管理体系的显著特点。所谓文件化的质量管理体系，是指质量管理体系的建立、运行、改进的全过程都是在文件指导下进行，并且都有文件给予记录和证明。ISO9000:2000 标准在 2.7.2 中列出了质量管理体系中使用的文件类型：

①向组织内部和外部提供关于质量管理体系的一致信息的文件，这类文件

称为质量手册；

②表述质量管理体系如何应用于特定产品、项目或合同的文件，这类文件称为质量计划；

③阐明要求的文件，这类文件称为规范；

④阐明推荐的方法或建议的文件，这类文件称为指南；

⑤提供如何一致地完成活动和过程的信息的文件，这类文件包括形成文件的程序、作业指导书和图样；

⑥为完成的活动或达到的结果提供客观证据的文件，这类文件称为记录。

每个组织确定其所需文件的多少和详略程度及使用的媒体，这取决于下列因素：组织的类型和规模、过程的复杂性和相互作用、产品的复杂性、顾客要求、适用的法规要求、经证实的人员能力以及满足质量管理体系要求所需证实的程度。

三、建立实施质量管理体系的总体要求和步骤

2000 版 ISO9000 族标准中，ISO9001:2000 标准提出了建立、实施、保持和持续改进质量管理体系的总体要求，ISO9000:2000 标准列出了建立和实施质量管理体系的八个步骤。ISO9001:2000 标准与 ISO9000:2000 标准给出的建立质量管理体系的思路与步骤基本相同，只是前者是从顾客关注的着重点加以考虑，而后者则是从组织的角度出发来考虑。

1. 建立实施质量管理体系的总体要求

ISO9001:2000 标准在 4.1 中对组织按 ISO9001:2000 标准的要求，并持续改进质量管理体系提出了总体要求，即组织应按本标准的要求建立质量管理体系，形成文件，加以实施和保持，并持续改进。

组织应：

①识别质量管理体系所需的过程及其在组织中的应用；

②确定这些过程的顺序和相互作用；

③确定为确保这些过程的有效运作和控制所需的准则和方法；

④确保可以获得必要的资源和信息，以支持这些过程的运作和监视；

⑤测量、监视和分析这些过程；

⑥实施必要的措施，以实现对这些过程所策划的结果和对这些过程的持续改进。

组织应按本标准的要求管理这些过程。

注：上述质量管理体系所需的过程应当包括与管理活动、资源提供、产品实现和测量有关的过程。

2. 建立质量管理体系的方法步骤

ISO9000:2000 标准的 2.3 中列出了建立和实施质量管理体系的八个步骤（见本章第二节中"质量管理体系方法"部分）。

体系方法也适用于保持和改进现有的质量管理体系。

采用体系方法的组织能对其过程能力和产品质量树立信心，为持续改进提供基础，从而增进顾客和其他相关方满意度并使组织获得成功。

标准从组织的角度说明，不管是建立和实施新的质量管理体系，还是保持和改进现有的质量管理体系，都应按所规定的八个步骤去进行。

第三节　出版质量管理体系的设计与建立

不同组织有不同的目标市场和产品服务，每个组织在生存发展过程中也确定了自身的经营宗旨，形成了自己的经营管理特点和企业文化。这些客观条件决定了组织在确保产品和服务质量方面所采用的过程不尽相同，控制过程的具体方法和程度也自成体系。因此，尽管 2000 版 ISO9000 族标准提出了建立质量管理体系的总体要求和步骤，但出版组织在设计建立质量管理体系时，应根据行业特点和自身的实际情况，采用合适的步骤与方法，才能取得最佳效果。

一、明确质量管理体系的设计原则

结合质量管理八大原则和质量管理体系的 12 项基础，根据出版行业的特点，出版组织质量管理体系设计应当遵循以下原则。

1. 简化过程

原则上说，一个简化的系统（过程）是更为可靠的系统（过程）。与出版作业过程一样，设计质量管理体系时注意简化管理过程，有利于降低管理成本、减少差错，还可节省一些不必要的、非增值的管理，从而减少人力资源和其他资源的浪费。此外，简化的系统（过程）对人员素质的要求降低，员工只需经简单培训即可上岗，因而质量更容易得到保证。

2. 全面优化

每个程序和过程都应在权衡风险、利益和成本的前提下，寻求最佳的平衡，实现在特定条件下的优化目标。出版组织应考虑如何确保过程优化，以便用最低的成本获得预期的结果。研究优化，首先要明确目标，然后要搞清约束条件

(包括各种可能的负面效应)并找出规律,寻求最佳解决方案。例如,通过及时调节仪器设备的校准时间间隔,可实现更有效且节省的控制。

3. 差异化处置

对不同的管理活动应区别对待,根据活动的重要性、后果的严重性、风险大小、经济成本等实际情况采取不同的处置方法。诸如纠正措施和预防措施的确定,不同编校环节的控制等,宜分出轻重缓急,把有限的资源投入到最需要的方向上。

4. 闭环管理

质量管理活动应按照 PDCA(计划、执行、检查、行动)循环,力求不断改进。如果 PDCA 循环开环,由于未能接收到反馈,致使改进丧失基础。为此,出版组织需检查和评价管理的效果。例如,对合同管理来说,应从合同签订前的评审开始,经历合同执行中的控制与协调,直到按质按期交付产品,始终实施全过程的闭环管理。接口控制不良是造成开环的"常见病"。在针对不合格项所采取的纠正措施和对观察项所采取的预防措施中,仅仅调查和分析它们产生的原因,提出针对性的措施是不够的,必须跟踪验证以查明措施是否有效。

5. 注意继承性

出版组织应在已有质量管理体系的基础上,进一步使质量活动规范化、标准化。要在收集、分析、研究出版组织已有的标准(制度)及其他质量文件的前提下,继承原有成熟的、符合质量管理原则的经验和做法,淘汰那些不符合标准的规定。

6. 相对独立性

在质量管理体系评价(包括顾客满意度测评)中,评价人员应独立于被评价的活动(即只能评价与自己无直接责任或利益关系的活动),以保证评价的客观性、真实性和公正性。同理,在方法设计验证、确认、审核等活动中,也应贯彻独立性原则。

7. 考虑制衡

在建立组织结构、分配质量职能、赋予权力时,出版组织均应考虑权力制衡原则,避免质量管理体系过分依赖某一位领导者或某一位员工。同时,要建立有效的监督机制,以保证在管理体系偏离质量方针、目标时,能及时加以纠正。

8. 全面创新

创新思维是出版组织持续改进的源泉,出版组织不仅要创新选题、编校和复制技术,还要不断创新质量管理活动,努力寻找新的更好的方法和手段,强化出版组织在市场中的竞争力。

二、确立出版质量管理体系的基本框架

由于内外部环境条件不同,组织的质量管理体系都具有特殊性,不可能有两个组织的质量管理体系是完全相同的。但是,作为一种管理体系,不同组织的质量管理体系具有相似的一面:具有相同的结构形式,都是由管理职责,资源管理,产品实现,测量、分析和改进四个板块构成。出版组织应当根据这四大板块,结合具体情况,设计自己的质量管理体系。

1. 管理职责

管理职责即最高管理者在质量管理方面的职责,包括管理承诺,以顾客为关注焦点,质量方针,策划,职责、权限和沟通,管理评审六个要素。相对于质量管理体系的其他要素,这六个要素显得“软”或“虚”,但它们要解决的主要是最高管理者的管理问题。管理职责不落实,最高管理者的管理问题不能得到有效解决,组织的其他板块就难以有效建立和实施。因此,管理职责是质量管理体系四大板块中最重要的一块。事实上,组织建立质量管理体系,最重要的就是抓好这六个要素的实施,而且是真正的实施而不仅仅是编写一大堆文件。对领导层来说,了解质量管理体系框架,这六个要素是重点。

(1)管理承诺

不同出版组织的质量管理体系不尽相同,但根据2000版ISO9000族标准要求和出版活动的一般规律,起码必须具备以下内容:

①最高管理者要主持制定并签署本组织的质量方针和质量目标,以书面形式将其呈现;

②制订质量计划及其他涉及质量方针和质量目标的管理(例如宣传、分解、检查、考核、评审等)的有关文件、资料和记录;

③组织进行质量宣传,包括质量法律法规教育培训,对市场或顾客要求调查分析等的有关文件、资料和记录;

④一整套管理评审的有关文件、资料和记录;

⑤资源管理的有关文件、资料和记录,例如组织机构图、质量职能分配、财务开支计划、人员培训记录,等等。

要实现上述承诺,出版组织最高管理者首先应有较强的质量意识,应当充分熟悉质量在组织经营发展中的战略地位,真正从满足顾客要求的角度去考虑问题,严格按法律法规要求办事。假如最高管理者没有质量意识,对质量熟悉不足,或者不愿意参与质量管理体系活动,不履行自己的质量职责,组织就无法

真正建立起质量管理体系。因此,以往凭经验办事的社长、总编,很有必要从法律法规知识、管理能力和出版业务能力等方面全面提升自己的素质。必要时,还可以对最高管理者进行质量意识的考核。

(2)以顾客为关注焦点

出版组织的最高管理者应坚持以顾客为中心,确定并满足相关方的需求和期望。由于图书具有物质产品和精神产品双重属性,出版组织除了要考虑图书产品的读者和经销商的需求外,还应考虑整个社会对图书内容的期望。以顾客为关注焦点,要求出版组织在质量方针和质量目标以及相关的质量文件中应当有具体的读者、经销商满足目标和测量结果,还要有具体的社会满足目标等。在此前提下,出版组织的质量管理体系中还要具有识别、确定和转化读者、经销商和社会需求和期望的有关文件、资料和纪律,如市场调研报告等。此外,出版组织的质量管理体系还要有读者、经销商,以及媒体对图书产品和出版组织的有关评价记录,还不能忘记满足与产品有关的法律、法规要求的文件、资料和记录,例如政府、行业协会对图书产品的抽查结果等。

(3)质量方针

无论哪一个出版组织的质量方针,首先必须与组织的宗旨相适应,具体来说,就是要与组织的经营发展战略、组织的性质和宗旨(根本任务)相适应。例如,出版体制改革要求公益性出版社和经营性出版社分开,假如,一家公益性出版机构的质量方针包含着或隐藏着多赚钱的内容,这显然是不妥的。

出版组织质量方针中,满足和持续改进质量管理体系有效性这两个方面的承诺都不能缺少。满足要求仅仅是最低目标,持续改进才是组织不可或缺的承诺。当然,质量方针中不一定要出现这四个字,但必须具有持续改进的内容。

质量方针的内容应当具体、充实,要能够提供制定和评审质量目标的框架。质量目标是根据质量方针来制定的,其评审的原则也是质量方针。假如质量方针过于空洞,套话、废话连篇,就难以提供这样的框架。

质量方针不仅仅要求最高管理者自己知道,还要在组织内得到沟通和理解,让全体员工了解和理解,从而保证质量方针得到贯彻实施。

出版组织不仅要对制定的质量方针进行评审,在贯彻方针一段时间后,还要在持续适宜性方面对质量方针进行评审。这种评审可以是定期的,例如每年一次,也可以是不定期的。组织在经营管理上进行重大变革或碰到重大问题时,更应重视评审。通过评审,可以进行修改,甚至重新制定质量方针。此外,质量方针是最重要的质量文件,出版组织要严格按规定进行控制,以确保其准确性、适用性。

(4)策划

质量管理体系的策划包括质量目标策划和质量管理体系策划两个子要素。

质量目标是质量方针的具体化,是根据质量方针来制订的。因此,质量目标策划首先要保证质量目标与质量方针相一致。出版组织的质量目标策划,要保证质量目标应有具体的指标和考核内容,是可测量的,不能用抽象的语言来说明。如读者满意率达到多少、编校质量抽查应百分之百合格等。质量目标应在组织内展开,明确传达给所有相关的人员,每个人员应将这些目标转化为各自的工作任务。任何目标都需要有措施来保证,上一级目标的措施,就是下一级的目标,这就是“展开”。必要时,相关的职能和层次上还应建立自己的质量目标,例如分公司的质量目标、设计和开发的质量目标。

质量管理体系策划实际上就是建立质量管理体系的规划或计划,它应设计出质量管理体系的大体框架,包括组织机构及其职责和权限、资源管理、实现产品的过程以及持续改进要求。质量管理体系有时是针对某一产品或某一项目进行的,策划时可以引用现有的质量管理体系文件,必要时可以增加或减少某些要素或改变某些要求,但这不能影响现有质量管理体系的完整性。质量管理体系策划的输出应形成文件,如质量计划等,以后的活动就应按计划进行。

(5)职责、权限和沟通

职责落实、权限明确才能进行有效的质量管理,一项质量管理工作才会有人去做,有人去检查考核。建立质量管理体系的第一步,就是将质量职能进行分解,使其落实到相关部门或人员头上。为了体现组织对质量问题的重视程度,出版组织应改变没有高层管理者专注质量管理的现状,在副社长或副总编中指定质量管理者代表,作为全社质量管理的总执行人。管理者代表不是质量管理部门,更不是一般的质量管理人员,其主要工作是沟通质量管理部门或质量管理人员与最高管理者,在组织最高管理层谋求对质量管理体系的支持和资源投入。出版质量管理之所以长期落后,就是因为缺少这样的管理者代表,而使各出版组织最高管理层忽视质量管理的相关事务,使质量问题长期得不到重视和解决。出版组织还应在内部重视不同层次和不同职能部门之间有关质量管理体系工作的沟通,做到上情下达和下情上传,进一步促进质量管理活动的全员参与。

(6)管理评审

建立并运行的质量管理体系是否适宜、是否充分和是否有效,出版组织高层管理者应做到胸中有数，以便采取下一步措施。管理评审是识别和确定上述三个“是否”的有效方法。通过管理评审，才能形成闭环。

质量管理体系能否满足顾客及其他相关方的需求和期望，是否符合组织的实际情况，是最重要的。排版制版技术的发展、新媒体的成熟、国家法律法规和相关标准的变化，以及竞争对手的进步，都会影响到出版组织的质量管理体系。质量管理体系是否适宜，必须通过评审来识别。

管理评审还要完成识别质量管理体系在满足顾客和其他相关方的需求和期望方面是否充分的任务。“充分”有两重含义，一是所有的需求和期望都考虑到了，二是能全部满足。在出版活动中，要做到充分是很难的，也正因为如此，出版组织才可以通过管理评审寻找持续改进的机会。

有效性是管理评审的重点。将自我评价或审核的结果、顾客和其他相关方满足程度的测量、纠正和预防措施的实施情况等与质量目标对照，就可以看出质量管理体系是否有效。一般来说，质量管理体系总体上是有效的，但其某一要素或某一部分可能是无效的，或者效果欠佳。通过管理评审，要对无效的或效果欠佳的要素或部分进行改进，提高其有效性。

2. 资源管理

任何组织生产销售任何一种产品，必须具有人（Man）、机器（Machine）、材料或原料（Material）、工艺方法（Method）和一定的环境条件（Environment）五大因素，这五大因素又被称为“4M1E”。“4M1E”中的任何一个因素出现问题，都可能使过程或产品质量出现问题。而没有“4M1E”的投入，过程就不能成立，产品也不可能实现。过程本来就是使用资源将输入转化为输出的活动的系统。资源是组织赖以生存的物质条件，没有相应的资源，组织也就不可能成立。

因此，资源管理，实际上就是对这五大因素即对“4M1E”的管理。在质量管理体系四大板块中，与“管理职责”的“务虚”相比，“资源管理”表现出“务实”的一面；与“产品实现”的动态性相比，“资源管理”表现出相对静止的一面；与“管理职责”的“上层建筑”性质相比，“资源管理”又表现出“经济基础”的一面。

资源管理包括以下工作内容。

(1)资源的提供

组织要确定所需的资源。出版组织要事先识别需要的人员、设施、工作环境等资源，明确种类、质量、数量等具体内容。根据识别的结果，出版组织要采用购买（招聘）、改造（培训）、安装（分配）、建设等手段提供所需的资源，使质量管理体系的物质条件得以具备。

组织要保持所需的资源。在出版过程中,资源将逐步消耗,例如设备老化、人员调离等。随着质量管理体系的改进,对资源的需求也可能改变。假如不能保持相应的资源(包括其数量和质量),质量管理体系的有效性将大大下降。

组织要改进所需的资源。通过改进,可以提高资源的效用,从而降低成本,使质量管理体系更加有效。组织在发展中,还应对未来所需的资源进行策划,适当进行储备,以供发展所需。

(2)人员

在知识经济条件下,人才是提高图书质量的关键所在。出版组织的质量管理体系首先要关注人员的参与、安排,组织要改变观念,采取多种措施激励、鼓励、吸引员工参与质量活动,做到全员参与。为此,质量管理体系要明确规定继续教育培训的具体措施,并进行个人发展的策划,促进开放式的双向交流;要明确组织内部各自的职责和权限,确立个人和团队的目标,对过程业绩进行管理,并对结果进行评价;要促进人员参与目标的确立和决策;要对员工的工作成绩给予承认和奖励;要创造条件以鼓励创新,确保团队工作有效;要就建议和意见进行沟通,对人员的满足程度进行测量。

出版组织要明确各项质量活动对人员能力的需求,在此基础上对执行这些活动的人员的能力进行分析评价,看其是否满足"所需"。假如不能满足"所需",则应提供培训,使其满足。最后,培训也不能满足"所需",应考虑招聘符合条件的人员。需要注意的是,识别"所需"不应仅仅停留在当前,还要注重未来的需求,以便为组织储备人才。

全面质量管理(TQM)强调"始于教育、终于教育"。出版组织的质量教育首先是质量意识的培训,应强调满足要求和满足顾客及其他相关方需求和期望的重要性。其次是技术知识和技能培训,包括出版专业知识和技能,出版管理技能和手段,有关读者、市场及图书质量方面的知识,出版法律和法规要求,内部及适宜的外部标准以及开展工作的文件等。通过培训使出版组织内人员具备相应的知识和技能,而这些知识和技能与经验结合将提高他们的能力。教育培训还应当包括未能满足这些要求而对组织和其他人员所造成后果方面的意识的教育。再次是参与意识的培训。其内容包括:组织的未来设想,组织的方针和目标,组织的变化和发展,改进过程的提出和实施,从创造和革新中获益,组织对社会的影响,对新人员的入门培训方案,对已受过培训的人员的定期再培训方案等。

(3)设施

基础设施是组织运行的根本条件。基础设施的确定和提供,既要考虑实现产品符合性所需,又要考虑诸如目标、业绩、可用性、成本、安全性、保密性和更新等方面的情况,尽可能提高基础设施的科技含量(先进性)。出版组织的质量管理体系,要有严格的设备管理制度,例如登记、注册、维护、保养、维修、更新等。严格要求操作者按操作规程或作业指导书操作设备。组织应当有设备管理的机构或人员,并且要害、重要设备还应持证上岗。

(4)工作环境

工作环境包括人的因素和物的因素,是二者的组合。这些因素影响员工的能动性、满足程度和业绩,同时也对组织业绩的提高具有潜在的影响。出版组织工作环境中人的因素更为重要,不能设想一个人际关系紧张的出版组织可以出版优质的图书。

(5)其他资源

出版组织资源管理的对象还包括信息、供方和合作者、财务资源。

①信息。出版业从本质上讲就是信息产业,信息是出版组织的关键资源之一。出版组织质量管理体系中的信息资源管理至关重要,是以事实为依据做出决策以及激励人员进行创新必不可少的因素。从管理学角度上来看,出版组织在日常工作中不外进行着人流、物流、信息流的管理。对信息流的管理,可以确保人流和物流在控制状态下进行。信息管理不规范,就会造成信息流失、信息失真、信息矛盾、信息滞后等不良后果,使人流、物流受到极大影响。因此,出版组织应改进信息管理,从识别需求、识别来源(包括内部和外部的)开始,通过获得足够的信息,充分利用信息,从而把握、控制、改进质量管理体系。为此,质量管理体系应当有一个完善的信息管理办法,用以指导信息管理。

②供方和合作者。以作者为代表的出版组织的供方和合作者也是一种重要资源。对供方和合作者的管理,是组织一项重要的而又较为困难的任务。管理不好,出版组织的“采购产品”——原稿就难以满足需要,从而影响组织的业绩。假如管理得好,可以减少很多麻烦,使双方都获益。

③财务资源。所有的资源,甚至质量管理体系所有的活动,都离不开财务的支持。确定对财务资源的需要,确定财务资源的来源,控制财务资源的使用,降低质量成本,运用财务方法来测量分析质量管理体系的运行情况,运用财务

手段支持和鼓励改进,等等,是财务资源管理的重要内容。有条件的组织可以推行质量成本管理。

3. 产品实现

任何一个生产和服务组织都具备产品实现和产品支持两大过程。图书产品实现是实现产品要求的一组有序的过程和子过程,主要包括与读者和经销商有关的调查研究过程,图书产品实现的选题策划、选题设计和开发过程,以组稿为代表的采购过程,审稿、编校、复制、销售等生产和服务提供过程等。这些过程与图书质量产生、形成和实现直接有关,会直接产生增值,即能够让图书产品的价值大于所投入的资源的价值。产品的支持过程(包括管理过程)对组织来说是必不可少的,但却不会直接产生增值。图书产品实现的支持过程也是如此。因此,出版组织要生存、要发展,主要依靠产品的实现过程。出版组织应识别并确定这些产品实现过程,并就如何开展过程活动以实现顾客满意的产品做出策划。

(1)产品实现的策划

进行产品实现过程策划,首先要按图书产品实现的需要,根据本组织的实际情况,将这一实现的全过程分解为若干个子过程。必要时,再将其中几个子过程分解为更小的子过程。例如,将选题策划再分解为选题规划—选题设计—选题论证等。有时,还可以将其中的某一子过程再进行分解,例如,选题论证可以再分解为内容论证—营销论证—项目实施论证—质量论证等。

针对分解后的过程,出版组织还应建立所需的文件,包括技术文件和管理文件,确定所需的资源。文件是过程的输入之一,过程没有资源就不可能真正活动起来。目前出版机构普遍使用的三审制发稿单是将技术文件和管理文件混合在一起,尽管具有使用简便的特点,但也有不够系统的缺陷。这个问题我们在稍后的章节中讨论。

在进行产品实现过程策划时应当确定对过程活动进行控制的相关规定,确定对过程输出的相关规定,包括如何测量、验收准则、对不合格品如何处理,等等。此外,还不能忘记确定必要的记录要求。

(2)与顾客有关的过程

出版组织质量管理体系应当识别顾客的要求。识别顾客要求的重要性是不言而喻的。假如判定失误,就可能造成严重后果。出版组织的顾客的要求是多方面的,既有读者对图书内容科学性、可读性、文化、习惯、习俗、宗教等方面的要求,也有经销商对图书产品支付和支持方面的要求;既可能是明示的,也可能是隐含的。确定顾客要求主要通过两种方法来进行:一是市场调查,二是合同评审。前者往往用于非合同环境,后者则只能用于合同环境。此外法律法规、竞争对手的情况等也应考虑。由于顾客对图书产品要求的重要性,必须对产品进行评审,以保证所有的要求确切无误,检查与以前的表述不一致的情况是否已经得到解决,判断组织是否有能力满足规定的要求,进一步明确有关人员对所有的要求已经了解和理解。

出版组织的质量管理体系还要注意与顾客沟通。例如,进行广告宣传,让顾客了解本组织和本组织的产品及生产能力;及时走访顾客,获得顾客对图书产品的反馈意见,以便加以改进;建立沟通渠道,使顾客随时可以向组织提出要求,包括合同的修改等。

(3)设计和开发

设计和开发在质量管理体系中居于重要地位。出版组织的质量管理过去一直局限于编校复制过程。事实上,图书质量首先是从选题设计出来的。编校复制过程控制严格,也只能是使产品质量达到选题设计的质量水平,而难以超越它。

(4)采购

任何组织都有“采购产品”。出版组织的“采购产品”主要是作者的原稿,采购过程就是组稿。原稿是图书产品的重要组成部分或原料,其质量状况对产品影响极大。作者原稿具有浓厚的精神产品特性,难以针对稿件内容制定详细的标准,出版组织采购原稿主要凭借编辑的判断,编辑人员的个人素质往往决定了出版组织“采购产品”的质量。因此,出版组织首先要在提高编辑人员素质的同时,尽可能制定详细的组稿标准,尽量将质量问题排除在组织之外,减少麻烦和损失。其次,要加强对供方即作者的评价和选择,还要加强对采购文件和资料的控制。文件和资料有缺陷,或作者(供方)对其不能正确理解,也会造成采购控制的失败。很多出版组织组稿时没有文件和资料,对原稿的质量要求仅仅是口头确认,出了问题双方扯皮,谁也不愿承担责任,最终受损失的还是出版组织。最后,在组稿的同时,要与作者签订原稿质量保证、验证的协议,明确规定双方的责任和义务,使其具有法律效力。

(5)生产和服务提供

审稿、编校、复制、销售等生产和服务提供过程是出版组织日常工作量最大、最实际的过程。组织的产品就是通过生产和服务提供才形成的。质量管理体系的日常工作,主要就是对生产和服务提供进行控制。控制得好,生产秩序就正常;控制得不好,生产秩序就会混乱,产品质量也就难以保证。

对生产和服务的控制实际上是对人、机、料、法、环"4M1E"的控制,主要任务包括两个方面:一是预防出现质量缺陷,防止产生质量问题,防止质量问题的重复出现;二是质量维持,就是把产品的符合性质量(例如合格率)控制在规定的水平,消除其不稳定状态,防止其下降。由于生产和服务提供涉及组织所有生产部门和员工,因而更需要全员参与。

当生产和服务提供过程所形成的产品或服务的特性不能由过程结束时的监视或测量、检验来验证是否达到了输出要求,例如,校对环节中的终校工序,其问题可能在后续的生产和服务提供过程乃至在产品使用或服务交付后才显露出来,出版组织应对其能力(包括设备的能力、人员资格)、使用规定的方法和程序、记录的要求等进行确认。为防止在产品实现过程中发生产品混淆和误用(例如丛书的序、丛书名、作者名等),以及实现必要的产品追溯,出版组织应运用适宜的方法对产品进行标识。对顾客所拥有的、为满足合同要求向组织提供的产品、设施、财物和信息资料等,如果会直接影响组织的产品实现过程正常运作或直接影响组织产品满足顾客要求时,应对其实施必要的控制。为防止产品的特性在交付至顾客前丧失、损坏或降低(如图书发运前的仓储过程),出版组织必须提供有效的防护措施,使其在送至与顾客约定的地点由顾客接收之前得到有效的防护。由于监视和测量装置直接影响产品或过程监视,以及测量结果的准确性和有效性,因此必须对其实施有效控制,以确保监视和测量活动可行并与监视和测量的要求相一致。产品实现所包含过程的繁简、多少完全取决于组织的产品特点,因此要对产品特点加以识别和选择。

4. 测量、分析和改进

如果出版组织不能把握图书产品质量状况、质量管理体系运行情况、过程能力水平、顾客满意程度,质量方针和质量目标也就失去了作用。为此,有必要对质量管理体系进行测量和分析,并对其中不合格或不满足的地方进行改进。只有不断改进,质量管理体系才能不断提高,从而保证组织的持续发展。

从2000版ISO9000族标准给出的过程方法模式图(详见第四章图4-2)上可以看到,测量、分析和改进是质量管理体系形成闭环的最重要的一步。根据控制论原理,系统不能闭环,就不可能进行控制,只能自生自灭。测量、分析和改进主要包括策划、监视和测量、不合格品控制、数据分析、改进等要素。组织应策划所需的监视、测量、分析和改进过程,持续通过对顾客满意度、过程和产品的监视与测量,定期进行内部质量管理体系审核,收集数据并加以分析,确定改进机会,依照规定的程序实施纠正措施和预防措施,确保组织质量管理体系持续有效和整体业绩的不断改进。对通过监视与测量发现的不合格品,必须按规定的程序对其进行识别和控制,以防止流入下一过程、非预期使用或交付顾客。

三、结合自身情况策划设计出版质量管理体系

不同的类型和规模,不同的目标市场,决定了不同出版组织所提供的图书产品丰富多彩。此外,不同出版组织在自身的生存与发展过程中已确定了自身的经营宗旨,形成了自身的经验管理特点与组织文化,在思想及资源等方面也各具特点。这些客观条件决定出版组织在确保产品符合要求、增加顾客满意程度等方面所采用的过程不尽相同,对过程进行控制的具体方法与程度也各有特点。因此,出版组织在进行质量管理体系的策划与建立时,应根据自身的实际情况,采用合适的步骤与方法,才能取得最佳的效果。

质量管理体系的策划是一种宏观的质量策划,是建立或完善组织质量管理体系的第一阶段。通过策划,设计出质量管理体系的基本框架,为顺利进入建立质量管理体系的后续阶段创造良好条件。

质量管理体系策划实际上是一个过程,也有其输入—过程—输出的特殊要求。

1.质量管理体系策划的输入

质量管理体系策划是针对具体的质量管理活动进行的。在进行质量管理体系策划时,力求将涉及该项活动的信息全部收集起来,作为质量管理体系策划的输入。质量管理体系策划的输入包括两个方面:一是组织的内外部要求,二是组织的现实情况。

根据出版组织面临的内外部要求,质量管理体系策划的输入首先要涉及质量方针和上级质量目标的要求,为此,除了要通过最高管理者的指令明确组织的质量方针外,还要搜集有关的法律法规、政府或上级主管部门的规定,准备质量审核(包括内部审核和外部审核)的结果报告、管理评审的决定、经最高管理者批准了的有关建议或报告,以及有关的质量计划。此外,顾客和其他相关方的要求也要纳入出版组织质量管理体系策划的输入之中。因此,质量管理体系的策划必须以本组织市场调研的结果为基础,预测顾客需求和期望及市场变化。

出版组织的现实情况主要是指组织现实存在的各种主客观条件，主要包括组织的规模、性质及在市场上的地位，组织质量管理体系的现状和取得的业绩，图书产品结构、发展方向和市场占有率，组织的组织结构、人员结构和文化背景以及既往相关经验与教训。质量管理体系策划输入也不能忘了组织所处的外部客观环境等。出版组织在进行质量管理体系策划时应当将这些因素纳入输入之中。此外，出版组织的财务状况和预计投入的经费、组织存在的重大缺陷和问题包括质量管理体系存在的缺陷和问题，以及组织的需要和利益目标也应当作为质量管理体系策划的输入。

在进行质量管理体系策划时，一定要认真分析与确定内外部要求与现实情况，通过对利益、成本和风险分析，使二者取得平衡，共同构成策划输入。在进行质量管理体系策划时，必须尽力搜集与策划内容有关的输入，最好能有形成文件的材料，这些材料应尽早交于参与策划的所有人员。

2. 质量管理体系策划的组织

进行质量管理体系策划，首先要考虑最高管理层的决策和参与。质量管理体系策划涉及组织的方针与目标、机构的调整与人员的变动、质量职能的分配、资源的投入等，没有最高管理者的决策与参与，策划不可能成功。最高管理者在质量管理体系策划过程中应该承担以下主要职责：

①对何时进行质量管理体系策划进行决策；

②担任质量管理体系策划领导小组的组长，主持召开相关会议；

③向策划领导小组传达要求，确定能够接受的风险范围或界限；

④为策划提供必要的资源，包括人员和聘请专家顾问等；

⑤制定质量方针和质量目标；

⑥对策划中遇到的组织机构调整、人员调整、质量职能分配等问题做出最终决定；

⑦处理他人难以解决的相关问题；

⑧组织对策划结果进行评审，并进行最后的审定和批准。

其次，质量管理体系的策划涉及组织的各个方面，必须成立质量管理体系策划领导小组。领导小组由最高管理者任组长，主管质量、技术、生产、设备的管理层成员及职能部门的领导为组员。他们参与策划的重点在于两个评审：一是对策划的输入进行评审，二是对策划形成的方案和计划进行评审。

再次，在策划领导小组的领导下，还必须组建质量管理体系策划小组。策划小组应由组织中有相应的质量管理体系知识和经验、熟悉质量管理的理论和实践的人员组成，还可以聘请外部人员参与，管理者代表任组长。策划小组的主要任务是，通过对策划输入的认真分析和确定，提出质量管理体系的方案和计划。

需要注意的是，在质量管理体系策划中，管理者代表必须自始至终参与。管理者代表负责代表最高管理者实施组织权，其主要职责是直接组织策划小组进行策划，提出策划方案，解决策划中可能涉及的各种问题。

除要做到上述各点外，出版组织还要尤其注意采取有效形式吸引员工参与质量管理体系策划，使策划过程形成一个开放系统。

3. 质量管理体系的设计

质量管理体系策划的重点是提出质量管理体系的方案，也就是对质量管理体系进行设计。在对质量管理体系进行设计的整个过程中，必须坚持以下几个原则：

第一，必须满足策划的输入要求，即组织的内外部要求和现实情况；

第二，充分考虑组织的利益、成本和风险；

第三，尽量利用组织现有的组织、人员、规章制度、管理方法等资源；

第四，使质量管理体系有广泛的适应性；

第五，要使设计过程成为一个增值的过程，即通过质量管理体系设计，在组织条件许可的前提下，尽量提升体系的质量控制和质量保证能力，尽量克服现有管理过程中存在的缺陷和不足，使设计成为一个增值的过程。

设计质量管理体系，必须遵循以下基本程序：

①全面深刻理解质量管理体系策划的输入；

②根据建立质量管理体系的目的选择合适的质量管理体系标准；

③结合组织的实际，对选定的标准进行必要的删减；

④提出质量方针草案和质量目标草案；

⑤确定质量职能并进行质量职能分配；

⑥根据②、③这两个步骤确定质量手册的框架结构；

⑦确定所需的程序文件目录；

⑧编制质量管理体系策划方案作为策划过程的输出。质量管理体系策划方案是书面的，主要内容包括：为什么要建立或完善质量管理体系、选择什么标

准以及策划所遵循的原则、质量方针和质量目标草案、质量职能分配、质量手册框架、程序文件目录以及对质量管理体系方案的有关说明；

⑨编制相应的质量计划，用来规定建立或完善质量管理体系所应开展的各项工作、各项工作的负责部门或人员与进度要求；

⑩对方案和计划进行评审和修改。

四、建立和完善出版质量管理体系

在做好出版质量体系设计的基础上，出版组织可以着手建立出版质量管理体系，并在证实其有效性的基础上进一步完善。

1. 建立质量管理体系的步骤

组织要建立质量管理体系，通常需要经历下列步骤。

(1)准备编写质量管理体系文件

①成立领导小组并确定工作组及成员；

②确定组织的质量方针、质量目标和承诺；

③制订建立和实施质量管理体系的计划，宣传贯彻ISO9000系列标准，培训质量管理体系文件编写人员和内部审核人员；

④识别质量管理体系所需的过程及其在组织中的应用，确定这些过程的顺序和相互作用，确定为确保这些过程的有效运行和控制所需的准则与方法；

⑤确定组织的组织结构，并明确其职责、权限以及配合关系。

(2)编写质量管理体系文件

出版质量管理体系文件的编写要求与方法本书有专文详述。在此不做赘述。

(3)宣传动员与培训员工

质量管理体系由一系列相互联系的过程组成，没有出版组织各级员工的充分参与，各个过程将无法得到有效实施。对出版组织而言，新建立的质量管理体系有别于原有的体系，受既得利益和旧有思想与习惯影响，实施过程中将会遇到各种阻力。因此，必须广泛开展宣传与动员工作，以便消除阻力，调动全体员工参与新体系运行的积极性，使组织获得最大的收益。

人员培训主要包括质量意识培训、质量管理体系标准培训、适应岗位能力要求的培训等内容。质量意识培训、质量管理体系标准培训要采取不同的方式分层次进行，目的是让全体员工满足新体系对质量意识的要求，掌握体系文件的规定，以便有效地实施新体系。适应岗位能力要求的培训应首先根据岗位的过程和重要程度规定能力要求,再根据人员的受教育程度、工作和培训经历对相关人员进行能力鉴定,对不满足资格要求者进行培训。需要注意的是,出版组织中大多数岗位是政府有关部门规定要有资格证书才能上岗的岗位,这些岗位一定要经过培训取证后才能上岗。

(4)进行质量管理体系的试运行

新建立的质量管理体系存在哪些问题? 是否合理? 效果如何? 这些问题在其运行后才能发现。因此,出版组织必须在局部试点,进行质量管理体系的试运行。通过试运行,才能充分证实策划的方案是否正确。

试运行要先从组织的某一部门开始实施新的体系文件,主要目的在于检查文件规定是否合适,程序是否可用;规定的职责是否明确,各种活动之间的接口处是否出现工作责任含糊不清;过程的控制要求是否合适与恰当等。一般来说,试运行中都会暴露出各种矛盾与问题。归纳起来原因不外为部门或员工不习惯新的模式、员工对新的模式有抵触情绪以及新模式不切实际三类。对在试运行过程中出现的各种矛盾与问题,出版组织应针对不同情况采取不同的措施给予解决。如果发现新模式的确不适应实际情况,就需要对其进行必要的修改。对执意要求回复到原来的模式上去的言论和行为,则应当给予拒绝和制止。

(5)调整组织结构,配置相应资源,正式发布质量管理体系文件,层层贯彻实施

当现有的组织机构不利于质量管理体系策划方案中质量职能的分配时,出版组织就必须对其进行调整,并规定相应的职责与权限,从组织上保证新体系能有效运行。

资源是质量管理体系的主要组成部分,组织应根据各项质量活动的需要,调整充实现有的人员与技术、设施、设备,必要时进行招聘、购置,为新体系的有效运行提供充分的物质基础。

(6)进行质量管理体系的内部审核

内部审核一般进行两次。第一次内部审核时,发现问题,制定纠正措施、跟踪措施,进一步完善质量管理体系文件。第二次内部审核时,寻找质量管理体系运行中的不足,进一步完善质量管理体系文件。

(7)进行管理评审

管理评审由最高管理者亲自主持,对质量管理体系的适宜性、充分性和有效性进行评审。针对评审的问题,提出整改措施、跟踪措施,进一步完善质量管

理体系。确定认证申请事宜。

(8)第三方认证审核

第三方认证审核是由第三方认证机构对组织进行的审核,也叫外部审核。外部认证审核依据 ISO9001:2000 和必要的补充要求等特定的审核准则,按照规定的程序进行,审核的结果是对受审核方的环境管理体系是否符合规定要求做出结论并给予书面保证。质量体系认证都是自愿性的。不论是产品质量认证还是质量体系认证,都是第三方从事的活动,以确保认证的公正性。

2.判断质量管理体系的有效性并加以完善

出版组织可以从以下几个方面对建立的质量管理体系的有效性加以判断:

①产品质量符合规定要求,具有可证实性;

②规定的质量管理体系要求适宜;

③质量管理体系保证和完善机制健全,用户满意度提高;

④质量意识提高。

做好这四个方面的有效性证实工作,出版组织就可以根据判断结果有针对性地对质量管理体系加以改正和完善。

五、分配质量职能

由于出版组织的性质、工作内容不同,实际上并不存在一种普遍适用的质量职能分配模式。但是应遵循一个共同的原则,即有利于出版组织产品的实现,有利于各工作环节的衔接,有利于质量职能的发挥。

在分配质量职能时,可采用上下结合、多次协调的方法,并在协调基础上编制质量职能分配表,明确每项工作的组织主持(主管)、责任(主办)和配合(协办)部门。

分配表下达后,再由各部门进行二级分配,直接落实到每一个人。在分配质量职能时应考虑:对全部质量职能进行系统的分配,除了对与产品质量直接相关的质量职能进行分配外,还应对与质量管理体系有效运行有关的职能进行分配;在赋予部门或个人的职能时,应考虑其履行职能的能力,即授予的权力和拥有的资源应足够其履行职能。必要时,在职能分配过程中可对机构进行调整、充实,使之同所赋予的职能相适应。

质量职能分配后,出版组织应根据各部门承担的职能确定其质量活动,规定各岗位的职责,并赋予其相应权限。同时应明确规定各项质量活动之间的接口和协调措施，避免出现职能重叠或空缺，造成“谁都管，谁都不负责任”或“无人管”的现象。

出版组织在建立质量管理体系时，可根据图书产品性质及管理工作的需要设立若干专业科室和管理科室。一般情况下，专业科室按图书产品的内容类别划分，管理科室按职能划分，通常包括人力资源部门、财务部门、业务开发部门、质量管理部门、后勤保障部门等。其中质量管理部门应独立设置，以便保证公正客观地行使职权，其职能一般包括：组织并参与质量管理体系文件的编制，指导和监督体系持续有效运行，调查、分析证书或报告和服务质量状况，审核体系，处理顾客投诉（抱怨）等。

【复习思考题】

1. 简述质量管理的原则。
2. 如何在图书出版过程中贯彻以供方—组织—顾客组成的供应链的质量管理原则？
3. 质量管理体系具有哪些特点？
4. 简述建立质量管理体系的方法和步骤。
5. 策划设计出版质量管理体系应着力做好哪几项工作？

第三章　出版质量管理体系文件的建立维护

【本章重点】

质量管理体系文件的构成、作用和特性。

出版质量管理体系文件的编写要求。

质量方针和质量目标的制定。

出版质量手册和程序文件的编写。

质量管理体系文件是组织按 ISO9000 族标准建立并保持其质量体系有效运行的重要原则和基础,也是组织为达到所要求的产品(服务)质量,评价质量体系,进行质量改进的依据。系统化、文件化、法制化、规范化是现代质量管理的精髓,对图书出版实施全面质量管理,要求出版组织必须按照 ISO9000 族标准建立并维护出版质量管理体系文件,让质量管理活动在此基础上进行。

第一节　质量管理体系的文件化

全面质量管理体系是一个文件化的管理体系,其建立、运行、改进的全过程都是在文件指导下进行的,并且都有文件给予记录和证明。因此,文件化是建立出版质量管理体系的首要工作。

在一些出版机构贯彻 ISO9000：2000 标准基础上,借鉴其他行业的成功经验,我们可以将图书出版质量管理体系文件化的过程归纳为学习培训、调查策划和组织实施三个阶段。

一、学习培训阶段

编写质量管理体系文件是在开发、建立质量管理体系时必须经历的阶段。在学习培训阶段，首先要成立质量管理体系建设班子来承担文件编写的领导职责，即指定一个经出版组织管理者授权的有能力的机构负责协调工作。这个机构可以是专门成立的质量主管部门，也可以是行使质量管理权力的总编办等职能部门。

在此基础上，出版组织要成立体系文件编写小组，由质量主管负责，进行系统培训。培训的主要内容为质量管理知识、有关质量准则、有关法律法规以及先进出版组织的管理经验。使相关人员通过学习了解建立质量管理体系的重要性，认清自己的职责，进一步明确编写原则、要求、依据和注意事项。

二、调查策划阶段

质量管理体系文件编写小组成立并经过相关培训后，就要开始进行质量管理体系文件的调查策划工作。

调查策划的首要任务是收集出版组织原有的管理文件。2000 版 ISO9000 族标准认为，使用现有的文件和参考资料有助于识别质量管理体系中需要注意和改正的一些不足，而且能够大大缩短编写时间。出版组织原有的质量管理文件具有重要的参考价值，质量管理体系策划小组通过对已有文件的分析整理，对照质量准则的要求，分析组织当前使用的图书质量标准和组织结构，收集有关部门的意见，就能明确是局部修订现有体系文件还是对现有体系文件进行较大改动，或者重新编写文件。当然，对于刚刚开始进行全面质量管理的图书出版业来说，多数组织都是要全面编写体系文件的。

体系文件编写小组还要通过检索查找相关国际或国家标准，例如ISO10013《质量手册编制指南》、ISO9001：2000《质量管理体系要求》和 ISO9004：2000《质量管理体系业绩改进指南》。应当注意的是，单纯模仿容易脱离出版组织实际，会影响体系的开发和编制人员创造性的发挥。对一些书刊中的质量管理体系文件示例，编写小组一定注意不能将其作为“范本”照搬照用。本书提供的示例，仅是为了启发读者的思路。

经过以上准备工作，体系文件编写小组可以开始制定体系文件编写计划。

制定体系文件编写计划的第一步是确定质量管理体系文件结构层次和清单。根据《图书质量保障体系》和实际工作需要，讨论确定文件层次及程序文件和作业指导书清单。

在确定清单的基础上，组织要确定统稿人和执笔人，一般由质量主管统稿并执笔编写质量手册，归口管理部门的负责人执笔编写程序文件，由参与过程和活动的人员分头编写作业指导书。

制定体系文件编写计划还需要拟写文件编制的进度表，可采用运筹学的方法，将体系文件的建立和实施同步推进，即一方面对照准则进行整改，一方面编制体系文件。这对于整改工作量大的部门尤为重要。实施的关键是要对文件的编制工作进行精心安排，按照"急用先编，先出台实施"的原则，做到有条不紊。

三、组织实施阶段

在文件编写过程中，归口管理机构要做好组织协调、监督检查、评审和审批工作。

(1)组织协调

对于相关部门、相关质量活动之间的界面或接口，应拟订处理原则，并及时解决不同文件之间交叉、重叠、矛盾、扯皮等问题，文件草案完成后应组织专人统稿、核稿。

(2)监督检查

质量管理部门要按计划定期检查督促文件编写的进度，并帮助编写人员解决具体困难。

(3)评审

文件评审通常在草案完成之后和定稿之前进行，至少安排两次。宜由使用、编写和管理层会同进行校核、评审，重点在文件的符合性和可操作性上。

(4)审批

经评审修改形成送审稿，由最高管理者或其授权的人员批准发布。

第二节　质量管理体系文件概述

质量体系文件包括质量手册、质量体系程序文件、质量计划和质量记录。它是表达质量体系结构、规定质量体系运行的准则和提供质量体系运行的通行证的文件群，是质量体系的软件系统。

一、质量管理体系文件的作用

2000版ISO9000族标准认为，文件(Document)是信息及其承载媒体。这里所说的"媒体"，可以是纸张，计算机磁盘、光盘或其他电子媒体，照片或标准样品，也可以是它们的组合。出版组织的质量管理体系文件是以书面的形式介绍本组织的质量方针、目标和公正性承诺以及质量要素所涉及的各项活动的目的、范围、控制要点、控制方法与执行记录。因此,质量管理体系文件就是质量管理体系的开发和设计过程的体现,它具有下列作用。

1. 质量活动的“法规”

没有规矩难以成方圆,出版组织的质量活动必须立出规矩才能有序地进行。质量管理体系文件正是指导出版组织开展质量活动的“法规”,是各级管理人员和全体员工都应遵守的工作规范,有关人员必须认真执行。

2. 实现所要求的图书质量和预期管理目标的保障

质量管理的目的是为了达到所要求的图书质量及为此提供必要的信任,最终实现顾客满意。因此,制定体系文件也应围绕这一中心,明确管理职责、工作程序及控制要求,通过保证质量管理活动的质量来确保图书质量,并实现诸如提高时效性、降低能耗、降低成本等目的。

3. 评价出版组织质量管理体系有效性和持续适宜性的依据

质量管理体系文件本身就是质量管理体系存在的重要证据。无论进行外部还是内部的体系审核活动,在评价体系是否符合质量管理标准的要求、是否有效、是否适宜时,都要把体系文件作为基本依据。程序文件可以证明过程已被确定、程序已被批准、程序更改处于受控状态。

4. 质量改进的保障

质量管理体系文件有助于寻找改进目标、评价改进结果和巩固改进绩效。将质量管理体系运行中某个过程或某项质量活动的实施情况与体系文件规定的要求相对照,易于发现问题,寻求改进机会,从而获得需要改进的目标;将预期目标与体系文件规定的要求相对照,可评价质量改进措施的有效性和可靠性;对验证有效的质量改进措施,则可通过质量管理体系文件的更改将其固定下来,从而巩固改进措施的绩效。

5. 制定培训需求的依据

出版组织应根据当前和预期的任务安排相应的培训,而质量管理体系文件本身就是重要的培训教材之一。文件所要求的水平与经培训可达到的技能要相适应,从这个意义上说,体系文件的水平决定了培训可达到的水准。

综上所述,质量管理体系文件起着沟通意图、统一目标、促使行动一致和证实体系存在及保证其运行效果的重要作用。编写体系文件是出版组织实行质量管理的基础和必要手段,出版组织需建立、运行与维持文件化的质量管理体系,而不仅仅是编写体系文件。事实上,编写和使用体系文件是一项动态的高增值活动。

二、质量管理体系文件的构成

质量管理体系文件是质量管理体系的文件化形态，是一个相互作用、相互协调的有机整体，一般为二层、三层或四层文件，组成为金字塔式结构。

1. 质量管理体系文件的类型

质量管理体系文件通常分为以下六种类型。

(1)质量手册

质量手册是“规定组织质量管理体系的文件”，是对出版组织质量管理体系的系统、纲领性的阐述，是对质量管理体系总体的描述，体现出版组织的质量战略，作为其质量管理活动的基础。

(2)质量计划

表明质量管理体系如何应用于特定产品、项目或合同的文件。

(3)规范

阐明要求的文件。

(4)指南

阐明推荐的方法或建议的文件。

(5)程序文件和作业指导书

提供如何一致地完成活动和过程的信息的文件。

程序是为进行某项活动或过程所规定的途径。大至图书出版的全过程，小到一个具体的作业都可称为一项活动，都应形成文件，以便于对质量体系要素所涉及的关键活动进行连续而恰当的控制。程序文件供部门或基层单位的管理者使用，一般不涉及纯技术性的细节，需要时可引用相关作业指导书。

作业指导书是有关任务如何实施和记录的详细描述，可以是详细的书面描述、流程图、图表、模型、图样中的技术注释、规范、设备操作手册、图片、录像、检查清单，或是这些方式的组合。作业指导书应当对使用的任何材料、设备和文件进行描述。必要时，作业指导书还可包括接收准则。

作业指导书是程序的支持性文件，而程序文件通常覆盖出版组织的几个部门(或岗位)或所有部门，是对质量管理体系全局的过程和要素的描述。作业指导书供管理和操作人员执行某项具体工作时使用，可以由部门主管批准，程序文件一般不涉及具体的技术细节，需要由出版组织的最高管理者或主管领导批准。

(6)记录表格和记录

记录表格(表式)是“用于记录质量管理体系所需要的数据的文件”，“当表格中填写了数据，表格就成了记录”。表格属于质量管理体系文件，可规范记录的内容，一般可作为程序文件或作业指导书的附录。

记录属文件的一种，是图书出版活动是否符合标准要求和体系是否有效运行的证据，又是质量活动可追溯的依据，还为纠正措施和预防措施及质量改进提供重要信息，员工应养成“凡是执行过的工作必须有记录”的良好习惯。

出版组织的记录通常包括以下方面。

①质量记录。包括人员教育培训记录，编校、设计、制作外包方的评价记录，服务、供应品的采购记录，纠正措施、预防措施记录，内部审核、管理评审记录，顾客感受信息的监测记录等。

②技术记录。包括原始审稿记录、编辑加工记录、原始校对记录、发稿流转单、三审评价记录、三校一读校验、合同评审记录、设备使用管理记录、核准发行记录、期间核查记录、能力验证记录等。

③证书。发排、发印施工单既是对产品施工的要求，也是出版社授予排版印制部门的证书性文件。批准发行的样书是出版单位向社内各部门及印制单位颁布的准予发行的证书性文件。

④标识。包括书稿录用标识、三校一读校验标识等。

与其他行业不同的是，出版组织的很多记录是“多位一体”的。例如，付印样同时起着技术记录、证书和标识的作用。

以上六种类型的文件并不是并列的，而是分层次的，下一层次的文件往往是参照上一层次文件来编写的，上一层次文件可引用下一层次的文件，从而使文件简明而清晰。图 3－1 是常见的质量管理体系文件层次结构图。

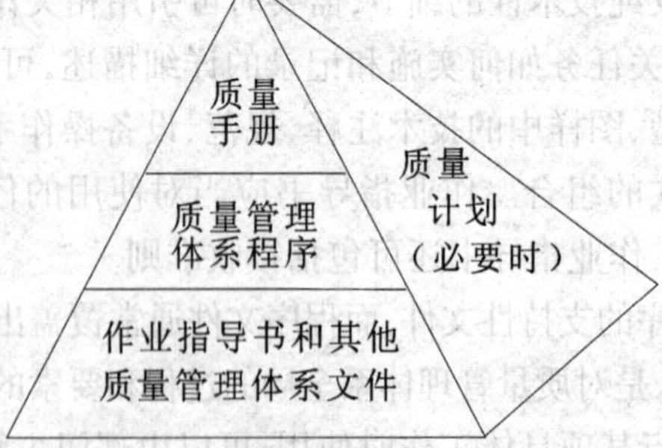

图 3－1 常见的质量管理体系文件层次结构图

从图 3－1 可以看到，质量手册处于质量管理体系文件的顶端，是供管理人员或有关顾客使用的，是对组织质量管理体系的一个大致描述。程序文件是根据质量手册的规定，将质量手册中规定的某些活动进行细化，一般供部门使用。作业指导书是根据程序文件的规定，详细说明如何执行某些工作，一般供作业人员使用。质量记录是根据程序文件或未形成文件的程序以及质量手册的要求而编写的，贯穿于产品质量产生、形成和实现的全过程。质量计划是一种纵向型文件，根据现有体系文件不能完全覆盖或无法覆盖特定的产品、项目或合同的情况来进行编写的，既涉及（或引用）质量手册，又涉及（或引用）程序文件、作业指导书，还涉及（或使用）质量记录。

2. 质量管理体系文件的范围和详略程度的把握

不同组织的规模、活动类型、过程和它们之间相互作用的复杂程度、人员的能力等不可能相同，这就决定了其质量管理体系文件的多少与详略程度应该也是不同的。因此，出版组织在编写质量管理体系文件时，要从本组织的实际情况出发，使其适于组织的需要，能简单的就不要复杂化，能不写的就不要写。具体可以通过以下几个方面加以把握。

（1）要与组织的规模和类型相适应

组织规模大，管理层次多，质量管理体系文件就要复杂一些、详细一些，而对于小型组织则应简单一些。如某项工作，大型出版社可能是几个部门分别负责，小型出版社可能只是一个人负责，因此就不必搞很多程序。

小型出版组织的质量手册可以是程序文件的直接汇编，而一个大型出版组织的质量手册则可能分成总质量手册、分部质量手册（用于下属某一区域或分社）、专用质量手册（用于重要选题策划与实现、采购或服务等部门）等。

（2）要与过程的复杂程度相适应

对复杂的过程、涉及部门较多的过程一定要编写程序文件，有时甚至要编写多个程序文件；而对较为简单的过程，甚至可以不用编写程序文件与作业指导书。

（3）要与所用的方法相适应

不同的质量工作采用不同的工作方法，不同方法对文件的要求是不同的。如采用设备进行控制的质量工作，文件就可以简略一些，而完全靠人员来进行工作时，文件则应详细一些。就是同一种质量工作，当使用的方法不同时，其文件规定也应不同。

（4）要与人员的能力相适应

人员的素质不仅决定产品质量、工作质量的高低，也影响质量文件的范围和详略程度。人员素质高，对该项质量工作的要求、程序、过程和技能就掌握得比较好，因此该项工作的程序文件或作业指导书就可以简略一些；反之则应详细一些。

3. 质量管理体系文件的控制原则与要求

出版活动主要通过按照分工各负其责的专业人员来完成，如果没有文件来对大家的行为进行规范，员工各行其是，组织就会陷入混乱。没有质量管理体系文件，组织就很难正常生产，甚至不可能正常运行。同时，若不能有效控制组织使用的文件，一旦出现错误，混乱就难以避免，甚至可能会造成更严重的后果。因此，出版组织必须对使用的质量管理体系文件加以控制，以统一各部门和全体员工的行为，防止因文件失误向员工传递错误的信息；确保投入使用的文件都是最新版本且具有相应的权威性，及时纠正文件中出现的错误；确保文件清晰、易于识别和检索，能够及时找到所有文件的下落，防止丢失或损坏。

(1)文件控制的原则

为确保质量管理体系文件的控制效果和效率，应坚持以下的控制原则。

第一，控制范围适可而止。即应避免控制范围扩大化，掌握好控制的深度与广度。

第二，合理归类，分而治之。缺乏针对性的控制方法往往效果不佳，可按文件描述对象的不同，把它分为以下四类：

①管理性文件，如质量手册、程序文件、质量计划等；

②技术性文件，如设计、工艺、检验、计量、设备等文件；

③业务部门文件，如营销、采购、服务、财务、环保等文件，虽不涉及产品技术细节，但都与其业务专业有关；

④其他文件，如外来文件、失效文件等。

然后根据各类文件的特点，确定合适的控制部门与控制方法。

第三，切实把握"编、审、批、发、改、废"六字要点：

编——明确文件负责起草者；

审——必须有文件主管部门负责人审核，并有签署记录；

批——必须经最高管理者授权的主管领导批准发布，并有签署记录；

发——受控文件应限额发放，并对持有者进行登记；

改——规定更改者应具有相应资格，必须得到批准，同时更改所有受控文件，做到无一遗漏；

废——收回所有失效文件，如需保存，应有明显的失效标识。

第四，针对特点，研究方法。以电子媒体表现的文件、外来文件和失效文件的控制都各有其特殊性，必须根据其各自的特点寻找恰当而又有效的方法对其进行控制。

(2)文件控制的要求

对质量管理体系文件进行控制,必须达到以下几个方面的要求。

①文件发布前必须得到批准,以确保其准确性。不同的事件可以由不同的人批准,这应视文件本身的性质、适用范围等来决定。

②文件得到评审,必要时进行修改并再次得到批准。文件在出台前的审核、会签可以视为一种评审。重要文件还需要组织专门的评审会议进行评审,也可以用下发征求意见稿的方法组织评审。文件修改也应与文件发布一样,要经过必要的起草、校核、审核、会签,特别是批准的程序,不能由某一个人说修改就修改。

③确保对文件的更改和现行修订状态加以标识。文件在何处进行了更改以及现行修订状态(如是第几版、第几次修订)都要加以标识,这样才能引起使用者注意并使其明白该文件是否可用。

④识别文件的现行修订状态。文件的修订可能是多次的,因此文件就有了相应的修订状态。由于修订状态不同,文件又可能形成不同的版本。因此,同一种文件在任何地方以任何形式存在,其修订状态都必须相同。

⑤确保在使用处可获得有关版本的适用文件。谁使用,谁就应该获得组织规定的适用版本。为此,一方面要注意文件发放,尽量控制发放范围,并造册登记,记录在案;另一方面,要修订时应按登记册的记录一一进行。

⑥确保文件清晰、易于识别和检索。对于现场使用的各种文件要采取适当措施加以防护,防止脏污与破损。使用过久或破损不利于使用的应及时报废重新复制。所有文件都应按编号规则进行编号。

⑦确保外来文件得到识别,并控制其分发。哪些外来文件应当特别加以控制、需要组织执行或可以分发以及怎样分发,都需要进行识别。属于组织必须执行的外来文件,组织应及时把它转化为内部文件,按内部文件的控制办法对其进行控制。

⑧防止作废文件的非预期使用。文件作废的原因有文件所规定的事项已经完成或所设定的期限已到期,文件已被新文件所代替,因内外部环境变化而失效,内容出现重大差错等。对于作废文件,应根据原因的不同采取合适的处置方式。

三、质量管理体系文件的特性

质量管理体系文件具有以下特性。

1. 符合性

质量管理体系文件必须遵循三个符合性:符合出版组织的质量方针和目

标;符合国家新闻出版管理机构的质量要求(当准则的个别条款不适用时,应加以说明);符合政府法律法规要求(如有关出版、印刷、汉字使用等国家标准和国家法定计量单位要求)。

2. 权威性

质量管理体系文件是出版组织开展质量活动所依据的“法规”,不是一纸空文。质量管理体系文件按规定履行起草、审核、批准手续,并由责任部门编号、印刷、发布、发放,明确文件解释人。在出版组织内部,质量管理体系具有权威地位,便于部门和员工养成不明之处查文件、具体操作看文件的习惯。

3. 可操作性

质量管理体系文件是编写人员深入实际调查研究的结果,不是随意行为,因而具备可操作性。质量管理体系文件规定了何时、何地、做什么、由谁来做、依据什么去做、怎么做以及应保留什么记录等,确保相关规定可操作且行之有效,也便于执行人员及时反馈执行中存在的问题。例如,有的出版组织在编制组稿作业指导书时,未明确抽样检查作者原稿的取样范围和检查内容,操作性不强,致使编辑操作随意,无法保证检验结果的正确性和一致性。

4. 系统性

所有体系文件都共存于一个质量管理体系中,文件之间相互关联、相互引用。体系文件层次分明,系统协调,保证了每项工作规定的唯一性,改善系统的综合性并实施动态管理。在文本的表现形式上,体系文件也有统一风格,采用统一格式,按照统一的规则编号和编辑。

5. 相容性

各质量管理体系文件是相容的。质量手册是纲领性文件,其他文件都不得有与它不符或矛盾的地方,应搞清每个程序在体系中的作用以及输入、输出与其他程序之间的界面和接口,并施以有效的反馈控制。体系文件之间,不仅要协调一致,而且要为实现总目标承担相应的任务。各层文件的上下左右之间要协调一致,接口明确、严密。

6. 证实性

记录是体系运行的重要证据。因此,在质量管理体系文件中对记录应做出周密、细致的安排。同时,为检查或评价质量管理体系运行的符合性、充分性、适宜性和有效性,在文件中应包括对体系运行的检查与测评内容,这也是衡量文件有效性的重要依据。

第三节　质量管理体系文件编写的要求

编写质量管理体系文件是一项细致、复杂而又繁重的工作，必须统筹规划、严密组织，兼顾文件的系统性、协调性、适宜性和见证性，并使其具有法规性和可操作性，成为质量管理体系存在和实施运行的表征。因此，组织要编写出合理有效的质量管理体系文件，必须遵照一定的科学程序。本节主要介绍编写的基本要求。

一、质量管理体系文件的总体设计

在编写文件之前，首先应确定所有（或大部分）质量管理体系文件目录，这个过程叫做质量管理体系文件的总体设计。总体设计做得好，编写工作就能少走或不走弯路；做得不好，会使编写工作困难重重，即使文件都编写出来了，也会因缺乏系统性导致实施困难。

质量管理体系文件的总体设计是在质量管理体系策划中进行的，质量管理体系要素确定以后，就可以进行文件的总体设计。设计的基本程序如下。

①设计质量手册的框架，即手册的章节目录。

②设计程序文件目录。规模较大的出版组织程序文件就多一些，反之则少一些。一些产品单一、管理简单、规模不大的出版组织，甚至可以不用专门编写程序文件，而用质量手册中的程序规定来代替。设计过程中要注意吸收现有管理制度的合理成分，以减少编写的工作量。

③设计作业性文件目录（包括作业指导书、规范等）。设计过程中也要注意吸收组织已有的各种规章制度，部分作业性文件在总体设计时可以先不考虑，在编写程序文件时再根据实际需要确定。

④设计质量记录。质量记录在总体设计时可以暂时不予考虑，在编写程序文件时再根据实际需要进行。

⑤设计质量计划。质量计划在总体设计时也可以暂时不考虑。

总体设计的质量管理体系文件目录应当进行评审，广泛征求意见，不断修改完善。只有经过评审后，才能进入正式编写阶段。

二、质量管理体系文件的编写原则

编写质量管理体系文件要遵循以下原则。

1. 结合本组织特色

出版组织编写质量管理体系文件，一定要结合本组织的实际，坚持自己的特色,坚决摒弃抄、改、套用其他组织文件的做法。因为即使是产品一样、组织规模和结构也差不多的组织之间,其人员及习惯仍有很大的差别,因此抄、改、套用必定会产生各种问题。

2. 确保控制所需的程度

质量管理体系必须文件化至确保控制所需的程度。组织的质量管理体系文件的范围、详略程度应得当,必须满足合同、法律法规要求以及顾客和其他相关方的需求和期望。

3. 唯一性

一个组织只能有唯一的质量管理体系文件,在编写质量管理体系文件时要与组织已有的管理文件和技术文件很好地融合协调,使之成为统一的质量管理体系文件,防止出现"两张皮"或两种文件并存的现象。对于每一项质量活动,只能有唯一的程序,不能有多重的、相互不一致的各种办法、制度或程序。同时做到一项规定只能有唯一的理解,不应有歧义。

4. 较强的可操作性

质量管理体系文件应便于执行。

5. 分层编写,相互协调

质量管理体系文件既要分层编写又要相互协调,组织的质量管理体系文件是一个系统,并分成若干层次,不同层次的文件应相互衔接和协调,不同层次文件之间的接口也应能控制。上一层文件对下一层文件有原则性的指导作用,而下一层文件对上一层文件有操作上的支撑作用。

6. 符合受控要求

质量管理体系文件必须符合体系文件的控制要求。

三、质量管理体系文件的编写程序

编写质量管理体系文件的一般程序如下。

1. 成立编写领导小组和编写工作班子

领导小组应由最高管理者负责,管理者代表协助,吸收相关部门的领导担任成员。工作班子应由熟悉质量管理工作和相关业务并具有较强的文字能力的人员构成。

2. 对领导小组和编写工作班子成员进行必要培训

质量管理体系文件必定或多或少涉及全面质量管理知识和 ISO9000 族标准的理论、方法与要求,编写人员不掌握必要的知识和方法是难以完成编写任务的。

3. 编写指导性文件

制定供编写人员使用的指导性文件，主要是就编写文件的分类、编号、格式、编写要求、体例以及起草、批准、修改权限等做出规定，以便使新编文件做到统一协调和规范化。

4. 制订编写计划

根据确定的质量管理体系文件目录，分别确定具体的编写人员、完成时间（包括草案完成时间、校审完成时间和修改完成时间），使整个编写工作能够有序地进行。

5. 编写草案

编写草案指编写人员按编写计划和编写要求写出文件草案。

6. 文件的编辑和审批

文件的编辑主要是对文件的繁简、格式、术语、用词、规定等是否得当、准确进行审查和修改，并给予统一编号。经编辑后的文件要按规定的程序进行审核、会签和批准。

7. 文件的试行或评审

文件在批准发布之前都应试运行一段时间或组织相关人员对其进行评审，以便发现其中存在的缺陷或不足，通过修改和补充，使其有较强的适用性。

8. 正式发布

所有文件都必须经批准后正式发布实施。质量手册必须由最高管理者批准发布，程序文件一般可由管理者代表批准发布，其他文件则根据其内容，由相关的管理者批准发布。

【示例】

××出版社质量管理体系文件编写过程

（1）拟制质量方针

质量管理体系的建立，首先应当明确质量方针。质量方针应文字简练、高度概括，既能表现雄心壮志、激励人心，又应实事求是、切实可行，采取全社征集、择优推荐和总经理选定或确定后发布的办法。从上半年发出征集通知后，收到200多份稿件，从中择优选出20份提交总经理决策。经总经理反复推敲和斟酌，形成了既体现本社精神和图书产品特点，又概括了向顾客作出的承诺的质量方针。

（2）分清质量职责

出版社管理部门按ISO9000族标准的要求，结合组织实际情况选定质量管理体系要素，理清质量职能，拟制出质量职能分配方案，将方案送各有关领导和部门征求意见。经多次修改后，由总经理审定批准。

(3)确定质量手册和程序文件的结构

在反复消化标准之后，根据组织的实际情况，为使质量管理体系文件覆盖全社所有产品和6个部门，既要满足认证的需要，又要满足组织内部管理的需要，还要具有可操作性，我们采取将质量手册和程序文件分为两级的办法，一级是出版社，二级是编辑部、出版部等业务部门，明确规定业务部门的质量手册和程序文件是公司级质量手册和程序文件的细化和补充，不能与公司的质量手册和程序文件相悖。社管理部经过反复比较，精心策划，确定了统一的文件结构和格式，编写了《质量管理体系文件明细表》，列出应编写的总手册、分手册、程序文件、分程序文件的名称、主要内容、编写的主要部门和相关部门。

(4)落实编写任务

文件是质量管理体系的主要表征形式，文件编写是质量管理体系建立过程中的一项特殊而重要的工作。借健全质量管理体系的东风，出版社各领域的质量活动及规章制度全部形成了书面文件。社管理部按文件目录编写了每个文件的任务书，明确编写文件的要求和责任。该任务书一式两份，由总经理在专门召开的会议上下达给各职能部门和工厂的负责人，最后落实到个人。

关于质量管理体系文件的编写，我们采取的是质量部门编写质量手册，各职能部门编写程序文件，各业务部门编写分质量手册和本部门的程序文件，集中编写和分散编写相结合的办法。编写的原则是依据标准，密切结合实际。先按经验编写，后按标准修改补充，不搞花架子，力求简单、切实可行。按照标准的要求，该有的一定要写到。为使手册和程序文件全面、系统，具有可操作性，在征求各方面意见后，统一由社管理部审核修改，交相关部门会签，由社长批准发布。

在文件的编写过程中，对各要素和部门间的接口都进行了认真反复的讨论。对此，社管理部做了大量的工作，每份文件都从全局和质量管理体系整体角度来考虑加以修改，所有文件都经过多次修改后才得以定稿。

由于有社委会的正确领导，管理部门的有力组织、指导和协调，各部门人员的通力合作与共同努力，我们编写的质量手册原则性、逻辑性强，文件层次清楚，具有可操作性。文件编写工作历时半年多，最终胜利完成，共编写了1个总质量手册、6个分质量手册、31个程序文件和6个业务部门的分程序文件，从而实现了本社质量管理体系的文件化。

四、质量管理体系文件编写的技术要求

质量管理体系文件的编写有一定的技术要求，归纳起来有以下几点。

1. 质量管理体系文件的体例

不同类型的质量管理体系文件的体例要求各不相同，质量计划、质量记录及作业指导书之类的文件，因其种类繁多，一般难以使用固定体例。因此我们着重介绍质量手册和程序文件的体例。

（1）质量手册的体例

质量手册一般分为概述、正文和补充三大部分，其具体结构如下：

- 概述
  - 封面
  - 目录
  - 批准及授权
  - 引言（关于组织和质量手册本身的概括信息）
  - 范围
  - 适用领域
  - 术语和定义
- 正文
  - 管理职责
  - 资源管理
  - 产品实现
  - 测量、分析和改进
- 补充
  - 附录（支持性文件或资料清单）
  - 附加说明（手册的编写说明）

为便于修改，质量手册一般采用活页的形式，每页设有修改栏目。修改栏目应包括修改日期、修改内容、修改人和批准人、批准日期等内容。

（2）程序文件的推荐体例

程序文件可采用如下的标题结构：

①目的；

②适用范围；

③定义；

④职责；

⑤工作程序；

⑥相关文件；

⑦引用标准；

⑧质量记录。

其中的“定义”只需列出因本组织产品的特殊性和管理的特殊性而在该程序文件中较多使用的词。如果这些词不单独列出加以说明就不便于理解程序的内容和要求，或者可能产生认识上、执行上的差异，所以就应专设“定义”章并给予定义；反之，就不必专设“定义”一章。

2. 质量管理体系文件的用语要求

(1)统一术语

应积极使用ISO关于质量管理方面的最新用语，以方便组织间的相互交流。所用的专门术语，凡涉及可能产生歧义的，应在“文件术语”一章中列出并给予定义。

(2)注意用词的规范严谨

文件经常用到以下六个词，要注意其含义的差异。

必须：表示无条件制约，不管条件如何都要做到。

应当：表示有条件制约，当条件不具备时，可以不做到。

可以：表示一般制约，做到与做不到都能够通过，最好能做到。

不得：在条件具备时，不允许违反。

不允许：在条件具备或不具备时，都不得违反。

必要时：表示条件，其规定不具有“必须”的性质，但最好能满足规定。

3. 质量管理体系文件的形式要求

文件的媒体可以多种多样，不一定都采用印刷的纸质文件，还可以用光盘、软盘或计算机存储，但最好有一份纸质文件作备份。

第四节 质量方针和质量目标的制定

制定质量方针和质量目标是建立质量管理体系的一个重要环节，文件化的质量方针和质量目标又构成了质量管理体系文件的重要内容。

一、质量方针的制定

在质量管理体系中，质量方针具有纲领作用。如果考虑不周，把质量方针的要求定得过高或者过低，都会造成严重的后果。因此，制定质量方针事关重大，要慎重对待，不可草率处之。

1. 制定质量方针时应考虑的问题

为了使质量方针在管理中真正起到指导作用，在制定时必须使其真正符合组织的实际情况,综合考虑所涉及的问题。这些问题主要有以下几方面。

(1)与组织的总方针保持一致

质量方针是组织总方针的一个组成部分,不能与总方针相矛盾或冲突。在制定质量方针之前,要先对组织的总方针进行评审,然后再根据评审结果与组织的实际情况制定质量方针,确保二者的协调一致。

(2)预期的顾客满意程度

组织的所有质量活动都必须以顾客为中心,以顾客满意为目标。但是,要让其所有顾客都满意显然是不可能的。因此在制定用于指导组织一切质量活动的质量方针时,必须考虑在多大程度上满足顾客的需求和期望,顾客的满意程度在什么水平上对组织更有利。

(3)其他相关方的需求和期望

在制定质量方针时,出版组织既要考虑顾客的利益,又要考虑员工、所有者、供方和社会的利益。如果不能处理好相关方之间的利益,就会使受到损害的一方产生不满,从而给组织发展带来不良的后果。在考虑相关方的需求时,应以尽可能满足为目标,以不损害各方的利益为底线,也就是说,出版组织应当在法律法规限定范围内,在遵循伦理道德和社会习俗的基础上制定质量方针。

(4)持续改进的机会和需求

顾客及其他相关方的需求和期望是不断变化的,只有不断改进自己的质量,组织才能求得生存与发展。因此,出版组织在制定质量方针时必须考虑持续改进的机会与需求。在制定质量方针时,出版组织要立足本组织的现实情况,不提出过高要求,但又要适当高于组织的实际情况,这就如同一棵比我们身体稍高的苹果树,只有跳一跳才可摘下树上的苹果,使组织有明确的持续改进方向和推动力。

(5)所需的资源

实施质量方针需要资源,资源不足却要实施要求很高的质量方针,显然是不可行的。在制定质量方针之前必须认真考虑组织的规模、市场、体制和运行机制、内外环境等资源情况,从而使制定的质量方针与组织的资源相匹配。

(6)供方和合作者的作用

任何组织都需要供方和合作者。供方和合作者的状况对组织的生产经营,特别是对组织的产品质量有很大的制约作用。因此,在制定质量方针时要认真考虑这种制约作用,才能使方针切实可行。

2. 制定质量方针的程序

制定质量方针需要遵循一定的程序,归纳起来有以下几个步骤。

(1)环境分析

“知己知彼,百战不殆”,制定质量方针首先要分析出版组织的内外部环境。出版组织的内部环境包括本组织的规模、体制、运行机制,人、财、物等资源,员工的需求和期望等;外部环境包括顾客和其他相关方的需求和期望、竞争对手状况、供方和合作者等。环境分析,就是对前文所述必须综合考虑的后五个问题作进一步分析探讨。

(2)清理组织的经营思想

清理组织经营思想的目的,是要确定以质量为中心的出版组织经营发展战略,为所制定的质量方针能与总方针相一致并得到有效贯彻奠定基础。组织的经营思想往往就是最高管理者的经营思想,最高管理者必须参与此项工作。

(3)提出、论证并修改质量方针草案

相关人员提出质量方针草案后,要组织上上下下的人员加以讨论,必要时对其加以修改。通过组织讨论,可以使参与讨论的人员也能了解组织的内外部环境,理解组织的经营思想与发展战略,同时加深对质量方针的理解,为今后顺利贯彻质量方针创造条件。

(4)经最高管理者批准后正式发布

质量方针作为独立成篇的文件,其正本必须有最高管理者的签名才算正式生效。

(5)质量方针的分解

规模较大的出版组织,通常需要对质量方针进行适当的分解,即相关部门要根据组织的质量方针制定自己的质量方针,使其更有针对性、更切合实际、更便于实施,对管理工作和员工更有约束力。分解过程要注意做到下一层次的质量方针应与上一层次的一致,必要时还要高于上一层次的要求。分解程序可以参照组织的制定程序进行。

3. 质量方针的内容

质量方针是出版组织十分重要的指导性文件,应包括以下内容。

(1)标题

例如,“××出版社质量方针”。

(2)描述出版组织内外部环境

这部分内容一方面起到方便员工理解质量方针的作用,另一方面说明为什么要制定这样的质量方针。主要针对顾客在质量方面的需求和期望、组织在市场竞争中所承受的压力、组织在质量上失败可能产生的后果等内容进行简明扼要的描述。如果能找准组织在产品质量和质量管理方面的问题点并对其进行简明扼要的描述更好。

(3)阐述组织应对内外部环境的指导思想

主要是简明扼要地阐述组织将采用什么样的经营思想,实施什么样的发展战略。没有这样的内容,质量方针可能就会成为无源之水、无本之木,与组织的方针难以一致起来。

(4)质量方针的核心内容

质量方针的核心内容由简明扼要的几条规定、几条定性的质量目标或者几条组织处理质量问题的原则构成,应包括最高管理者对质量的承诺。为便于记忆,这部分内容经常被编成顺口溜。需要注意的是,质量方针所规定的质量目标一般不是定量的,定量的质量目标应划入质量目标管理范畴。

(5)实施质量方针的措施

所描述的措施通常是宏观的、原则性的。比如,要使全体员工理解质量方针,在组织内部发生有关冲突时,要用质量方针来解决,等等。

(6)最高管理者签名并公布实施日期

为便于更好地对照与理解质量方针的内容,下面列举某出版社的质量方针示例。

【示例】

××出版社质量方针

随着国家义务教育“两免一补”政策的实施,我社传统的基础教育教材和助学读物等图书产品面临更加激烈的市场竞争。传统顾客已经对我社的图书产品质量提出了更高要求,潜在的顾客又需要我们用更优良的质量、更低廉的价格和更周到的服务去争取。如果我社的产品质量没有较大改进,仍保持现有水平,不但无法开拓新的市场,而且还会失去原有的市场。因此,我社的图书质量迫切需要较大的改进。但目前的实际情况是全社上下缺乏忧患意识和危机意识,表现在质量管理方面,仍然仅仅侧重技术要求和标准,持续改进的理念和方法尚未引入,不能通过管理来理顺内部关系,做好质量保障工作。这是我社质量工作存在的最大缺陷,必须通过建立质量管理体系彻底解决。

面对当前的困难,社委会研究决定,要动员全体员工迎着困难上,发起“第二次创业”活动,争取更加光明灿烂的前景。首先,要立足于质量取胜的基点,狠抓教材和助学读物产品的更新换代,使质量再上新台阶。其次,要开拓更广阔的市场,在保住传统市场的基础上,力争使我社的图书产品进入东部教育图书市场。再次,要在全社广泛推行全面质量管理活动,在降低消耗、提高质量方面开展持续的质量改进。最后,全社员工要团结协作,积极参与,共同努力,努力实现我社“第二次创业”的目标。

本社的质量方针是:

(1)以出版物质量为根,系统管理图书质量,用质量开拓市场;

(2)以创新为本,加强选题开发设计的质量控制;

(3)以持续满足读者需求为魂,不断用新的图书品种满足顾客需求;

(4)坚持持续改进促进发展,使本社在5年内成为西部地区第一大教材和助学读物出版中心。

上述质量方针可以简化为:以质量为根抢市场,以创新为本争读者,持续改进促发展。

为了实施质量方针,应采取如下措施:

(1)将本社质量方针发到全体员工手上,组织员工学习、讨论,务必使全体员工,特别是负有领导职责的管理人员充分理解;

(2)根据本质量方针制订质量目标,并将质量目标层层分解,实施质量目标管理;

(3)本社的文件、过程、程序、产品等凡与本质量方针不相符的,一律按本方针规定的原则进行修正或处理。任何人,包括社长、总编辑都不得违背本质量方针规定的原则。

××出版社社长×××

2007年×月×日

4.制定质量方针应避免的几个误区

在制定质量方针过程中,出版组织应努力避免以下几个误区:

(1)最高管理者不亲自主持制定,而是请咨询机构起草,领导签字发布;

(2)没有充分发动全体员工关注或参与,方针缺乏群众基础,为今后传达、实施、评价留下隐患;

(3)未能充分收集或关注相关的信息和组织的特点,方针没有任何特色,各行业都可用;

(4)追求好记、好背、朗朗上口,方针口号化、广告化、顺口溜化,流于形式,忽视相关标准要求、组织以及行业的特点,缺乏方针应有的内涵;

(5)空洞无物,不能为制定、评价质量目标提供框架,无法对质量管理提供有效的指导作用。

二、质量目标的制定

为了使组织制定的质量目标能在质量管理中真正起到鼓舞士气、聚合人心的作用，应像制定质量方针一样，认真对待、慎重考虑，并严格按程序进行。

1.制定质量目标时应考虑的问题

制定质量目标时，出版组织要考虑以下几个问题。

(1)以组织的质量方针为基础

质量方针提供了质量目标的框架，质量目标应建立在质量方针的基础之上，二者必须保持一致。因此，在制定质量目标时，必须充分理解质量方针的实质，从中引出具体的目标来。具体示例如表3－1所示。

表3－1　质量方针引出质量目标示例

质量方针		质量目标
系统管理图书质量	（引出）→	2008年年底通过ISO9001:2000版认证
以创新为本	（引出）→	2008年开发新教材2套和助学读物6个系列
满足读者需求	（引出）→	读者投诉率低于1%
持续改进促进	（引出）→	2008年底图书合格率达到99%

(2)充分考虑组织的现状及未来的需求

为了确保质量目标能起到激励的作用，质量目标既不能定得太低，也不能定得太高。因此，在制定时一定要充分考虑组织的现状以及未来的需要，使得质量目标既立足现状，又有所超越。

(3)充分结合市场的现状和未来的需要

质量目标还必须符合市场的需要。考虑市场现状，才能使质量目标与当前市场需要相协调；考虑未来，才能使质量目标有引导的作用，逐步提高，并与市场未来的需要相适应。

(4)找出组织存在的问题点

组织存在的问题点是指为实现质量方针和质量目标必须解决的重要问题，包括不合格、缺陷、与先进水平相比存在的差距等，即未能满足质量目标要求或有碍于质量目标完成的资源、过程、产品、程序等都可能成为问题点。找出问题点的目的是为了解决问题。

(5)注意所有相关方的满意程度

对所有相关方的满意程度的测量结果，应将其作为制定质量目标的一种输入。相关方的满意程度不高，可能就会影响到组织的生产经营，因此质量目标就应包括提高他们满意度的内容。

2. 制定质量目标的方法

制定质量目标的方法很多,但最常用也是最有效的方法是根据组织问题点来制定质量目标。对于从没有制定过质量目标,而又普遍存在质量问题的组织来说,这种方法更具有特殊意义。

(1)问题点的来源

出版组织质量问题点主要来自媒体的书评和相关报道,以及读者和客户的投诉。通常情况下,国家和地方新闻出版管理机构和出版组织自己的管理评审和质量审核也能发现问题。此外,对图书市场滞销品种的调查也是出版组织问题点的一个重要来源。

(2)问题点的分类

对于发现的问题点,出版组织应当依据问题的层次、问题的性质和问题造成的影响对其分类,以便对问题做出准确的判断。

按问题的层次,出版组织的质量问题可分为组织、部门、小组和个人的问题点。按问题的性质,可分为属于产品或过程的问题点和属于质量管理体系的问题点。按问题造成的影响可分为两类,一类是没有达到规定要求的问题点,如质量、品种、成本、交货期等计划指标未能完成,或达不到法律法规的要求,这类问题点是影响组织维持生存的问题;另一类是影响组织长期发展的问题。

(3)寻找问题点的方法

寻找问题点,首先要确定必要的范围,即根据质量目标的类别来确定应解决的问题。如要制定的是年度质量目标,要考虑的就是当年必须解决的问题。

确定寻找问题点的范围后,还要确定必要的标准,就是确定对所确定问题点进行分类的标准,从中选择对组织影响最大的问题点来制定质量目标。确定以质量方针作为分类标准,可以选择与质量方针实施直接有关的问题点;确定以上一级的质量目标作为分类标准,可选择对完成上一级质量目标有影响的问题点;确定以上一期的质量目标为分类标准,可以选择上一期所确定的质量目标未能完成的问题点;确定以分期的质量目标为分类标准,可以选择下一期的质量目标的问题点。

根据确定的范围和标准,出版组织还要搜集必要的事实和数据,以确定各种问题点的具体内容、严重程度和影响范围,为评价和选择问题点提供依据。在此基础上,出版组织要全面客观地评价问题点,并根据评价结果选择出最主要或最重要的问题点。凡是涉及质量方针及上一级质量目标的内容的问题点,一般都列为重点。部分问题虽然与质量方针及上一级质量目标关联不大,但对组织或其下属部门、个人的工作影响很大，也应列为重点。寻找问题点的过程可归纳为图3－2。

最后，根据主要问题点，提出具体的质量目标，如表3－2所示。

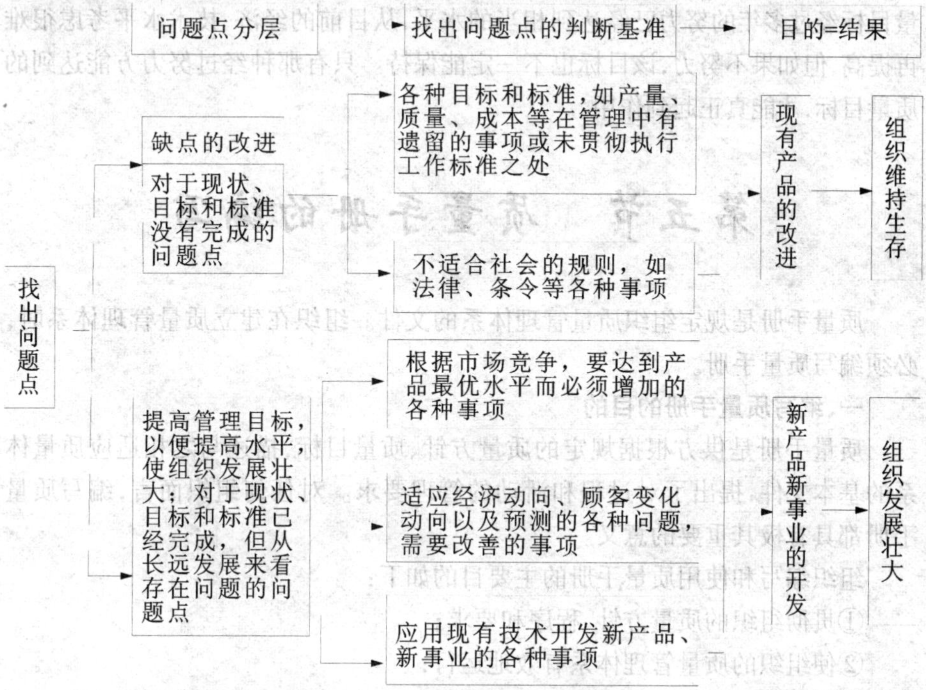

图3－2　寻找问题点的过程图

表3－2　根据问题点制定质量目标示例

问题点	质量方针或上一级质量目标	质量目标
顾客投诉率2.5%	顾客满意	顾客投诉率降至1%以下
新的助学图书不能满足市场需求	开拓创新	2007年开发5种新产品
年检编校合格率85%	年检编校合格率95%	年检编校合格率达到97%
校对质询原稿加工差错10%	校对质询原稿加工差错8%	校对质询原稿加工差错5%
2006年QC小组仅有成果8个	2007年全社QC小组成果85个	本编辑室2007年QC小组成果15个
未获得质量标兵称号	开展质量标兵活动	力争获得质量标兵称号
2006年媒体曝光编校质量问题1次	2007年媒体曝光质量问题为零	2007年质量问题零曝光

3. 制定质量目标应避免的误区

制定质量目标不能好高骛远,制定出经过努力不可能达到的目标,会打击员工的积极性。经过努力才能稳定保持的目标,也不必继续列作质量目标。有些质量目标经过多年的努力已经达到相当的水平,从目前的经济、技术水平考虑很难再提高,但如果不努力,该目标也不一定能保持。只有那种经过努力方能达到的质量目标,才能真正起到作用。

第五节 质量手册的编写

质量手册是规定组织质量管理体系的文件。组织在建立质量管理体系时,必须编写质量手册。

一、编写质量手册的目的

质量手册是供方根据规定的质量方针、质量目标,描述与之相适应质量体系的基本文件,提出了对过程和活动的管理要求。对任何组织而言,编写质量手册都具有极其重要的意义。

组织编写和使用质量手册的主要目的如下:

①贯彻组织的质量方针、程序和要求;

②使组织的质量管理体系有效地运行;

③提供更好的控制方法,促进质量保证活动;

④作为质量管理体系审核依据;

⑤当情况改变时,保持质量管理体系及其要求的连续性;

⑥按质量管理体系要求及相应方法培训人员;

⑦对外介绍其质量管理体系,证明其质量管理体系与顾客或认证机构要求的质量管理体系标准相符合;

⑧在合同情况下,证明质量管理体系符合选定的质量管理体系标准。

二、质量手册的形式和结构

为了适应组织的规模和复杂程度,质量手册在详略程度和编排格式方面可以不同,只要能把组织的质量管理体系描述清楚就可以。

1. 质量手册的一般形式及处理方法

常见质量手册形式有以下几种:

①程序文件的直接汇编;

②一组或一部分程序文件；

③针对特定设施、职能、过程或合同要求所选择的一系列程序文件；

④多份文件或多层次的文件；

⑤删减附录中只含通用性内容的文件；

⑥可以独立应用的或是其他形式的文件；

⑦基于组织所需其他多种可能的派生文件。

不同规模出版组织的质量手册应按不同方式处理。一般来说，大型出版组织或综合性的出版组织，可以将质量手册与程序文件分开编写，即质量手册只阐述质量管理体系要素的原则性要求，具体要求以及职责、权限、程序等则在程序文件中阐述。小型出版组织或出书品种相对较少的专业出版组织可以将质量手册和程序文件合一，即在质量手册中阐述质量管理体系要素时，将与该要素有关的职责、权限、程序、要求一并写出。还可以将上述两种方法结合使用，即对一般的质量体系要素按第一种方法编写，对重要的、特殊的要素则按第二种方法编写。

2. 质量手册的常见结构

(1)封面

封面应清楚地表明组织名称、手册标题、手册发行版次、文件发放控制编号、文件编号和生效日期等。

(2)批准页

批准页即有组织最高管理者签名的“质量手册发布令”。

(3)手册目录

列出手册所含各章节题目，并用修改记录表的形式说明手册中各部分的修改情况。

(4)手册说明

说明手册适用的产品和生产该产品的组织领域或区域、手册依据的标准等。

(5)发放控制页

用发放记录表的形式说明质量手册的发放情况和分布情况。

(6)术语和定义(如需要)

为实现对质量手册内容理解的一致性，必要时应对组织特有的术语进行定义。

(7)组织概况

主要内容包括：

①组织名称、地址、通讯方法；

②组织的隶属关系；

③组织的所有制性质；

④主要产品情况，包括产品的名称、系列、型号、执行的标准、质量情况和主要销售地区等；

⑤能提供的服务，如设计、修理、安装等；

⑥组织规模，如人员、面积、设备设施等；

⑦历史沿革，即本组织的简要发展情况。

(8)组织的质量方针和质量目标(如需要)

(9)组织结构、职责和权限

可采用组织机构图和岗位职责与权限说明表示。

(10)质量管理体系要素描述

按组织确定的方法分章描述所选定的质量管理体系要素。

(11)质量手册阅读指南

此项适应于总公司、集团公司性质的质量手册，目的是方便查找手册中的有关内容。

(12)支持性文件附录

一般的支持性文件有程序文件、技术标准、操作规程、规范和管理标准等。必要时把这些支持性的文件目录在手册中列出，以体现不同层次文件之间的相关性，给出其他层次文件的查询途径。

三、质量手册的编写程序

质量手册的编写一般按以下程序进行。

1. 成立编写班子

应挑选那些熟悉有关标准，熟悉组织生产、技术和管理工作实际，责任心强，文字水平高的人员组成一个编写班子。若组织缺乏相应的人员，也可以委托或吸收外部专家参与。

2. 资料收集与分析

收集并评价组织现有的各种文件、资料、记录，列出存在问题清单。

3. 进行质量活动分析

编写质量活动调查分析表，对组织目前开展的各种质量活动进行调查与分析,找出存在的问题。

4. 质量手册设计

根据组织的实际情况确定适用要素的要求,编写支持性质量管理体系文件清单。

5. 确定质量职责

根据组织必须开展的质量活动内容确定各级人员的质量职责。可用组织机构图和岗位职责说明表达。

6. 确定质量手册的结构并组织编写

编写小组依据组织必须开展的质量活动确定质量手册的结构,并根据结构所确定的章节与内容要求分配编写任务,按事先规定的格式对各项内容进行编写,形成手册的讨论稿。

7. 讨论与修改,形成报批稿

组织有关人员对质量手册讨论稿的文字、内容、格式、职责、接口进行审查和讨论,并提出相应的修改、补充意见,由编写人员实施修改、补充,经管理者代表审定后形成报批稿。

8. 最高管理者审查与批准

最高管理者根据管理者代表或手册编写负责人就手册的编写、协调情况及有关问题写出的审批报告进行审查,并给予批准。

四、质量手册的内容

质量手册应按质量管理体系的框架结构,就管理职责,资源管理,产品实现,测量、分析和改进的实施进行原则性描述。

1. 质量手册的重点内容

(1)管理职责

管理职责首先应突出最高管理者在质量管理体系的建立、保持、有效和高效运行以及持续改进中的领导、承诺和参与作用。其次,质量管理方针的确定应与组织的总体经营目标相一致。具体表述应概括、精练,易于理解和沟通,在满足要求方面有持续改进的机会。再次,质量目标应与质量方针保持一致。质量目标应包括产品要求(特性),并在相关的职能和各层次上可分解、可评价,以有助于全员的参与和对质量的承诺。最后,各部门、各层次的相互关系和承诺应通过职责和权限加以规定。需要注意的是,质量手册主要是反映组织管理层的职责和部门的职能,不要把部门领导的职责和部门的职能混为一谈。

(2)资源管理

应明确各种质量活动对人员的能力要求,以及为满足不同能力需求应进行的教育和培训,并提出评价所提供培训的有效性的标准和方法。其他资源则应根据"人—机—环"链的依赖和制约关系,结合组织的产品实现提出具体控制要求。

(3)产品实现

应就组织为达到顾客规定的要求,或虽然没有明示但规定的用途或已知的预期用途所必需的要求,以及与产品有关的法律法规要求,需要干什么、谁来干和原则上应怎么干进行描述。实现和评审这些要求是产品实现的核心。在产品实现过程中,要注意对源头的控制,即加强对设计和采购的控制。

(4)测量、分析和改进

应就监视和测量活动的内容、方法(包括统计技术)与途径进行规定,并就如何对所得到的数据进行分析,以便为组织的持续改进提供支持进行描述。

2. 描述质量管理体系要素的体例和注意事项

(1)体例

描述质量管理体系要素一定要准确、全面和简要。其一般格式如下。

①目的:阐明实施本要素要求的目的。

②适用范围:阐明实施本要素要求适用的活动。

③职责和权限:阐明实施本要素过程中涉及的部门或人员的职责和权限。

④控制要点:阐明实施本要素要求的全部活动的原则和要求。

⑤相关的质量管理体系文件:列出实施本要素要求所需的各类文件。

⑥术语:需要时可编入。

(2)质量管理体系内容编写注意事项

所有关于质量管理体系的描述都应立足于组织的实际情况,既要满足相关标准要求,又要反映组织实际情况。

在编写质量管理体系内容时,要注意质量管理体系要素的相关性。质量管理体系要素是产品质量形成过程中质量职能的系统体现,由于质量在形成过程中有一个产生、组合、物化和传递的集聚过程,因此,质量管理体系各要素之间有着十分强烈的系统性、关联性、渗透性和因果关系。

在编写质量手册过程中,所有与质量有关的职责都要有部门承担,所涉及的各部门、各类人员的职责和权限应清楚并得到落实,做到职责的界定无漏项、无重复。

有关接口处理原则在组织描述中应准确阐述,做到接口方法明确,可操作性强。

质量手册编写应力求文字精练、准确、通顺，注意逻辑性和活动顺序正确。为了便于管理，在进行质量手册的编辑和格式设计时，应适当考虑修改、改版和使用方便的需要。

第六节　程序文件的编写

程序文件是质量手册的支持性文件，是质量手册中原则性要求的展开与落实。因此，编写程序文件时，必须以质量手册为依据，符合手册的规定与要求。

一、出版组织程序文件的构成

ISO9000：2000 族标准在 ISO9001：2000 质量管理体系要求标准中对程序文件提出了明确的要求。

1. ISO9000：2000 族标准要求的程序文件

为了使标准有更强的通用性，有利于不同类型、规模的组织，特别是小型组织、非制造业组织根据自己的实际情况贯彻标准要求，ISO9000：2000 族标准要求各类组织都必须编写、实施和保持下列六个程序文件：

(1) 文件控制(4.2.3)

(2) 记录控制(4.2.4)

(3) 内部审核(8.2.2)

(4) 不合格品控制(8.3)

(5) 纠正措施(8.5.2)

(6) 预防措施(8.5.3)

程序文件要求的内容集中于标准中的"文件要求"(2 个)及测量、分析和改进(4 个)两类之中，体现了标准的通用思想。但是，由于出版业刚刚开始进行全面质量管理，图书又属于具有双重属性的精神产品，以上六个程序文件对大多数出版组织来说显然是不够的，出版组织应该根据自己的规模和类型、过程的复杂程度和相互作用以及员工的能力等因素来决定哪些程序文件是必要的。对于组织根据实际情况确定哪些程序文件，ISO9001：2000 标准没有做硬性规定，但有隐含要求。

2. 根据 ISO9001：2000 标准隐含要求制定的程序文件

ISO9001：2000 标准的引言中强调："统一质量管理体系的结构或文件不是

本标准的目的。”该标准“4.1 总要求”中明确提出：“组织应按本标准的要求建立质量管理体系，形成文件，加以实施和保持，并持续改进其有效性。”“4.2 文件要求”中进一步提出质量管理体系文件应包括“组织为确保其过程的有效策划、运行和控制所需的文件”。这就是标准对其在条文中明确要求编写程序文件以外的隐含要求。此外，在标准条文中用不同措辞表述：“要求应确定、转化并予以满足”、“策划的输出必须形成文件”、“予以规定”、“做出规定”等，这些措辞针对具体要求来说，可以理解为组织应根据需要适当编写文件，包括必要的程序文件。

不同组织的程序文件构成一般不同。表 3-3 提供一份质量管理体系程序文件清单，可供出版组织参考与选择。

表 3-3 质量管理体系程序文件清单

序号	文件名称	适用于 ISO9001:2000 条文		备注
1	文件控制程序	4 质量管理体系	4.2.3	+
2	质量记录管理程序		4.2.4	+
3	质量目标展开程序	5 管理职责	5.4.1	△
4	管理评审程序		5.6	△
5	人员能力、培训和资格控制程序	6 资源管理	6.2	△
6	设施(设备)管理程序		6.3	△
7	工作环境管理程序		6.4	△
8	产品实现过程策划程序(含质量计划)	7 产品实现	7.1	△
9	顾客要求的识别、评审和沟通程序		7.2	△
10	选题设计和开发控制程序		7.3	△
11	选题设计和开发评审程序		7.3.4	△
12	选题设计和开发确认程序		7.3.6	△
13	组稿控制程序		7.4	△
14	审稿控制程序		7.5	△
15	产品标识和可追溯性控制程序		7.5.3	
16	编校控制程序		7.5.3	△
17	装帧设计控制程序		7.5.3	
18	作者知识产权识别、验证、保护和维护程序		7.5.4	△
19	图书营销控制程序		7.5.5	△
20	特殊过程确认程序		7.5.2	△

续表

序号	文件名称	适用于ISO9001:2000条文	备注	
21	顾客满意或不满意信息的获取和利用程序	8 测量、分析和改进	8.2.1	△
22	内部审核程序		8.2.2	+
23	过程的监视和测量程序		8.2.3	△
24	产品的监视和测量程序		8.2.4	△
25	不合格品控制程序		8.3	+
26	数据管理和分析程序(含统计技术)		8.4	△
27	持续改进程序		8.5.1	△
28	纠正措施控制程序		8.5.2	+
29	预防措施控制程序		8.5.3	+

注:①符号“+”表示标准明文规定,“△”表示建议考虑;

②有些文件可以合并;

③表中文件仅供参考,可根据需要做适当修改。

二、程序文件的外观、内容与格式

程序文件的外观、内容与格式都有一定要求。

1. 程序文件的外观

程序文件的外观主要考虑文件的版面大小及表头、表尾的设计。表头一般要包括组织的名称、文件编号、文件层次或级别、文件发布或实施日期、编写者、批准者及日期、页码等内容。表尾一般列出修改记录,包括修改情况、修改者、修改日期、批准者、批准日期等。许多情况下,表尾内容直接列在表头中,不单独设计表尾。当文件由多页构成时,可以每页有表头表尾,也可以只在第一页有表头,其他页只注明文件编号、共几页、第几页。

2. 程序文件的内容

程序文件必须有以下内容。

(1)文件的编号和标题

所有的程序文件都应按规定的编写规则进行编号,以便于识别与管理。标题应明确说明开展活动的内容及其特点,一般由管理对象和业务特性两部分组成。如产品防护控制程序,管理对象是“产品防护”,业务特性是“控制程序”。

(2)目的

简要说明为什么要开展这项活动,即说明程序所控制的活动及控制目的。

(3)适用范围

说明程序所涉及的有关部门和活动、相关人员、产品等,必要时应说明禁止事项。

(4)职责和权限

规定负责实施该项程序的部门或人员及其职责和权限,规定与实施该项程序相关的部门或人员及其职责和权限。可用流程图和叙述性文字加以表述。

(5)活动描述

活动描述是程序文件的主要内容,应一步一步地列出开展此项活动的细节,保持合理的编写程序。其详略程度取决于活动的复杂性、采用的方法及员工完成活动所需的技术和培训水平。对活动和过程的描述包括以下内容:

①明确组织及其顾客和供方的需要;

②用与规定过程和活动有关的文本和(或)流程图形式描述过程;

③确定要做什么,由谁或组织的哪个部门去做,要做的原因、时间、地点及如何去做;

④描述过程控制和对识别出的活动的控制;

⑤明确完成活动必需的资源(人、机、料、法、环);

⑥明确与需要的活动有关的相应文件;

⑦明确过程的输入和输出;

⑧明确要采取的措施;

⑨说明可能的例外或特殊的情况,以及相应的控制措施等。

(6)术语

指本程序中涉及的并需要说明、定义或解释的术语。

(7)报告和记录表格格式

明确使用该程序时所产生的记录和报告的表格的形式,写明表格的名称和编号,必要时附上样表,规定记录的保存期限。

(8)审批

程序文件应得到与本活动有关的部门负责人的同意和接受,并为所有的与其作业有接口关系的人员理解。程序文件应经审批,注明修订情况和日期。

3. 程序文件的格式

程序文件的格式与封面示例见表 3 - 4 至表 3 - 10。

表3－4　程序文件封面示例一

程序文件 文件名称:选题设计和开发评审程序 文件编号:HA/COP 7.3.4 拟制:　　　　日期: 审核:　　　　日期: 批准:　　　　日期: 版号:A 受控号:10 实施日期:

表3－5　程序文件封面示例二

××出版社 程序文件 (过程控制程序) 文件编号:　　　版号:1 拟制:　　　年　月　日 审核:　　　年　月　日 批准:　　　年　月　日 受控编号:S－03				
文件会签	部门	会签人/日期	部门	会签人/日期

表3－6　程序文件封面示例三

<table>
<tr><td colspan="12">××出版社程序文件</td></tr>
<tr><td colspan="4">文件编号</td><td colspan="4">内部质量管理体系审核程序</td><td colspan="4">第A版共4页(包括本页)</td></tr>
<tr><td colspan="12">文件会签表</td></tr>
<tr><td colspan="3">会签部门</td><td colspan="3">会签人/日期</td><td colspan="3">会签部门</td><td colspan="3">会签人/日期</td></tr>
<tr><td colspan="3"></td><td colspan="3"></td><td colspan="3"></td><td colspan="3"></td></tr>
<tr><td colspan="3"></td><td colspan="3"></td><td colspan="3"></td><td colspan="3"></td></tr>
<tr><td colspan="3"></td><td colspan="3"></td><td colspan="3"></td><td colspan="3"></td></tr>
<tr><td colspan="12">文件修改记录</td></tr>
<tr><td>修改单号</td><td colspan="2">修改页码</td><td colspan="2">修改状态</td><td colspan="2">修改人</td><td colspan="2">审核人</td><td>批准人</td><td colspan="2">生效日期</td></tr>
<tr><td>新发布</td><td colspan="2"></td><td colspan="2"></td><td colspan="2"></td><td colspan="2"></td><td></td><td colspan="2"></td></tr>
<tr><td></td><td colspan="2"></td><td colspan="2"></td><td colspan="2"></td><td colspan="2"></td><td></td><td colspan="2"></td></tr>
<tr><td></td><td colspan="2"></td><td colspan="2"></td><td colspan="2"></td><td colspan="2"></td><td></td><td colspan="2"></td></tr>
</table>

表3－7　程序文件格式示例

<table>
<tr><td rowspan="2">组织标志</td><td rowspan="2"></td><td rowspan="2">质量管理体系程序</td><td>QSP(编号)</td></tr>
<tr><td>第　　页,共　　页</td></tr>
<tr><td>批准人</td><td></td><td>主题</td><td>第　　版</td></tr>
<tr><td>生效日期</td><td></td><td></td><td>第　　次修改</td></tr>
</table>

1.目的和范围

为什么要制定此项程序文件,控制的基本要求是什么,此项文件的规定涉及哪些方面,必要时还可写明不包括(除外)的方面。

2.职责

此项文件由哪个部门负责执行,达不到目的应负的责任。

3.方法(工艺流程)

一步一步地写明需要做的事情的细节,如果适用,可引用参考文件;保证合理的编排顺序,注明需要注意的例外或特殊情况(如进货检验的紧急放行)。

4.相关文件

写明执行此项文件时所涉及的参考文件和表格,或必须记录的数据。如果适用,举例说明(如检验印章)。

5.记录

写明执行此项文件所产生的记录,以及记录的保存和期限。

表 3－8　程序文件表头、表尾示例一

××出版社程序文件	文件编号:HA/COP 7.3.4
	版号:A/1
	受控号:10
标题:选题设计和开发评审程序	生效日期:
	页码:1/4
1. 目的 2. 适用范围 3. 职责 4. 定义 5. 工作程序 6. 支持性文件 7. 质量记录 8. 附录(必要时)	

表 3－9　程序文件表头、表尾示例二

××出版社程序文件			文件编号:HA/COP 7.3.4		
			修改状态:0		
			页码:第 2 页,共 5 页		
标题:选题设计和开发评审程序			生效日期:		
			页码:1/4		
1. 目的 2. 适用范围 3. 职责 4. 定义 5. 工作程序 6. 支持性文件 7. 质量记录 8. 附录(必要时)					
修改/日期		审核日期		批准日期	

表3-10 程序文件表头、表尾示例三

××出版社程序文件			
内部质量管理体系审核程序			
1. 目的 2. 适用范围 3. 职责 4. 定义(必要时) 5. 工作程序 6. 支持性文件 7. 质量记录 8. 附录(必要时)			
文件编号	FD/QP 08	拟制人	
发文号	018	审核人	
修改状态	0	批准人	
页码	2/4	生效日期	

三、程序文件的编写要求

程序文件的编写需要进行系统设计,以保证其具有系统性、完整性和层次性,相互协调并与质量手册保持一致。

1. *注意文件的层次性*

由于质量管理体系结构是多层次的,程序文件因此在客观上存在着层次性。设计程序文件时,也必须首先进行文件层次的设计。中小型组织的质量管理体系结构层次少而简单,程序文件一般只有一个层次,即按要素划分,每个要素只编写一个程序文件,将其要求的全部质量活动系统地规定下来。大中型组织因其质量管理体系结构层次多而复杂,程序文件一般至少有两个层次。

程序文件的层次有两个或两个以上时,第一层次的程序文件是按整个质量管理体系要素进行编写的简明程序文件,供组织的上层管理者使用,可直接纳入质量手册或作为编写质量手册的基础;第二层次的程序文件是对第一层次的程序文件的展开,按细化了的质量管理体系要素进行编写,即一个质量管理体系要素包括多个程序文件。如必要,还可以对第二层次的程序文件作更进一步的展开与细化,形成第三层次的程序文件。如对采购要素,第二层次的程序文件可分为"作者的评价和选择程序"、"组稿的验证程序"等,而对"组稿的验证程序"还可进一步建立更细化的"电子稿件入社检验程序"、"手稿入社检验程序”等。

设计程序文件,除了要确定每个要素的程序文件的层次和数量,还要注意相关要素的接口,保证同一要素的不同层次程序文件之间、不同要素的程序文件之间都能相互协调。

通过程序文件的层次设计,提出程序文件的层次和目录明细表,使其覆盖所有适用的质量管理体系要素和活动。

2. 保证文件内容的完整

程序文件的基本内容是阐明影响质量的管理、执行、验证或评审人员的职责、权限和相互关系,说明实施活动的方式、将采用的文件及所进行的控制,是有关人员实施质量活动的依据。因此,程序文件详略程度要以满足对有关质量活动进行恰当而连续控制的需要为准。在编写程序文件时还要注意可操作性,特别在编写细化的质量活动程序时,更要注意一步一步地列出开展此项活动的工作流程和细节,应做到以下几点:

①列出输入、转换、输出的内容,包括文件、物品、人员等,明确它们与其他活动的接口和协调措施。

②规定开展质量活动时在物资、人员、设备和环境等方面应具备的条件。

③明确每个环节内转换过程中的各项因素,即由谁干(说明什么部门和岗位)、干什么、干到什么程度、达到什么要求、如何控制、形成什么记录和报告等。

④必要时,还应涉及可能出现的任何例外事项,规定可能发生质量问题的预防措施以及一旦发生质量问题应采取的纠正措施。

3. 结构与格式要统一

不同组织的程序文件结构与格式可以不同,但一个组织的所有程序文件应规定统一的格式,以相同的结构和格式编写每一个程序文件,以方便使用和管理。

四、程序文件的编写步骤

程序文件是质量手册中原则性要求的进一步展开与落实,是质量手册的支持性文件。质量手册中的各质量管理体系要素是相应程序文件的原则性要求,编写程序文件必须以质量手册为依据,按照一定步骤来进行。

1. 确定职责,建立管理制度

编写程序文件,首先要明确一个原则,即各职能部门的负责人负责编写本部门主管的质量活动的程序文件。跨部门的质量活动程序文件,则由熟悉该项活动的某一管理部门负责编写。例如,选题活动涉及编辑部、总编室、发行部、财务科等部门，一般由全盘掌握这项活动的总编室负责编写。出版组织还要专门成立质量管理部门，一方面负责协调程序文件的接口工作和审核程序文件，另一方面进行标准化审查。需要强调的是，出版组织无论大小，都要建立完整的文件管理制度，明确程序文件的管理部门，同时规定其分发、存档的责任部门。

2. 对现行做法进行调查与分析

组织现行的各种标准、制度和规定等都有程序的性质，为保证编写的程序文件具有可操作性，必须对组织现有的各种文件资料进行收集，并分析各种质量活动，找出缺陷与不足，通过修改与补充来加以规范。

(1)收集文件资料

收集资料的范围包括现有的质量管理和其他管理工作规定、各种管理制度、岗位职责、各类技术文件、工作标准等。如果组织已制定了质量手册，在编写程序文件时也应收集。

(2)分析质量活动

出版组织首先要确定必须开展的质量活动，明确与质量活动相关的部门，然后进行质量活动分析，找出不足，补充完善。

(3)起草程序文件

起草程序文件按以下步骤进行。

①人员培训。对编写程序文件的人员进行有关质量管理体系文件编写知识的培训。

②拟制程序文件清单。根据对现行做法的调查与分析结果，确定应新编写和应修订的文件，按照逻辑上独立的原则，列出程序文件名称(清单)。清单栏目包括序号、文件编号、文件名称、对应要素编号、有效版本号等。

③制定程序文件编写导则。选择适用于本组织的程序文件格式，并制定编写导则，以指导编写人员的工作。内容如下：

a. 规定本组织程序文件的格式；

b. 规定使用统一术语、名称、代码、缩略语等；

c. 规定程序文件的编写规则；

d. 规定程序文件的编写审批程序；

e. 说明应注意的其他事项。

④制订编写计划。计划应就文件编号、文件名称、主要职能部门及负责人、文件起草者、初稿完成日期(初审)、讨论日期、修改日期、定稿日期、监督计划执

行人等进行规定。

⑤起草程序文件。根据每一项质量活动的工作流程规定的编写格式进行起草。起草过程要注意做好接口分析、接口设计和接口协调等工作。确定分工界限、配合项目，明确接口处的责任与权限，保证责任明确、分工合理、衔接自然、接口畅通。

⑥本部门讨论修正。各部门起草程序文件后，应在本部门组织讨论，修改不足，补充完善，为程序文件今后的有效贯彻打下基础。

⑦本部门负责人审查。各部门起草的程序文件在上报之前都应经本部门负责人审查和签字。

(4)审查批准程序文件

审查程序文件是为了使各部门明确自己的职责，了解本部门与其他部门的工作接口，了解并确认开展质量活动的方式。在审查基础上，程序文件要经过批准，才能成为组织内部质量活动的法规。

①审查程序文件形式。

a. 是否符合统一的格式要求。

b. 文件的编写是否符合规则要求，且做到唯一性。

c. 文件中的拟制、审批、日期等栏目签名是否齐全。

d. 文件修改标识是否明确，修改审批手续是否齐全。

②审查程序文件内容。

a. 程序文件的覆盖面是否适当，所列的程序文件清单是否覆盖所有的质量管理体系要素和有关的质量活动，其内容是否覆盖对质量活动的控制要求。

b. 是否与其他质量管理体系文件协调一致。

c. 是否适合于质量管理体系的运作，各项活动所需的资源是否能得到保证，规定的要求在实际运作中是否都能做到，规定的质量活动方式是否适应现实等。

d. 逻辑上是否完整，每个程序文件都涉及质量管理体系中一个逻辑上独立的部分，按逻辑顺序对质量活动进行描述，是否有始有终、形成闭环。

e. 是否有良好的可操作性。

f. 内容的适宜性。

程序文件不涉及具体的技术问题及操作细节，这些技术问题和细节可在支持性文件中进一步具体化；对需要保密的内容可在下一层次的文件中引用；对组织现有有效的其他管理性文件，在适当之处将其引入而不必重复描述，但应注意引用的文件需纳入受控文件范围。

③审查程序文件的时机和方式。

a. 时机。初稿完成后可进行初审，在投入正式运行前进行全面审查，在运行中也可适当安排审查，在体系进行重大修改或采取较大范围的纠正措施后也应安排全面审查。

b. 方式。审查可以采用集体讨论的方式，也可以采用由选定的审查人员进行传阅的方式。其中最重要的是程序所涉及的责任部门的负责人必须认真审查（会签），最后由管理者代表进行文件的终审。

④程序文件的批准。

一般程序文件由管理者代表批准，涉及重大事项的程序文件也可由最高管理者批准。

五、程序文件编写示例

以下程序文件示例可作为出版组织编写程序文件的参考。

【示例一】

文件控制程序

1. 目的

对与质量有关的管理性和技术性文件进行控制，确保文件的适用性，防止使用失效或作废的文件。

2. 范围

本程序规定了与质量有关的文件的控制范围、编写和审批、标识和发放、更改和换版、日常管理以及外来与外发文件的控制要求和方法，并明确了相关部门和人员的职责。

3. 职责

3.1 文件管理部门的职责

3.1.1 文件按其内容与类别实行分类管理。主管部门如下：

a) 选题文件和资料由总编办主管；

b) 编校设计工艺技术文件由编务科主管；

c) 质量管理和质量保证文件由质量部主管；

d) 合同、组稿文件由总编办主管；

e) 国家标准、行业标准和社标准由编务科归口管理；

f) 顾客的要求、投诉及往来信函、文件、售后服务资料等由发行科主管。

3.1.2 文件按其管理级别实行分级管理：

a) 社级文件由社文档室负责管理；

b)部室级文件由各部室负责管理。

3.1.3 文件的管理部门应确保文件的适用性、现行有效性,各有关场所都能得到相应文件的有效版本,防止使用失效或作废的文件。

3.2 文件编写人员的职责

文件编写人员应对文件的标准(规范)符合性、现场适用性负责,做到以下几点:

a)文件的目的明确,满足规定要求;

b)规定的职责和权限清楚;

c)措施和方法具体(可操作);

d)接口关系协调,不留缺口,不相互矛盾;

e)文字易懂,用词规范。

3.3 文件审核批准人员的职责

a)审查核对文件内容是否与规定(要求标准、规范)相一致;

b)审查核对文件规定的职责是否明确和落实;

c)审查核对文件规定的措施和方法是否可行、适用;

d)审查核对工作环节之间接口关系是否明确和协调。

对于需要归档的文件,存档审查人员应按归档要求审查、审签:手续是否完备,是否符合归档要求,并划分保密级别。

3.4 文件使用人员的职责

a)遵守文件规定,严格按文件要求运作;

b)只使用现行有效的版本,不使用失效或作废的文件;

c)按规定借阅、保管和归还文件,不得涂改、损坏文件。

4. 工作内容和方法

4.1 文件的控制范围

4.1.1 需控制的文件和资料包括:

a)质量手册和质量计划;

b)质量管理体系程序文件;

c)详细的工作(作业)文件,包括管理性文件和技术性文件。如管理规定、管理标准、工作细则、选题策划书、发稿原稿、付印样、产品图样、规范、工艺规程、作业指导书、检验和试验程序、操作程序、外来文件以及为设计、采购、管理而收集的说明书、技术规范、参考资料、对比资料及生产、检验、经营数据(库)等。

4.1.2 归档管理的外来文件包括：

a)工作中使用的国家标准、行业标准、地方标准和国际标准、外国标准以及需执行的上级组织或业务主管部门的文件；

b)顾客提供的图样、技术要求等；

c)主要供货单位提交的使用维护说明书和图样资料(随机资料由专人现场开箱，提取文件和资料，并提交给技术科复印)；

d)作为工作依据的其他外来文件和资料。

4.1.3 需进行控制的文件的形式包括：

a)以文字、图纸形式构成的文件；

b)以实物、照片、胶卷、软件等构成的文件和资料。

4.2 文件的编写和审批

4.2.1 按分类管理的原则对各类文件分别组织编写和审批：

a)选题、组稿类文件由总编办负责组织编写、校对和审核，主管领导批准；

b)编校设计技术类文件由编务科组织编写、校对，主管领导审核；

c)质量管理和质量保证类文件由质量部组织编写，主管领导批准；

d)材料采购文件由出版部组织编写，经采购主管人员审核，公司主管领导批准；

e)本社需制定的标准文件由经营部负责组织有关人员编写，按上级标准化管理规定审批；

f)质量管理体系需制定的文件的编写，须遵照质量部与技术科编写的并经批准的《质量管理体系文件编写规定》的格式和编写要求编写。

4.2.2 按分级管理的原则对社级、科室级文件分别组织编写与审批。

4.2.3 文件编写人员应遵守3.2条的规定，文件审批人员应遵守3.3条的规定。

4.3 文件的标识和发放

4.3.1 文件发布前必须经授权人审查批准。

4.3.2 自编的文件应以编号进行标识。

4.3.3 工作中使用的各种标准由技术科收集分类编号，必要时下发有关单位使用。

4.3.4 工作中使用的各种资料和外来文件，由业务主管部门确认并加盖印章后下发使用。

4.3.5 文件和资料的发放应填写《文件发放登记表》，由领取人签字(并注明日期)。

4.3.6 文件的受控本应加盖“受控本”的红色印章,并标注分发号,对更改进行控制,以便追溯;非受控本只对发放进行登记,不负责更改控制。本社工作现场不准使用非受控本。

4.3.7 文件使用人应遵守3.4条的规定。

4.4 文件的更改和换版

4.4.1 文件需要更改时,由文件主管部门填写文件更改通知单,注明更改的原因,并经主管单位负责人审核,相关单位会签,主管领导批准。除非有专门指定,文件更改的审批应由该文件原审批部门进行。若指定其他部门审批时,该部门应获得审批所需依据的背景资料。

4.4.2 文件更改批准后,由更改人员或档案管理人员实施更改,对所有已发出的文件均更改到位,注明更改标记和日期,并按文件发放登记表上的名单发放修改后的文件,同时收回作废的文件或页码。

4.4.3 文件的正本应附有“文件更改记录表”记载历次更改情况。

4.4.4 文件更改换页时,应由文件管理员收回或销毁作废的页码。

4.4.5 文件经过多次更改或大幅度修改时应进行换版。原版次文件作废,换发新版本。

4.4.6 作废的文件由文件管理员按文件发放登记表中的记录逐件收回,作废文件加盖作废标识,销毁文件须由文件管理员填写“文件销毁申请单”经主管领导批准后统一销毁。

4.5 文件的日常管理

4.5.1 文件经编写、审批后,原版文件交文件管理员填写“文件归档登记表”,进行归档并编目。

4.5.2 需要领用文件时,应办理领用手续。

4.5.3 文件破损严重、影响使用时,应由文件使用人到文件管理员处办理更换手续,交回破损文件,补发新文件。新文件沿用原文件分发号,文件管理员负责将破损的文件销毁并记录。

4.5.4 文件丢失后,应办理申请补领手续,在领用申请表中做出说明,由文件管理员再补发文件,不得借用他人的文件复印。

4.5.5 复印文件应进行有效控制,给予编号、盖章、登记,现场不允许使用未加盖红色印章的复印件。

4.5.6 需借阅文件时,可到文件管理部门办理借阅手续,原版文件不予外借,以防丢失或损毁。

4.5.7 内部质量审核前,根据需要由文件管理员检查有关在用文件的有效性,核查有关持有者手中的文件,发现问题及时处理。

4.6 外来文件的控制

4.6.1 工作中直接引用的外来文件,由文件归口管理部门负责人批准后,各主管部门应列出外来文件清单。

4.6.2 外来文件的发放参照自编文件的管理办法执行。

4.7 外发文件的控制

需发到本社以外的受控文件,由主管部门负责办理发放登记手续,对照自编文件的管理办法进行管理。

5. 相关或支持性文件

本程序涉及的相关或支持性文件主要包括:

a)有关技术文件和原稿、付印样、装帧设计图样编号规范;

b)原稿更改控制程序;

c)工艺文件更改控制程序;

d)质量管理体系文件编写规定。

6. 记录、表格

实施本程序所产生的记录和所使用表格主要包括:

a)文件发放登记表;

b)文件更改单;

c)文件更改登记表;

d)文件归档登记表;

e)文件销毁申请表;

f)文件借阅登记表(卡)。

【示例二】

选题设计控制程序

1. 目的

对选题设计过程进行控制,确保选题满足合同或顾客的要求,并使所设计的选题易于生产、验证与控制,具有竞争力,使本社获得一定的社会效益和经济效益。

2. 范围

本程序规定了选题设计过程的控制要求,包括设计和开发的策划、组织和技术的接口、设计输入、设计输出、设计评审、设计验证、设计确认和设计更改控制等,并明确了相应的职责。

本程序适应于新产品和改进、改型产品的设计和开发的全过程。

3. 职责

3.1 策划部

a)编写选题设计开发计划(包括人员和资源的配备要求);

b)编写选题设计任务书;

c)负责选题开发与设计工作的组织和协调;

d)组织选题设计评审、确认或鉴定活动。

3.2 经营部

a)对各科室所承担的工作进行检查并做好记录,向主管领导汇报;

b)提供选题设计工作必要的资源,使职能科室能正常开展工作。

3.3 编辑部(室)

a)制订设计工作实施计划;

b)审签选题设计输出文件和选题设计更改文件;

c)完成选题设计评审、验证和确认的有关工作;

d)制作和管理选题设计输出文件、标准和规范资料。

3.4 设计制作部

a)审查会签选题设计的工艺性;

b)根据选题设计方案、标准和规范等要求,编制工艺规程、特种工艺说明书和产品验收技术文件;

c)完成设计更改涉及的工艺方案和工艺文件的更改。

3.5 质量部

a)按照工艺文件和设计输出的图样、文件资料对新产品进行检验,并参加新产品的质量改进活动;

b)对产品制造过程进行监督和检验。

3.6 出版部

a)按设计图样和工艺文件组织产品加工,生产出合格产品;

b)参与设计确认或鉴定活动。

3.7 主管副总编

a)协调解决选题开发设计过程中的重大问题;

b)审批选题设计开发计划和选题设计任务书;

c)审签选题设计输出文件和重大的设计更改;

d)组织选题设计评审、设计验证、设计确认或签订等活动。

4. 工作内容和方法

4.1 选题设计和开发阶段的划分及其控制总则

4.1.1 对于新设计的选题,其设计和开发过程可划分为以下几个阶段。

a)论证阶段。通过调研、市场预测以及与客户交流后,初步进行技术经济可行性分析和论证,得出结论性意见,由策划部编写设计任务书,经社主管领导批准后下发执行;

b)方案阶段。编辑部(室)接到选题设计任务书后,进行方案设计。方案设计一般应提出两个以上方案,并编写设计方案说明书。设计方案说明书由编辑部(室)主任组织评审,重要产品经社主管领导批准;

c)选题组稿编校设计阶段。由编辑人员完成选题的组稿编校设计;

d)选题技术设计阶段。由设计制作部组织技术设计;

e)选题设计确认或鉴定阶段。由社主管领导根据产品(或项目)进行到不同阶段的需要,组织设计确认或鉴定工作。

4.1.2 选题设计开发过程的控制总则。

a)将合同或顾客的要求转化为原稿、产品和工艺等各类技术文件,所设计的产品既能经济地满足合同要求,又能使本社获得一定的社会效益和经济效益,而且还易于生产、检验和控制;

b)管理上明确职责,选题设计人员及相关部门了解自己所承担的职责,遵循研制程序;

c)技术上按设计规范进行设计,运用优化设计技术,使设计技术资料符合标准和规范。对技术文件实行工艺和质量会签及标准化检查;

d)选题设计应经过充分论证、评审和鉴定;

e)涉及计算机软件时,对软件的开发、供应和维护应规范化,满足合同要求。

4.2 设计和开发的策划

4.2.1 由策划部根据市场调研结果或合同要求负责编写设计和开发计划。其内容包括:

a)选题设计和开发阶段的划分及工作进度;

b)各阶段的工作项目或活动;

c)实施这些项目活动的职能部门、人员及职责;

d)设计评审、验证及确认的安排；

e)随工作进展对计划进行修改的规定。

4.2.2 选题设计和开发计划可采用文字或图表(如网络图)的形式,经策划部主任审核、各有关单位会签后,报社主管领导批准,按"文件控制程序"下发执行。

4.2.3 策划部依据合同、设计和开发计划编写设计任务书,经社主管领导批准后发给编辑部(室)执行。

4.2.4 策划部依据设计任务书制订实施工作计划,将各项活动分配给具有一定资格的人员,并为其配备必要的资源,计划可根据需要加以修改。

4.3 组织和技术接口

4.3.1 按本程序第3条"职责"的规定以及设计和开发计划的安排,有序地进行选题设计和开发的各项活动,并由公司主管领导负责协调执行过程中出现的问题。

4.3.2 涉及各有关部门之间的接口问题,采用具有文字根据的文件、纪要、决议等形式发送和接收有关信息。策划部内部各设计小组之间的接口问题,可由选题设计人员互相口头或用图纸资料、文件等形式传达信息,关键部分的接口问题由策划部主任协调解决。

4.3.3 下列信息必须及时传递(一般不超过2天):

a)设计任务书更改;

b)设计规范更改;

c)设计方案更改;

d)设计评审、验证后对设计提出的要求;

e)质量改进要求(如试验或质量分析要求、纠正或预防措施要求)。

4.4 设计输入

4.4.1 由策划部编写设计任务书,作为设计输入文件。设计任务书可作附录或包含合同或顾客要求的说明书。设计任务书的内容应包括:

a)产品或项目的名称和用途,印制数量;

b)对产品的基本要求,如功能要求、说明性要求、环境要求、政策法规要求等,这些要求应尽可能定量化;

c)经合同评审确定的社与店之间就如何满足顾客和法规要求所达成协议中有关图书产品设计的内容;

d)完成产品设计期限及其他要求。

4.4.2 设计任务书应经评审,对其不完善、含糊或矛盾的要求应会同提出者

一起解决,评审的方法可以是:

a)提交策划部主任或主管专家审核;

b)组织小型讨论会,征求有关设计人员和管理人员的意见。

设计任务书经评审修改后,按“文件控制程序”的要求进行审核下发。

4.5 设计输出

4.5.1 策划部按设计任务书的要求组织编辑人员进行选题设计,通过设计过程将设计输入要求转化成设计输出,包括:

a)选题方案;

b)技术规范(原稿规范、图书产品规范、制作工艺规范等);

c)指导书或说明书;

d)软件(如有时);

e)计算报告;

f)服务规程(含产品包装、运输要求);

g)分析报告等。

4.5.2 选题设计输出应作为组稿、编校、装帧设计制作、检验及服务等过程所使用的最终技术文件,保证:

a)满足设计输入的要求;

b)包含或引用验收准则;

c)标出与图书产品正常使用关系重大的设计特性(如操作、贮存、搬运、维修和处置的要求)。

4.5.3 选题设计输出文件在发放前应经评审、验证(见 4.6 和 4.7),并按“文件控制程序”要求进行审批下发。

4.6 选题设计评审

按“选题设计评审程序”进行评审。

4.7 选题设计验证

4.7.1 由策划部制订“设计验证计划”,在设计的适当阶段进行设计验证,以确保该设计阶段的设计输出准确并符合设计输入要求。

4.7.2 选题设计验证方式包括:

a)选题设计评审;

b)样书或样稿试验证实;

c)变换方法进行计算;

d)与已证实的类似选题比较;

e)由同行专家进行计算或审核。

4.7.3 设计人员完成设计验证后在图样上签名,并做出记录。

4.8 选题设计确认

4.8.1 策划部在设计和开发计划中对设计确认做出安排,检查产品(或项目)是否满足合同和顾客的要求。

4.8.2 设计确认安排在成功的设计验证之后进行,以供需的合同协议以及国家有关标准、规范为依据。

4.8.3 设计确认过程如下:

a)召开鉴定会议,由邀请的同行专家、上级主管部门的代表组成鉴定小组,必要时可邀请顾客代表参加;

b)鉴定小组对选题设计方案、设计过程质量控制(如验证、评审)等资料及图书产品(样书)进行逐项检查、验证,并将检查和验证结果形成书面文件。

4.9 选题设计更改

4.9.1 由策划部编写并实施"设计更改控制程序",规定更改类别、审批权限、更改程序、更改标识和管理办法等。

4.9.2 对于重大的选题设计更改,例如,设计更改的数量、复杂性等以及随之而来的风险超过一定限度时,应考虑再次进行正式的选题设计确认。这种确认由计划部与设计部商定,报主管领导批准。

4.9.3 选题设计更改记录的保存和管理按"质量记录控制程序"执行。

5. 相关或支持性文件

本程序涉及的相关或支持性文件主要有:

a)选题设计和开发计划;

b)选题设计任务书;

c)文件控制程序;

d)设计输出文件;

e)设计评审程序;

f)设计更改控制程序。

6. 记录、表格

实施本程序所产生的记录和所使用的表格主要有:

a)设计输入记录;

b)方案发放记录;

c)设计评审报告;

d)设计验证记录;

e)设计确认记录;

f)设计更改单;

g)更改记录。

【示例三】

最终检验控制程序

1. 目的

对最终检验实施控制,确保全部检验均已按要求完成并且结果得到认可后,产品才能交付。

2. 范围

本程序规定了最终检验的策划、实施、记录,质量问题的处理、标识、产品批准发行等工作内容和方法,并明确了相关部门和人员的职责。

3. 职责

3.1 设计制作部

3.1.1 负责在工艺规程中安排最终检验过程,明确检验的内容、方法和要求。

3.1.2 按选题设计方案和技术文件要求编写检验规范作为验收依据。

3.1.3 参与不合格品审理。

3.2 策划经营部

3.2.1 负责解释选题设计方案和技术条件的要求。

3.2.2 参与不合格品审理,对产品能否出厂提出意见。

3.3 质量部

3.3.1 组织检验人员按验收要求进行最终检验,对检验结论负责。

3.3.2 组织不合格品审理,提供检测结果。

3.3.3 由授权检验者(名单另定)负责填写产品发行合格证,对发行产品质量负责。

3.4 管理者代表

3.4.1 负责批准最终检验、试验安排和验收依据。

3.4.2 负责最后批准不合格品处理结论。

3.4.3 合同有要求时,负责签发重要产品的出厂合格证,对出厂产品质量负责。

3.5 生产出版部

3.5.1 负责安排产品的最终检验。

3.5.2 负责组织产品入库和交付使用。

4. 工作内容和方法

4.1 最终检验的策划

4.1.1 编务科负责在编校、设计制作规程中安排最终检验过程，明确检验和试验内容、方法和要求，经管理者代表批准后按“文件控制程序”下发执行。

4.1.2 质量部负责按选题设计方案和有关技术文件的要求编写检验规范，作为验收依据。规范应按“文件控制程序”的规定进行审批。

4.1.3 质量部负责按生产进度要求安排最终检验工作。

4.2 最终检验的实施

4.2.1 准备。检验和试验前应做好以下准备工作。

a）确定检验人员及其分工。检验人员应经过培训和考核且考核合格后取得资格证书，能胜任最终检验工作。当检验项目较多时，可由几个检验人员分工负责，以提高效益和保证检验工作质量；

b）熟悉验收依据文件。检验人员在开始检验之前应熟悉产品验收文件要求，掌握验收标准；

c）准备检测器具和记录表格。由检验人员根据检验要求选择适用的检测器具，准备必要的记录表格。所选用的检测器具应经计量部门校准合格并在有效使用期内，能保证验收质量。

4.2.2 检验。由专职检验人员按检验规范进行最终检验，负责判明最终产品合格与否，确认所检产品的所有检验和试验（包括进货检验和过程检验）均已完成，且结果符合规定要求，方可做出放行结论。

4.2.3 填写合格证明文件。经最终检验判明合格的产品，由负责放行的检验人员填写合格证明文件。规定需经主管人员签署和顾客常驻代表认可的，还应办理相应的签字手续。

4.3 检验记录

4.3.1 在进行检验的同时，完成有关的检验记录，并按“质量记录控制程序”进行管理。

4.3.2 检验所需表格由使用单位设计，经主管部门审定后方可使用。格式的更改应办理更改审批手续。

4.3.3 检验记录应清楚地表明是否已按所有规定的验收标准通过了检验，并标明负责合格产品放行的授权检验者。

4.3.4 当合同规定检验记录应随同出厂合格证向顾客提交时,应按规定提交有关的记录。

【示例四】

不合格品控制程序

1. 目的

对不合格品进行控制,确保其不投入使用或转序用。

2. 政策

确定对不合格品进行评审的职责与权限,分序把关。

3. 适用范围

适用于从组稿到发行后整个过程发生的不合格品的控制(包括可疑的产品)。

4. 名词解释

不合格品:不满足规定要求的原稿、校样及成品。

可疑产品:无任何标识或产品质量状况不明确的原辅材料、半成品。

返修品:指只存在外观上的缺陷,经过重新处理后可被再利用的产品。

一般质量事故:在同一产品出现同一缺陷的不合格产品超出万分之一时为一般质量事故。

重大质量事故:在同一产品、同一批次、同一位置出现同一缺陷的不合格产品超出万分之五及出现安全性与法规性不合格产品时为重大质量事故。

5. 职责

5.1 质检科科长、质量部主任负责对各自权限内的不合格品进行评审和处置。

5.2 质量部主任负责将超出处置权限的重大质量事故上报主管副总编或总编辑,并组织部门进行根源调查,采取纠正与预防措施。

5.3 相关责任部门负责对不合格品进行标识、隔离,并反馈具体情况。

6. 流程图(略)

7. 程序

7.1 不合格品处置权限

7.1.1 质检科科长负责对一般质量事故数量以下的不合格品进行处置,处置结果上报质量部主任和相关副总。

7.1.2 质量部主任负责对一般质量事故数量的不合格品进行处置,处置结果上报相关副总。

7.1.3 重大质量事故由质量部主任上报总编辑进行处置,如总编辑外出,由其授权人负责进行处置。

7.2 隔离、标识、反馈、记录

7.2.1 各责任部门一旦发现不合格品,包括可疑产品(原材料/半成品/成品),应立即填写“质量反馈单”反馈给质量部,同时应按“检验与测试状态”程序规定进行隔离、标识,避免不合格品被误用、转序。

7.2.2 质检科接到责任部门的反馈后,应立即到现场确认记录,对超出权限范围的应上报质量部主任,并在当日将下步行动反馈给责任部门执行。

7.2.3 记录不合格品报告应填写如下内容:

a)产品名称、型号、批号;

b)不合格品的描述(缺陷位置、数量等);

c)确认结果及注明下一步责任部门该如何执行;

d)签名、日期。

7.2.4 目视管理。对不合格品要求隔离、标识:隔离区使用黑黄斑区,不合格品挂不合格品报告进行标识。

7.3 评审

7.3.1 质检科科长、质量部主任负责对各自处置权限内的不合格品进行组织评审,共同查找原因,采取纠正措施,防止再发生,把损失降到最低程度。

7.3.2 当出现重大质量事故时,质量部主任应上报相关副总,同时组织召集相关部门进行评审,并将评审结果报送总编辑。

7.3.3 根据不合格的性质,可由下列有关部门的代表参加评审,其职权分别如下。

7.3.3.1 发行部应提供市场动态及推销处理产品的可行性,同时应对违反交货计划和承诺可能造成的影响程度发表意见。

7.3.3.2 编辑部应及时在组织稿件的可行性和稿费方面提供信息,出版部、采购部应及时在购进原材料的可行性和价格方面提供信息。编辑部、出版部分别对于不合格的作者原稿和原材料应负责与分供方联系以采取相应纠正措施。

7.3.3.3 编辑部、校对科、出版部等部门负责人应对返工的可能性提出意见,并预计由于处置和采取纠正措施而影响生产计划的程度。

7.3.3.4 质量部应提交检验报告,详细阐述不合格问题的性质。

7.3.3.5 设计制作部应对原材料或产品的适用程度及对安全方面的影响提供建议。

7.3.3.6 发行部应对贮存场地的适用性和储存原材料、半成品或成品方面存在的其他问题提出意见。

7.4 处置

7.4.1 根据不合格品的性质及其影响,有以下几种处置方式,其处置内容应填写在不合格评审报告上。

7.4.1.1 降级

放行不合格原稿、原材料或产品,但只能用于特定的规范和应用范围。

7.4.1.2 返工、返修

编务科应制定返工或返修操作作业指导书,质检科应制定返工或返修检验作业指导书,对不合格项目进行再处理,使其能够符合原来规定的要求,并在处理后进行再检。在没有得到客户维修零部件部门的批准前,不得将返工后外观有明显痕迹的产品作为维修件。

7.4.1.3 退货

将不能使用的原稿和原材料退回给供方。

7.4.1.4 报废

对不能使用且返工又不经济的半成品做报废处理。

7.4.2 对客户退回的产品,质量部应重新检验,检验数据向相关副总汇报并召开评审会议。

7.5 评审报告及纠正措施

7.5.1 不合格品的评审报告应写明产生不合格的原因、处置的决定、处置的理由、负责处理的部门及负责整改的责任部门等内容。

7.5.2 不合格品评审后应对责任部门制定纠正措施,质检科或质管部负责签发“纠正措施要求”并给予限期整改纠正。

7.5.3 处置及采取的纠正措施无法达成一致或在必要时,应提交总经理进行裁决。

7.5.4 不合格品评审报告及相关资料由质量部保存。

7.6 不进行评审的范围

7.6.1 对在现有编校及工艺条件下不可避免的,同时又事先经过评审并由客户确认允许放行的产品,可以不进行评审,但必须将不合格品的数量及有关信息反馈给质检科,由质检科在“生产不合格品报告”上签署放行意见。

7.6.2 对于在各工序中出现的数量不超过工艺消耗定额范围的不合格品,必须进行标识、隔离,经过部室主任确认后,可以自行处理。但不合格的最终产品,必须由质检科每星期处理。

7.7 让步接收

7.7.1 合同要求时，应向客户阐述不合格品的性质及数量，并向客户提出让步申请，取得同意后方可放行。

7.7.2 客户批准让步接收的产品，必须在其包装箱上做出让步接收标记，同时把客户批准让步的生效日期及数量与不合格品评审报告一起存档。

7.7.3 在批准到期或失效时，还必须保证提供的产品符合先前的规定及要求（或符合更改后的规定及要求）。

7.7.4 统计分析，防止再发生。经营部收集生产各阶段的不合格品数据并进行统计，由质检科汇总分析结果，对异常的缺陷进行原因分析，并由责任部门制定纠正措施，限期改善。

7.8 可疑产品的处理

7.8.1 当编务科通知某工序的工序能力达不到要求或不稳定时，在任何工作场所及任何时段，质检科应把该场所及该时段生产的产品当可疑产品进行处置，应立即使用“不合格品报告”进行标识，并予以隔离。

7.8.2 出现可疑产品后，应立即通知质检科进行确认，并100%再检验。经检验判定合格的产品，则可转序或使用；若判定为不合格品，其处理的方式可参照7.2条款。

7.9 工程认可合格产品的核准权

7.9.1 当产品或过程发生更改时，应取得客户的书面核准。

7.9.2 当供方提供的原稿、物资和服务发生更改时，应重新核准。向客户提出更改前，应先与分供方保持一致（如物资的数量、质量、满足标准等）。

7.9.3 编务科应该保存一份变更核准的有效期限及数量的书面记录，且当有效期满时，恢复原来的或替代的规范要求，该书面记录应分发给相关部门。质检科在最终检验时做出恢复的确认，并通知业务部转达客户。在核准期间，应在箱外使用经客户同意或指定的标识注明。

8. 参考文件

生产性零组件核准	MPO2.5 – QC – 1
供方的控制	MPO6.1 – PUR – 1
纠正措施	MP14.1 – QC – 12

9. 质量记录

纠正措施要求	MGT – F001
原材料不合格品报告	QC – F050

生产不合格品报告	QC－F051
部门协调书	MGT－F005
质量反馈单	PTO－F031

第七节 质量记录的设计

质量记录是文件的一种,要与程序文件、作业指导书和标准、规范要求相适应。与其他文件不同,质量记录是在处理事务中形成的,更多用于提供图书出版是否符合要求和体系有效运行的证据。

一、ISO9000：2000 族标准对质量记录的要求

质量记录是阐明质量活动所取得的结果或提供所完成质量活动的证据的文件。出版组织在编制程序文件或作业指导书时,应对所需要的记录做出具体要求,明确记录的编号、内容和形式,设计相应的表格。这些记录表格可以作为程序文件或作业指导书的附件,随同文件实施。有关检测方法标准或技术规范实施所用的记录表格,可由使用人员设计,经质检科主任审批后使用。

1. 列入质量记录的典型文件

在质量管理体系中,列入质量记录范畴的典型文件如下。

(1)管理记录

包括业务计划、质量报告、合同及合同评审记录、纠正和预防措施原因调查和实施结果记录、培训记录、内审记录、会议纪要及出席者名单。

(2)客观证据

包括检验报告、拒收报告、测试记录、过程能力调查报告、零件和部件历史记录、纠正措施报告、产品检验和试验的原始记录等。

(3)工程技术记录

包括设计的输入、评审、输出、鉴定、确认和更改记录,以及图样、标准、技术规范、试验报告、校准记录、过程和产品质量审核记录等。

(4)供方记录

包括采购计划和文件、合格供方名单、首件检验记录、试验记录、供方调查报告和评审报告、供方质量档案(台账)等。

2. ISO9001:2000 标准规定的质量记录

质量记录分布在质量管理体系的四大板块中,ISO9001:2000 标准规定的质量记录要求参见表 3 – 11。

表 3 – 11　ISO9001:2000 标准规定的质量记录

序号	要素号	质量记录名称
1	4.2.3	文件控制记录
2	5.6.1	管理评审记录
3	6.2.2	教育、培训、技能和经验记录
4	7.1	为实现过程及其产品满足要求提供证据所需的记录
5	7.2.2	与产品有关的要求的评审结果及跟踪措施记录
6	7.3.2	设计和开发与产品要求有关的输入记录
7	7.3.4	设计和开发评审结果及跟踪措施记录
8	7.3.5	设计和开发验证结果及跟踪措施记录
9	7.3.6	设计和开发确认结果及跟踪措施记录
10	7.3.7	设计和开发更改确认结果及跟踪措施记录
11	7.4.1	设计和开发更改的评审结果及跟踪措施记录
12	7.5.2	供方选择和评价结果及跟踪措施记录
13	7.5.3	生产和服务提供过程的确认记录
14	7.5.4	产品唯一性标识的控制记录
15	7.6	顾客财产(可包括知识产权)发生丢失、损坏或发现不适应情况的记录
16	8.2.2	内部审核的策划和实施审核及报告结果的记录
17	8.2.4	产品的监视和测量记录
18	8.3	不合格品控制中不合格的性质及所采取的任何措施记录,包括所批准的让步记录
19	8.5.2	采取纠正措施的结果记录
20	8.5.3	采取预防措施的结果记录

如表 3 – 11 所示,ISO9001:2000 标准规定的质量记录是 20“类”而不是 20“个”,每一类质量记录又可能分成若干种。如“文件控制记录”可能包括“文件审签记录”、“文件批准记录”、“文件打印记录”、“文件发放记录”、“文件更改记录”、“文件回收记录”、“文件保管记录”、“文件销毁记录”等。

不同组织的质量记录是不同的。对大多数组织来说,除了表 3 – 11 中的质量记录之外,还应结合所选择的质量管理体系要素和程序文件的要求,保存足够的质量记录,以便证实其符合要求并验证质量管理体系有效运行,也为保持、改进质量管理体系提供信息。

二、质量记录的设计

质量记录设计是指编写质量记录所需的表格。通过设计专门的表格,可使质量记录统一、规范、清晰、简洁、完整、正确、准确,便于标识、贮存、检索、防护和处置。

1. 质量记录设计的原则

设计质量记录,应当遵循系统性、层次性、统一性、适用性和简洁性五项原则。

(1)系统性

质量记录应当系统地反映实施质量管理体系活动的内容及其效果。在建立质量管理体系的过程中,应当以系统性为原则,对现行的质量记录进行清理,该废除的要废除,该修改的要修改,该纳入新的质量记录系统的则应按要求编号,进行标准化管理。

(2)层次性

按内容分,质量记录可以分为原始记录、统计报表、分析(总结)报告。按表格形式分,质量记录有表、单、卡、台账、记录本、报告、纪要、图等。在设计质量记录时,应根据质量记录的分类使之形成层次。

(3)统一性

即针对同一活动的质量记录应该是统一的一种格式。

(4)适用性

在设计质量记录时,要注意使其适用于所需的活动以方便使用,适用于质量记录的控制要求,适用于使用环境。

(5)简洁性

质量记录够用就好,不追求多、繁、杂。能够不记录的内容就不纳入,能够合并的质量记录就合并。

2. 质量记录表格设计要点

设计质量记录表格需要考虑的事项如下。

(1)幅面规格

为了便于存放和归档,并与国际接轨,质量记录表格尺寸大小一般为 880mm × 1230mm 的规格。

(2)纸张质地

根据书写方式和一次书写的份数、保存时限选择合适的纸张。

(3)纸张和油墨颜色

除特别需要,均用白色的纸张和黑色油墨。

(4)标识和标题

标题在表格上端横写,表格名称用显眼的字体置于上端中央。表格识别标记、编号和启用日期置于右上角。机构名称和地址(如有需要)可置于左上方或表格上部居中位置,放在表格名称下面。

(5)使用说明

为便于使用者正确使用表格,必要时加注使用说明,一般置于表格最下部。说明文字要精练,列成编号条目,而不用段落形式。

(6)表格内容的排列

①把每个排字地方的开端垂直地排成一线(对齐)。

②如果采用框格设计,每框格排入项目标题,必要时可在框格左上角编列顺序号,在左上角号码的右边排入标题;在标题下面或右边另列空格,留作填写的地方,框格的尺寸应留有足够的位置,供填写使用。

③易被穿孔、回形针等遮蔽的地方以及易于和撕下部分一同撕掉的地方不排录重要资料。

④相关的项目尽量排列在一起。

⑤相关表格的项目排列次序尽量一致。此处"相关"是指表格间的资料存在转来或转去的关系。

(7)核对框格

需要复写副本的表格应对准框格使用,印刷时要确定基准线和十字基准。

(8)边缘

在纸张的四个周边上分别留有10mm左右的边缘,以保证切纸时的安全。

(9)签字和批准日期

单个人手写签字,通常位于最后一页右下方。签字处位置纵向空25mm,横向距底边75mm。两个人手写签字,一般位于最后一页下方,从左到右。在打字稿的底边缘12mm的地方,留作填写签字日期。

(10)预先编号

若每张表格需预计数目或控制时,应预先印刷编号,以方便记录表格的追溯。

3. 质量记录的设计程序

由于质量记录是程序文件的一项内容,因此,在编写程序文件时就应设计相应的质量记录表格。程序文件与质量记录表格不必一一对应，不同的程序文件可以选用同一质量记录表格。一个程序文件也可能需要几种表格，需要多少就应设计多少。某些不需要设计表格或不需预先设计表格的质量记录，也可以不设计或不预先设计，但在程序文件中应提出相应的要求。

所有质量记录形成后，为便于管理与使用，可编制质量记录汇总或明细表。

第八节 作业指导书的编写

作业指导书是继质量手册和程序文件之后的第三级文件，多用于指导具体的作业，如设备的操作、产品或原材料的检验与试验、计量器具的检定、产品的包装等，在质量体系的运行中起着举足轻重的作用。

一、作业指导书的分类和主要内容

作业指导书是指用来指导某个具体过程、工艺规程、操作规程、试验规程、作业标准、事物形成技术性细节描述的可操作性文件，如工艺规程、实验规程、操作手册等都属于作业指导书。

1. 作业指导书的分类

作业指导书一般分为供生产或服务操作者使用的运作作业指导书，供检验和试验（含计量检定）部门检验人员、试验人员、检定人员使用的检验和试验作业指导书，以及供管理部门执行者使用的管理性作业指导书。

2. 作业指导书的内容

作业指导书通常包括以下内容。

(1) 工作准则和技艺标准

要明确规定圆满完成工作的准则以及需符合的规范和良好的技艺评定标准，要使用最清楚实用的方法，通过文字、图片、图表或有代表性的样品来规定技艺评定准则。

(2) 作业具体内容和作业质量

规定各项作业或各道过程的具体内容来控制和保证作业质量，这些具体内容可能包括材料、生产设备、工艺方法、计算机软件、人员及有关物质、通用设施和工作环境。

(3) 要求的工作质量等级

应充分、详细、明确地规定所进行的工作和所要求的质量等级。

3. 何时需要作业指导书

出版组织新增加的具体出版过程尚不能被操作者理解掌握时，应该有作业指导书给予规范。一些关键过程，如终审终校等，若操作失误将后果严重，应该配有作业指导书。一些特殊过程，如图文合成部分的编辑加工过程，事后不能验证，只能或主要靠过程操作来确保质量，应该有作业指导书。组稿、审稿和编辑加工过程，对操作者专业技能要求较高，需要作业指导书规范。一些新增加的过程，如网络编辑、网络营销等，对操作技能要求较高，应辅之以作业指导书。还有一些过程，如校对过程，需要进行特殊控制，应该有作业指导书。

此外，质量管理是一个动态过程，针对业务变化以及管理中发现的新问题，组织认为需要作业指导书，就应该编写作业指导书。

二、作业指导书的编写依据和编写原则

作业指导书的编写要有一定的依据，也应当遵守一定的原则。

1. 作业指导书的编写依据

作业指导书主要依据程序文件、技术规范和有关法律法规编写。

(1)程序文件

作业指导书是程序文件的细化和补充，一般作为程序文件的附录。程序文件中规定的工作步骤，往往涉及具体工作细节，必要时常用作业指导书来规定。一个程序文件可以有多个相应的作业指导书，也可以没有相应的作业指导书。因此，程序文件是作业指导书的主要编写依据。

(2)技术规范

作业指导书是为确保过程质量而编写的，而过程质量是由技术规范来规定或确定的，因此技术规范也是编写作业指导书的依据。并非每项技术规范都要有相应的作业指导书，只有那些要求较高、质量保证较难的技术规范才需要作业指导书。

(3)有关的法律法规

作业指导书涉及具体操作，因此必须符合国家和地方在新闻出版管理、知识产权保护等方面的法律法规，符合中央和地方党委的有关纪律要求，如必须符合环境保护、生产安全、工业卫生等方面法律法规。

2. 作业指导书的编写原则

作业指导书的编写必须在以下原则指导下进行。

(1)简单，实用，通俗易懂

作业指导书一般只写与控制影响质量的因素及结果的评定方法有关的内容，有关操作的步骤等内容则通过引用其他文件而不重复写。在编写中可采用流程图、图表、照片及较大的字号，以方便使用者使用。

(2)只编写需要的

质量活动中只编写需要的作业指导书。是否需要编写作业指导书，可以通过以下三个问题来确定：

①为什么要编写这个作业指导书？

②编写了这个作业指导书能执行什么任务？

③文件的培训或岗前训练、岗位技能培训能取代这个作业指导书吗？

(3)容易修订

作业指导书的内容应当能够随实际情况的变化进行修改。

(4)与现有的各种文件有机结合

作业指导书的编写要结合组织已有的文件、规程、规范、工作标准等通盘考虑，以防止因不必要的工作而增大成本。

三、作业指导书的编写格式

尽管作业指导书只要简单明了，能把要求阐述清楚，不会产生歧义即可，没有统一的格式要求，但仍有几个基本要求。在符合基本要求的基础上，我们推荐运作作业、检验和试验作业、工作作业三种类型作业指导书的基本编写格式。

1.作业指导书的基本格式要求

①按作业对象命名作业指导书的标准名称。

②统一作业指导书的标准编号。

③说明作业指导书的编写依据。

④有发布实施日期。

⑤编写人、审核人、部门负责人签字，要有审批程序。

2.运作作业指导书的编写格式

①作业内容：过程流程图。

②材料要求：对使用材料的要求(上一过程转序的在制品，例如校对员对加工稿件的要求)。

③设备要求：包括有关设备的技术参数规定的要求、调整和校准的要求、计量器具的要求、维护和保养的要求等。

④工作环境要求：温度、湿度、清洁度、安全、环保等要求。

⑤技术规范要求：技术标准、作业守则要求，用图表、图片、代表性样品规定作业质量，过程能力要求等。

⑥操作步骤：操作程序要求。

⑦工作准则:异常情况下处置方法要求。

⑧职责和权限。

3. 检验和试验作业指导书的编写格式

①作业内容:需检验、试验和检定的特性参数,可用图表、流程图等。

②测量、检定仪器、设备、工具要求:有关测量、检定仪器工具技术参数规定要求,调整和校准要求,维护和保养要求。

③工作环境要求:温度、湿度、清洁度、安全、环保等要求。

④检验、试验和检定的方法、判定标准:抽样方法,测量数量,检定周期、频次,工作步骤,判定标准。

⑤检验、试验和检定结果的记录。

⑥检验、试验和检定的结果通知有关人员。

⑦工作准则:异常情况下处置方法要求。

⑧职责和权限。

4. 工作作业指导书的编写格式

①作业内容:管理作业(如文件编号、搬运、贮存等)。

②材料要求。

③设备、工具要求。

④工作环境要求。

⑤工作标准:技术规范要求,管理标准(程序文件)要求。

⑥工作步骤。

⑦工作准则。

⑧职责和权限。

四、作业指导书编写示例

【示例】

人机结合校对规程

1. 主题内容及适用范围

本规程规定人机结合校对过程和方法。

本规程适用于图书出版生产流程中电子原稿图书校对作业。

2. 引用及参考标准

2.1 中国出版工作者协会《图书校对工作基本规程》。

2.2 新闻出版总署令第26号《图书质量管理规定》。

2.3 新闻出版署令第8号《图书出版质量保障体系》。

2.4 中国出版工作者协会校对研究委员会《图书编校质量差错认定细则》。

3. 作业目的

发现并改正电子原稿和校样中作者写作差错、作者录入差错、编辑加工差错、排版人员修改差错和版式转换过程中发生的内容丢失和错乱。

4. 一校作业

4.1 一校采用人工校对方式进行。

4.2 版面格式的规范统一。校对员对照装帧设计编辑填写的发排单，逐项检查一校样，发现并在一校样上改正排版中的错漏之处。

4.3 原稿与一校样对校。校对员以经过编辑加工并正式发排的电子原稿为标准，采用对校方式，发现排版人员修改电子稿时可能出现的错改、漏改，以及版式转换过程中发生的内容丢失和错乱，并在一校样上改正。

4.4 针对原稿和一校样的校是非。

4.4.1 在对校原稿与一校样的同时，校对员应及时发现并改正因作者写作差错、录入差错和编辑加工差错导致一校样及原稿上出现的差错，包括以下：

①常见错别字；

②违反语言文字、标点符号、数字、量和单位等使用的国家规范标准的错误；

③违反语法规则和逻辑规律的错误；

④事实性、知识性和政治性错误。

4.4.2 对把握不准的问题，校对员应做出标记，待质询责任编辑后再做处理。

4.5 一校总结，转入二校。

4.5.1 做完上述工作后，校对员填写校对作业报告单，记录在原稿中发现的重大差错及处理结果，记录向责任编辑质询的重要问题及处理结果。

4.5.2 校对科科长检查一校样并在一校作业报告单上签字后，将一校样和报告单转至设计制作部修改并出二校样。

5. 二校作业

5.1 二校作业采用核红与计算机校对结合的方法进行。

5.2 二校样签收处理。设计制作部将一正两副三份二校纸样和电子校样送达校对科，校对科科长签收后将两份副样分送作者与责任编辑审读修改，留正样交二校校对员校对。

5.3 核红。校对员首先对一校样和二校正样进行两次核对，对一校样上应改而未改的字符在二校正样上予以改正，并搜检上下左右相邻字符有无错改，以避免邻行、邻位错改。其次,校对员比对一校样与二校正样四周字符有无胀缩,如有胀缩,对相关行及其上下行逐字细查,找出胀缩原因,改正可能存在的错误。

5.4 计算机校对。校对员使用校对软件进行二校,并将计算机报错和改错建议逐一标在核红后的二校正样上。

5.5 二校总结,转入三校。

5.5.1 做完上述工作后,校对员填写校对作业报告单,记录在原稿中发现的重大差错及处理结果,记录向责任编辑质询的重要问题及处理结果。

5.5.2 校对科科长检查二校正样并在二校作业报告单上签字,根据具体情况指定责任校对员,将二校正样、作者副样和责任编辑副样以及报告单转至责任校对。

6. 三校作业

6.1 三校采用过红、通读检查相结合的方式进行。

6.2 人工过红。校对员将作者和责任编辑在副样上所作的修改,誊录到二校正样上。

6.3 判读确认二校正样。责任校对员逐一确认二校正样上作者和责任编辑修改的字符,以及计算机报错结果,对有疑问的计算机改错建议、作者和责任编辑的修改字符与责任编辑共同确认。

6.4 改正计算机漏校。责任校对员通读检查二校正样,发现并改正计算机漏校。

6.5 三校总结,转入四校。

6.5.1 做完上述工作后,责任校对员填写校对作业报告单,记录在原稿中发现的重大差错及处理结果,记录向责任编辑质询的重要问题及处理结果。

6.5.2 校对科科长检查二、三校正样并在三校作业报告单上签字后,将二、三校样和报告单转至设计制作部修改并出四校样。

7. 四校作业

7.1 四校采用计算机校对和人工通读检查相结合的方式进行。

7.2 四校样签收处理。设计制作部将四校纸样和电子校样送达校对科,校对科科长签收后交责任校对员校对。

7.3 清扫残留差错。责任校对员使用校对软件进行计算机校对,扫清四校样上的残留差错。

7.4 通读检查。责任校对员通读全稿,通过对原稿内在矛盾的是非判断,发现并改正原稿可能存在的错漏。

8. 付印

8.1 责任校对员填写校对作业报告单，记录重大问题，签署付印或增加校次意见，并将四校样和作业报告单转至责任编辑。

8.2 责任编辑根据校对作业报告单的记录和意见重点检查四校样，处理责任校对提出的问题，签署付印或增加校次的意见，并将报告单和四校样转至校对科科长。

8.3 校对科科长检查四校样，根据责任校对员和责任编辑的意见最后决定付印或增加校次，并将四校样转至设计制作部。设计制作部修改后交出版部付印或再转至校对科增加校次。

第九节　质量计划的编制

质量计划是质量管理体系文件的组成部分，提供了将特定的合同、产品或项目的要求与现有的质量管理体系文件联系起来的机制。一个针对性强、内容全面的质量计划，可以在某一特定合同、产品或项目上代替或减少其他质量管理体系文件的运用，从而简化现场管理。此外，合同环境下的质量计划能够提高客户对组织的信任。因此，出版组织要高度重视质量计划的编制工作。

一、质量计划的类别与形式

ISO9000:2000 族标准认为，质量计划是对特定的项目、产品、过程或合同，规定由谁及何时应使用哪些程序和相关资源程序的文件。为了更好地理解质量计划，ISO9000:2000 族标准还给出了三个注解：这些程序通常包括所涉及的那些质量管理过程和产品实现过程；通常质量计划引用质量手册的部分内容或程序文件；质量计划通常是质量策划的结果之一。

1. 质量计划的类别

根据不同标准，质量计划可分为不同类型。

(1) 产品质量计划和质量管理计划

按照实体对象，质量计划可分为产品质量计划和质量管理计划。产品质量计划是指对特定产品的质量产生、形成和实现全过程的质量工作目标、内容、重点、手段、资源和实践顺序等做出安排，也称为“质量保证大纲”。质量管理计划是按质量手册的规定，对某个或某几个质量管理体系要素的目标、程序、组织、活动等进行安排。

(2)全过程质量计划和阶段性质量计划

全过程质量计划和阶段性质量计划是按照质量形成过程来划分的,主要针对产品质量计划而言。顾名思义,全过程质量计划就是产品质量形成全部过程的质量计划。在产品质量形成过程中,因为某个阶段的特殊性,需要对其进行特别控制,就要将已编制的全过程产品质量计划展开和细化,编制阶段性质量计划,如组稿计划、论证计划等。

(3)综合性质量计划和单项工作质量计划

针对质量管理计划,按照质量计划的内容,可分为综合性质量计划和单项工作质量计划。在出版活动中,组织不仅要针对重点或新增的工作项目按期编制综合性的中期质量计划和年度质量计划,而且要为完成某项质量工作而编制单项工作质量计划,如质量培训计划,又如针对某个具体质量问题编制的质量改进计划等。

2. 质量计划的形式

质量计划不要求模式化的形式和内容,除应有编号外,可根据计划的性质采用不同的形式。

(1)复杂质量计划

质量保证计划、质量管理计划等质量计划内容复杂,涉及产品质量产生、形成的全过程,可采取质量手册的编写体例,包括概述部分(封面、首页)、正文部分(目的、范围、相关文件、质量目标、质量措施、控制方法、检查总结等)、补充部分(编制说明、附加说明)。

(2)简单质量计划

简单质量计划可采用措施计划表、流程图和网络图的形式。措施计划表如表3-12所示。流程图用于编制涉及多个部门并且严格规定完成期限的质量计划,如图3-3所示。

表3-12　措施计划表

序号	项目	现状	目标	措施	负责人	完成时间

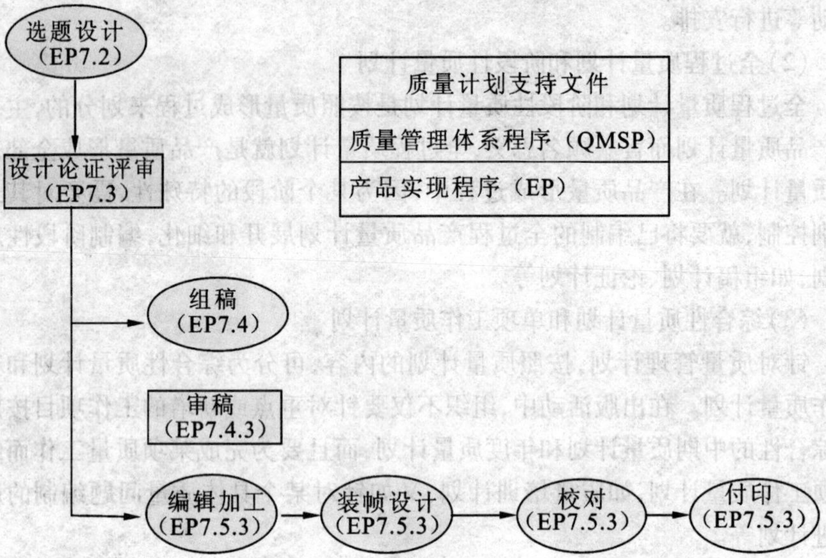

图 3－3　质量计划流程图

二、产品质量计划的编制

不同类别甚至每一种图书产品都有不同的质量要求和不同的质量控制措施，但组织的质量手册和程序文件属于一般性规定，针对的是多种图书产品，因此，出版组织必须编制产品质量计划。

1. 产品质量计划的内容

产品质量计划的基本内容如下。

(1)计划的目的

说明编制本质量计划的目的和要达到的标准或水平。

(2)计划的范围

说明本质量计划适用于哪些产品、项目或合同，适用于哪些部门、人员及时间范围等。

(3)计划提出的控制措施

包括措施的要求与实施办法，是质量计划的主体内容。

(4)控制的措施要求

可分为基本要求与专项要求。基本要求是质量计划中提到的所有需控制过程的共同要求，如管理职责、文件控制等。专项要求是指将产品生产全过程分成若干阶段，针对每个阶段提出控制措施要求，如设计过程控制、制造阶段控制、使用阶段控制等。

(5)实施办法

一般与控制措施联系起来写,并提出如何进行效果的验证与审核,使措施落到实处。

在实施办法中应规定执行什么文件及验收标准,指明应提供的记录、报表或文件、资料,提供的文件应达到什么要求等。

(6)对有关产品质量和质量管理体系的审核、评审的时机、内容、要求做出规定

这方面的内容在组织的质量手册中都已有规定,因此只需直接引用或点明出处即可。

2. 编制产品质量计划的基本环节

编制产品质量计划,必须把握好以下几个基本环节。

(1)把策划工作做到实处

通过策划,对质量计划确定:

①控制对象、范围、内容和完成时限;

②控制目标、要求与验证;

③控制所需资源的安排与调用;

④职责分工与奖惩条件。

(2)对质量计划中涉及的内容做出恰当安排

①层次分明;

②重点突出;

③可操作性强。

(3)选择好质量计划的编制与行文方式

质量计划可采用条文、表格、条文加表格或图文并茂的形式加以编制。

质量计划可采用红头文件、技术管理文件或在技术管理文件基础上辅以红头文件形式下发通知执行。

(4)对质量计划的修改做出恰当规定

与技术管理文件相比,质量计划受到修改的幅度、频率可能较大,因此在编制计划时就应明确规定修改办法。一种常用的办法是:采用会议决议、纪要或领导决定的形式做出变更,一旦决定生效,以前计划的内容立即废止,待后补办一个手续即可。

3. 质量计划编制示例

某出版社决定开发一套基础教育教科书项目。由于该项目庞大复杂,出版周期为两年,涉及调查规划设计、组稿、编辑加工、校对、整体设计、示教试验、推广服务等诸多过程,必须有该社质量管理体系中绝大部分要素的有效活动,方

能确保所供产品及其服务质量。因此,该社编制了该项合同的质量计划,辅以红头文件通知下发执行,其行文及质量计划内容摘要如下。

【示例一】

行文通知

关于下发《A教科书质量计划》的通知

(社质字××—××)

××科室:

现将A教科书质量计划发给你们,请组织认真贯彻执行,执行情况按社责任制第××条考核并落实奖惩。

××出版社(盖章)

2008年4月25日

【示例二】

质量计划

《A教科书全面开发计划》质量计划

(文件号:××—××)

1. 目的

组织质量管理体系有效运行,以确保本社A教科书出版服务质量优良,创国内先进水平,全面满足顾客需求。

2. 范围

(略。分述了产品、过程、责任单位范围)

3. 基本要求

3.1 本计划编制的依据是:

a)本社质量手册(编号略);

b)本社质量管理体系程序文件;

c)与××省教育厅签订的《A教科书全面开发计划》承包合同。

执行本计划的各单位,应同时执行上述文件的其他内容,并保证合同目标如期实现。

3.2 实施本计划是本社全体员工的共同责任。具体职责在本计划的3.3条及第4条中结合具体工作规定。

3.3 实现合同要求,必须有本社质量管理体系的全面有效运作。本计划第4条分阶段控制要点及下列各条是重点要求。

3.3.1“管理职责”应落实到履行合同的各项具体的质量活动中。特规定:

a)总编辑全面领导,并对履约质量负全责;社主管质量的副总编辑主持履约质量工作并对总编辑负责;成立实验推广指挥部,其质量职责由总编辑委托相关人员负责。

b)有关各部门各类人员职责按《社各部门各类人员质量责任》执行。

c)全体员工要为实现社质量方针和质量目标努力工作,本社据此实施奖励(奖励办法另定)。

d)当本计划实施到"示教/实验"时,本社组织一次内部质量审核和一次管理评审,以改进质量管理体系,提高履约质量。

3.3.2 切实加强文件、资料和记录的控制。

从设计、制造到安装、调试、服务的全过程,各单位必须做到:凡与产品质量及质量管理体系运行有关的所有技术、管理文件(含外来文件)、记录,都按社质量管理体系程序(文件号略)进行控制。2008 年内部质量审核发现的问题(略),开工前要全部解决,并经过验证销号。

3.3.3 切实加强检验和试验及其状态管理。在严格贯彻程序文件(5 个文件号略)时,应特别注意如下要求。

3.3.3.1 编辑部(总编办)应按指令改善审稿及检测手段;质量部应及时整理审稿检验记录和质量问题处理记录;对确需"紧急放行"的文图稿件,要坚持办好审签手续后放行的原则。

3.3.3.2 编辑、校对和设计科室应配齐过程检验卡;质量部应管理好首件检验记录、检验记录单、不合格品审理单,并分阶段整理好,确保验收的产品合格并有据可查。

3.3.3.3 总编办、出版部要确定并保证最终检验和试验标准、工艺到位;编辑、校对和设计科室要管好检验记录、社内外合格证明文件和不合格审理文件,确保交付时质量文件成套有效。

3.3.3.4 质量部应配备专人管理检验、测量和试验设备的控制,各科室要确定专人及时送检校对软件、工具书和国家标准文本,确保现场无不合格或超期使用的质量标准。

3.3.3.5 质量部与编辑部、校对科在开始工作前对检验印章及其台账、施工卡、标识卡、样品标签等进行一次清理和补充制备,确保现场的正常使用,做到全过程检验和试验状态清楚,杜绝不合格或未经检验和试验或处理的产品安装使用。

3.3.4 严格控制不合格品的审理和处理,在执行××程序文件时特别注意做到如下条款。

3.3.4.1 编辑部、校对科在发现不合格品后，要立即给予隔离、标识；废品要及时报废；可处理的要及时申办处理；不合格审理、处理单据、存根、退货记录等要逐月整理，合同完成后归档，并能随时提供查阅。

3.3.4.2 不合格品审理权限要严格控制在总编辑授权人员手中（名单另发），审理记录填写正确，签署完备。

3.3.4.3 加强对不合格的纠正和预防。车间发生不合格时，凭纠正和预防措施申请处理；本社凭检验科对纠正和预防措施的验证结果考核科室工作；上半年质量审核要把纠正和预防措施的制定与实施作为重点审核项目审核；各相关单位应将纠正和预防措施的有关信息单、分析报告、措施表、验证记录管理好，能随时提供查阅。

4. 分阶段控制要点

对承包合同实施过程的质量控制，分规划设计、编校制作、试行修正、交付服务四个阶段，其要点可见分阶段控制要点表，如表 3－13 所示。

表 3－13　分阶段控制要点表

阶段	执行文件（文件号略）	质量控制项目	要求提供的主要文件、记录及其要求	责任单位
规划及选题设计	预测评审程序	①需求评审	调查分析教育需求	策划部
		②事前评估	成本预算、推广预测、任务难点预测等	经营部
	设计控制程序	①下达选题设计任务书	任务明确，签署完备	经营部
		②绘制设计网络图	绘制准确，签署完备	经营部
		③设计输入	输入文件齐备，签署完备	策划部
		④设计输出	输出文件成套，审签、会签、标审齐备	策划部
		⑤设计验证	有验证记录；验证方法可靠	编辑部
		⑥设计评审	评审记录、报告及改进验证报告，签署完备	总编办
		⑦设计确认	确认会议通知到位；会议有记录、纪要和报告；确认结论有效；遗留问题整改完毕并验证有效	经营部
		⑧设计更改	有更改单、通知单、验证记录，编号正确，审签齐备	策划部

续表

阶段	执行文件（文件号略）	质量控制项目	要求提供的主要文件、记录及其要求	责任单位
编校制作	作者评价选择程序	作者控制	合格作者名单有效，作者档案齐全	编务科
	组稿控制程序	①组稿文件	组稿目录齐全；组稿计划审签完备；合同有质量要求	编务科
		②应急组稿	审批手续齐全	编务科
		③入社验证	入社手续齐备并有记录；在编辑部有验收合格记录	编务科
	书稿保管、发放、控制程序	①书稿保管	组稿合同与书稿相符；书稿档案管理符合规定	编务科
		②书稿发放	领用有依据；紧急放行经批准；发放手续齐全	编务科
	产品标识和可追溯性控制程序	①产品标识	原稿及校样上编辑加工标记、技术设计标记、校改标记明确	编辑部
			工艺规定清楚；标识物管理可靠；标识符合规定	设计制作部
		②可追溯性	有可追溯产品名单；可追溯品有记录、有延续标识	设计制作部
	编校制作过程策划的控制程序	①编校制作文件控制	满足选题设计要求；更改到位并有依据，签署齐备	编辑部
		②编校制作计划控制	审批完备；作业有决议及追踪记录；作业报表齐全	校对科
		③编校制作设备控制	台账、分类表、卡片齐备；购置、大修有验收记录	编务科
	编校过程实施的控制程序	①编校制作过程控制	有必要的控制过程目录和监控记录；有特殊过程的“三定表”作业指导书满足控制要求	策划部、出版部、编辑部
		②样本装订	装订按工艺规程进行；出版部调动人员到场指导协调；实行跟踪检验；总编辑或主管副总编辑签署准予发行文件；质量问题交总编辑授权人处理	出版部、编辑部、编务科
	储存、包装和防护控制程序	①储存控制	场地符合要求；保管符合规定；账、物、卡相符	出版部
		②包装控制	包装物符合要求；包装符合规定	出版部
		③防护控制	防护手段可靠；全过程防护	出版部

续表

阶段	执行文件（文件号略）	质量控制项目	要求提供的主要文件、记录及其要求	责任单位
试行修正	试行控制程序	①示教/实验准备	示教人员培训合格并有证；示教/实验现场指挥组织健全、有文件	推广服务部
		②示教/实验实施	按示教/实验程序文件实施示教与实验；实行“追踪式”检验监督、签署与记录；过程中的质量问题及时汇报处理，必要时试验学校和教师签署	推广服务部
	修正控制程序	反馈/评价/修正教科书	按大纲和规程评价修正教科书；做出翔实记录；质量问题研究处理有记录；重要问题征得顾客同意	编辑部
交付服务	交付控制程序	交付	自检合格并签章完备后提交教育行政管理部门验收签字；有需教育行政部门认可的质量问题时，提交其书面认可；提交后如有需进一步解决的质量问题时，规定期限解决	推广服务部
	服务质量控制程序	服务	服务人员素质好；有资格证；按合同要求组织服务；服务记录翔实；服务过程有教育行政管理部门满意的意见并签署	推广服务部

5. 本计划的修改

5.1 当合同内容变更，或公司内部分工变化，或公司质量管理体系文件有重要改变时，应考虑对本计划做出相应修改。

5.2 本计划的修改，由主管质量的副总编确定和审批，质量管理部办理修改文件下发执行，原计划相关内容自行废止。

编制：×××（签字）审核：×××（签字）批准：×××（签字）

2008 年 4 月 28 日

三、年度综合性质量计划的编制

年度质量计划是出版组织针对年度重点质量活动或新增工作项目编制的年度质量管理计划。对出版组织来说，编制年度质量计划不仅是必要的，更是必需的。

1. 编制年度质量计划的必要性

只有将中长期质量目标分解展开到各个年度，通过年度质量目标的实现，才能保证中长期质量目标的实现。此外，根据内部环境的变化，出版组织每年都要制订年度选题计划和出版经营计划。质量管理体系必须为两个计划提供切实的质量保证。为此，出版组织也必须进行年度质量目标策划。

按照质量手册或程序文件的规定，出版组织每年都要开展一些质量管理活动，如质量培训、内部审核、市场调研、对作者的考察认证、质量竞赛等，也需要经过策划并形成相应的年度质量计划才能落实。

出版组织每年都必须按规定期限对质量管理体系及其取得的业绩进行内部审核和管理评审，对审核和评审中提出的各种改进要求，也需要策划、制定措施，并将其纳入年度质量计划之中，才能确保体系评价持续有效。

因此，出版组织必须编制年度综合性质量计划。

2. 年度质量计划的编制方法

(1)编制年度质量计划的部门与人员

年度质量计划的编制由管理者代表主持，质量管理部门具体负责。必要时可以确定一个起草责任人。

(2)年度质量计划应包括的内容

不同组织年度质量计划的内容不同。质量手册和程序文件已有的内容，质量计划中不必重复。因此，一般情况下年度质量计划的内容包括：

①简要回顾上年度质量计划完成情况；

②简要分析组织当前面临的质量形势和任务；

③确定当年的质量目标，包括定量化的质量指标所应达到的水平；

④按质量目标项目分别确定具体措施、负责部门或人员、完成时间；

⑤虽与质量目标无直接关联，但需要活动的负责部门或人员和完成时间；

⑥其他需要纳入年度质量计划的内容；

⑦考核和奖励办法。

(3)年度质量计划的形式

可采用文字表述，也可采用措施计划表，或采用两者结合的形式。

(4)编制年度质量计划的时机

根据组织的质量方针和中长期质量计划，在总结上年度质量工作存在问题及其经验的基础上，在上年年底进行策划，在当年年初完成策划工作并形成质量计划。

(5)编制年度质量计划的方法

可以由管理者代表召开专门会议，请相关人员就当年需要开展的质量工作和需要实现的质量目标发表意见，然后由指定人员负责根据意见进行起草形成年度质量计划草案，再经反复征求意见形成报批稿。也可以先由指定人员写出年度质量计划草案，再交由相关人员参加的会议进行讨论，经补充修改后形成报批稿。

3. 年度质量计划的展开

年度质量计划确定的质量目标和相关措施应当在各相关职能和层次上展开。所谓展开，就是将组织的质量目标和相关措施分解成若干个较小的质量目标和更具体的措施，变为各部门和各基层单位甚至个人的质量目标和相关措施。

(1)质量目标的分解

根据自己的管理水平和质量目标的性质，出版组织确定哪些质量目标需要进行分解，需要分解到哪一个层次、哪些部门。

(2)对相关措施(包括工作项目)进行分解

一般来说，上一级的措施就是下一级的目标或工作项目。为了使上一级的措施落实，下一级还应当根据具体情况制定更加具体的措施。如组织年度质量计划中规定了在员工中进行"岗位技术练兵"的措施，相关科室就应据此制定如何"练"、哪些人"练"、何时"练"、"练"到什么程度等具体措施，使组织的措施得以落实。

(3)层层编制年度质量计划，展开组织年度质量计划

各部门应根据组织的年度质量计划的规定编制自己的年度质量计划。除包括对组织年度质量计划的展开之外，部门的年度质量计划还可以根据自己存在的问题点，增添新的计划内容。

需要说明的是，不管哪个层次的年度质量计划，其所涉及的内容都不能面面俱到，一定要注意选择重大的、对组织生产经营和质量管理影响严重的、对当年来说是新的质量工作。

第十节 出版质量管理文件的受控管理

受控文件也就是受控制的文件(也就是受保护的文件)，通常是指组织的重要文件，对其发放、审核、批准等都有明确的规定。出版组织要对质量管理体系文件进行受控管理，也就是说，组织要控制质量管理体系文件并能对其进行更改。

一、受控管理文件的范围与受控管理方法

出版组织质量管理体系的受控文件包括指导员工进行出版工作和实施质量活动的文件，以及阐明所取得的结果或提供所完成活动的证据的记录。

1. 受控管理的质量管理体系文件的范围

通常情况下，组织要把以下文件列入受控管理范围。

①指导员工开展质量活动的质量手册和程序文件。

②具体指导员工开展出版活动的作业指导书。针对某一具体项目的作业指导书而言,可以是外来的,如标准、编校规程、编校规范等,也可以是出版组织制定的,如标准实施细则、期间核查方法和操作程序、编校质量评定书等。外来文件应在验证其合法、有效和适用的基础上为出版组织采用,出版组织内部制定的作业指导书应经确认、批准。

③表格。包括质量记录表格(体系运行用)和技术记录表格(例如报告、证书格式、原始记录格式等)。

④质量记录和技术记录。包括已做过的检测、校准记录和质量活动记录等。

2. 受控管理的质量管理体系文件的管理办法

出版组织应对文件和记录实行不同的管理办法,对质量手册、程序文件、作业指导书和表格等文件实行修改受控,对记录(包括质量记录和技术记录)实行检索受控。

修改受控包括部分内容的修改受控和整个文本的作废换版。负责文件控制的人,要对文件进行编号;按批准的发放范围进行发放登记,保证使用者能及时得到现行有效版本;文件修订后按规定要求予以更新,并回收使用者手中的过期文件。

记录类受控文件的编号方法和具体的管理办法,可以由出版组织根据需要在体系文件中做出具体规定。出版组织的各类记录要保存备查,妥善保管,易于检索,方便查找;无论文件借出、归还,还是过期销毁,都应有专人负责,并做好记录。

非受控管理的文件包括由资料情报部门保管的科技书籍、期刊等,也包括由行政办公室保管的来往公文等。这些文件由于和出版工作质量没有直接关系,在出版组织中一般不实行受控管理,而是按照国家图书档案管理的有关办法进行分类、编目和建档管理。出版组织提供给顾客的质量手册和公开文件,可以不跟踪修改,也就不必受控。

二、外来文件的获取

外来文件是指来自出版组织外部的一些文件,主要包括法律、法规、规章、标准、规范等。

外来文件的及时获取是出版组织开展出版活动的基础,尤其是出版法规的有效性,更是确保出版方法有效性的前提,出版组织必须畅通信息来源渠道,确保在最短的时间内获取最新的信息。

1. 向标准情报部门查询

检测依据的是各类标准,其发布和更新信息,可借助国家、部门或地方的标准情报部门。就出版组织而言,较为稳妥的做法是和情报部门建立长期固定的协议关系，由情报部门定期提供相关产品标准的发布、更新信息和所需的标准。

2. 订购权威机构出版的国家标准和权威工具书

中国标准出版社是国家标准权威出版机构，每年都会出版《中华人民共和国国家标准目录及信息总汇》。该目录收集了截至上一年度批准发布的全部现行国家标准信息，同时补充载入被代替、被废止的国家标准目录及国家标准修改、更正、勘误通知等相关信息。《辞海》、《现代汉语词典》等工具书凝结了几代语言文字工作者的心血，是公认的权威工具书。

3. 从期刊获取最新信息

专业性的出版刊物，例如《出版发行研究》发布国家标准的批准公布公告和行业标准、地方标准备案公告。《国家质量监督检验检疫总局公报》不仅公告与质量监督检验检疫有关的各种法律、法规、规章以及重要文件，也发布标准、计量技术规范更新的信息。由于专业期刊的连续性，必须期期关注，不能遗漏。

4. 应用互联网查询

随着互联网的普及应用，越来越多的人享受到了互联网快速便捷的服务，中国出版网、中国新闻出版网上都可以查询到现行有效的国家出版标准。许多商业网站也提供标准和计量技术法规的查询服务。

三、质量管理体系文件的评审

国家法律法规的更新、相关方（如顾客或合作伙伴）要求的不断变化、管理科学的进步、人员的调整、资源的改善等，都可能导致出版组织组织和管理结构的变化。外来文件的更新，新技术、新方法、新装备的应用等又可能导致出版组织质量文件的更新。因此，尽管保持出版组织质量管理体系的基本稳定是其持续、有效运行的基础，但出版组织必须对体系文件进行定期评审，对文件中不适合、不恰当、不全面之处进行修订，以确保文件持续适用、有效和充分。

1. 质量管理体系文件评审的意义

质量管理体系文件体现了对质量管理体系的策划和设计。它决定了组织固有的管理能力，是指导质量管理活动的具体依据。因此，对体系文件进行评审，可以确保其发挥应有的作用，达到预期的增值效果。通过定期评审，出版组织可以发现在上次评审中尚未暴露的问题或在运行中接口不清晰等系统性的问题。出版组织不仅要通过评审发现问题，更要积极采取纠正和预防措施，使工作不断得以改进。

2. 质量手册和程序文件的评审

质量管理体系文件评审应根据文件性质分类进行，以编制文件所遵循的基本原则为尺度，评价文件在哪些方面有缺陷，从而优化文件的编制和修订过程。

在金字塔式的文件体系架构中，质量手册、程序文件处在高端，是出版组织所有人员共同遵循的行为规范，涉及日常质量活动和出版工作，因此，一般需在管理评审时对其评审。评审时需要出版组织中负有特定管理职责的人员共同参加,这样做不仅可以集思广益,也有利于评审后的质量改进。在评审过程中,相关职能部门应列出在用体系文件清单和自上次评审到本次评审期间修订、增补文件一览表,收集有关文件以及员工提出的意见和建议,通知与会人员,做好相应准备工作。

当然,内审前也应安排对质量管理体系文件的评审,以确保出版组织当前使用的文件与可获得的外来文件相符,以及所引用的文件是最新而有效的。

3. 作业指导书的评审

出版专业性的作业指导书,包括外来的专业技术文件,可由专业管理层的人员组织该项目参与人员、相关专业人员和专业管理部门的人员进行评审。通常每年评审一至两次。若作业指导书数量较多、技术领域覆盖面较宽,可相应增多频次。

四、外来文件的评审

外来文件包括法律法规、规章和技术文件两大类。法律法规、规章适用面宽,其制定、修订、废除是国家立法或行政机关的职能。出版组织应遵循法律法规的规定,履行相应职责,按规定程序操作。技术文件则有所不同,不是所有公开发布的,国家、行业、地方批准的技术文件都可以拿来就用,出版组织应首先对这些外来技术文件的有效性、适用性进行评审,确认文件现行有效且符合文件所规定的条件时,才能使用。

在得到新版技术文件的时候,出版组织需要从以下几个方面对其进行评审:新旧版本有什么不同;新版本为什么要做这样的变更,其依据是什么;本组织是否能够满足新版本的要求。例如,出版组织现有设备、人员知识结构和业务能力是否能够满足要求;是否需要新添设备或培训人员;是否要新增或修订作业指导书等。同时,针对新的技术文件,出版组织还要进行能力验证等活动,组织设备比对和人员比对,以审核确认本组织开展这一项目的能力。此外,还应经过出版组织技术管理层的确认,并记录相关评审活动。

五、质量管理体系文件的修订或换版

出版组织对质量手册和程序文件的修订要求是有所区别的,概括起来是,质量手册应避免过多修订,程序文件更改频繁。

1. 质量手册的修订

质量手册作为出版组织质量管理方面纲领性的文件,更改不应过于频繁。如果不考虑个别文字的修改和勘误的话,文件有必要进行实质性修订的情况并不多。一般情况下,引起质量手册修订或换版的原因有以下方面。

①质量手册所依据的标准、法规、规范发生变化。

②出版组织的组织结构和管理结构发生变化,质量管理的职能发生转移。

③由于外部环境的变化，对质量要素(过程)的要求随之发生变化。

2. 程序文件的修订

与质量手册相比，程序文件更改较为频繁。除因质量手册修订，程序文件要进行更改以外，任何为提高出版工作质量或工作效率而对原有操作程序进行改进、更新的，包括新增工作内容、改变工作要求、更改工作流程等，都有可能导致程序文件的更改。

为便于修订，宜将体系文件装在活页夹中，这样修订时只更换某一页而不必更换整个文件，即可做到"换页不换版"。为此，应在文件首页文头、活页上列页头，在文件末页的文尾上记录修改情况。程序文件的典型文头、页头、文尾如表3－14、表3－15和表3－16所示。

表3－14 质量管理体系文件文头示例

<table>
<tr><td rowspan="2">版次：A
第×次修改</td><td>××出版社质量管理体系
程序文件</td><td rowspan="2">编号：
页码：第×页 共×页
批准：××年××月××日</td></tr>
<tr><td>内部审核程序</td></tr>
</table>

表3－15 质量管理体系文件页头示例

<table>
<tr><td rowspan="2">版次：A
第×次修改</td><td>××出版社质量管理体系
程序文件</td><td rowspan="2">编号：
页码：第×页 共×页</td></tr>
<tr><td>内部审核程序</td></tr>
</table>

表3－16 质量管理体系文件文尾示例

<table>
<tr><td rowspan="2">版次：A
第×次修改</td><td>修改通知单号</td><td>拟稿</td><td>批准</td></tr>
<tr><td></td><td></td><td></td></tr>
</table>

【复习思考题】

1. 质量管理体系文件有哪些特性？编写质量管理体系文件有哪些基本要求？
2. 质量管理体系文件包括哪些类型？具有什么样的层次结构？
3. 如何制定出版组织的质量方针？
4. 怎样根据组织问题点制定目标？
5. 质量手册包括哪些内容？
6. 试编写选题论证作业指导书。

第四章　出版质量管理体系的运行与持续改进

【本章重点】

质量管理体系运行的过程方法。
图书出版流程的优化。
出版质量管理体系的监测分析。
出版质量管理体系的资源管理。
质量管理体系的持续改进。

质量管理体系的运行是一项复杂的系统工程,需要通过过程方法对质量管理体系进行管理控制,通过监测分析把握组织的业绩,通过管理发挥组织的潜力,通过持续改进实现组织对质量的永恒追求。

第一节　质量管理体系运行的过程方法

质量管理体系是通过一系列过程来实施的。2000 版 ISO9000 族标准认为,为使组织有效运行,必须识别和管理许多相互关联和相互作用的过程,通常一个过程的输出将直接成为下一个过程的输入。系统地识别和管理组织所应用的过程,特别是这些过程之间的相互作用称为“过程方法”。

一、过程与过程网络

过程(Process)是一组将输入转化为输出的相互关联或相互作用的活动,任何使用资源将输入转化为输出的活动或一组活动都可视为一个过程。

1. 过程的特性

过程具有分合性、增值性、网络性、黑箱性等特性。

过程可分可合,具有分合性。任何一个较大的过程都可以分成若干个较小的过程;反之,根据各个过程的性质和特性,若干个较小的过程又可以组成一个较大的过程,若干个较大的过程还可以组成更大的过程。

过程可以增值,具有增值性。任何过程都以不同方式包含着资源和活动,例如动力、技术、设备、方法和人的活动,过程的输入转化为输出后就能增值,这就是过程的增值性。组织和顾客都是为了获得增值才会对过程进行策划和管理,离开了增值作用,过程的存在就失去意义。

组织的过程并不是彼此孤立的,一个过程的输出通常会直接成为下一个过程的输入,形成过程链,任何一个过程的输入与输出一般都是由若干种构成。过程这种以网络形式相互联系、相互影响、相互制约的特性,就是过程的网络性。

按照控制者对过程了解的程度,过程可分成黑箱、灰箱及白箱三类。黑箱是指那些基本上不了解或不能了解的过程,灰箱是指部分了解或大体上了解的过程,白箱则指基本上完全了解的过程。组织的过程对顾客来讲都是黑箱,对组织的各级人员来讲大部分是黑箱,也有可能是灰箱,不可能有白箱。进行质量管理,必须让过程变得可以认识。开展外部质量保证、内部质量保证、产品检验与试验、过程要素检查记录等活动,都是为了尽量减少黑箱。

过程的分合性、增值性、网络性、黑箱性等特性表明,要使组织的质量管理体系有效运行,必须对过程进行策划,并使其在受控的条件下运行。

2. 出版组织的过程网络及其特性

对出版组织而言,任何一个过程的输入都不是单一的,都可能存在人、机、料、法、环(4M1E)的方方面面,而"4M1E"的每一要素,又都可能来自多个其他过程。同样,每一个过程的输出也不是单一的,也可能包括多种内容与形式,如产品和相关信息(即产品的特性和状态信息、生产状况信息、"4M1E"的相关信息等)。因此,任何一个组织的过程模式都表现出错综复杂的网络过程模式。如图 4－1 所示。

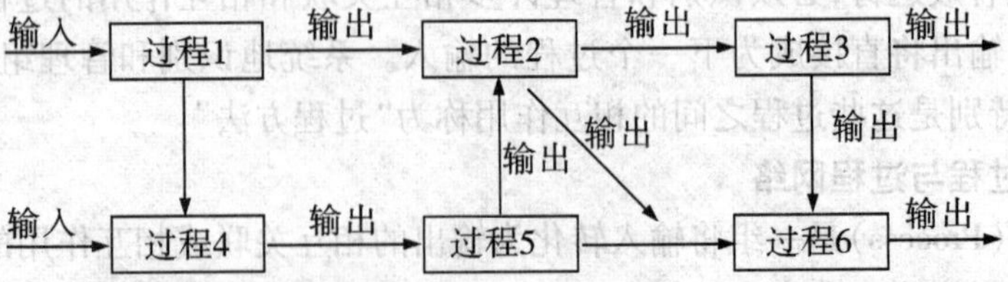

图 4－1 过程网络图

通过图 4 –1,我们能发现组织的过程网络具有鲜明的特征。

(1)结构的复杂性和组成过程的差异性

图 4 –1 表明,过程网络的结构是复杂的,通常不是一个简单的按顺序排列的结果,也不是一个平面的结构,而是复杂的立体网状结构。构成过程网络的各个过程是有差异的,其性质、大小一般不同,在过程网络中的地位和作用一般也不同。

(2)联系的有机性

过程网络的各个过程不是简单的拼凑,而是有机地联系在一起的。一旦某个过程确定下来,与其相关的过程就需与其联系,以确保其顺利实施。例如,出版组织增设一道检验菲林过程,那么围绕这一检验过程,其相关的输入就有菲林加工过程、终校付印过程、人员安排过程、检验方法指导过程等,其相关的输出就有不合格品控制过程、检验记录分析过程、检验工作质量考核过程等。只有这些过程有机组合,该检验过程才能有效运行。

(3)以增值为核心的目的性

过程网络中的每一个过程都以增值作为存在的目的。组织的过程网络是为了实现价值增值,因此要求组成过程网络的每一个过程必须具有增值的作用(如只耗资源而无规定输出),否则过程网络就会利用自己的管理功能给予制止,或取消该过程,或改进该过程。

二、质量管理的过程方法

过程方法是对过程网络进行管理的一种方法,它要求系统地识别和管理组织内所使用的过程,特别是这些过程之间的相互作用。组织应从以下 10 个方面去管理过程。

1. 识别过程

识别过程包括两项内容,一是将组织的一个大过程分解为若干个小过程,二是对已经存在的过程进行定义和分辨。定义和分辨的目的是为了更加有效地管理过程,如果对过程定义不准、分辨不清,或将改进的过程范围扩大或缩小,都会导致改进失败。

2. 强调主要过程

组织的过程网络是错综复杂的,因此组织的各级管理者都不能平均用力进行管理,而应当抓住重点,关注主要过程并进行重点控制。

3. 简化过程

简化过程包括将过分复杂的过程分解为较简单的小过程,将不必要的过程取消或合并。过程越复杂,就越容易出问题,因此组织应根据自己的实际,对一些过程进行简化。

4. 按优先次序排列过程

在前三个步骤的基础上,按重要程度的不同排列过程,以便优先保证重要过程的资源。

5. 制定并执行过程的程序

没有程序,过程容易出现混乱,难以保证输出满足规定的要求。组织要制定完成过程的书面文件程序以及工作习惯形式的非书面程序,并执行这些程序。

6. 严格职责

对任何一个过程,组织都必须规定由谁去做,都必须严格按规定要求去做,而且应对做的结果进行适当的监督、检查,并根据检查结果进行适当奖惩。

7. 关注接口

接口是上一个过程的输出和下一个过程的输入之间的连接处。在出版活动中,质量问题多出现在接口处。例如,经常出现上一个过程的输出不能满足下一个过程输入的需要,上一个过程的输出信息未能传递给下一个过程的现象;另还有接口处无人管理,接口之间尚需另加过程来补救,下一个过程对上一个过程输出的情况没有反馈意见,上、下两过程都争夺接口的权利等。对这些问题,需要在上、下两个过程之间进行协调,必要时还要通过上一级的管理人员来协调。

8. 进行控制

过程一旦投入运行,就必须对其进行控制,以防止出现异常。一旦有异常就应及时采取措施,使其恢复正常。

9. 改进过程

任何过程都可能存在着改进的可能性,即可能存在不足、存在缺陷或可以改进得更好。因此,应积极通过测量分析来寻找改进机会,并通过采取措施实施改进,以提高过程的效率或效益。

10. 不断改进决策过程

决策过程是领导亲自实施的过程,对整个组织的影响很大,因此要不断加以改进,以提高过程质量。

三、质量管理体系与过程方法模式

从过程的角度分析,构成组织质量管理体系的管理职责,资源管理,产品实现,测量、分析和改进与组织的相关方之间的关系如图 4－2 所示。

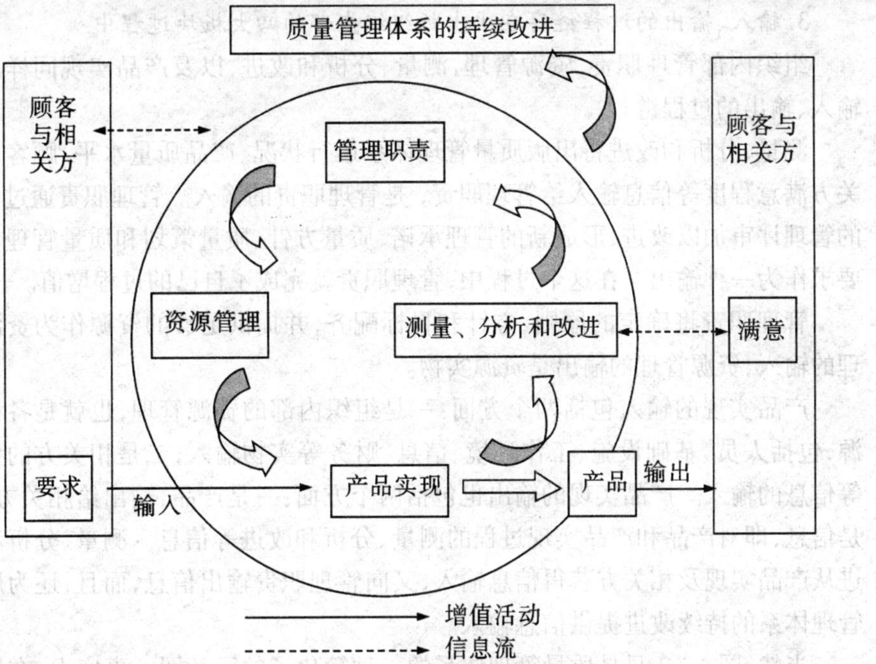

图 4－2　以过程为基础的质量管理体系模式图

1. 顾客和相关方的作用

顾客和相关方在规定要求的过程中起到了非常重要的作用。

出版什么、怎样出版、出版后怎么办等要求,看起来似乎是出版组织自己在规定,但如果这种规定与顾客和相关方无关,组织的出版活动就失去意义。如果与顾客和相关方有关,但不能满足相关方的要求,出版组织的出版活动也难以为继。因此,组织的规定实际上也就是根据顾客和相关方的要求而进行的。出版组织的规定越符合顾客和相关方的要求,越能获得成功。

顾客和相关方的要求是出版活动的整个过程,特别是组织产品实现过程的信息输入。没有这种输入,或组织在确定这种输入时对其识别、理解发生错误,就会使出版组织的产品实现过程失去意义或出现严重问题。

2. 图书产品是出版组织的输出

组织的输出是产品,产品的接受者是顾客和相关方。顾客和相关方输入对产品和产品实现过程的要求信息,经过出版组织产品实现的过程,形成产品,成为输出。这种输出是否达到了相关方的要求,可以通过对相关方的满意程度的测量来评价和确定。

3. 输入、输出的过程链存在于出版组织内部的四大板块过程中

组织内部管理职责,资源管理,测量、分析和改进,以及产品实现同样形成输入、输出的过程链。

测量、分析和改进将出版质量管理体系运行状况、产品质量水平、顾客和相关方满意程度等信息输入给管理职责,是管理职责的输入。管理职责通过自己的管理评审加以改进,形成新的管理承诺、质量方针、质量策划和质量管理体系要求作为一种输出。在这个过程中,管理职责就完成了自己的过程增值。

管理职责将确定的原则、方针和目标配齐,并提供足够的资源作为资源管理的输入,资源管理的输出是资源实物。

产品实现的输入包括两个方面:一是组织内部的资源管理,也就是各种资源,包括人员、基础设施、工作环境、信息、财务等实物输入;二是相关方的要求等信息的输入。产品实现的输出也包括两个方面:一是产品,输出给相关方;二是信息,即对产品和产品实现过程的测量、分析和改进等信息。测量、分析和改进从产品实现及相关方获得信息输入,又向管理职责输出信息,而且,还为质量管理体系的持续改进提供信息输入。

当然,图 4 – 2 只是质量管理体系的一种简化了的示意图。事实上,在质量管理体系中,各个过程之间,其输入和输出是相当复杂的。例如,产品实现同样有管理职责,如质量方针、质量目标、管理要求等信息的输入;同时,产品实现也可能直接向管理职责、资源管理输出反馈信息,要求加以改进以适应自己的需要。但总体上来说,上述四大板块形成了一个闭环,不断循环、不断改进、不断提高,体现了质量管理体系的特征和主要内容。

4. 产品实现在出版组织质量管理体系中的主体地位

产品实现直接从顾客和相关方那里获得信息输入,又直接输出产品提供给顾客和相关方,输入和输出都直接与顾客和相关方联系。顾客关心的是产品实现,而不是组织口头上的管理承诺。因此,质量管理"以顾客为关注焦点"的基本原则就落实体现在产品实现过程中。

产品实现既有实物的输入和输出,也有信息的输入和输出。其他板块过程虽然也有这两种输入和输出,但没有产品实现表现得如此充分。物流和信息流通过产品实现才能完成组织的根本任务。没有产品实现,组织就不可能存在,其他三大板块过程也就失去了意义。

在质量管理体系的四大板块中,其他板块事实上是围绕产品实现来运作

的，产品实现是其他板块的基础。因此，在组织的过程中，产品实现不仅是最主要的过程，而且是最典型的过程。质量管理所说的过程控制，在相当多的情况下就是对产品实现过程的控制。

因此，产品实现在出版组织过程网络中发挥着最为关键的作用，居于主体地位。

5. 出版组织的所有员工和过程都纳入质量管理体系

组织的质量管理体系应当涵盖所有的员工、所有的过程，每一个员工、每一个过程都应当按照质量管理体系的要求去进行工作，去加以控制。正因为如此，尽管模式图不能详细地反映所有过程，但出版组织的所有员工和过程都能在模式图中得到反映，进而找到自己的位置。

过程模式是从宏观上来看过程的，过程方法所识别的过程是微观的，可能只是这种宏观过程中的一个小过程。离开了具体小过程在过程模式图上的位置，过程模式也就失去了意义。因此，理解了过程模式，才能真正掌握过程方法，并用这种方法来管理组织、管理质量。在识别过程的同时，应当识别该过程在过程模式图上的位置，以加深对该过程的理解和把握，更便于对其进行管理和改进。

四、过程的策划与管理

从过程方法的角度来看，出版组织质量管理体系的运行就是对一个个过程的策划和管理。因此，过程策划具有十分重要的意义。

1. 过程策划的任务

任何一个过程，不外乎输入、输出和具体过程三个要素，过程策划就是围绕这三个要素进行谋划和安排。

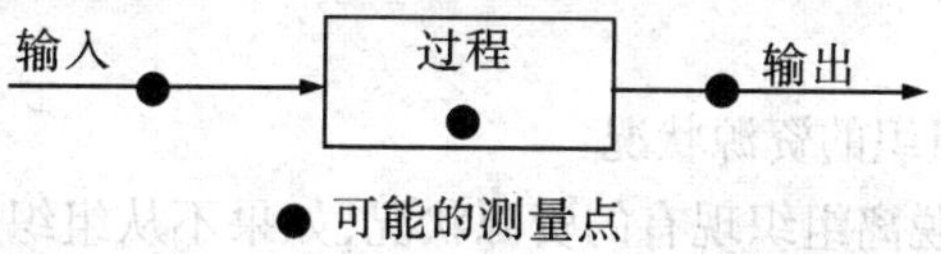

图 4－3　过程的特征

（1）确定过程输入和对输入的测量

确定输入是过程策划的首要任务，这项工作包括输入的所有项目、数量、要求等。除此之外，还要确定对这些输入的测量，包括测量的对象、方法，测量后的处理等。

（2）分解过程

把策划所针对的过程分解成一组有序的子过程称为分解过程，例如，将编辑加工分解成文稿加工、图稿加工和图文编排加工三个子过程。

分解后的各个子过程之间同样有其输入和输出的联系形式,因此,对过程的测量,实际上就是对子过程输入和输出的测量。在策划分解过程时,也要策划测量分解后的各子过程的输入和输出。由于上一个过程的输出可能正是下一个过程的输入,因此测量有时可以简化,即可以只进行一次。

(3)确定过程输出和对输出的测量

主要是确定输出的项目、数量与要求,测量的对象、方法,以及测量后的处理等。当输出不能由后续的测量或监视加以验证时,还需要确定对该过程的确认方法。

2. 过程策划应注意的问题

进行过程策划应当注意以下问题。

(1)严把输入关

过程策划所输入的文件(信息)可能存在不确定性(模糊不清)、差异性(不同文件对同一问题的描述可能不同)、失真性。因此必须进行确定和评审,及时纠正可能存在的错误,使策划建立在正确的基础上。

(2)适度把握过程的分解

对过程的分解应适度把握,不是越细、越小就越好,只要将过程分解到能有具体的负责部门或人员负责就行。

(3)策划应在质量管理体系基础上进行

质量管理体系是过程策划的基础,过程策划不能脱离质量管理体系另搞一套或与质量管理体系相对立。如果大量的过程要求都超出了质量管理体系的规定,就表明组织的质量管理体系是不适宜的,应进行改进,以满足过程策划的要求。

(4)综合考虑组织的资源状况

过程策划不能脱离组织现有的资源状况,如果不从组织的现状出发而过分强调资源的投入,可能会得不偿失。

(5)输出应交由过程负责部门或人员进行评审

为保证过程策划的输出切合实际,输出应交由负责部门或人员进行评审,以便弥补策划的遗漏和修正错误,同时加深负责部门或人员对策划输出的理解,为更好地实施创造条件。

第二节　产品实现过程管理与图书出版流程优化

产品实现过程是组织最主要的过程，是其他过程的基础，其他过程都是围绕产品实现过程来运作的。出版质量管理的过程管理与控制，很大程度上就是对产品实现过程的管理与控制。

一、产品实现过程的管理

对产品实现过程进行管理，要在明确管理职责的前提下按照一定步骤进行。

1. 产品实现过程管理的职责

出版组织、出版组织内各部门和员工分别对图书产品实现肩负不同的职责。

(1)出版组织的管理职责

最高管理者是出版组织对产品实现过程管理的总负责人，管理者代表具体负责，由质量管理部门组织实施。其管理范围如下：

①对组织产品实现过程进行策划，编制具体产品、项目或合同的质量计划。

②组织实施各部门质量计划，并协调有关部门对实施质量计划给予支持（对支持过程也应进行策划）。

③对组织各部门实施质量计划进行监视，主要监视对象是部门过程与部门过程的接口以及可能发生的重大质量问题。

④对过程结果随时进行抽查验证，特别是对关键过程、特殊过程要采取适当措施，以确保其合格。

⑤组织对过程的改进活动，特别是对问题较多、不合格以及关键、特殊等过程的改进。

(2)部门的管理职责

一般说来，组织各部门主要针对自己的过程进行管理。但出版活动的特殊性，要求相当多的部门承担双重任务，例如编辑部门，既有自己的过程，又有对校对部门的支持过程（包括管理过程）。这些承担双重任务或多重任务的部门，管理内容就不仅局限在本部门的过程。就编辑部来说，其管理范围如下：

①对选题设计和生产运作的过程进行策划，编制相应的过程流程图（工艺流程图），将选题设计和加工任务分配给每个编辑，必要时还应为关键、特殊等

过程编制作业指导书。

②制订选题设计和编辑加工作业计划，分配选题设计和编辑加工任务，组织编辑运作。

③对编辑运作过程进行监视，及时处理编辑运作过程中出现的问题，特别是资源不足的问题（如设备精度不能满足要求、人员不足等），必要时要调整过程。

④监测过程结果，包括组织自检和互检，及时获得检验结果，及时处理不合格品，对建议结果进行治疗指标统计分析等。

⑤对过程采取纠正措施、预防措施，组织改进，提高过程效果。

⑥及时向上级质量管理部门、相邻的校对部门和产品的销售部门提供过程和过程结果监测的信息，及时处理这些部门的输入信息。

（3）员工的管理职责

尽管不同员工在产品实现过程中所处的位置不同，但其肩负的管理职责却有共性，归纳起来有以下几点。

①识别分析自己负责的过程，明确其输入、活动内容和输出，明确活动内容所需资源和程序。

②严格按操作规定进行工作，当工作条件不具备时应及时向上级提出并要求解决，不违反规定和纪律，严肃对待过程进度要求，确保任务完成。

③监视过程，即监视输入（往往是上一过程的输出）、活动和输出，发现问题及时处理或向上级提出。如果继续运行会产生严重后果，应停止操作，解决问题后再恢复过程。

④自检验证过程结果，发现不合格品及时纠正。对自检不能验证的问题，应及时关注专门的检验验证或下一过程的验证，以确定过程是否符合要求。

⑤寻找过程及其输出（产品）的改进机会，及时改进或提出改进建议。

2. 产品实现过程管理的步骤和要求

出版质量管理对产品实现过程的管理是按照策划或识别、过程实施、过程控制、验证与确认和更改及改进的步骤进行的，如表4－1所示。

表4－1 产品实现过程管理的步骤和要求

步骤	要求	目的
策划或识别	各级部门根据上一级部门在产品实现过程方面的策划或识别结果，对本部门的过程进行策划或识别	将产品实现的任务进行层层分解，使其落实到班组或个人

续表

步骤	要求	目的
过程实施	按策划要求组织实施过程	使产品实现的各个过程正常运行起来
过程控制	对运行过程中出现的各种问题或异常情况应及时采取措施加以解决	使过程恢复正常
验证与确认	采用适当的方法对过程的输出进行验证,并根据验证结果对产品和过程进行确认	明确过程及其结果(产品)是否受控、是否合格
更改及改进	针对验证发现的问题,对过程的结构、输出、输入、活动、人员及其他资源进行修改,包括对过程进行重新策划或识别	提高过程的有效性和效率

二、过程质量控制

虽然图书产品实现的各个过程都可能影响图书质量,但选题设计开发、组稿、装帧设计等过程都是运用规定的程序进行控制,质量的波动性较小。审稿、编辑加工和校对等过程是产品实现的直接体现,应当作为过程质量控制的主要对象。

生产实践表明,即使过程因素(4M1E)处于标准状态之下,按照同一过程加工出来的产品的特性值并非都相同,也就是说会出现质量波动现象。造成产品质量波动的因素有随机因素和系统因素两类。随机因素是指现有技术条件无法消除或从经济上考虑不值得消除的因素,通过自身微小的变化使产品质量产生波动,但影响很小。出版活动中,随机因素一般表现在依赖机器设备的印前综合制作和印刷装订等过程。只有随机因素引起的质量波动,称为正常波动。系统因素也称异常因素,是可以控制或从经济上考虑也值得控制的因素。系统因素引起的质量波动贯穿出版活动的各个过程,在审稿、编辑加工和校对等过程中表现得尤为突出。过程质量控制就是利用各种方法和统计工具,判断是否有系统因素造成质量波动,并及时消除系统因素,保证过程质量的波动保持在允许的范围之内。

常用过程质量控制的方法有以下三种。

1. 操作者的自控

操作者自控是指操作者通过自检,然后把所得数据与标准对比,根据数据符合标准要求的程度做出是否对过程进行调整的判断。在一般物质产品生产过程质量控制中，操作者自控的主要形式是“三自一控”。所谓“三自”，是指自检、自分、自打标记。操作者在工件加工完毕后，首先进行自检，然后把合格品和不合格品分开堆放，并在合格品的规定位置打上特定的标记。“一控”是指控制自检准确率。自检准确率是指检验员检验合格数占自检合格数的百分比。精神产品生产是图书出版活动的主要内容，几乎百分之百地决定了图书质量，审稿、编辑加工、校对等工作往往是线性的，即完成了一部书稿的审稿加工再进行下一部书稿的出版活动，并非像一般物质产品生产中操作者在相对长的时间里按照图纸加工同一种产品。因此，出版活动操作者的“三自一控”应当这样定义：自检，操作者在审稿、编辑加工或是校对完成后，按章节自行检查；自分，操作者在原稿或校样上对自己所作的审稿、编辑加工或校对工作进行合格与不合格分类；自打标记，在原稿或校样的规定位置进行标记；一控，控制自检准确率。

2. 设备的自控

物质产品生产中机械装置的自控，主要是通过安装高灵敏度的仪器、仪表、感应装置等控制机构，自动对过程或产品进行测量，根据测量值符合要求的程度对操纵装置发出不同的指令，操纵装置依指令对过程进行不断的调整，确保过程符合要求。

图书出版主要依靠人的精神劳动，但随着计算机技术的发展，编校软件的不断升级，机械装置“自控”的目标还是可以实现的。

3. 质量控制点

在一定时期和一定条件下，把需要特别加强监督和控制的过程作为质量控制的重点，通过对主要过程因素的控制，使过程处于良好的状态。质量控制点的管理一直是我国出版组织过程管理的弱项，多年来，从主观上没有给予足够重视。

三、图书出版流程的优化

在管理学领域中，过程（Process）表示的是进程、工序、工艺、制作法，强调对全程的全面把握和对关键点的监督。与过程既有联系又有区别的概念是流程（Procedure），强调了程序、手续和步骤，是对每一个环节进行程序化的处理，比过程更具体。产品的实现过程，就体现在具体的业务流程上。因此，运用过程方法优化出版流程，是对图书产品实现过程进行管理，全面提高图书质量的关键。

1. 流程的概念

如果说过程是一组将输入转化为输出的相互关联或相互作用的活动，那么流程就可以理解为组织为特定顾客或市场提供特定产品或服务而实施的一系列精心设计的活动。所谓“精心设计”，突出表现在根据一定的机制对活动的控制上。正是有了控制,流程才表现出不同于其他活动的特质。

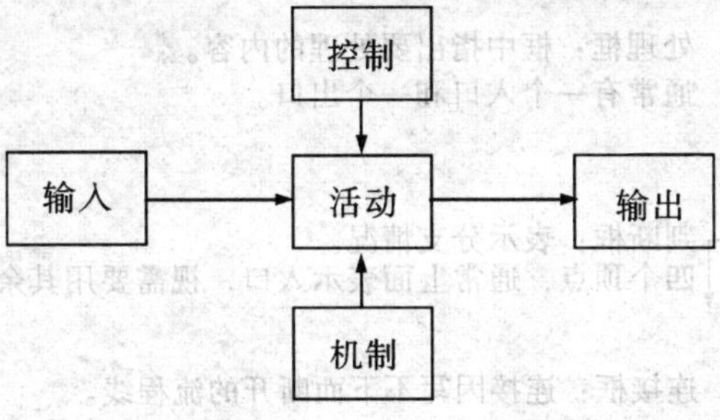

图4－4　流程的结构

组织流程的基本要素总的来说有四个:活动、活动的逻辑关系、活动的实现方式和活动的承担者。这四个基本要素在不同的组织流程中地位是不一样的,但其中至少有一个是关键因素。

2. 流程的描述与流程图

流程包含的任务和主要步骤是什么?哪些任务应该归属于子流程?流程各个活动间的相互关系是什么?这些问题都是质量管理必须关注的,要优化流程,首先要对流程进行描述。

对流程的描述通常用流程图来完成。流程图是一种借助特定符号展示过程步骤和决策点的图表,也是用图形分级别表现流程的一种方法。使用流程图,可以描述流程的输入、输出和活动单元,阐明该流程中某产出或事务如何处理,是对某流程内或整个流程作业流的直观表达。因此,根据流程图,组织可对过程设计的内容有一个全面的了解,还可以发现过程缺失、冗余或错误步骤。常用流程图包括工艺流程图、作业流程图、跨职能流程图、工序作业流程图等。

(1)流程图的标准

流程图必须表达完整性,充分描述出流程中各组成活动及其相互关系,有明确的起始活动与终止活动,使人很容易看清流程的来龙去脉。

流程图应简洁明了,合理取舍,避免干扰视线,让人一目了然。

流程图必须计算机化,能够进行计算机模拟及辅助建模,便于提高流程再设计的效率和效果。

(2)流程图的常用符号

流程图一般是由易于识别的符号(通常使用标准符号)构成。常用的流程图符号及其含义如图4－5所示。有时为了便于理解或使用于某个专门过程,流程图的符号也可以进行专门的定义。

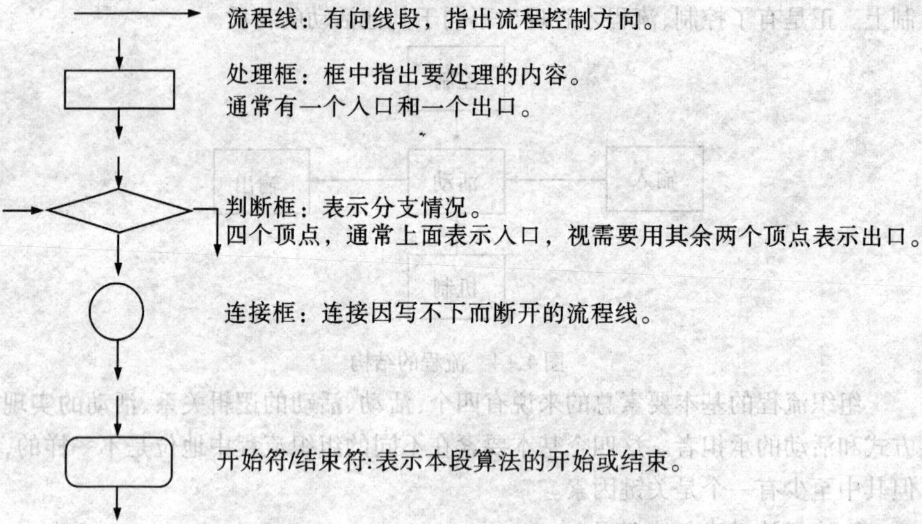
流程线：有向线段，指出流程控制方向。
处理框：框中指出要处理的内容。
通常有一个入口和一个出口。
判断框：表示分支情况。
四个顶点，通常上面表示入口，视需要用其余两个顶点表示出口。
连接框：连接因写不下而断开的流程线。
开始符/结束符:表示本段算法的开始或结束。

图4－5　流程图符号及含义

(3)水平流程与垂直流程

水平流程(Horizontal Workflow)一般表示将输入转化成输出所涉及的步骤和功能,表示工作在人、部门、组织或系统之间传递。

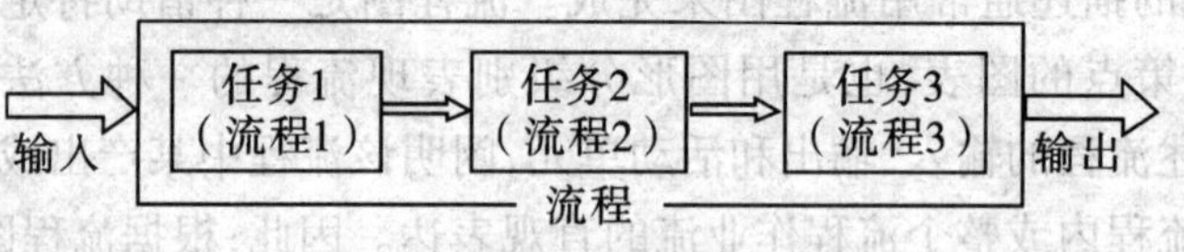
任务1
(流程1)
任务2
(流程2)
任务3
(流程3)
输入
输出
流程

图4－6　水平流程

垂直流程(Vertical Workflow)常用来表示任务(子流程)中的每个步骤,使流程更为详细,以保证组织各部门执行任务的一致性。

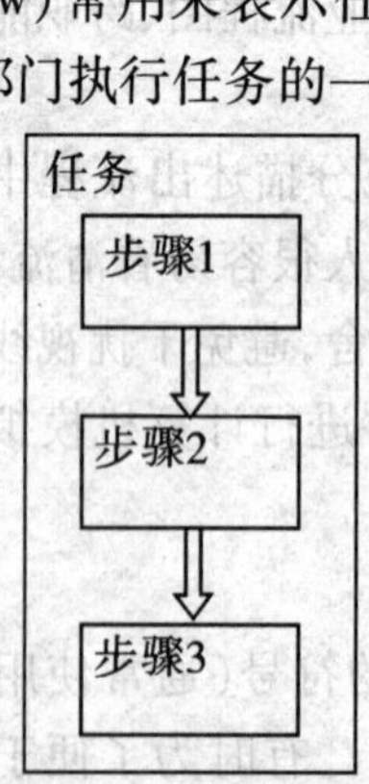
任务
步骤1
步骤2
步骤3

图4－7　垂直流程

(4)流程图的绘制

绘制现有过程流程图,首先要确定该过程的开始和结束,观察从开始到结束的整个过程,确定该过程的步骤,并在此基础上确定绘制表示该过程的流程图草案。流程图草案绘制完毕后,相关人员评审草案,与实际流程对比进行验收、修改、补充,形成正式的流程图。最后注明绘制日期,以备将来使用。

设计新的流程,必须首先确定过程的开始和结束,将过程的步骤具体化。接着绘制表示该过程的流程图草案,然后评审流程图草案,根据评审结果修改补充草案,最后注明日期。

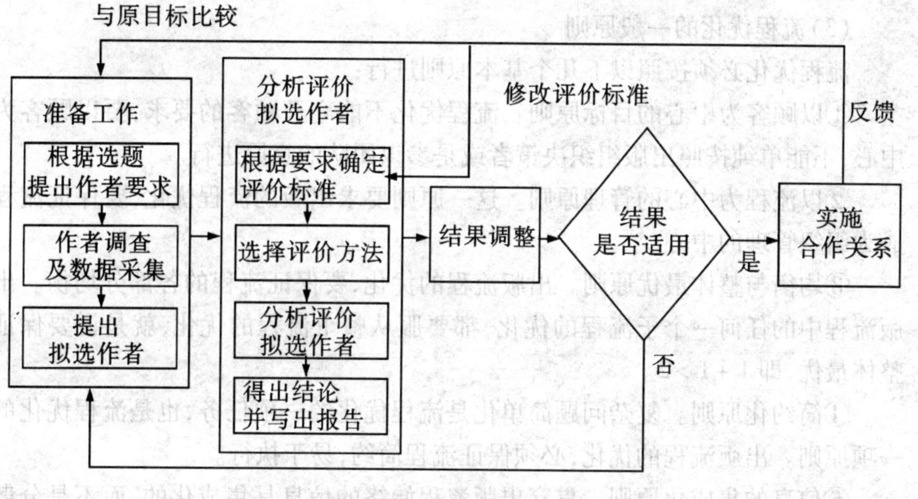

图4-8　作者评价流程图

3. 出版流程优化目的、方针和原则

在流程的设计和实施过程中,要对流程进行不断的改进,以期取得最佳的效果,这样的改进过程称为流程的优化。流程优化是一项策略,不仅仅指做正确的事,还包括如何正确地做这些事。因此,通过不断发展、完善、优化业务流程,出版组织可以保持组织的竞争优势。

(1)流程优化的目的

站在质量管理的角度上来看,流程优化的目的首先是提高图书产品质量。这个目的最终是通过提高顾客满意度实现的。就是说,优化图书出版流程,使图书产品质量获得作为图书产品消费者的读者和图书产品经销商的满意。此外,由于出版流程中一个环节的输出就是下个环节的输入,顾客满意还包括对图书出版流程各子流程的满意。只有各个环节都满意的流程,才是完善的流程，图书质量才能全面提升。

此外，提高生产效益，进而增强出版组织竞争力也是出版流程优化的目的。通过减少浪费，降低成本，加快生产速度，出版组织可以获得更多的效益，出版流程优化就要从这几个方面入手，进而实现提高效益的目的。

(2)流程优化的基本方针

流程优化的目的是为了提高图书产品质量，提高生产效益。因此，对出版组织来说，负责执行流程的人越少越好，对顾客来说，解决问题的步骤越简便越好，这两点便是出版流程优化的基本方针。

(3)流程优化的一般原则

流程优化必须按照以下几个基本原则进行：

①以顾客为中心的目标原则。流程优化不能离开顾客的要求，要以顾客为中心，不能单纯按照出版组织决策者或是参谋团队的意愿进行。

②以流程为中心的管理原则。这一原则要求出版的流程优化，要保证流程成为组织管理的中心。

③均衡与整体最优原则。出版流程的优化，要保证流程的各部分均衡。出版流程中的任何一个子流程的优化，都要服从整个流程的优化，就是说要保证整体最优，即 $1+1>2$。

④简约化原则。复杂问题简单化是流程优化的一项任务，也是流程优化的一项原则。出版流程的优化，必须保证流程简约，易于执行。

⑤信息的集成化原则。贯穿出版流程始终的信息是集成化的，而不是分散的，保证流程信息的集成化也是流程优化的一项原则。

4. 出版流程优化的方法与技巧

进行流程优化，首先要深入系统地研究流程。针对现有流程，我们首先可以提出这样一个问题——流程能否正确地完成这项任务，以此来考察流程的能力。其次，通过研究流程能否正确地完成任务来考察组织对流程的控制状况。再次，通过研究流程是否已经正确地完成任务来考察流程的质量保证。在研究流程的基础上，出版组织应当从流程存在不足、流程存在缺陷和流程可以改得更好三个方面分析流程改进的可能性，并形成报告上报组织决策机构。经决策层研究决定后，通过将不必要的流程或流程的一部分排除掉、合并作业、改变完成作业的次序、改变实施作业的场所、改变执行作业的人员、改变实施作业的方法等具体措施对流程实施优化。对流程的分析改进，主要包括“5W”、“1H”、流程图分析、接口分析和关键控制点优化五项内容。

(1)5W

5W 是英文 What、Why、Who、When、Where 五个单词的词头,是分析改进流程的一项主要内容。

What 偏重于问什么内容,Why 偏重于问什么原因。分析 What,实际上就是明确流程的内容,也就是解决流程是做什么的问题。分析 Why,就是明确流程中的原因——为什么做,活动现在完成的情况——正在做的情况,活动还可以怎么做——应该做什么。通过对 What 与 Why 的分析研究,我们能够明确流程改进的主要内容和所要达到的新目标。

流程分析及优化中的 Who 表示人员,即分析由哪些人来完成流程中的任务,这些人员完成任务的理由是什么,其他人能否完成这项任务。通过对 Who 的考察分析,进而得出流程改进人员的方案。

分析 When,就是分析时间次序,主要包括此项活动什么时候完成,选择什么时间更好。根据分析结果,出版组织就可以对流程中每项活动的时间次序进行优化。

分析 Where,就是分析进行活动的地点。针对现有流程中的每一项活动,出版组织要分析其是在哪里完成的,进行此项活动是否需要特定的地点。通过考察分析 Where,出版组织就能对流程中每项活动的地点进行优化。

Who、When、Where 的分析优化,主要解决的是提高效率、减少浪费,以及在适合的时间有适合的人做适合的事情,出版流程因此得以优化。

(2)1H

1H(How)即方法优化。在流程优化中,How 指的是方法。出版组织分析整个流程,对其中的每一项活动都要从方法上问三个问题,即如何完成这项活动,为什么要用这种方法来完成这项活动,还有没有更好的方法来完成这项活动,前两个问题是从方法上诊断现有流程各项活动,后一个问题是在方法上对现有流程的优化。认真分析并解决这三个问题,就完成了方法上对流程的优化。

(3)流程图分析

按照结构,流程图可分为单体流程图和综合流程图。单体流程图反映单个流程中各活动的组成及活动之间的逻辑关系。综合流程图反映组织的群体与群体之间的关系、流程与流程之间的关系,是以一个个活动的集合——流程作为基本单位。对流程,既要通过单体流程图分析每一项具体任务流程的设计是否合理,也要通过综合流程图分析各活动流程之间的关系是否合理。

(4)接口分析

对接口的分析也是流程优化的一项重要内容。通常情况下,出版组织要对现有的流程接口进行认真分析,从人、财、物、信息等方面研究流程中活动与活动之间是如何连接的。在此基础上选择更好的接口方式,从而实现流程优化。

(5)关键控制点优化

活动、活动的逻辑关系、活动的实现方式和活动的承担者,流程的四个基本要素在不同的组织或不同的业务流程中地位是不一样的,但至少有一个是关键要素。这些关键要素,就是流程的关键点。因此,流程的关键点也常用“瓶颈”来形容,在某种意义上,控制了关键点,就控制了流程。

控制流程的关键点,首先要找到关键点,通常的做法是进行流程活动分析,即按照“流程中的各项活动—活动之间逻辑关系—活动的实现方式—活动的承担者”的顺序,综合分析,找出流程的关键点。

例如,教辅图书出版一般按图 4-9 所示的标准流程进行。众所周知,教辅图书必须按照相应的教材来编写。但是,从 2000 年开始,由于基础教育课程改革,课程标准和教材都处于变动之中,新教材往往要到开学前两个月才能出版。

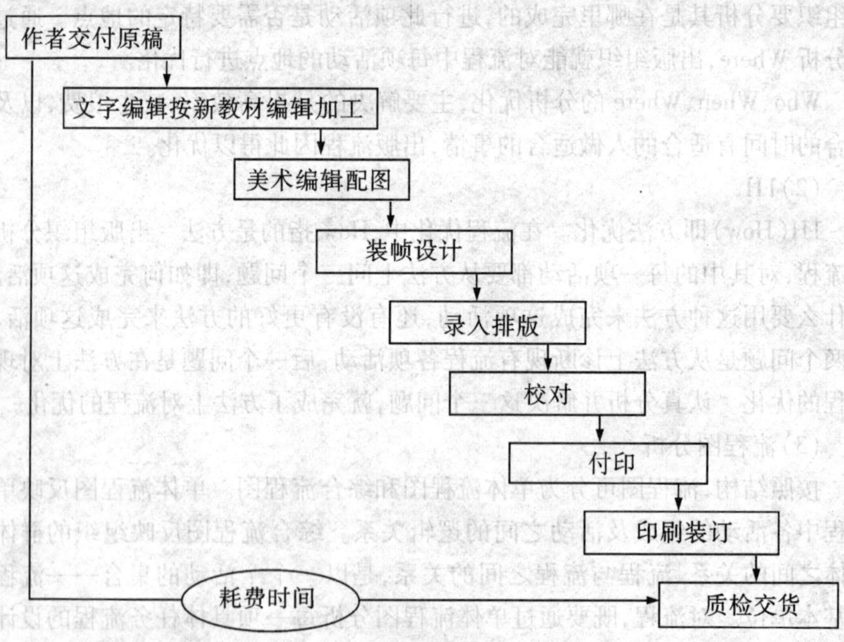

图 4-9 教辅图书标准编辑制作流程

某出版社按照原有流程，往往因拿不到新教材进行编辑加工而延长出版周期。后来，出版社将教辅图书出版改为如图 4－10 所示的新流程。

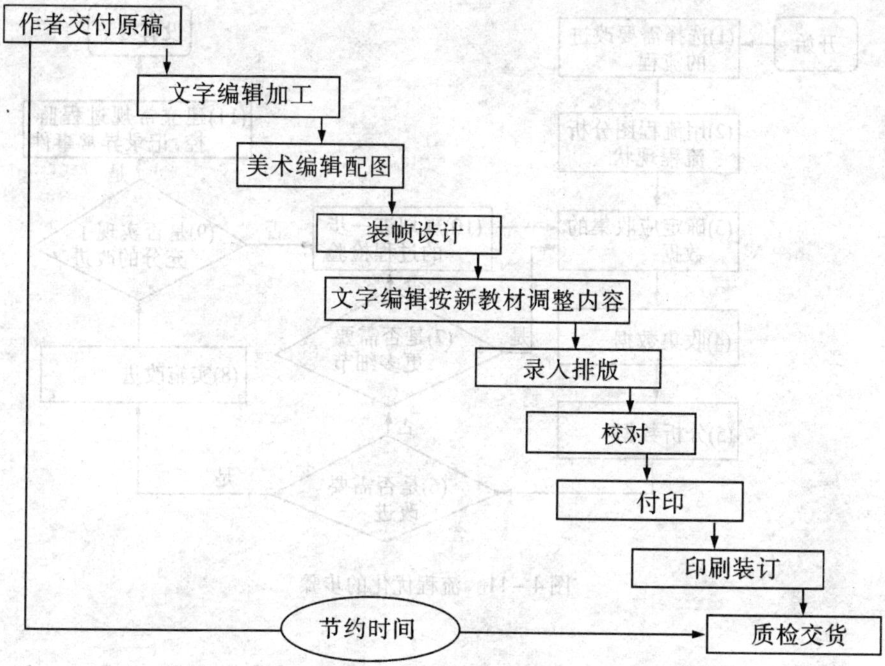

图 4－10　为适应课程改革而调整的教辅图书出版流程

在新流程中，作者交付原稿后，文字编辑不等新教材出版，按照课程标准和上一年度的教材进行编辑加工，等美术编辑配图和装帧设计完成后，文字编辑再根据新出版的教材调整内容，然后进入录入排版、校对、制作和印制程序。新程序增加了文字编辑的一项活动，文字编辑的编辑加工过程也可能做些无用功，但是避免了因等新教材而拖延出版周期。

在这一例子中，编辑加工活动是流程的关键点，流程中各项出版活动之间的逻辑关系也是流程的关键点。该出版社将原有的编辑加工活动一分为二，改变各项出版活动之间的逻辑关系，形成了一个新流程，就能更好地满足顾客需要，并使组织的绩效大幅度提高。

由此可见，流程关键点的识别和控制，主要是看变动某要素是否对流程的运作产生深远的影响，也就是说，能否使流程更好地满足顾客的需要，能否大幅度提高企业的绩效，若是肯定的回答，则该要素就是该流程的关键点；反之则相反。这是识别流程关键点的根本标准。

5. 流程优化的步骤

流程优化步骤可用图4－11表示。

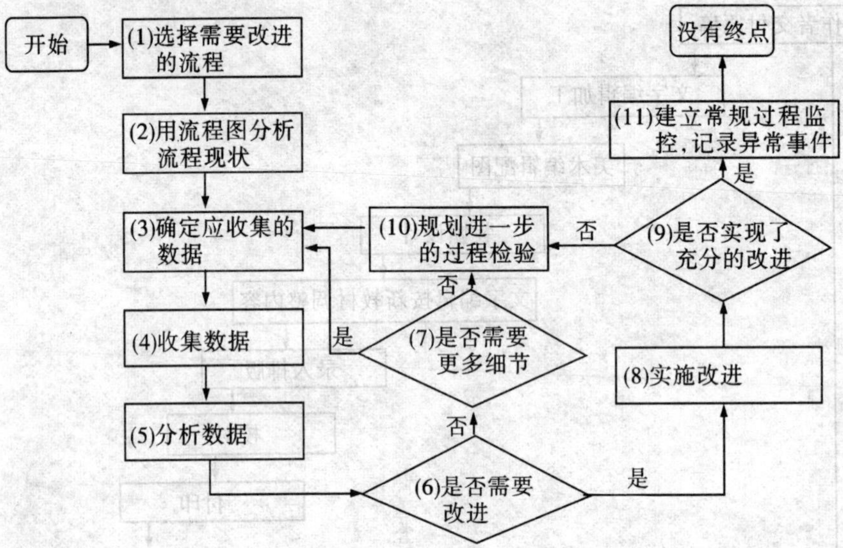

图4－11 流程优化的步骤

第三节 出版质量管理体系的监测分析

随着组织内外环境条件的变化,过程、产品、体系和业绩都可能产生变化。如果对实际情况与预期的差异不了解,对变化的趋势未能掌握,那么可能会给组织带来意想不到的严重后果。因此,必须对实际情况进行测量,对变化程度进行监视。

一、质量管理体系的监测

顾名思义,质量管理体系的监测就是对质量管理体系进行监视与测量。测量是指以确定量值为目的的一组操作,监视是指对过程或过程结果进行测量或注意,以发现其是否有偏离规定的情况,以便采取措施的活动。对出版质量管理体系来说,测量是手段,监视是目的,监视通常需要依赖测量结果来进行。

1. 质量管理体系监测的目的

监测质量管理体系的首要目的,是掌握过程的变化与偏差,以便采取措施使其恢复到预期范围之内。其次,监视与测量的结果可以提高信任和士气。当监视与测量的结果显示过程、产品、体系和业绩都没有异常时,显然这种结果可以增进内外部的信任程度。另一方面,监视与测量的结果也可以使员工看到自己的业绩,产生无形的鞭策作用。再次,监测质量管理体系能为持续改进提供机会或课题。通过监视与测量,可以发现过程、产品、体系和业绩等方面存在的问题,从而为持续改进提供机会或课题。

2. 质量管理体系监测的策划

质量管理体系监测的对象涉及过程、产品、体系和业绩,为了保证监测有效,必须对监测过程进行策划,以满足质量管理体系的运行需要。

监视与测量的策划内容主要有以下几方面。

(1)监视与测量的项目

包括项目的名称、监视与测量的时间间隔等。

(2)监视与测量的方法

包括方法、程序、使用的监视和测量装置、人员、相应的记录和所需的统计技术等。

(3)监视与测量的用途

即规定监视与测量所获得的数据与信息的用途,以及当数据与信息反映出监视与测量对象有异常时,相关部门或人员应当采取的措施。

二、对顾客满意程度、过程、产品的监测

质量管理体系监测的主要内容是对顾客满意程度、过程、产品的监视与测量。

1. 对顾客满意程度的监测

顾客的满意程度是组织质量管理体系的最主要业绩,对其进行监视与测量,有利于发现组织的业绩与顾客的要求、与竞争对手的业绩之间的差距,为组织开展持续改进提供机会。

组织要有效地监视与测量顾客满意程度,必须做好以下工作。

(1)制定收集、分析和利用顾客满意程度信息的程序文件

程序文件应规定谁来收集、从哪里收集、如何收集,以及收集哪些顾客满意程度信息,归纳起来有以下 11 点:

①负责管理顾客满意程度信息的部门;

②收集与顾客有关的信息渠道;

③收集与顾客有关的信息内容;

④收集与顾客有关的信息的方法与手段;

⑤如何传递收集到的信息；

⑥如何对信息进行加工分析，需要求出哪些统计指标；

⑦多长时间进行一次分析；

⑧如何处理特殊的、重大的信息；

⑨加工后的信息应提供给谁；

⑩各有关部门如何利用这些信息；

⑪对顾客的投诉信息由谁回答、怎样回答、回答后如何获取顾客对回答的态度等。

(2)建立获取顾客满意与否的信息渠道

不同出版组织获取顾客满意情况的信息渠道可能不同，一般来说，渠道越多越畅通，对组织越有利。组织获取顾客满意情况的信息渠道主要有以下几种：

①顾客投诉；

②与顾客的直接沟通；

③问卷和调查；

④相关的重要团体(如中介组织、行业组织等)；

⑤消费者组织的报告；

⑥各种媒体的报告；

⑦各种行业协会对市场的研究结果。

(3)对顾客满意情况信息的利用

顾客的意见往往直接涉及具体的产品质量问题。作为组织主管顾客满意程度监视的部门，在获得各种信息后应对其进行分析，以确定需进行改进的部门。如直接关系到编校质量与服务运作质量的，可立即转给有关的部门或人员，要求他们限期整改；涉及选题质量的，可给策划部门，作为改进选题参考；涉及面比较宽的，可以由质量管理部门综合，纳入内部审核、管理评审、质量策划之中来解决；对那些长期未能解决的，或顾客普遍反映的，或涉及质量管理体系自身的意见信息，则应提交最高管理者进行决策，从根本上想办法加以解决问题。

2. 对过程的监测

出版组织应确定相关过程的测量方法并实施测量，以评价这些过程的业绩。过程业绩可能包括能力反应时间、出版周期或编校能力、可信性的测量因素、投入产出比、组织内人员的有效性和效率、新技术的应用、费用的分配与降低等。

出版组织应开展过程的监视与测量活动如下。

(1)对与顾客有关的过程的监测

具体体现在对与图书产品有关的要求的确定过程的定期检查、评审、审核,对与图书产品有关的要求的评审过程的结果进行跟踪,检查与顾客沟通的运行情况,对顾客进行回访,对沟通渠道进行评审等来把握与顾客沟通过程的情况。在对与顾客有关的过程进行监视与测量时,应把重点放在证实过程实现所策划结果的能力上。

(2)对选题过程的监测

主要体现在对选题设计开发的评审、验证、确认以及对策划和开发部门的能力与工作进行测量和检查监督上。对选题设计和开发能力的测量主要是通过对用于选题设计和开发的资源、选题设计和开发的历史业绩进行检查、评审、审核来进行的。对工作的检查监督主要是检查监督选题设计工作是否按规定程序进行、选题工作的有关规章制度是否严格执行、设计和开发的产品是否符合规定要求等。

(3)对组稿过程的监测

主要体现在对作者的选择和监督、组稿信息发布、组稿验证等环节的检查监督和实施能力的评审上。通过检查监督,以发现违反规定程序和有关规章制度办事的现象以及规定程序不合理或存在缺陷等问题,为改进组稿过程提供依据。

(4)对编校和服务提供过程的监测

主要是由对产品编辑加工、校对和装帧设计过程及与此相关的管理过程的监视与测量构成的。对产品编校过程的监视与测量主要是通过对过程能力和过程状态的监视与测量来进行的。而对相关管理过程(如标识和可追溯性、顾客财产、产品防护、编校作业计划管理等)的监视与测量则是通过对这些过程的检查与监督来进行的。

3. 对产品的监测

对产品的测量实际上就是对产品特性的测量,就是我们常说的检验和试验。对产品的监视是通过对检验和试验结果的统计分析来进行的。

对出版组织来说,产品包括采购品、半成品和成品。与一般物质产品生产不同,出版组织涉及的采购品、半成品和成品,有些侧重精神内容,如采购品中的作者原稿、半成品中经编辑加工的发稿原稿、各个校次校样、封面大样;有些侧重物质特性，如采购品中的各类耗材；有些则精神内容与物质特性兼而有之，如印前菲林和图书成品。因此，出版组织对产品的监视与测量比较复杂，工作过程中一定要统筹兼顾产品的精神内容和物质特性。

(1)确立监测规则

这部分工作主要体现在“监测检验规程”的编制上。编制检验规程一般由质量部门支持，各相关部门参与。规程的主要内容为明确检测点、检测频率、抽样方案、检测项目、检测方法、判别依据、使用的检测设备等。

(2)采购品的监测验证

采购品的监测验证可包括检验、测量、观察、提供合格证明文件等方式，根据其重要程度，在相应的规程中规定不同的验证方式。

对购进耗材物资，出版部及相关部(室)仓库保管员核对送货单，确认物料品名、规格、数量等无误，包装无损后，置于待检区，由业务部填写“报验单”交给检验员。检验员根据“监测检验规程”进行全数或抽样验证，并将结果填入“报验单”内。验证合格，仓库根据合格记录或标识做入库手续；验证不合格，检验员在物料上贴“不合格”，按“不合格控制程序”进行处理。

对作者原稿进行检验的主要方式是审稿，通常由编辑部按规程规定安排专业编辑全面审查作者原稿，并将结果填入“审稿意见表”。验证合格，总编办根据合格记录向作者发出用稿通知，同时按各个记录标识做入档手续；验证不合格，总编办按审稿意见退作者修改或做退稿处理。

(3)半成品的监测验证

半成品主要是以精神内容为主的发稿原稿、各校次校样、封面大样，以及精神内容与物质特性并重的印前菲林，对其监控验证应由出版流程各环节和质量部门共同负责。出版流程各环节质检员按照“监测检验规程”对前一环节输入的半成品进行检验，并将验证结果填入“质量监测记录”流转单，质量部根据流转单对全流程的半成品进行监测分析。

(4)成品的监测

确认所有规定的进货验证、过程监测均完成并合格后，由质量部进行图书成品的监测活动。

检验员依据成品检验规程进行检验和试验，并填写成品检验记录。检验的产品若为不合格品，应放入不合格品区域内，并执行“不合格品控制程序”。

除非顾客批准，否则在所有规定活动均已圆满完成之前，不得放行产品和交付服务。因顾客批准而放行的特例，必须符合法律法规的要求，必须明确这类特例并不意味着可以不满足顾客的要求。

(5)监测记录

监测记录由技术部负责保存，应清楚地表明产品是否已按规定标准通过了监测，记录应表明负责合格品放行的授权责任者。对不合格品应执行“不合格品控制程序”。

三、不合格品的控制

不合格品是指不合格的产品，包括采购品、半成品和成品。出版组织应确保不符合要求的产品得到识别和控制，以防止其非预期的使用或交付。

1. 不合格品控制的基本要求

出版组织对不合格品进行控制必须满足以下基本要求。

(1)编制不合格品控制的程序文件

程序文件应规定不合格品控制的职责、原则、要求和程序。不合格品应得到识别和控制，让步放行的权限必须从严掌握，不得随意授权给检验人员。对不合格品必须予以纠正，纠正后要实施再次验证，以验证其符合性。

(2)规定所有人员都有权报告不合格品

为使组织全员都来关注不合格品，以便采取纠正措施，最大限度地减少不合格品，应规定组织的所有人员，特别是那些从事过程监视和对过程输出进行验证的人员，一旦发现不合格品，都有权向有关部门和人员报告。

(3)由经授权的人员负责处置不合格品

不合格品发现后，只能由经授权的人员负责处置，任何其他人员无权处置也不准处置。经授权人员应独立地开展工作，对不合格品进行评审，并根据评审结果决定处置办法。

(4)对不合格品予以纠正并采取纠正措施

对已发现的不合格品，应根据不合格的情况采取更改、返修、返工、降级等措施加以纠正。对不合格品实施纠正后，还得再次验证，以证实其符合性。其次还应分析产生不合格的原因，并针对原因制定和实施纠正措施，以防止类似事件的再次发生。

2. 不合格品的评审和处置

图书是精神产品，与一般物质产品相比，出版组织对图书不合格品的评审和处置有着自己的特点。

(1)不合格品的识别

不合格品一般都是由出版流程各环节的作业人员或检验人员发现的。作业者在自检中发现不合格品,应将其单独摆放,以待检验人员复核。检验人员在检验中发现不合格品,应立即通知作业者,并做好记录和标识。

(2)不合格品的追踪

与一般物质产品生产不同,图书出版从编辑加工阶段开始,主要就是消灭差错的活动。以往不同出版组织在编校质量保障方面均有不同建树,但对不合格品的追踪都没有从制度层面加以重视。编辑加工、校对,既是生产加工,也是对不合格品的追踪。因此,出版组织首先应当赋予各环节作业者与质检员同等的追踪不合格品的权限,保证作业者和质检员能够根据该产品(主要是精神产品性质突出的原稿、校样等半成品)出现不合格情况的原因决定采取追踪可能已发生的其他不合格品的具体措施,防止不合格品进一步转序。不合格品发现得越早,其带来的损失就越少。

(3)不合格品的标识和隔离

不管何时、何地发现的不合格品,都应及时进行标识,并将其与合格品隔离,防止混淆与误用。按不合格品的处置状态,标识可以分为:

①待检品;

②待处置品(即等待评审和处置的产品);

③废品;

④返修品;

⑤返工品;

⑥处理利用品(让步放行的产品);

⑦合格品。

(4)不合格品的通知

检验人员发现不合格品后,应及时按规定的程序书面通知责任单位;出版流程中各环节作业者发现不合格的半成品后,也应及时按规定程序书面通知责任单位。有关单位接到通知后,应根据不合格品的情况确定产生不合格品的原因、责任者和拟采取的纠正措施。如果不合格品数量大、问题严重,还需召开专门的质量分析会,对会上确定的原因、责任和纠正措施进行记录。

(5)不合格品的评审

对不合格品如何处置,必须经授权的、具备一定资格和能力的人员进行评审后决定。出版组织应根据自身规模规定评审层次、评审程序和各层次的人员构成情况。

如大型组织可以将不合格品的情况按数量、特性和可能造成的影响等分为若干级(一般分为二级或三级),分别授权相应级别的人员进行评审。一般来说,日常编校工作中发现的原稿和付印前各校次校样等不合格的半成品,由作业科室负责人评审并经质检员认定。不合格的付印样,可由质量部门负责人评审认定。不合格的图书成品,则应由社一级负责人和质量部负责人共同评审。所有有权参与不合格品评审的人员都必须予以明文规定。其他人员,包括行政领导,不能参与不合格品评审。

不合格品评审的主要任务如下:

①对不合格情况进行确认;

②对不合格情况可能产生的后果进行评估;

③决定如何处置;

④对是否存在发生类似不合格的趋势进行评估;

⑤对现有不合格的特点进行评估;

⑥提出纠正措施的建议;

⑦提出处置后的后续措施并决定实施方案;

⑧其他需要进行评审的问题。

(6)不合格品的处置

出版组织对不合格品的处置,主要有报废、返工、降级和让步放行等几种形式。

①报废。主要针对不合格的图书成品和作者原稿。所有决定报废的图书成品应及时给予标识并清理出生产或检验现场,投入废品库或废品箱。同时开具废品通知单,按规定程序报送有关部门。任何人未经批准不得动用报废品。

对于不合格的作者原稿,出版组织一般采取退稿处理,也应及时标识并从流程中将其清出,由编务部门按规定办理退稿手续。

对于不合格的发稿原稿、各校次校样等半成品,一般不采取报废措施。

②返工。发稿原稿、各校次校样等不合格半成品经评审确认后交由上一环节返工或返修,然后由质检员重新检验。达到规定要求,进入流程继续生产;达不到规定要求的,应按不合格品评审和处置的程序进行评审后处置。

不合格的图书成品返工后也需重新检验。返工后仍达不到规定要求的,应按不合格品评审和处置的程序进行评审后处置。返修后未达到评审时确定的质量要求的,一般应予报废。如果返修后又出现新的不合格项目(特性),则应按不合格品评审和处置的程序重新提请评审和处置。

③降级。降级主要针对图书成品而言。只有那些内容质量符合要求而印

装质量不合格的图书成品能够进行降级处理,内容质量不合格的图书成品,绝对不能进行降级处理,作为处理品销售。

④让步放行。无论是以作者原稿为代表的采购产品,还是不合格半成品的让步放行,或者是不合格图书成品的让步放行,都应慎重对待。对作者原稿和半成品而言,如果出版周期要求很短,而让步放行后的过程又能予以补救,例如,一校样不合格,但可以通过加强二校来补救,就可以考虑让步放行。但应当注意的是,有关的补救措施不仅应提出来,而且还得加以必要的验证,以确保其切实可行。因为如果控制不当,很可能会产生新的更为严重的不合格。例如,某出版社在出版一套小学教科书时,审稿发现作者原稿不合格,社领导考虑到可以由编辑加工来补救,让步放行;图稿的绘制不合格,又考虑可以由美术编辑进行图文合成来补救,又予以让步放行。每次放行的补救措施都没有进行验证,只凭想当然就做出决策,结果导致严重的内容质量问题,最终导致大量成品报废。

对最终图书产品的让步放行更应当慎重。一般来说,只有那些内容质量合格而印装质量略有瑕疵的图书成品可以考虑让步放行,内容质量不合格的图书产品绝对不能让步放行。

不管是哪种情况,让步放行都必须严格控制,以免久而久之对内形成一种产生一点差错没关系的感觉,对外造成顾客的不信任。

3. 不合格品的分析

减少差错,提高内容质量是图书出版永恒的主题。针对不合格品,出版组织应坚持产生不合格的原因不明不放过、产生不合格的责任者不清不放过、没有针对不合格的原因制定并落实纠正措施不放过的"三不放过"原则。"三不放过"表明,不合格品经评审并处置了,事情并没有完,还要抓住不放,查原因、明责任并落实纠正措施,防止类似的不合格再发生。为此,组织不仅要认真分析不合格品产生的原因,还应建立不合格品的分析制度予以保障。

(1)不合格品产生的原因

对产生的不合格品,一般可以从以下几个方面去分析其原因:

①对于图书出版活动中选题、组稿、编校、装帧、印制等过程缺陷,人员操作不当,设施不合格;

②程序和文件不当或缺少;

③不符合程序要求;

④过程控制不当;

⑤计划安排不当；

⑥缺乏培训；

⑦工作环境不适当；

⑧资源不足；

⑨过程固有的变异。

(2)质量分析会议制度

质量分析会议是进行质量教育，发动员工查找质量隐患，查清质量事故（不合格）原因，总结经验教训，促进质量管理水平和产品质量提高的有效形式。出版组织的质量分析会议一般可分为综合性质量分析会议和专题性质量分析会议。

综合性质量分析会议需要按固定的时间间隔召开，主要从宏观上全面分析出版组织的质量问题。一般说来，组织每季度召开一次，部门每月召开一次。综合分析会的主要任务是检查各项质量计划的完成情况，分析质量发展的趋势并制定控制措施，分析重大质量问题发生的原因并制定改进措施，总结交流质量管理经验，通报有关质量信息等。

专题性质量分析会议主要是针对某一质量问题（不合格）、某一项目或某一课题召开的。其主要任务是分析质量事故（不合格）或质量隐患的原因，分清并落实质量事故（不合格）的责任，制定纠正或预防措施，对不合格品进行评审并做出处置决定等。一旦发生质量事故（不合格）或发现质量隐患，发生严重违反规定程序和质量制度事件，遇到重大质量难题，推广先进技术或先进操作方法，布置重大质量改进措施等，必须召开专题性会议。

(3)纠正措施

纠正措施的制定和落实是为了防止不合格的再发生。按纠正措施的性质和复杂程度，可分为一般纠正、重要纠正和攻关纠正三种措施。

一般纠正措施只涉及组织内部不合格责任部门的管理状况的改进，不涉及产品内容更改，由责任单位自己组织实施。

重要纠正措施通常涉及两个以上的单位以及产品内容更改（如更改选题、书稿主要内容和标准要求等），可能需要组织投入新的资源，由有关主管部门组织实施。

攻关纠正措施主要针对那些在短期内不能解决的、涉及管理和技术上的难题或难关，通常需要组织投入新的资源，例如出版组织的重点选题或大型系列丛书。这样的纠正措施由主管攻关的单位负责，有关单位配合实施。

四、数据分析

通过监视与测量，组织可获得来自顾客和其他相关方、质量管理体系、过程和产品的大量数据。通过数据分析，充分开发和利用这些数据，对质量管理体系具有重要意义。

1. 数据分析的作用

数据分析对出版质量管理有非常重要的作用。首先最直接的作用是通过分析相关数据确定顾客的满意程度，确定图书产品与读者要求的符合性，确定出版组织质量管理体系或某一过程运行的业绩，明确质量管理体系的有效性和效率。其次，数据分析还能确定供方的作用。供方，特别是作者和书稿是出版组织的重要资源，也是组织产品质量控制不可或缺的对象，因此必须利用对供方监视获得的数据，对其质量管理和产品质量进行分析判断。再次，无论是产品还是过程，只要持续搜集、分析同一对象的数据，就可以发现其变化的趋势。因此，通过数据分析能够获得质量体系经济性和市场的业绩状况，从而确定质量问题和出版组织的发展趋势。最后，通过数据分析可以进行业绩水平对比，找出组织的优势和劣势。

2. 数据分析的基本程序

出版质量管理体系的数据分析必须遵循以下基本程序。

(1)确定需要哪些数据

获得数据都要消耗成本，组织的质量管理并不需要全部数据，而只需要其中那些与质量管理相关的数据。因此，出版组织首先要识别和确定需要哪些数据。

(2)确定数据搜集或上报的渠道

出版组织质量管理的数据分析是按需要、分层次进行的。组织内部的数据一般是由下一级搜集者向上一级需要者提供，逐层上报的，必须保证搜集的渠道畅通，从而确保相关层次及时获得有关的信息。分析所需的外部数据，应规定相关的责任部门去搜集、整理，并按规定程序上报。

(3)确定用于数据分析的统计方法

如果没有采用合适的统计方法对数据进行分析，蕴涵在数据中的客观事实就难以揭示出来，数据的利用价值就会大大降低。因此，在分析之前，出版组织要确定用于分析的统计方法。

(4)进行搜集和整理原始数据

原始数据的搜集和整理是数据分析的基础，因此要注意确保搜集和整理的质量。

(5)分析数据并向有关人员或部门提供分析结果

利用规定的统计方法对数据进行分析，并按规定的程序向相关人员或部门报告，为相关人员或部门评价质量管理体系或做出决策提供依据。

(6)根据分析结果确定改进的区域并采取有效的纠正或预防措施

根据分析结果对照相应的质量计划和目标、有关规范和要求，凡是不足的地方，就是改进的区域。另一方面，数据分析有助于确定问题产生的原因，从而有助于采取有效的纠正或预防措施。只有制定并实施了措施，数据分析的任务才算完成。

3. 应当搜集和分析的数据

出版组织需要的数据可以分为经常性的和临时性的两大类。经常性需要的数据，应形成制度并按规定实施搜集和分析，一般需要按月、季度进行统计分析。临时性需要的数据，即针对某一项目临时组织进行搜集，有时需要组建临时机构去搜集和分析。

对质量管理体系来说，下列项目的数据，出版组织都需要搜集与分析。

(1)产品质量状况的动态数据

如搜集检测数据，包括图书产品合格率、废品损失率、一次交验合格率等。

(2)顾客对产品质量满意状况的数据

如搜集读者与客户的投诉、意见，并整理成顾客投诉率、满意率报告单等。

(3)质量经济性的数据

主要是指内外部故障成本、预防成本、鉴定成本等方面数据。

(4)质量管理状况的数据

如质量教育培训、QC 小组活动、质量奖惩、设备管理、计量器具管理等方面数据。

(5)供方质量状况的数据

主要有供方提供产品的检验结果数据及对其质量管理体系进行监督、审核、奖惩、考察所获得的数据。

4. 质量指标及其采用原则

组织应建立自己的质量指标体系，以便为有效地统计分析数据提供依据与途径。下面列出的五个方面的质量指标，可供组织根据实际情况选用。

(1)反映产品质量状况或产品质量水平的指标

①产品质量等级品率

产品质量等级品率是产品实物质量水平、产品质量标准水平、产品质量技术水平和企业质量保证能力的综合反映，是我国工业产品质量指标体系中的两个主导指标之一，对出版质量管理体系的运行和监控也具有十分重要的地位和使用价值。统计产品质量等级品率，有利于促进出版组织内容创新、管理进步及采用国际先进标准生产的步伐。同时，也有利于优化资源配置，合理使用原材料，正确引导企业提高产品质量的档次和水平。产品质量等级品率（G）的统计结果，在行业、地区和出版组织之间具有横向和纵向的可比性，能够反映出图书产品的质量水平及变化情况。

产品质量等级品率是将我国工业产品的实物质量原则上按照国际先进水平、国际一般水平和国内一般水平三个档次，相应地划分为优等品、一等品和合格品三个等级，分别统计优等品产值率（G_1）、一等品产值率（G_2）和合格品产值率（G_3）。其计算公式为：

产品质量等级品率（G）：

$$G = \frac{a_1 p_1 + a_2 p_2 + a_3 p_3}{p}$$

说明：P 为报告期分等产品总产值（不变价）；p_1、p_2、p_3 分别为与 P 同期的优等品产值、一等品产值与合格品产值（不变价），$p_1 + p_2 + p_3 = P$；a_1、a_2、a_3 分别为优等品、一等品和合格品的加权系数。有关加权系数，有多种确定方法，目前全国质量指标中 $a_1 = 1.5$，$a_2 = 1.0$，$a_3 = 0.5$。

优等品产值率（G_1）：

$$G_1 = \frac{p_1}{P} \times 100\%$$

一等品产值率（G_2）：

$$G_2 = \frac{p_2}{P} \times 100\%$$

合格品产值率（G_3）：

$$G_3 = \frac{p_3}{P} \times 100\%$$

我国目前还没有权威机构就图书质量划分档次，但出版组织可以针对实际情况自行划分图书质量档次，通过分析产品质量等级品率来考察自身质量水平的变化情况。

②产品抽查合格率

该指标可适用于外部与内部对产品质量的抽查。用于反映外部抽查时，一般按每年累计计算，并应确保100%合格。

$$产品抽查合格率=\frac{抽查合格批(次)数}{抽查批(次)数}\times100\%$$

③处理利用品率

所谓处理利用品是指产品不合格，但经不合格品评审后决定让步放行的产品。处理利用品越多，反映其质量水平越低。

$$处理利用品率=\frac{处理利用品价值}{合格品价值+处理利用品价值}\times100\%$$

(2)反映过程质量状况的质量指标

①废品率

$$废品率=\frac{废品价值}{良品价值+废品价值}\times100\%$$

说明：良品价值等于合格品价值和处理利用品价值总和，按现行价格计算式中的各项价值。

②一次交验合格率

一次交验合格率低，表明需要返工、返修的产品多，即过程质量水平低。

$$一次交验合格率=\frac{一次交验合格件(批)数}{交验件(批)总数}\times100\%$$

说明：返修后进行第二次或以后的多次交验，都不能进入一次交验合格率的统计之中。

③检验人均差错率

$$检验人均差错率=\frac{检验差错总次数}{检验人员总数}\times100\%$$

说明：凡经检验合格的产品，包括首件检验、过程检验、完工检验等，只要发现质量问题，包括下一过程或下一科室发现的、其他检验人员或员工发现的、产品抽查发现的或顾客发现的等，每一种问题称作一次差错。如果未规定进行检验的项目发现质量问题，可以不计算为差错。

(3)反映质量经济性的质量指标

①质量损失率

$$质量损失率=\frac{内部故障成本+外部故障成本}{总产值}\times100\%$$

说明：内部故障成本包括废品损失、返修与复验费用、质量事故处理费、因质量事故造成的停工损失等。外部故障成本包括退货损失、索赔损失、降价损失、因质量造成的诉讼费、售后“三包”费用等。

②商品销售率

商品销售率与产品销售情况密切相关。产品销售的多与少，反映了产品适应市场情况和组织的质量经济效益情况。

$$商品销售率=\frac{产品销售收入}{商品产值}\times 100\%$$

说明：由于产品销售收入可能滞后于组织的生产，因此这个指标有可能大于100%。产品销售收入按当期实际收入计算，商品产值按现行价格计算。商品销售率反映的可能不是当期的产品质量，而很可能与前期产品质量相关。

(4)反映顾客满意程度的质量指标

①赔偿率

$$赔偿率=\frac{赔偿费用}{总产值}\times 100\%$$

说明：因为组织的赔偿费用一般不高，故可按季度进行统计。

②顾客投诉率

$$顾客投诉率=\frac{顾客投诉质量问题的次数}{销售产品数}\times 100\%$$

说明：由于顾客投诉往往滞后于产品销售，因此当期的顾客投诉率并不一定反映当期的产品质量状况。

当顾客投诉数量比较少时，组织可以只统计顾客投诉的件数或质量问题人(次)数。

③顾客满意率或不满意率

$$顾客满意率=\frac{顾客满意次数}{被调查的顾客数}\times 100\%$$

$$顾客不满意率=\frac{顾客不满意次数}{被调查的顾客数}\times 100\%$$

说明：要注意确保样本的代表性。当被调查的顾客有某一方面的不满意，就应计入不满意数之中。

由于调查不能经常进行，因此以上两指标具有临时性。

(5)反映供方质量状况的质量指标

$$采购产品合格率=\frac{采购产品合格件(批)数}{采购产品件(批)数}\times 100\%$$

说明：采购产品一旦为不合格品，原则上都应退还给供货方，但有时因组织生产急需，可采用让步放行。不管是退货还是让步放行处理，都应计入不合格件（批）数。

该指标也可用于反映采购部门的过程质量。

第四节　资源管理

资源管理与质量管理体系之间有着密切联系，很大程度上决定着质量管理体系的有效运行。在ISO9000:2000版国际质量管理标准中，资源管理与管理职责，产品实现，及测量、分析和改进并列为四大板块或四个基本过程。

一、出版质量管理体系的资源管理

所谓资源，就是组织生产经营所必须具备的条件。没有资源，任何组织都不可能有生产，不可能有产出，也就没有产品、没有服务。

1. 出版组织的资源

按照资源的性质内容，出版组织的重要资源分为人力资源、环境资源、关系资源、信息资源、金融资源和品牌资源六大类。

人力资源是那些属于组织成员、为组织工作的各种人员的总和。进一步说，人力资源是指组织成员所蕴含的知识、能力、技能以及他们的协作力和创造力。

环境资源包括自然（物理）资源和人文环境资源。自然（物理）资源包括组织拥有的土地、建筑物、设施、机器、原材料、产成品、办公用品等。一般来讲，自然（物理）资源是可以直接用货币单位来计量的。人文环境是一定社会系统内外文化变量的函数，是出版组织隐藏的无形环境，是出版组织潜移默化的文化灵魂。出版组织人文环境资源包括员工的态度、观念、信仰、认知环境等，是出版组织最重要的环境资源。

关系资源是组织与其各类公众良好而广泛的联系，组织的关系资源也决定了组织的舆论状态和形象状态，它们构成了组织最重要的无形资源。

从信息的流向来看，信息资源可以分为“外部内向”和“内部外向”信息资源两种。“外部内向”信息资源是指组织所了解、掌握的，对组织有用的各种外部环境信息。“内部外向”信息资源是指组织的历史、传统、社会贡献、核心竞争能力、信用等信息，这些信息为外界所了解，就会转化为组织谋求发展的重要条件。

金融资源是指组织拥有的资本和资金。金融资源最直接地显示了组织的实力，其最大的特点在于它能够方便地转化为其他资源，也就是说它可以被用来购买物质资源和人力资源等。

品牌不仅是用来和竞争者产品有所区别的名称、符号、设计，或是合并使用的工具，更是社会公众对出版组织的总看法和总评价，在一定程度上就是出版组织社会形象的代表，因此也是出版组织重要的资源。品牌有其内涵和外显两大方面，良好的组织形象应该是内外统一的。

按资源的表现形态分，出版组织资源可以分为有形资源和无形资源两大类。有形资源通常是指那些具有一定实物、实体形态的资源，如组织赖以存在和发展的自然资源等。无形资源是指那些不具有实物、实体形态的资源。组织赖以存在和发展的社会人文资源就是无形资源，典型的如信息资源、关系资源、权利资源等。

2. 出版质量管理体系的资源管理

所谓的资源管理，就是指对组织所拥有或应当拥有的资源进行组织、协调、控制和改进，以使其正常发挥效用的过程。资源管理涉及组织的方方面面，必须综合考虑各种因素来设计管理要求，才能使组织从中获取质量管理体系策划的思路，把现行的资源管理体系化、文件化，使组织掌握的资源发挥最大的效益。

因此，出版组织必须加强质量管理体系的资源管理，一方面通过满足顾客要求，增强顾客满意度，另一方面通过持续改进质量管理体系的有效性，实施质量管理体系并保证其正确运行。

3. 质量管理体系资源管理必须考虑的几个因素

资源管理涉及质量管理体系和组织运作的方方面面，在进行资源管理时，出版组织必须综合考虑多种因素，归纳起来有以下几点：

①产品质量形成的需要；

②质量管理体系的性质和规模；

③相关方的需求和期望；

④获取资源的能力或条件；

⑤资源使用的效率或效益；

⑥资源使用对环境和自然资源的影响；

⑦资源使用的时间性；

⑧资源使用的成本；

⑨资源使用对将来资源管理的影响；

⑩有形资源和无形资源的差别。

4. 出版质量管理体系资源管理的主要内容和基本方法

总地说来，出版组织资源所涉及的人力资源、环境资源、信息资源、关系资源、金融资源和品牌资源在出版质量管理体系资源管理中都有所体现。但是我们必须明确的是，出版质量管理体系的资源管理只是出版组织资源管理的一个重要部分，既有相当多的与出版组织其他管理体系的资源管理重合部分，又有自己单独的或相对独立的管理内容。其中，人力资源管理、信息资源管理、关系资源管理、金融资源管理和品牌资源管理是出版质量管理体系资源管理的主要内容。

出版质量管理体系的资源管理应按下列基本方法进行：识别和确定所需的资源，包括相关方的需要；提供所需的资源，即提供那些必不可少的资源，以确保质量管理体系正常运作；改进所需的资源，包括改进资源本身及资源管理，充分发挥资源的作用。

二、人力资源管理

在组织的各种资源中，最根本、最关键、起决定性作用的资源是人力资源。人力资源的作用，在以精神生产为主要特征的出版组织中表现得尤为突出。出版质量管理当以人为本，不关心人，不尊重人，不发挥人的积极性，不鼓励人的才能全面发展，就搞不好质量管理。

1. 出版组织人力资源的特征

出版组织人力资源具有以下六大特征。

(1)人具有强烈的社会性

任何人都生活在一定的社会环境之中，都具有其特定的社会性，这种社会性也是组织的管理者不可忽视的，应加以引导或改造，以符合组织的需要。

(2)人有丰富的心理活动

人的心理活动对产品质量形成过程有重大影响，而人的心理活动是不能消灭的，只能改变其发展的方向。管理的任务就是疏导员工对组织、对工作的消极心理，引导他们的心理向组织所需的方向发展。

(3)出版组织员工的价值取向和文化底蕴对图书质量有重大影响

图书出版是人力高度密集、智力高度密集的产业，无论是组稿、审稿、编辑加工，还是校对或者装帧设计，出版组织员工的价值取向和文化底蕴都影响到出版流程的各个环节。因此,员工的价值取向和文化底蕴对图书质量发挥着重要的影响作用。

(4)员工是组织聘用的

员工有自己的利益需求,而这种需求可能与组织的目标不一致。组织应采取合适的手段,使员工的利益需求与组织的目标更加协调、合拍。

(5)员工之间存在着差异

不同员工在世界观、认识论、道德品质、知识才能、心理特征、性格爱好、能力水平等各个方面都存在极大的差异,组织一方面要针对不同的员工采用不同的管理措施,另一方面要采用高超的管理艺术解决统一的管理与员工的差异之间的矛盾。

(6)员工的潜力是一个巨大的宝藏

员工的潜力表现在工作的积极性、对管理的参与、对组织目标的认同、对质量问题的把关、进行质量改进等方面,组织应积极创造条件,充分发挥员工的各种潜力。

2. 出版组织人力资源管理的原则

(1)一切从人出发

人力资源管理是活的管理,在管理过程中要充分考虑人力资源的六大特征。

(2)一切为了人

在管理过程中,要围绕为了使人更满意、使人有所发展、更符合人性的需求来进行。

(3)必须尊重人

在管理的各个环节中使用的各种手段都必须尊重人,让员工感觉到自己的人格与其他人是平等的。

3. 出版质量管理体系人力资源的管理要求

质量管理体系要有效运行,必须有全员参与其各项活动。为此组织应做到以下几点。

(1)确定出版活动对员工能力的需求

出版组织要确定出版流程中每一个环节对员工的能力需求,特别要把握好组织原来没有开展过的活动或者对组织业绩可能有影响的活动,以及有特殊要求的活动对参与人员能力的需求。

(2)进行人员选择、岗位培训和个人发展策划

策划工作主要是根据已确定的能力需求解决以下问题：

①何处选择所需的人员；

②如何培训选择来的人员；

③对已上岗的人员如何进行提高性或预备性的培训；

④如何充分发挥所有员工的潜力，使他们在现有岗位或今后的岗位上得到发展。

(3)明确职责与权限

对所有员工、所有岗位都应明确其职责和权限，特别应注意部门或人员接口处的职责和权限是否明确、所有员工对自己的职责和权限是否明确知晓。

(4)确立目标并管理业绩

出版组织要确立个人和团队的目标，并对其业绩进行管理和评价。确立过程中要注意使个人和团队的小目标与组织的大目标保持一致，坚持日常工作业绩与非日常工作业绩管理和评价相结合。

(5)为员工参与质量管理提供方便

出版组织要为员工参与质量管理目标的确立和决策提供方便条件，主要体现在建立吸引员工参与目标的确立和决策的机制，如员工参与组织重大决策的制度等。

(6)完善对员工的奖励制度

组织应建立一套较为完善的奖励制度，对员工的工作进行考核，对取得成绩的员工及时给予奖励。

(7)通过持续评审员工的需求来促进开放式的双向沟通

组织对员工的需求和期望不能漠然视之，为解决员工需求与组织满足能力的矛盾，要加强双向沟通，使组织了解和理解员工的需求，使员工了解和理解组织的实际情况和难处，达到相互理解、同心协力。

(8)创造条件鼓励创新

创新包括体制创新、技术创新和管理创新。组织应在以下方面创造条件，以鼓励创新：

①在确定质量方针和质量目标时，充分考虑创新的内容，以激励员工创新；

②通过对产品、质量管理体系的监视与测量，为创新提供机会；

③在开展质量改进活动时，除了采取纠正和预防措施外，对具有根本改进性质的创新措施给予高度重视；

④在培训人员时，着眼于组织的长远发展，为员工提供创新的知识和手段；

⑤为创新提供所需的资源。

(9)确保团队合作有效

团队包括正式、非正式的组织，以及介于二者之间的组织。组织应创造各种条件、采取多种措施来确保团队合作有效，使员工心理上感到舒适愉快，提高工作效率。

(10)利用信息技术促进对建议和意见的沟通

信息技术包括电话、传真、互联网等所涉及的技术。

(11)利用员工满意程度的测量结果以便改进

员工满意是质量管理体系的重要业绩之一，组织应定期对员工在职业、工作环境与组织管理是否满意以及对组织发展是否充满信心等方面进行测量，并根据测量结果的分析对存在的问题进行改进，以期不断提高员工的满意度。

(12)调查员工离开组织的原因

调查员工离开组织的原因，以便找到组织在员工参与方面存在的问题，改进组织的目标、业绩和管理，用更好的目标、业绩和管理来吸引员工，真正做到留人又留心。

4. 员工意识与能力的管理要求

在质量管理中，员工的意识主要包括对本职工作的相关性和重要性的认识，以及为实现质量目标作贡献的认识。而员工的能力则指员工的受教育程度、培训、技能和经验。组织对员工能力的管理应达到以下要求。

(1)把握对人员能力的要求

这种要求包括组织现在的需求以及未来发展的需求。

(2)对各项活动所需的能力进行识别

识别主要是指进行当前组织对人员能力的需求与员工现有能力的比较分析，以及未来组织对人员能力的需求与员工现有能力的比较分析。

(3)对现有人员的能力进行评价

主要是对员工所受教育、经历、培训、资格，特别是实际能力进行评价，并根据评价结果确定必须采取的措施，如调岗、培训等。

(4)使员工的能力达到要求

组织可以通过培训、调岗、招聘新员工等办法使员工的能力达到所在岗位的要求。

5. 员工培训管理要求

组织应在质量意识和能力方面加强对员工的培训，以便更好地实现组织的目标与满足员工的发展要求。

(1) 确定培训目标

出版组织应根据自身的实际情况和发展需要、员工现状等确定员工的培训目标。目标一般包括：

①学习出版专业知识、编辑岗位的学科专业知识，培养出版专业技能；

②提高管理艺术水平；

③培养沟通的技巧；

④学习有关市场及顾客的需求和期望方面的知识；

⑤了解相关法律和法规要求；

⑥学习内部及适用的外部标准；

⑦吃透开展工作的文件。

(2) 规定培训内容

组织应根据每次的培训目标确定相应的培训内容。一般包括：

①技术知识培训；

②技能培训；

③质量意识培训；

④管理知识培训；

⑤员工参与意识培训。

(3) 明确培训的基本要求

组织在开展培训时，应抓好下列工作：

①制订培训计划。培训计划分为中长期、年度和具体的计划。具体计划是指每一次培训前制订的实施计划，内容十分具体。培训计划内容通常包括培训目标、方案、方法、所需资源、所必需的支持、结果及其有效性评价等；

②按计划进行培训；

③测量和评价培训的有效性。通过对培训的测量、评价和分析，寻找培训本身的改进机会，并把改进措施纳入到下一期的培训计划之中；

④保存适当的记录。组织的培训计划、培训测量、评价、分析、结果以及采取的改进措施应给予记录并进行保存。

三、环境资源管理

任何人都是社会的人，社会环境对人的行为具有规范和限制的作用。

社会人文因素主要是透过质量氛围来影响人的心理活动,从而影响产品质量和质量管理体系运行的有效性。在以精神产品生产为主要特征的图书出版活动中,人文环境对图书质量的影响巨大。出版组织的环境资源管理,就是要创造一种适于完成质量目标、不断改进质量的人文环境。

但是,不可否认的是,图书产品和服务实现的过程对自然(物理)环境往往有特定的要求,如果自然(物理)环境达不到这种要求,该过程就可能无法运行,或者影响其质量,从而影响产品质量。不仅如此,由于任何人都必须生活在一定的自然(物理)环境之中,只能适应一定程度的自然(物理)环境变化;自然(物理)环境的变化会对人的心理产生影响,进而影响出版组织的人文环境,最终也会影响产品质量。因此,出版组织同时也必须对自然(物理)环境进行一定的控制。出版组织的资源管理,应根据自己所处的地域、所生产的产品及其加工过程对自然(物理)环境有所要求,对达不到要求的自然(物理)环境因素要进行改变并加以控制。

1. 确定工作环境所必需的因素

组织应根据自己的特点从人文环境因素和物理因素两个方面来确定工作环境所必需的因素,在条件许可下,应尽量改善工作环境状况。确定工作环境,必须坚持工作环境能够满足过程和产品质量,满足顾客的基本要求,尽可能节约成本开支。

2. 建立所必需的工作环境

确定工作环境所必需的一系列因素后,就应把它与实际情况进行对照,对不具备的因素,应采取措施加以改善,以建立必需的工作环境。

人文环境的形成是一个动态的不断改进的过程。出版组织人文环境的建立主要是通过教育和培训,并辅之以必要的规章制度和奖罚措施。

组织要建立的物理环境的因素,既包括硬件设施,也包括与之相配套的软件资源。需建立的工作环境除要从产品加工需要的角度来考虑外,还必须从对员工身心健康、心理状态和工作能力发挥等方面来考虑。一个不关心员工生命安全和身心健康的组织,一个对工作环境缺乏最基本要求的组织,是无法持续生产出令人满意的产品的。

3. 保持所建立的工作环境

保持工作包括维持现状、弥补欠缺、改善不足、进行控制、促进提高等方面。只要组织在持续运作,建立起来的工作环境就必须加以保持。

保持适宜的人文环境是一个动态的不断改进的过程,需要不断投入新的工作。

要保持所建立的物理环境,则必须做好以下工作:

①投入人力资源和软件资源(如操作规程和管理办法等)以维持现状;

②及时弥补质量管理体系运行过程中出现的工作环境欠缺;

③改善不能适应质量管理体系发展需要的工作环境;

④对工作环境在运行过程中出现的异常情况要及时加以排除;

⑤在条件许可下,应不断改善工作环境,使其更加符合人性的需要。

四、信息资源管理

信息是客观世界中各种事物的特征和变化的反映。组织的管理涉及的信息很多,质量管理主要涉及的是质量信息。质量信息是指反映质量动态或质量要求的数据、情报、指标、标准、资料、图表、报告、指令等。质量信息是进行质量决策和质量控制、制订质量计划和措施的重要依据,因而是一种重要资源,必须加以管理。

1. 质量信息的作用和分类

质量信息能够帮助出版组织决策,调节控制质量体系,并且具有刺激改进、检查考核、存档备查等作用。

一般来说,按信息发生地点,质量信息可分为内部信息和外部信息。按信息发生规则,质量信息可分为日常信息和突发信息。对于突发信息,按其重要程度,可分为影响特别严重的A级、影响较大的B级和影响较小的C级等信息。

质量信息还可按照功能来分类,通常可分为指令信息、动态信息和反馈信息。

按信息的性质,质量信息可分为正常信息和异常信息。按影响范围,质量信息可分为全局性信息、局部性信息和基层性信息。按信息的概括性,质量信息可分为综合信息、摘要信息和一般信息。

2. 质量信息资源管理的指导思想

预防控制思想是质量信息管理的重要指导思想,出版组织应通过搜集过去的结果来调节未来的行为,从而起到预防的作用。

系统管理与重点管理相结合的思想也是质量信息管理的重要指导思想。在众多质量信息中,对质量体系发生重大影响作用的毕竟是一些重点信息,必须重点管理。但同时我们应当看到,出版质量信息资源不是孤立存在的,在战略上,出版组织的质量信息管理应当从质量管理体系入手,系统管理质量信息,不能头痛医头,脚痛医脚,而要从根本上把握问题、分析问题和解决问题。

质量信息资源管理的重要指导思想还有标准化思想。我国出版业的标准化建设虽然取得了长足发展,但仍存在许多问题。出版组织应把标准作为信息管理的起点和终点,信息只有与标准对比后才能产生作用。

此外,质量信息资源管理还应贯彻改进革新思想,出版组织要为有关部门、人员提供质量改进的机会。

3. 质量信息资源管理的要求

出版组织信息资源管理要满足以下要求。

(1)识别对质量信息的需求

不同的组织对质量信息资源的需求是不同的,组织内部不同部门对质量信息资源的需求也是不同的。出版组织在开展质量信息管理时应首先确定自己需要哪些质量信息资源。确定过程应注意从以下方面加以考虑:

①组织在市场上的定位;

②产品销售地区及顾客的情况;

③组织的规模、管理层次及管理方法;

④产品的特性要求;

⑤组织的人员构成;

⑥组织所能支付的信息资源费用,等等。

(2)识别并获得内部和外部质量信息的来源

确定了所需的质量信息后,就要识别从什么地方去获得该项质量信息。不同的信息有不同的来源,相同的信息也可能有不同的来源,同一来源也可能提供不同的信息。

外部质量信息的来源可以在以下地方识别:

①政府有关部门;

②行业有关组织(如协会之类);

③产品销售网点;

④固定的或随机确定的顾客;

⑤供方的相关部门(如质量部门);

⑥咨询服务单位(如顾问公司)。

内部质量信息的来源可能涉及各部门各单位,组织应建立相应的质量信息网络,并规定质量信息传递的渠道、时限、职责和权限。

(3)及时取得足够的质量信息

出版组织要从时间、数量、范围和质量的需要等方面获取能够满足相关工作需要的质量信息。

质量信息的价值体现在时间上，过时的质量信息虽也有一定的借鉴作用，但往往失去了帮助决策、调节控制等作用。因此，取得质量信息应及时。特别对突发信息和异常信息，更应及时获得。组织应采取有效的措施确保质量信息传递渠道畅通，对质量信息传递、处理、反馈的时限做出明确的规定。

(4)充分使用质量信息

只有充分使用质量信息，出版质量体系才能实现其方针和目标，质量信息资源管理的关键是使用。要充分使用收集起来的质量信息，必须实行闭环管理，即质量信息经过一番传递、处理后，又回到其输入的信息源或信息点上，如图4－12所示。

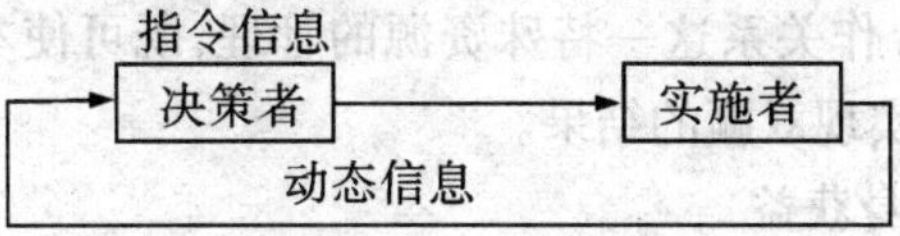

图4－12 质量信息的闭环管理

质量信息资源管理的目的是为了实现组织的方针和目标，因此质量信息资源管理的范围、程度应适当。组织可以根据方针和目标的需要，先从内部质量信息抓起，逐步完善和健全，不断深化管理。

(5)注意质量信息的安全和保密

在信息时代，信息成为竞争对手争夺的宝贵资源，组织一方面应当充分利用自己的条件去获取质量信息资源，另一方面要注意防止自己的质量信息因失误而被竞争对手所获得。

当然并不是所有质量信息都需要保护，需要保护的应当是那些可能损害自己利益，可能加强竞争对手实力的质量信息。为此，组织应对自己的质量信息进行分类，对核心信息、机密信息采取适当的保护措施。

五、供方及合作关系资源管理

供方及合作关系是组织特殊的关系资源。

没有以作者、材料商为代表的供方为其提供原稿和原材料，出版组织无法进行生产经营运作。不同的供方及合作者，会对出版组织的组稿和原材料采购质量、采购费用、采购周期、原稿和材料出现问题的解决方法，以及持续采购的可能性产生影响，进而影响到质量管理体系的运行结果。因此，供方及合作关系是最重要的出版质量关系资源。

1. 供方及合作关系资源的特征

作为资源，供方及合作关系首先是一种平等互利的关系，这种关系要靠合同确定约束，而且要经过较长时间培养才能确定。其次，供方及合作关系分等级，有深有浅，有近有远，而且要靠竞争来维持，并且是动态的，会随出版组织生产经营的发展而改变。

与其他资源不同，供方及合作关系不是用钱就可以买到的，也不是硬件或软件，而只是一种关系。对其他资源的管理，强调的往往是投入，是管理者对其经常确定和控制等；而关系是一种相互作用、相互影响的状态，是一种联系，要管理好这种特殊资源，关键是应通过管理与供方进行合作，以便使供方按组织需要的方向去努力。

2. 管理供方及合作关系的目的

通过对供方及合作关系这一特殊资源的管理，既可使本组织获益，也可使供方和合作者获益，实现双赢的结果。

(1)出版组织本身获益

①使组稿和材料采购顺利进行，确保组织生产经营所需的稿件和产品（原料、材料等）及时满足需要；

②降低组稿和采购成本，包括适当降低采购控制的费用、采购验证的费用，减少库存产品，减少紧急采购的发生频率等；

③降低原稿和采购产品（原料、材料等）的质量风险；

④降低因原稿和采购产品（原料、材料等）的质量问题而造成的损失，包括事故处理费用；

⑤提高组织的产品质量水平和组织的质量形象；

⑥提高组织质量管理体系的运行效率；

⑦提高组织应付可能发生的市场竞争风险的能力。

(2)供方和合作者也能获益

通过对供方及合作关系这一特殊资源的管理，供方和合作者从中可获得以下方面的利益：

①作者和供货机会能够继续存在，从而使其写作或生产经营能够继续维持；

②使供货能够顺利进行；

③降低供货成本，包括广告费用；

④提高供方质量管理体系的质量和运行效率；

⑤降低因质量问题而造成的损失，包括退货损失和事故处理费用；

⑥提高供方应付可能发生的市场竞争风险的能力；

⑦增加供方开发新产品的机会。

3. 供方及合作关系管理的内容

既然是对关系的管理，供方及合作关系管理应在知己知彼的基础上进行，主要包括以下几个方面的内容。

(1)确定对供方的需要

出版组织首先要明确自己对供方及合作关系的需求。对一般的出版项目，作者数量和项目是一对一的关系，但对于大型工具书、丛书或是教科书，出版组织就必须明确该项目需要的作者数量。每一个出版项目、需要的物质材料都要有相对固定的供方，数量需求大的品种应有两家或两家以上的供方，以满足需求。其次是不能有过多的供方，即每一种需要采购的产品，供方不能过多，否则将导致管理费用的上升，管理效果也将难以达到预期的目的。

组织应按采购产品目录编制合格供方名单，以作为组织进行供方及合作关系管理的依据。合格供方名单应按对某一采购品的需求量，持续需要采购的情况，对产品、过程和质量的影响情况来确定，并实施动态管理。

(2)加强与供方双向沟通

加强与供方双向沟通可以及时解决双方意料不到的问题，增进双方的了解、理解和友谊，使双方的伙伴关系更加密切、牢固。为此组织应做好以下工作：

①必须规定与供方双向沟通的渠道；

②保证与供方双向沟通渠道的畅通；

③使双方都建立相应的程序，对定期沟通和不定期沟通的时间、条件、内容、方式等进行规定。

(3)确定供方的过程能力

对供方及合作关系的管理，根本目的就是要求供方按时提供合格的采购产品。因此，确定供方是否有提供合格采购产品的能力，是管理的核心问题。

确定供方是否有提供合格采购产品的能力，主要是通过对供方的资格评定来进行的。组织应根据供方提供采购产品重要度的不同，采用不同的资格评定方法。对于提供关键采购产品的供方，一般需要采用多种方法进行资格评定。

(4)监视供方的交货状况

监视是指及时了解并准确把握组稿及采购产品的交稿或交货、验证、使用等情况，发现异常，及时与供方沟通，及时解决存在的问题。显然，对供方的交货状况进行监视，是一项经常性、长期性的工作。

组织的供方及合作关系的管理部门应当建立各种测量点，及时收集和分析相应的信息,以便对供方的交货状况进行监督,促使供方采取纠正措施和预防措施,使供货状况不断向更好的水平发展。

(5)鼓励供方实施持续改进的方案

全面质量管理的一个优越性就是对质量管理体系进行持续改进,这种持续改进不但对组织是必要的,对供方也是必要的。因此,在对供方及合作关系进行管理时,应积极采用各种方式鼓励供方实施持续改进。

组织另外选择新的供方毕竟存在一定的风险,而且还要支付一定的费用,因此为促使供方不断地满足组织的需求,应努力促使原来的供方持续改进自己的质量管理体系。

(6)评估、确认、奖赏有优良表现的供方

对于表现优良的供方,组织应采用适当的方式对其进行鼓励和奖赏,以便促使其保持优良表现或使其表现更优秀,从而使双方获益,得到持续满足或改进;其次在其他供方中产生影响,促使他们向表现优良的供方学习,使自己的表现走向优良。

六、金融资源管理

金融资源的管理主要体现在财务管理上。财务管理就是对财产的管理。出版组织的生产运营必须具备一定的资本金,资本金的运作过程就是财务管理的对象。资本金是最基本的资源,没有这种资源的投入,组织就不会存在,质量管理体系也就不可能存在。

此外,质量管理体系自身的建立、运行和改进也必须投入充足的相应财务资源,否则关于质量管理体系的各项工作可能就无法开展或不能正常开展。

1. 财务管理与质量管理体系的关系

(1)质量管理体系对财务状况的影响

质量管理体系的财务资源投入是可以得到回报的,有时甚至是成倍或数十倍的回报。通过适当投入质量管理体系建立、运行和改进方面所需的费用,可以大大降低故障成本以及鉴定成本,从而使组织的整体成本得到有效降低。因此,质量管理体系为组织带来的效益是十分明显的。

(2)财务结果报告为质量改进提供依据

组织通过运用质量成本法获得的财务结果报告,可以得到其质量管理体系有效性和效率的情况,从而获得质量改进的机会。

例如,可以在报告中提出废品损失、返工或返修损失、停工损失、质量事故处理费、退货损失、降价损失、赔偿费用、顾客投诉处理费以及因失去顾客或市场而造成的损失等，通过对这些费用或损失的分析，找出原因，制定纠正或预防措施，进行改进。

2. 财务管理的基本内容

从质量管理体系角度来看，财务管理主要有以下内容。

(1)识别和确定质量管理体系对金融资源的需求

质量管理体系涉及组织的方方面面和几乎所有的过程，对组织的各个部门几乎都有要求。对其所要求开展的各种活动，都面临着各种资源是否得到保障的问题，因此应制订一个相应的财务开支计划。

(2)确定质量管理体系所需资金的来源

质量管理体系所需资金都可以进入组织的成本，组织应根据自己质量成本的归集方法确保这些资金的进入渠道，并保障其能足额到位。

(3)对质量管理体系所使用的资金加以控制

用于质量管理体系的资金应严格控制使用，以便节省开支、降低成本，使资金发挥最大的效益，确保质量管理体系有效运行。

(4)为质量改进提供相关的信息

组织应充分利用其财务管理体系所获得的各种数据，开展质量成本管理或运用质量成本管理的一些方法对质量状况进行分析，以发现质量管理体系的强项和弱项，找出管理中或产品质量上的薄弱环节，从而加以改进。

(5)提供必要的财务报告，以反映质量管理体系的有效性和效率

组织的财务部门应根据组织的特点提供力所能及的财务报告，以使组织能通过财务报告了解质量管理体系是否有效、效率是否达到预期的目标。

最典型的财务报告是质量成本报告，质量成本报告中预防成本、鉴定成本、内部故障成本、外部故障成本的变化，可以比较客观地反映质量管理体系的有效性和效率。财务报告一般应按月、按季定期提供，组织的管理者在进行管理评审时一般都需要财务报告。

(6)监督财务管理自身的质量

财务管理是组织管理的重要基础，如果其自身管理都出现问题，组织很可能出现灾难。因此，质量管理体系应对财务管理自身的质量进行监督，以防止其出现混乱状况。

第五节 质量管理体系的持续改进

出版组织利用质量方针、质量目标、审核结果、数据分析、纠正和预防措施以及管理评审,来持续改进质量管理体系的有效性。

一、持续改进的定义和特征

为了满足读者日益增长的需求和希望,并确保质量管理体系的不断进步,实现自己的质量方针和目标,出版组织就要不断提高管理效率和有效性。

1. 持续改进的定义

持续改进是增强满足要求的能力的循环活动。持续改进是质量改进的高级形态,自觉的、有计划的、系统的质量改进是持续改进的基础,是构成持续改进的要素。我们可以这样理解,持续改进是质量改进的高级形态。组织如果连质量改进都没开展,或者开展得不系统、无计划、不广泛,那就谈不上持续改进了。

2. 持续改进的特征

持续改进的本质是出版组织积极、主动寻求改进机会的结果。从过程上讲,持续改进是质量改进的渐进过程,正是一次又一次的不断进行的改进过程才构成了持续改进。从内容上讲,持续改进的内容涉及组织的方方面面,不但包括对具体的产品或过程所采取的改进措施,而且还包括对管理采取的改进措施。从目的上说,持续改进是为了提高有效性和效率,以确保实现预期目标。

二、创造持续改进需要的环境

内部环境对持续改进具有极其重要的作用,出版组织要努力创造持续改进需要的环境。

1. 持续改进环境条件的作用

持续改进环境条件作用主要有两个方面。一方面通过引导、鼓励、示范和榜样的作用,吸引员工参与质量改进,并为他们提供持续改进所必需的项目、目标、资源及奖励。另一方面,通过大多数员工的态度、行为和舆论,形成一个压力,迫使那些不愿、不想或反对质量改进的员工参与到改进中来。只有当大多数员工都能主动地、积极地、自愿地参与质量改进,组织的持续改进才能真正地坚持下去,并真正地取得成效。

2. 持续改进需要的环境条件

质量改进往往受员工的主观能动性、工作态度和自觉性影响,很难想象一个消极怠慢的员工会有效地开展质量改进活动。为保证持续改进工作能有效进行，组织应努力创造一个有利于使员工自觉地、主动地投入到质量改进中去的环境条件，即工作环境。持续改进需要的环境条件主要包括以下几个方面：

①最高管理者的支持和领导；

②各级管理者以身作则、持之以恒并为持续改进配置资源；

③组织内能形成促进持续改进的共同的价值观、态度和行为；

④确定的对员工有激励和鼓励作用的质量改进目标；

⑤部门与部门之间、个人与个人之间、个人与组织之间能广泛地交流与合作，相互信任；

⑥各级管理者具有尊重员工首创精神的意识；

⑦组织的所有成员得到必要的教育和培训的机制；

⑧管理者要在改进过程中对员工进行及时的鼓励，对成功的改进进行必要的奖励；

⑨员工有较高的士气；

⑩不断地设置新的、更高的质量目标，以吸引所有部门和人员去追求。

3. 领导者在持续改进中的职责

作为决策者，出版组织的领导者能否有效地履行自己在持续改进中的职责，对组织建立和保持持续改进环境将起关键性的作用。归纳起来，领导者在持续改进中的职责主要有以下几个方面：

①规定持续改进的目的并制定持续改进的目标；

②向被管理者传达持续改进的目的和目标；

③以身作则，持续改进自己的工作过程，为员工树立榜样；

④培育一种广泛交流、相互合作和尊重个人的工作环境；

⑤采取必要的手段，使组织中的每个人都能够改进自己的工作过程；

⑥进行质量改进策划，必要时制订质量改进计划；

⑦为持续改进提供必要的资源；

⑧对员工的持续改进工作进行鼓励，并对其所取得的成果及时进行测量、评定和奖励；

⑨及时将质量改进的成果纳入有关标准、制度和规范之中，以巩固已取得的成果。

三、持续改进的项目和机遇

出版组织的持续改进，首先要明确改什么和什么时候改，即应该改进的项目和机遇的问题。

1. 质量改进的项目分类

按照不同的标准,质量改进的项目可以分为不同类型。

(1)按改进对象分

按照改进的对象,质量改进可分为图书产品本身的改进、对图书产品出版过程的改进和对管理过程的改进。

图书产品本身的改进是一种选题设计及编校装帧的技术改进,其结果可能使图书产品质量提高,也可能使图书产品的成本下降,甚至可以促成图书产品的创新。

对图书产品出版过程的改进既可能是一种选题设计及编校装帧的改进,也可能是一种对管理的改进。

对管理过程的改进涉及出版组织的方方面面,它包括组织目标的调整、发展战略的更改、组织机构的变动、接口方式的改进、资源的重新分配、奖励制度的改变、产品的调整等。从最高管理者到基层管理者都应针对自己的管理对象来进行管理过程的改进。

(2)按造成质量缺陷原因的可控情况分

按造成质量缺陷原因的可控情况,持续改进可分为对管理者可控缺陷的改进和对操作者可控缺陷的改进。

对管理者可控缺陷的改进主要是针对管理方面造成的缺陷,主要研究有关的管理规定和管理方法,其改进措施一般包括技术和管理方法的改进两个方面。

对操作者可控缺陷的改进主要是针对操作方面造成的缺陷,主要研究员工的操作方法,其改进措施通常包括改进操作方法和加工顺序,但有时也有技术上的改进。

以上两种改进过程应采取不同的做法。在改进管理者可控的缺陷时,通常是依靠少数领导和技术人员做出较大的努力;而在改进操作者可控的缺陷时,通常要求多数员工做出努力。

2. 持续改进的主要对象

所谓持续改进,就是说质量改进是一个持续的过程,没有止境。因此,在图书产品本身的改进、对图书产品的出版过程的改进和对管理过程的改进三个方面中,图书出版过程的改进和管理过程改进应当是持续改进的主要对象,否则就不可能持续。

组织的方针、程序、执行及记录,组织的组织机构、权力系统、沟通网络及士气,对组织活动和过程的效果和效率有极大的影响,对产品质量的控制和保证的作用更大。在管理上,不可能尽善尽美,不可能存在不需要改进的情况。这是因为作为一个系统,在运行中难免会产生矛盾、纠纷、冲突,从而降低效果和效率。图书的精神产品性质,决定了专业技术人员在图书出版过程中的重要地位和作用,他们的知识、能力和思想观念变化也是质量管理的主要对象,持续改进就要针对这些变化而改进管理。

既然质量改进的对象主要是管理,那么质量改进的主体就应当是组织的领导者和管理人员,而不是一般的作业人员。在质量改进的过程中,不论是管理的质量改进,还是技术的质量改进,特别是涉及组织方针、程序、组织结构、沟通网络等方面的改进,往往是领导者和管理人员通过正常的权力系统实施的。因此,涉及管理的质量改进,一般作业人员往往是无能为力的,通常是由领导者和管理人员来承担的。

但是,一般作业人员在质量改进中也有着重要作用与地位。特别是针对编辑人员,凡是涉及他们的执行、实施的改进,从策划、准备、论证,到实施、测量、认可和保持,都需要与他们协商,征求他们的意见,否则易使改进脱离实际,甚至受到他们的抵制。

3. 持续改进的机遇

持续改进的机遇,就是要回答何时进行持续改进的问题。

(1)机会是要寻求的

出版组织的领导者要不断寻求改进机会,而不是等待出现问题后再去抓机会。出版组织的各级管理者,要改变自满自足、无所进取的心态,而用改进的眼光去看待现实,才能不断发现改进机会,应该通过不断运行组织质量管理体系四大板块中的测量、分析和改进板块,才能持续获得质量改进的机会。

(2)建立监测机制寻求改进机会

对图书产品质量的监视和测量结果是寻求改进机会的重要依据,出版组织应当建立包含以下内容的一整套监视和测量机制:

①对顾客和其他相关方满意程度的监视和测量;

②内部审核;

③对过程的监视和测量;

④对产品的监视和测量。

与此同时,出版组织还应建立一套质量信息管理制度,以便及时将监视和测量中发现的问题传递给相关人员,以促使他们加以改进。

(3)从广泛的信息来源中寻求改进机会

监视和测量中获得的改进机会,往往是“不合格”(广义的)。改进虽然可以消除“不合格”,但却难以有大的提高。组织应当广泛开辟信息来源,收集和分析与自己生存和发展有关的数据,以确定质量管理体系的适应性和有效性,并识别可以实施的改进。

(4)从质量改进的过程和结果中寻求改进机会

一次质量改进不可能解决所有的质量问题,总会遗留一些有待进一步解决的问题。而且通过质量改进后,又可能出现新的质量问题。不管是遗留问题还是新出现的问题,都是持续改进的机会。此外,在质量改进过程中,例如,在分析问题产生的原因时,总是先解决主要原因,次要原因就可能成为今后继续改进的机会。

四、持续改进的策划

持续改进的策划包括持续改进机会策划、持续改进管理策划、持续改进管理过程策划和持续改进管理创新策划四项内容。

1. 获取持续改进机会的策划

质量管理体系要进行自我改进,自我完善,首要的任务是要确定并获取持续改进的机会。没有对象,持续改进就无法进行,因此组织要有一个确定并获得机会的过程。

(1)从监视和测量活动中获得持续改进的机会

组织必须策划以下四个方面的监视和测量:

①顾客和其他相关方满意程度的监视和测量;

②内部审核和管理评审的监视和测量;

③过程的监视和测量;

④产品的监视和测量。

(2)通过数据分析确定持续改进的课题

通过监视和测量活动以及其他有关活动,可以获得各种改进的机会,但组织不可能将所有的机会都纳入持续改进之中。因此必须通过对所获得数据进行分析,才能确定出具体的质量改进课题(项目)。

2. 持续改进管理的策划

为了确保组织的持续改进有计划、系统和不间断地进行,必须对组织的持续改进进行管理策划。

(1)持续改进管理原则的策划

持续改进管理的策划首先是持续改进管理原则的策划。组织在进行质量管理体系策划时,必须将持续改进作为一个原则、一个基本的指导思想和一项基本要求融入整个质量管理体系之中。因此,在质量管理体系涉及的所有文件、过程、程序、要求和职责之中都应体现持续改进的原则,都应有指向持续改进的相应规定。

(2)持续改进管理程序的策划

组织通过把持续改进的原则和要求渗透到质量管理的所有文件之中,从而确定出一系列相应改进程序。

(3)持续改进课题的策划

持续改进课题的策划是负责持续改进的部门或人员的最主要工作,可以分为组织级课题策划、部门级课题策划及班组(或 QC 小组)级课题策划。

组织的持续改进课题策划有两种情况:一种是年度持续改进课题策划,策划的结果纳入相应的年度综合性质量计划之中(也可以单独编制计划);另一种是临时性持续改进课题策划,根据生产经营的需要,确定持续改进课题并组织实施。两种策划的方法基本相同。

持续改进课题策划的输入可以是下列情况的一种或几种:

①监测及其他有关来源的数据及其分析;

②内外部审核结果的要求;

③管理评审的要求;

④质量方针和目标的要求;

⑤顾客和其他相关方直接提出的要求;

⑥上级和合作单位、人员直接提出的要求;

⑦技术、市场、竞争对手等内外环境条件变化引起的需求。

课题策划的输出是编制持续改进课题计划。这种计划应列出课题项目、名称、现状(问题点)、目标、主要措施、负责部门或人员、完成时间要求等。必要时也可以在计划中列出资源保障、考核奖惩办法等内容。

(4)持续改进成果发表的策划

发表和展示质量改进取得的成果、表彰和奖励有关人员有利于鼓舞士气、促进持续改进的深入开展。这些活动都要事先策划。

(5)质量管理小组活动策划

一是对其管理进行策划,二是对其活动进行策划。

3. 持续改进过程的策划

持续改进过程是针对具体的改进课题所开展的各项活动，包括计划(Plan)、执行(Do)、检查(Check)和行动(Action)，即PDCA循环的四个阶段，其中的计划阶段就是持续改进过程的策划阶段。因此，持续改进过程的策划实际上就是PDCA循环的一个部分，持续改进课题计划是它的输入，持续改进的措施计划是它的输出。

(1)持续改进过程策划的程序

①分析现状。针对所确定的持续改进课题，搜集各种资料，对现状进行分析。

②分析原因。针对存在的质量问题，分析其产生的原因。

③找出主要原因。从众多的原因中找出关键的、主要的原因。

④制定对策措施。针对主要原因，制定对策措施，提出改进计划，并预计效果。

(2)纠正和预防措施的策划

纠正和预防措施可以看做广义持续改进，其策划与一般持续改进策划相似，也是按上述四个步骤来进行，但更强调以下两点：

①确定和评审不合格和潜在不合格；

②确定不合格的原因。

4. 质量管理创新的策划

在知识经济时代里，一个缺乏创新能力的组织是会被淘汰的。质量管理创新是组织持续改进的新要求。因此，组织不能仅仅满足于持续改进，质量管理创新是组织持续改进的新要求。质量管理创新的策划，是按新的要求重新进行质量管理体系的策划。

质量管理创新可以通过长期的持续改进，使质量管理体系日趋完善，是从量变引起质变而形成的创新；也可以是直接创新，按新的管理理念、管理原则和管理方法构建新的质量管理体系而形成的创新。第一种方式的质量管理创新，可以纳入持续改进的策划之中，第二种方式有其特殊的要求。

五、持续改进的组织管理

组织要真正形成持续改进的格局，除了要对持续改进活动进行策划外，还要加强组织和管理，动用各种手段，包括测量和评审，不断推进，不断提高。

1. 持续改进的组织

出版组织的持续改进，要在建立相关组织的基础上，通过纵向分层次质量改进和横向跨部门过程质量改进来组织实施。

（1）建立负责组织改进管理工作的机构

出版组织必须设立负责持续改进的管理机构，没有设立一个负责改进的管理机构，是无法持续推进改进工作的。负责改进管理工作的机构的主要职责有如下几点：

①提出持续改进的方针、策略、主要目标和总的指导思想；

②进行跨职能部门的或规模较大的质量改进项目的策划，并组织项目的实施；

③为持续改进提供必需的资源，包括进行培训；

④制订组织持续改进的计划，并组织实施；

⑤对各部门的质量改进进行监督、协调，并提供保障；

⑥对质量改进成果进行测量、评价和奖励；

⑦负责 QC 小组活动的管理；

⑧接受员工的改进意见和建议，并将其及时传达到相关部门，督促落实；

⑨定期对质量改进活动进行评审，以寻求改进的机会。

（2）纵向分层次质量改进工作的组织

组织的大部分质量改进是纵向分层次进行的，即组织有组织的项目，部门有部门的项目，班组有班组的项目，个人有个人的项目。只有广泛开展各层次项目的改进，才能说该组织保持了持续改进。

纵向分层次进行的质量改进，除特别重大的项目可以由组织负责改进管理工作的机构主持外，一般由各部门负责主持。即各部门的管理者应当负责确定并策划本部门各工作过程的持续改进，努力创造并保持一个使部门全体人员有权限、有能力和有责任进行持续改进的环境。

部门质量改进的组织工作有以下主要内容：

①设立专人负责持续改进的组织工作；

②定期召开相关人员参加的“头脑风暴法”会议，寻求改进机会；

③协调改进过程；

④负责向组织申报质量改进成果；

⑤负责接受员工关于改进的意见和建议。

（3）横向跨部门过程质量改进工作的组织

出版组织大多数质量改进项目涉及多个部门，特别对管理过程的改进，更可能“牵一发而动全身”。因此，跨部门过程的质量改进是大量存在的。为保证横向跨部门过程改进项目取得成功，应针对项目建一个临时性的负责小组。

组织横向跨部门的过程的质量改进,需要把握以下几点:

①及时识别改进的机会;

②在各部门之间建立并保持联系;

③组织负责改进工作的管理机构应参与该类项目质量改进的策划、组织、协调和监督;

④防止部门之间推诿扯皮。

2. 制订质量改进计划

出版组织的质量改进计划包括中长期质量改进计划、年度质量改进计划和具体质量改进项目计划。

(1)中长期质量改进计划的制订

组织应根据中长期质量改进目标的策划结果编制中长期质量改进计划。计划应包括质量改进所应达到的目标以及主要措施。中长期质量改进计划在最高管理者的指导下,由组织负责管理质量改进工作的机构负责编制。

中长期的质量改进也可能涉及一些具体的项目,例如技术改造项目、环保改善项目、产品开发项目。必要时,也可以将这些具体的质量改进项目列入计划之中。

(2)年度质量改进计划的制订

组织每年都要编制一次质量改进计划。年度质量改进计划可以单独成立,也可以作为年度质量计划的组成部分。年度质量改进计划是在组织最高管理者指导和协调下,由组织负责管理质量改进工作的机构负责编制。编制时要以中长期质量改进计划为依据,结合组织当年的质量计划来进行。与中长期质量计划相比,年度质量改进计划更具有可操作性,在编制时应注意以下几点:

①将中长期质量改进计划项目具体化(分期进行);

②针对上一年度组织的重大质量问题确定改进的具体项目;

③可以将基层重大的质量改进项目纳入组织年度质量计划之中;

④每一项目都要有具体的负责部门或人员,并要明确完成时间;

⑤明确检查考核的要求。

组织年度质量改进计划必须展开,形成具体的质量改进项目。

(3)具体质量改进项目计划的制订

具体的质量改进项目计划包括两类:一类是对根据组织年度质量改进计划展开后获得的项目编制的计划,一类是对根据实际情况确定的改进项目编制的计划。

具体的质量改进项目计划可以采用一个项目编制一个计划，也可以按部门来编，形成一个部门多个项目的计划。有时，具体的质量改进项目计划也可纳入部门的年度或月度计划之中。如果改进项目已经开展起来，也可以用改进项目的措施计划代替。

3. 质量改进的测量和评审

出版组织对持续改进的组织管理还包括通过质量测量系统测量质量改进，进而评审质量改进。

(1)组织的测量系统

组织质量管理体系所建立的测量系统，除了要满足日常测量的需要外，也要满足质量改进的需要，即组织的测量系统应当为质量改进提供测量服务，具有满足质量改进测量的功能。

(2)对质量改进的测量

对质量改进的测量至少应进行两次，一次在改进实施之前，一次在改进实施之后。两次测量必须在相同的条件下用相同的方法进行，这样才能准确确定质量改进的效果。测量过程应注意以下几个问题：

①所有的测量普遍存在变异现象，不能随便找一组数据就来证明质量改进的效果；

②测量和分析都必须实事求是，防止出现"吹出来的质量改进"；

③对质量改进测量结果应当进行评审或认定，保证客观公正。

(3)持续改进的评审

组织应对自身是否坚持了持续改进、质量改进的组织是否有效地发挥了作用、质量改进计划是否适应并落实、质量改进的测量是否正确等进行评审，以便及时发现改进过程中存在的问题，推动质量改进持续进行。评审应分三个层次进行：

①对组织持续改进的评审。主要针对组织范围是否坚持持续改进、组织质量改进计划和重大改进项目进行的；

②对质量改进项目的评审。既可在组织一级、部门一级进行，也可在承担项目的小组内进行；

③对基层单位持续改进的评审。

六、持续改进阻力的克服

实际工作中，因各种原因，各级人员都可能成为持续改进的阻力。出版组织要保持持续改进的态势，就需要克服各种阻力，争取全员的积极参与。

1. 克服领导层的阻力

(1)领导层阻碍持续改进的各种表现

实践证明,出版组织的领导层往往自觉或不自觉地成为持续改进的阻力。例如,有些领导者在进行战略策划、制定经营方针和目标时,不能自觉地将持续改进的思想作为主要的原则纳入其中,从而导致日常管理活动和决策过程往往"忘记"或反对持续改进。有些领导对持续改进不热心,对员工提出的持续改进要求漠然视之,甚至泼冷水。还有些领导不学习、不进取,凭经验办事,不愿意改进自己的工作过程。因此,出版组织首先要克服来自领导层对持续改进的阻力。

(2)领导层阻碍持续改进的原因

领导层不支持员工持续改进,成为持续改进的阻力的可能原因有以下几种:

①思想保守僵化,不思进取;
②独断专横,官僚主义作风严重;
③自我感觉过好,听不进别人对自己的评头品足;
④对持续改进的战略意义认识不足,缺少关于持续改进方面知识的培训;
⑤上级领导对领导层监督不力。

(3)领导层阻碍持续改进的危害

领导层就是决策层,领导层阻碍持续改进,容易导致良好的改进项目夭折。组织赋予领导层各种管理的权力,他们阻碍持续改进,就会打击员工改进的积极性,使员工丧失进取精神,质量管理体系运行过程中出现的问题难以得到纠正或实施改进,无法确保体系有效运转。诸多因素纠缠在一起,久而久之,就会导致组织失去竞争力,甚至失败。

(4)消除领导层阻力的方法

消除领导层对持续改进的阻力,首先需要依靠领导层对质量改进问题的高度重视和进行持续改进的自觉性。组织的管理部门也要加强宣传和培训,经常向领导层提供内外部质量改进成果方面的信息,帮助领导层转变思想。同时上级领导也应加强对出版组织领导层在持续改进方面的考核,对顽固不化者适时撤换。

2. 克服专业人员的阻力

专业人员是指组织中负有管理职责的管理人员、技术人员和其他主管人员。这些人处于组织的中间阶层,又都具有相应的专业知识,是组织实施持续改进的主导力量。出版产业是智力密集型产业,专业人员人数多,作用大,地位举足轻重,因此克服专业人员对持续改进的阻力意义重大。

(1)专业人员阻碍持续改进的各种表现

专业人员阻碍持续改进常常表现为在技术层面上随意否定员工和组织的质量改进要求。例如,编辑否定校对员对提高读样质量的改进要求,校对员否定制作部改进各校次校样的要求等。担任一定管理工作的专业人员,例如,编辑部(室)或校对科、总编办、质量部等职能和管理部门的领导,又常常会随意否定员工提出的改善管理要求。当质量改进需要技术和管理支持时,专业人员也往往持消极态度。一些年资较高的专业人员,对待持续改进又表现出固执己见,凭经验办事,不愿意接受新的技术或新的管理方法。

(2)专业人员阻碍持续改进的原因

①担任管理工作的专业人员把员工当做工具看待,把他们参与改进认为是逃避工作。

②担任一定领导职务的专业人员或高年资专业人员害怕改进活动威胁到他们的权威地位。

③怀疑领导层是否真心支持改进。

④没有得到领导层的充分信任。

⑤害怕改进失败会降低自己的威信。

⑥害怕别人超越自己。

⑦知识陈旧,观念落后,不愿接受新思想、新观念、新技术、新方法。

(3)专业人员阻碍持续改进的危害

专业人员阻碍持续改进,轻则使质量改进成果难以巩固,重则使组织积累各种质量问题。从长远来看,还会增加组织的经营风险。

(4)消除专业人员阻力的方法

①充分调动专业人员的积极性,发挥他们在持续改进中的作用。

②加强对专业人员进行教育、引导和培训。

③明确专业人员在质量改进过程中的责、权、利。

④积极帮助解决改进过程中遇到的困难。

⑤运用招标等办法,调动专业人员积极参与。

⑥适时调整坚持阻碍持续改进的专业人员的工作岗位。

3. 克服一般员工的阻力

一般员工居于出版组织的最低阶层,组织实施持续改进的大多数工作最终要靠他们完成。因此,克服一般员工对持续改进的阻力,同样意义重大。

(1)一般员工抵制质量改进的各种表现

①消极对待,不闻不问。

②用言行孤立、打击积极参与质量改进的员工。

(2)一般员工阻碍质量改进的原因

①质量改进使他们的工作量增加,工作变得麻烦。

②质量改进所付出的额外劳动得不到补偿或报酬。

③质量改进要求得不到上级领导的积极支持。

④组织采用惩罚之类的不当手段来推行质量改进。

⑤劳资双方、干群之间缺乏有效的沟通渠道。

(3)一般员工抵制质量改进的危害

①使大部分质量改进难以实施,无法取得预期成果。

②使大量的质量改进机会丧失掉,增大组织经营风险。

③使组织缺乏生机和活力,缺乏质量改进环境。

(4)消除一般员工阻力的方法

①改进管理工作,营造浓厚的质量改进气氛。

②将质量改进的理由和前景告诉员工。

③吸收抵制持续改进的员工参与质量改进,让他们在质量改进活动中改变观念。

④让员工从质量改进中切实感受到获益。

七、持续改进的方法

持续改进的基本方法是 PDCA 循环方法,2000 版的 ISO9000 族标准也提出了类似的质量持续改进方法。

1. PDCA 循环方法

PDCA 循环方法也称为“戴明循环”、“管理循环”,是组织开展质量改进过程中常用的思想方法和工作步骤(见本书第一章第三节中“全面质量管理的工作程序”部分)。

2. 质量改进方法

2000 版 ISO9000 族标准提出了一个与 PDCA 循环基本一致的质量改进方法,其基本步骤如下。

(1)确定、测量和分析现状

组织应通过以下情况的对比分析,识别改进的机会:

①对质量损失的测量结果;

②对顾客和其他相关方需求和期望以及满意程度的把握和测量结果;

③与同领域占领先地位的其他组织情况的对比;

④与组织规定的质量目标水平进行对比分析。

(2)建立改进目标

通过调查论证,给所确定的质量改进项目建立尽可能定量的具体改进目标。

(3)寻找可能的解决办法

通过搜集资料,分析产生质量问题(包括潜在问题)的原因,并根据所确定的质量改进目标,制定出解决措施。

(4)评价这些解决办法

为确保改进能达到预期目标,应对所制定的解决措施的可行性、充分性进行评价,必要时还得进行试验验证,不足的地方还应制定补充措施。

(5)实施选定的解决办法

按计划把评价后确定的解决措施付诸实施,并注意在实施中及时解决措施中存在的问题。

(6)测量、验证和分析实施后的效果

按计划对解决措施实施后取得的效果进行测量、验证和分析,以便评价解决措施的有效性。经评价无效,应重新进行质量改进。

(7)将更改纳入文件

对质量改进所取得的成效,应通过更改标准、程序、图样、规范等文件来加以巩固。

(8)确定进一步改进的机会

如果所期望的改进目标已经实现,则应再选择和实施新的质量改进项目;若改进目标未完全实现,则应对未实现部分进行下一次改进循环。

第六节　质量改进工具与技术简介

在质量改进过程中,以实际情况和数据的分析为基础进行决策是很重要的，正确地运用有关工具与技术有利于质量改进的成功。

一、质量改进工具与技术种类

质量改进工具与技术种类很多，常用的如表4－2所示。

表4－2 常用的质量改进工具和技术

序号	工具与技术	应用	备注
1	调查表	系统地收集数据，以获取对事实的明确认识	同时适用于数字数据和非数字数据
2	分层图	将大量有关某一特定主题的观点、意见或想法按组归类	适用于非数字数据
3	水平对比法	把一个过程与那些公认的、占领先地位的过程进行对比，以识别质量改进的机会	适用于非数字数据
4	头脑风暴法	识别可能的解决问题的办法和潜在的质量改进机会	适用于非数字数据
5	因果图	分析和表达因果关系；通过识别症状、分析原因、寻找措施，促进问题的解决	适用于非数字数据
6	流程图	描述现有的过程，设计新的过程	适用于非数字数据
7	系统图	表示某一主题与其组成要素之间的关系	适用于非数字数据
8	控制图	诊断：评估过程的稳定；控制：决定某一过程何时需要调整及何时需要保持原有的状态；确认：确认某一过程的改进	适用于数字数据
9	直方图	显示数据波动的形态，直观地表达有关过程情况的信息，决定在何处集中力量进行改进	适用于数字数据
10	排列图	按重要性顺序显示每一项目对总体效果的作用，排列改进的机会	适用于数字数据
11	散布图	发现和确认两组相关数据之间的关系，确认两组相关数据之间预期的关系	适用于数字数据
12	分层法	创造进一步利用数据的条件	适用于数字数据

二、适用于数字数据的工具与技术

适用于数字数据的工具与技术主要有控制图、直方图、排列图、散布图和分层法。

1. 控制图

控制图是对过程质量加以测量、记录并进行控制管理的一种用统计方法设计的图。

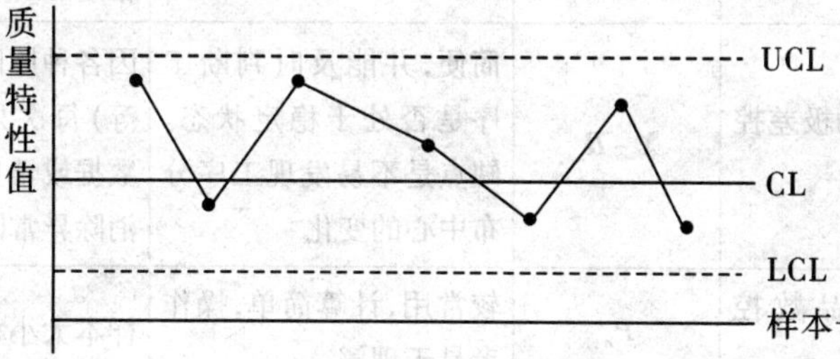

图 4－13　控制图

(1)结构与种类

控制图是由表示质量特性值的纵坐标、表示样本号的横坐标、一条中心线(CL)、一条上控制界限线(UCL)、一条下控制界限线(LCL)和由按时间顺序抽取的样本统计量的数值的点序列构成,如图 4－13 所示。若控制图中的点落在 UCL 与 LCL 之外,或点在 UCL 与 LCL 之间的排列不随机,则表示过程出现了异常。

控制图原理基于正态分布的重要结论,即不论平均值 μ 和标准差 σ 是什么数值,计量值数据在区间($\mu-3\sigma, \mu+3\sigma$)内发生的概率为 99.73%,在该范围外出现的概率为 0.27%。通过利用数据建立控制图和控制界限,如果过程不受异常或特殊原因的影响,进一步观察数据将不会超出界限。

控制图种类很多,按数据的性质可分为计量值控制图和计数值控制图,其中各种常用的控制图的特点及适用范围如表 4－3 所示。

(2)控制图的作用

①诊断:可以用来度量和评估过程的稳定性,即过程是否处于统计的控制状态。

②控制:确定某一过程何时需要调整,何时需要保持相应的稳定状态。

③确认:确认某过程是否得到了改进。

表 4-3　控制图种类与适用场合

类别	名称	控制图符号	特点	适用场合
计量值控制图	均值极差控制图	$X-R$	最常用,判断工序是否正常。效果好,但计算工作量大	适用于产品批量较大且稳定、正常的工序
	中位数极差控制图	$X-R$	计算简便,但效果较差	适用于产品批量较大且稳定、正常的工序
	单值移动极差控制图	$X-R_s$	简便,并能及时判断工序是否处于稳定状态。缺点是不易发现工序分布中心的变化	因各种原因(时间、费用等)每次只能得到一个数据或希望尽快发现并消除异常因素
计数值控制图	不合格品数控制图	P_n	较常用,计算简单,操作者易于理解	样本大小相同
	不合格品率控制图	P	计算量大,控制线凹凸不平	样本大小可以不同
	缺陷数控制图	C	较常用,计算简单,操作者易于理解	样本大小相同
	单位缺陷数控制图	u	计算量大,控制线凹凸不平	样本大小可以不同

(3)应用程序

①确定控制对象的特性。

②选择控制图的种类。

③确定分组的方法、样本大小和抽样间隔。

④收集 20~50 组数据并作记录。

⑤计算各组数据的统计量。

⑥求控制界限。

⑦绘制控制图并在图上标出各组统计量的值对应的点。

⑧分析控制界限以外的点及界限内点的排列情况,以便找出异常。

⑨根据分析结果决定下一步行动。

2. 直方图

直方图是用一系列宽度相同、高度不等的矩形表示数据分布的图,是频数直方图的简称。矩形的宽度表示数据范围的间隔，矩形的高度表示在给定间隔内的数据频数。图 4－14 是常见直方图的形状，研究这些形状，就能掌握过程的情况。

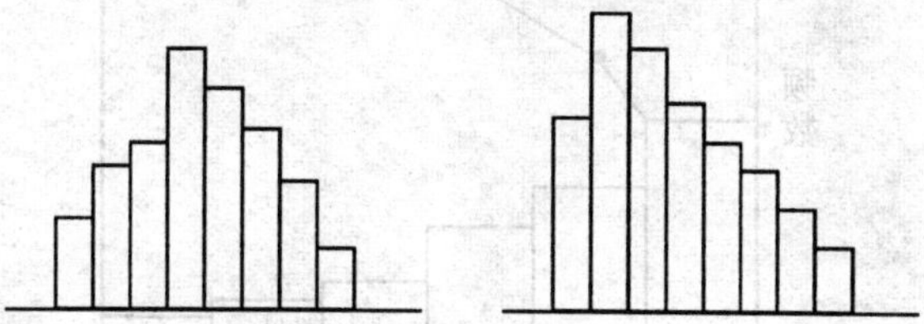

图 4－14　直方图

（1）直方图的作用

利用数据制作直方图，可以达到以下目的：

①显示质量波动的状态；

②较直观地传递有关过程质量状况的信息；

③通过直方图形状分析质量数据波动状况，确定质量改进方向。

（2）应用程序

①收集数据。

②从小到大排列数据。

③求数据的极差 R（最大数据减去最小数据）。

④确定直方图中的组数 K（6～12）。

⑤由 R/K 求组距 h。

⑥在横坐标上标出组距。

⑦在纵坐标上标出频数（出现的次数或百分比）。

⑧画矩形，其高度为落在该矩形中数据的个数，每个矩形的宽度均相同，都等于组距。

⑨根据矩形的分布情况进行分析。

3. 排列图

如图 4－15 所示，排列图由一个横坐标、两个纵坐标、几个按高低顺序排列的矩形和一条累计百分比曲线组成，是将质量改进项目从最重要到最次要进行排列而采用的一种简单的图示技术。图中每个矩形表示一个项目或问题，其高度表示该项目或问题在整体中的相应作用。相应的作用可以包括发生次数、与每个项目或问题有关的成本或影响结果的其他测量方法。累计百分比曲线表示各项目或问题的累计结果。

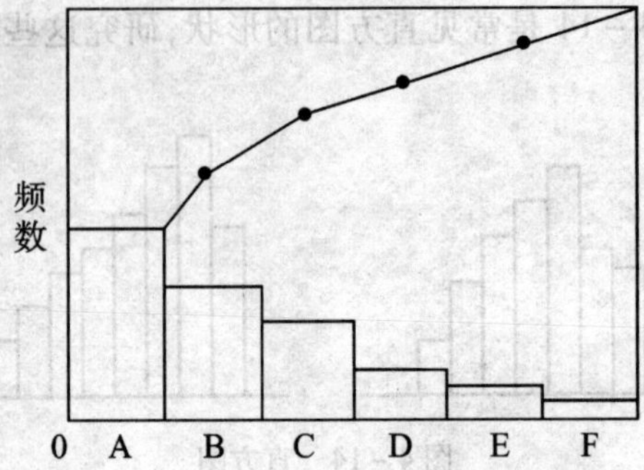

图 4－15　排列图

(1)排列图的作用

排列图的重要作用如下：

①按重要性顺序显示出每个质量改进项目对整个质量问题的作用；

②识别质量改进的机会。

(2)应用程序

①选择被比较的或按顺序排列的问题。

②选择比较用的度量标准单位。

③选择分析的时间周期。

④收集有关每个原因的必要的数据。

⑤将每个原因的频数或费用与所有其他原因进行比较。

⑥在横坐标上从左到右按频数或费用下降的顺序列出各个原因。可把次数较少的若干类别合并在一起，形成一个“其他”类别，放在最右边。

⑦把每个类别画成矩形，其高度表示该类别的频数或费用。

⑧画累计百分比曲线。

⑨确定关键的少数和不重要的多数。

4. 散布图

散布图也称相关图，是研究成对出现的两组数据之间关系的图形。

(1)几种常见的散布图

在散布图中，成对的数据(x, y)每对对应一个点，研究点的分布状态，便可以推断成对数据之间的相关程度。

①当 x 值增加，y 值也随之增加，表现为明显的正相关关系。

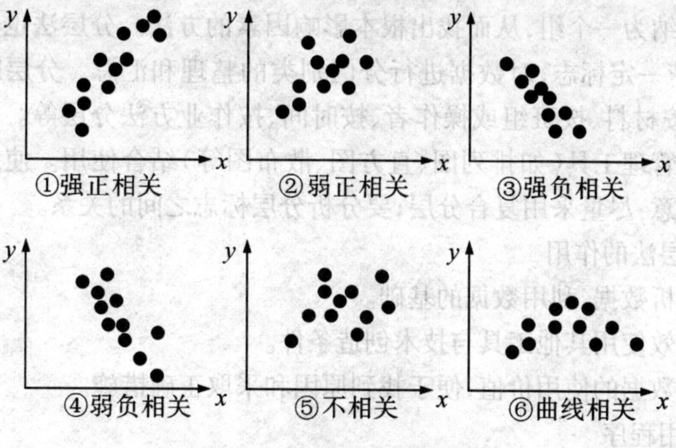

图 4－16　几种常见的散布图

②当 x 值增加，y 值也有增加的趋势，但这种相关关系不明显，表现为弱正相关关系，可能还存在其他因素影响。

③当 x 值增加，y 值明显减少，表现为明显的负相关关系。

④当 x 值增加，y 值有减少的趋势，但这种相关关系不明显，表现为弱负相关关系，可能还存在其他因素影响。

⑤当 x 值增加，y 值变化趋势不明显（没有规律性），表现为不相关。

⑥当 x 值增加，y 值以某种曲线的形式随之变化，表现为曲线相关关系。

（2）散布图的作用

①用于发现和确认两组数据之间的相关关系，并确认两组数据之间预期的关系。

②在质量管理和质量控制中，常用于分析研究质量特性之间或质量特性与影响因素之间的相关关系，以便尽快找到导致问题产生的可能原因。

（3）应用程序

①收集成对数据（x，y），至少 30 对。

②画坐标。

③描点。出现数据对相同时，可通过在数据对对应的点上画同心圆，以同心圆的个数表示点数。

④剔除异常点。

⑤对点的分布情况进行研究，找出 x 与 y 的相关关系类型与程度。

5. 分层法

分层法就是把收集到的数据进行合理的分类，将相同性质或同一生产条件下的数据归纳为一个组,从而找出根本影响因素的方法。分层法也叫分类法或分组法,它依一定标志,对数据进行分门别类的整理和汇总。分层的方法包括按生产线、按材料、按班组或操作者、按时间、按作业方法分层等。分层法通常与其他质量管理工具(如排列图、直方图、散布图等)结合使用。使用分层法的过程中要注意:尽量采用复合分层;要分析分层标志之间的关系。

(1)分层法的作用

①是分析数据、利用数据的基础。

②为有效使用其他工具与技术创造条件。

③提高数据的使用价值,便于找到原因和采取正确措施。

(2)应用程序

①收集数据。

②根据目的选择分层标志。

③分层。

④以层归类。

⑤制作归类表或图。

三、适用于非数字数据的工具与技术

适用于非数字数据的工具和技术主要有关联图、水平对比法、头脑风暴法、因果图、流程图、系统图等。

1. 关联图

关联图用带箭头的连线将事物的因果关系联系起来,如图4-17所示。关联图法是一种根据原因—结果或目的—手段间的关系系统地分析影响某一个或多个质量问题的关键因素,以便能更确切地揭示事物波动的实质原因和变化规律的一种方法。

(1)关联图的作用

①使杂乱无章与错综复杂的观点、意见、想法以及现象、数据或事物变得清晰、简洁、有秩序,并便于表达。

②为有效使用其他工具和技术创造条件。

(2)应用程序

①明确所分析的问题。

②组成小组,小组成员要对问题有统一的认识,并且对问题比较了解。小组规模不宜过大,一般以4~6人为宜。

③整理出所有的问题要素(最好写在卡片上)。

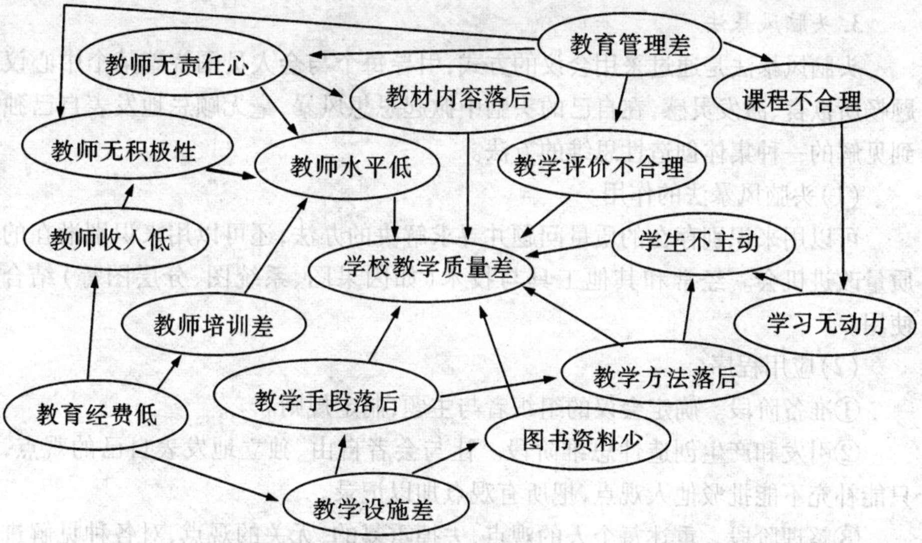

图4－17　学校教学质量差原因分析关联图

④根据因果关系进行连接(只能使用单向箭头)。

⑤对图形进行整体分析,对要素间的因果关系进行确认,小组成员达成一致意见后定稿。

⑥确定关键要素。

2. 水平对比法

水平对比法是对照公认的标准或先进水平来度量自己处于何种状态的方法。

(1)水平对比法的作用

①通过对比,帮助认清目标与方向。

②通过对比,发现差距,找到质量改进机会。

③通过对比,便于确定计划编制的优先顺序。

(2)应用程序

①确定对比的项目。

②确定对比的对象(该对象在对比项目上应是公认的领先者)。

③通过有关渠道收集资料。

④归纳分析资料,为有关对比项目制定最佳的实践目标。

⑤进行对比,必要时绘制对比图表。

⑥根据对比结果,确定质量改进的机会。

3. 头脑风暴法

头脑风暴法是通过采用会议的方式,引导每个与会人员围绕着某个中心议题畅所欲言、激发灵感,在自己的头脑中掀起思想风暴,毫无顾忌地发表自己独到见解的一种集体创造性思维的方法。

(1)头脑风暴法的作用

可以用来识别存在的质量问题并寻求解决的办法,还可以用来识别潜在的质量改进机会。经常和其他工具与技术(如因果图、系统图、分层图等)结合使用。

(2)应用程序

①准备阶段。确定会议的组织者与主题,制定规则。

②引发和产生创造性思维阶段。让与会者自由、独立地发表自己的观点,只能补充不能批驳他人观点,把所有观点加以记录。

③整理阶段。重述每个人的观点,去掉重复的、无关的观点,对各种见解进行论证、评析,最后集思广益,按问题进行归纳。

4. 因果图

因果图是用来揭示已知结果与其潜在原因之间关系的图,其基本结构如图4-18所示。

(1)因果图的作用

①用于分析因果关系。

②用于表达因果关系,积累经验。

③用于识别症状、分析原因、寻找措施,以促进问题的解决。

(2)应用程序

①明确结果。

②召集相关人员对产生结果的原因进行集思广益的讨论。

③画图。把“结果”画在右边的方框中,然后把各类主要原因放在它的左边,作为“结果”的输入。

④不断寻找原因的原因,直到可以采取措施为止,并把每次找出的原因画在相应的主枝上。

⑤从最高层次的原因(即末端原因)中选取和识别少量(一般为3~5个)对结果有重大影响的原因,并对它们做进一步的研究,如收集资料、论证、试验、控制等。

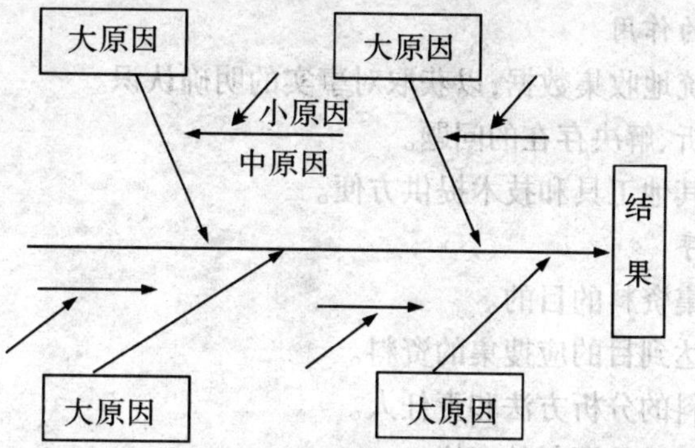

图 4 - 18　因果图示意图

5. 流程图(略)

6. 系统图

系统图是表示某个质量问题与其构成要素之间的关系,从而明确问题的重点,寻找达到目的所应采取的适当手段和措施的一种树枝状图。利用系统图可以系统地找到达到目的的手段和方法。

(1)系统图的作用

①用来表达某对象与其组成要素的关系。

②用来表达达到目标的方法和程序。

③用于识别问题的潜在根本原因。

(2)应用程序

①简明扼要地阐述问题或目标。

②对问题或目标确定主要的类别。

③画图。把问题放在左框内,把主要类别的枝放在右边。

④确定每个类别的组成要素(需要时,可再确定子要素)。

⑤在每个类别的右侧画上主要素和子要素。

四、同时适用于数字数据和非数字数据的工具与技术

同时适用于数字数据和非数字数据的工具与技术主要是调查表。

调查表是为了调查事物的客观情况而按照可能出现的情况及其分类预先设计的表格,可用来收集关于某些具体事件出现的频率数据。在实际运用过程中,只需在对应的栏目中填上数字或符号,对这些数字或符号进行整理和分析之后就可以一目了然地发现问题。

1. 调查表的作用

①用来系统地收集数据,以获取对事实的明确认识。

②用来分析、解决存在的问题。

③为使用其他工具和技术提供方便。

2. 应用程序

①明确收集资料的目的。

②确定为达到目的应搜集的资料。

③确定资料的分析方法和责任人。

④设计用于记录资料的表格。

⑤在适当范围内试用所设计的表格。

⑥必要时评审和修改表格。

【复习思考题】

1. 简述质量管理的过程方法模式。

2. 如何进行图书出版流程的优化?实地调查低幼图书出版流程,分析其存在问题并进行优化调整。

3. 出版人力资源有哪些特征?应遵循什么原则进行出版人力资源管理?

4. 简述出版质量管理体系持续改进的方法。

第五章 选题质量管理

【本章重点】

质量功能配置方法。

选题质量规划。

选题质量设计和质量论证。

图书是精神产品,其内容质量在很大程度上决定了图书的质量。因此,无论是作为图书出版项目,还是虚拟的图书,或是进行图书内容设计和论证的出版活动,对选题进行质量管理都具有极其重要的作用。

提高选题质量,一方面依靠统计过程手段被动地规避质量风险,但更重要的是要将稳健设计的思想引入选题设计,主动地解决选题质量问题。因此,选题质量管理应当包括质量控制和稳健设计两大内容。

第一节 质量管理视野下的选题策划

在图书出版活动中,选题一旦制定出来并决定采用,出版组织就会围绕这个选题建立出版流程,调配各种资源,有些重大选题还要调整或建立组织机构。因此,任何一个选题的策划、设计、论证和实施过程,必然同时伴随着质量管理过程。在对这一过程进行质量管理之前,我们必须明确选题的概念,规范选题的一般过程,明确选题质量管理的节点。

一、选题与选题策划的过程

与其他刚刚破土的新学科一样,无论是出版业界还是学界,不同语境中选题常常被赋予不同的涵义,“选题策划”、“选题设计”、“优化选题”等与选题有关的名词也频频出现。如此一来，选题质量管理的具体对象也随之变得飘忽不定。因此，我们在探讨选题质量管理之前，必须首先辨析选题及相关概念，并站在质量管理的角度对其进行必要的规范。

1. 选题

什么是选题？《辞海》的解释是“出版社为准备出版的书稿预先拟定的题目和有关事项。提出选题是编辑工作的基础和首要环节。内容一般包括：书稿名称、内容设想、读者对象、估计字数、交稿时间等。可由编辑提出，亦可由著作者提出”。《中国大百科全书》对选题的定义是：出版社（或期刊社）对于准备出版（或发表）的图书（或作品）的一种设想和构思，一般由书名、著译者和内容设想、读者对象以及字数组成。认为选题是题目也好，认为选题是构想也好，都是将“选题”一词当做名词来看待的，这可以认为是对选题的第一种理解。

将“选题”一词看做动词，就有了对选题的第二种理解，即选题工作。有学者认为，选题的另一个含义是指选题工作，选题工作是出版社的一项基础工作，是出书方向的具体化，整体上反映着出版社的面貌，制约、调控着编辑工作的全过程，也是各种统计工作的依据。也有学者将选题工作表述得更为具体，认为选题常常开始于编辑的某种意向或者愿望，再经过周密调查和思考，发展成为包含着丰富的内容和真知灼见的对精神生产和知识传播发展趋向的建议。

由此可见，选题既是对拟出版图书项目的设想或构想，也是进行构想的过程。这一过程主要由编辑出版人员完成，既包括内在的创造性思维过程，也包括外在的行为方式，是复杂而艰巨的精神劳动，是出版活动中最激动人心的过程，也是对图书质量影响最大的过程。关于这个过程，出版界约定俗成地叫做选题策划。

2. 选题策划过程

现代管理科学认为，策划是针对未来要发生的事情做当前的决策的程序，是人类特有的理性行为，它要解决的是预先决定做什么，何时做，谁来做，怎么做的问题。选题作为一种图书出版的施工蓝图，是编辑人员对选题进行设计、谋划、预想和决策的结果。绘制这张施工蓝图的工作，毫无疑问是一种策划行为。正因为如此，出版界将编辑出版人员围绕选题进行的一系列工作称为选题策划。实际上在当今的出版界，“选题”几乎成为“选题策划”的同义词。

“选题策划”是出版活动中出现频度最高的词，也是含义最为模糊的词。有学者认为，选题策划是确立选题；也有学者认为，选题策划是围绕选题展开的信息采集、市场调研、文本论证以及统筹决策等劳动；还有学者将选题策划分为狭义和广义的选题策划，狭义的选题策划仅指确立选题、指定作者和选择稿件，是出版工作流程中的前期准备工作，广义的选题策划是渗透到出版工作流程全部环节的策划。除此之外，业界和学界在不同语境下对选题策划还有多种定义。总结起来，选题策划至少包括三重含义，即确立选题的过程、出版流程的前期准备工作、出版全程的策划活动。分析这三重含义，我们会发现：选题策划本身就是出版流程的一个重要环节，将选题策划定位为出版前期的准备工作是不够准确的；尽管选题策划与整个出版流程密切相关，但其毕竟只是出版流程中的一个子流程，不能代替其他子流程，将选题策划定位为出版全程的策划活动，实在显得过于宽泛；唯有将选题策划定位为确立选题的过程比较恰当。就是说，选题策划应当是出版组织确立选题的过程。

关于确立选题，也就是选题策划的过程，出版业界和学界都有不同的表述，这些表述在其特定的语境或条件下都具有一定的合理性。但是站在出版质量管理的角度透视这些表述，会发现它们或多或少都有一定的片面性，没有从本质上全面概括这个重要的出版过程，难以对选题策划过程进行有效的质量管理。

目前业界和学界对选题策划过程的表述，归纳起来有这样几种。

信息准备—选题构思—选题论证—选题优化。这种表述概括了选题策划的基本过程，认为选题策划人在捕捉选题信息的基础上进行选题构思提出选题，进而全面论证选题并不断优化选题，最终以出版项目确立选题。这种表述是线性思维方式的反映，将信息准备和选题构思作为两个过程加以考虑，弱化了出版信息在选题构思和选题论证，乃至选题优化中的作用，因为在实际工作中，无论是提出选题、论证选题，还是优化选题，都伴随有持续不断的信息调研活动。如果选题质量管理只在信息准备中管理调研质量，而在其他环节管理中不考虑信息调研，显然不能收到应有的效果。

选题信息收集与加工—选题设想提出—选题调研—选题优化。这种表述在选题质量管理上有两个难以解决的问题。第一个问题与前一种表述的问题相同，此处不再赘述。第二个问题是缺少选题论证环节，而在实际工作中选题论证对选题质量起着至关重要的作用，没有切实可行的论证标准，选题论证的质量无法保证。

选题—审题（论证）—定题（审批决策）。这种表述强调选题决策而忽视了选题优化环节,在选题质量管理方面也是有缺陷的,起码是不全面的。

初拟选题设想—选题论证—选题查重—选题审批。这种表述特别强调了选题提出和选题论证,但缺少选题优化环节,因此也难以直接进行质量管理。

由此可见,我们只有对选题策划过程进行合理的解读,才能建立选题质量管理的体系。众所周知,图书是精神产品,出版选题的提出是创造性思维过程,是一个既有市场调研,也有文化探索,还有价值取向,更有深入思考的激动人心的创造性过程。我们在进行选题质量管理上,不能将这些紧密联系的工作割裂开来。如果我们用选题创意将信息准备与选题提出统一起来,不仅反映了选题策划的本来面目,而且能够全面综合地对选题创意过程进行质量管理。本部分所说的选题创意,始于出版信息准备,终于提出选题设想,其间经历了策划人创造性的思维活动。

选题设想只是一个想法,或是一个主意,还不是严格意义上的出版选题,只能说是出版选题的雏形。将这个设想具体化到一部虚拟的图书,还要进行艰苦的创造性劳动,实际上是一个设计的过程,我们姑且将其称为选题设计。但是,要注意的是,选题设计的虚拟的图书,只有经过论证并优化后才能定型为合格的出版蓝图。因此,选题设计之后还应有一个选题论证优化的策划环节。最后,出版组织决策层以这张出版蓝图为根据,综合各种因素进行选题统筹决策。

根据以上分析,我们可以这样定义选题策划:选题策划是出版组织确立出版选题的过程,包括选题创意、选题设计、选题论证优化和选题统筹决策等活动。

二、选题质量管理的意义与内容

如果我们将选题策划定义为包括选题创意、选题设计、选题论证优化和选题统筹决策等活动的确立选题的过程,那么选题质量管理就是针对选题策划过程的质量管理。

1. 选题质量管理的意义

现代企业的经营管理都是按过程来组织的,图书出版也不例外,编辑出版工作的一个重要特征就是有完整的工作流程。ISO9000:2000 将过程定义为:一组将输入转化为输出的相关活动或相互作用,可以分为规划、设计、制作、流通、使用、服务等环节或分过程。从生产流程的角度考虑,质量与过程密切相关,是过程的一组固有特性满足要求的程度,包括规划过程质量、设计过程质量、制作过程质量、使用过程质量和服务过程质量。因此,过程质量决定了产品质量。

在图书出版过程中,选题既是确定出版项目的活动,也是具体的出版项目。

选题首先是确定出版项目的活动，这项活动承担着图书产品的规划、设计任务，不仅要设计出虚拟的图书产品，而且要规划出实现设计的具体方案。因此，从过程质量上考虑，选题质量在很大程度上决定了图书产品的质量，正如出版界流行语所言“选题出错，一错再错”。如果我们将选题理解为具体的出版项目，选题实际上就是出版组织的一个基本产品单位，选题一旦制定出来并决定采用，出版组织就会围绕这个选题建立编校流程，合理配置资源。与审稿、加工、校对、印制诸环节不同的是，图书的选题策划几乎涉及出版组织的各个部门和各类人员。提高选题工作质量，也就是提高组织各部门和各类人员对选题过程质量的保证程度，需要动员组织的全部人员。因此，如何动员各方力量，规划设计出优秀选题，直接关系到图书的整体质量。出版组织必须从质量的角度对选题工作进行组织、指挥和协调，就是说要进行选题质量管理。唯有如此，才能通过切实提高选题的质量来保证图书质量。

长期以来，出版界对选题工作给予高度重视，倾注了大量的心血。任何一个成功的选题，都是编辑出版人员在深入市场调研、明确读者需要的基础上进行科学设计论证、精确文化定位、合理配置资源的结果。但是多年来，我国出版界在选题质量管理方面几乎是一片空白，图书的选题质量难以保证，这直接影响着出版过程中的编校质量、装帧设计质量和印制质量，最终导致图书内容质量低下，难以满足读者需求，造成销售困难。因此，对选题质量进行全面管理是提高图书质量的当务之急。

2. 选题质量管理的内容

选题质量管理是为保证选题达到原先预定的各项质量要求而进行的组织活动，包括选题质量规划、选题质量设计和选题质量论证等质量活动。

选题质量规划的任务是根据出版组织质量方针确定选题的质量目标，明确选题策划阶段的质量责任；选题质量设计就是在选题设计中提出质量要求，确定图书产品的质量水平（或质量等级），规定实现质量目标的条件；选题质量论证主要是从质量管理的角度，以选题质量目标为标准，逐一对选题设计方案进行评审、验证和分析，实际上是选题策划质量的持续改进措施。根据全面质量管理理论，选题质量规划、选题质量设计和选题质量论证实际上就是一个 PDCA 循环过程，构成了选题质量管理体系，一方面为出版组织选题统筹决策提供质量依据，另一方面能有效地识别选题设计工作中的偏差和错误，防止将设计缺陷带到组稿、编校等环节中影响图书质量，确保选题策划质量。如图 5－1 所示。

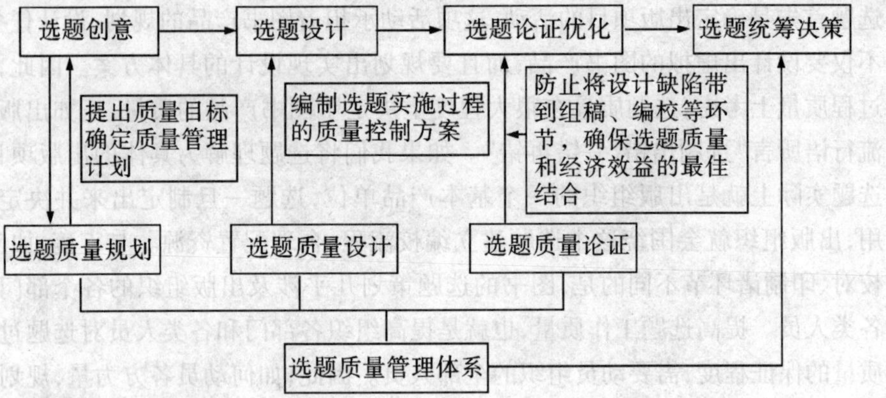

图 5－1 选题质量管理与选题策划的关系图

三、选题质量管理的方法——质量功能配置

质量功能配置(Quality Function Deployment，简称 QFD)是一种立足于在产品设计开发过程中最大限度地满足顾客需求的系统化、用户驱动式的质量保证方法。它于20世纪70年代初起源于日本，由日本东京技术学院的 Shigeru Mizuno 博士提出，进入80年代以后逐步得到欧美各发达国家的重视并得到广泛应用。质量功能配置体现了以市场为导向，以顾客要求为产品开发依据的指导思想。尽管精神产品的功能需求要比一般物质产品复杂得多，但是通过质量功能配置，我们仍然能够以读者和市场需求为驱动，实现质量和成本等的逐级展开，明确选题质量目标和重点问题，并形成可视化的设计图表。

为了保证图书产品能为顾客所接受，出版组织必须在选题设计阶段就认真研究和分析顾客的需求，将顾客的需求转化为可以进行和实施产品设计的质量特性。图书产品质量可以用多种质量特性，比如内容特性、装帧特性、经济特性、使用特性等来体现。只有将这些特性落实到产品的研制和生产的整个过程中，最终转换成产品特征，才能真正体现顾客提出的需求。质量功能配置是在产品策划和设计阶段就实施质量保证与改进的一种有效的方法，能够以最快的速度、最低的成本和优良的质量满足顾客的最大需求，已成为组织进行全面质量管理的重要工具和实施产品质量改进的有效工具。

1. 选题质量功能配置(QFD)的定义

目前还没有一个关于质量功能配置的统一的定义，但对其本质和特点，管理学界已经形成共识。

第一，QFD 是一种由顾客需求所驱动的产品开发管理方法，就是将用户的要求变换成代用特性,确定产品的设计质量,然后经过各功能部件的质量,进而至各部分的质量和工序要素,对其中的关系进行系统的展开。

第二,QFD 的最显著特点是要求企业不断地倾听顾客的意见和需求,并通过合适的方法,采取适当的措施在产品形成的全过程中体现这些需求。

第三,QFD 是在实现顾客需求的过程中,帮助在产品形成过程中所涉及的组织各职能部门制订出各自相应的技术要求的实施措施,并使各职能部门协同工作,共同采取措施保证和提高产品质量。

第四,QFD 的应用涉及了产品形成全过程的各个阶段,尤其是产品的设计和生产规划阶段,被认为是一种在产品开发阶段进行质量保证的方法。

由此可见,选题质量功能配置就是从质量保证和不断提高的角度出发,通过一定的市场调查方法获取读者需求,并采用矩阵图解法和质量屋的方法将顾客的需求分解到产品开发的各个过程和各个职能部门中去,以实现对各职能部门和各个过程工作的协调和统一部署,使它们能够共同努力、一起采取措施,最终保证产品质量,使设计和制造的产品能真正满足顾客的需求。

2. 选题质量功能配置(QFD)的原理

严格地说,QFD 只是一种思想,一种产品开发管理和质量保证的方法论。实施选题质量功能配置的基础是正确理解顾客需求,实施选题质量功能配置的关键是将读者需求分解到产品形成的各个过程,将顾客需求转换成产品开发过程具体的技术要求和质量控制要求。相关矩阵(也称质量屋)是实施 QFD 展开的基本工具,瀑布式分解模型则是 QFD 的展开方式和整体实施思想的描述。对于如何将顾客需求一步一步地分解和配置到产品开发的各个过程中,还没有固定的模式和分解模型。鉴于图书的精神产品特性,选题策划设计可以按读者需求→图书产品内容质量目标→内容特性→工序步骤→工艺/质量控制参数,将读者需求分为四个质量屋矩阵,如图 5-2 所示。

读者需求是 QFD 最基本的输入。读者需求的获取是 QFD 实施中最关键也是最困难的工作。要通过各种先进的方法、手段和渠道搜集、分析和整理读者的各种需求,并采用数学的方式对其加以描述。之后,进一步采用质量屋矩阵的形式,将读者需求逐步展开,分层地转换为产品的选题质量目标、关键内容特性、关键工艺步骤和质量控制方法。在展开过程中,上一步的输出是下一步的输入,构成瀑布式分解过程。QFD 从顾客需求开始,经过四个阶段,即四步分解,用四个质量矩阵——选题规划矩阵、内容规划矩阵、工艺规划矩阵和工艺/

质量控制矩阵，将顾客的需求配置到选题策划开发的整个过程。

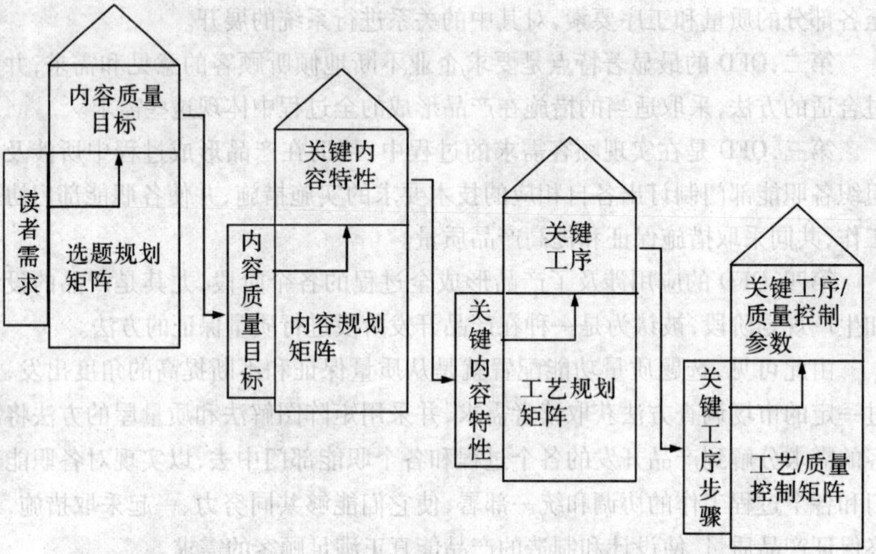

图5－2 选题质量功能配置的QFD瀑布式分解模型示意图

3. 质量功能配置的工具——质量屋

质量屋（House of Quality，简称为HOQ）的概念是由美国学者J. R. Hauser和D. Clausing在1988年提出的。质量屋为将顾客需求转换为产品特性以及进一步将产品技术需求转换为关键内容特性、将关键内容特性转换为关键工序步骤和将关键工序步骤转换为关键工序/质量控制参数等QFD的一系列瀑布式的分解提供了一个基本工具。质量屋结构如图5－3所示。

一个完整的质量屋包括六个部分：

①读者需求及其权重，即质量屋的“什么（What）”；

②最终产品特性，即质量屋的“如何（How）”；

③关系矩阵，即读者需求和内容质量目标之间的相关程序关系矩阵；

④竞争分析，即站在读者和客户的角度，对本企业的产品和市场上其他竞争者的产品在满足顾客需求方面进行评估；

⑤内容质量目标相关关系矩阵，质量屋的屋顶；

⑥编创评估，即对内容质量目标进行竞争性评估，确定内容质量目标的重要度和目标值等。

以上是针对QFD瀑布式分解过程中的第一个质量屋——选题规划矩阵（如图

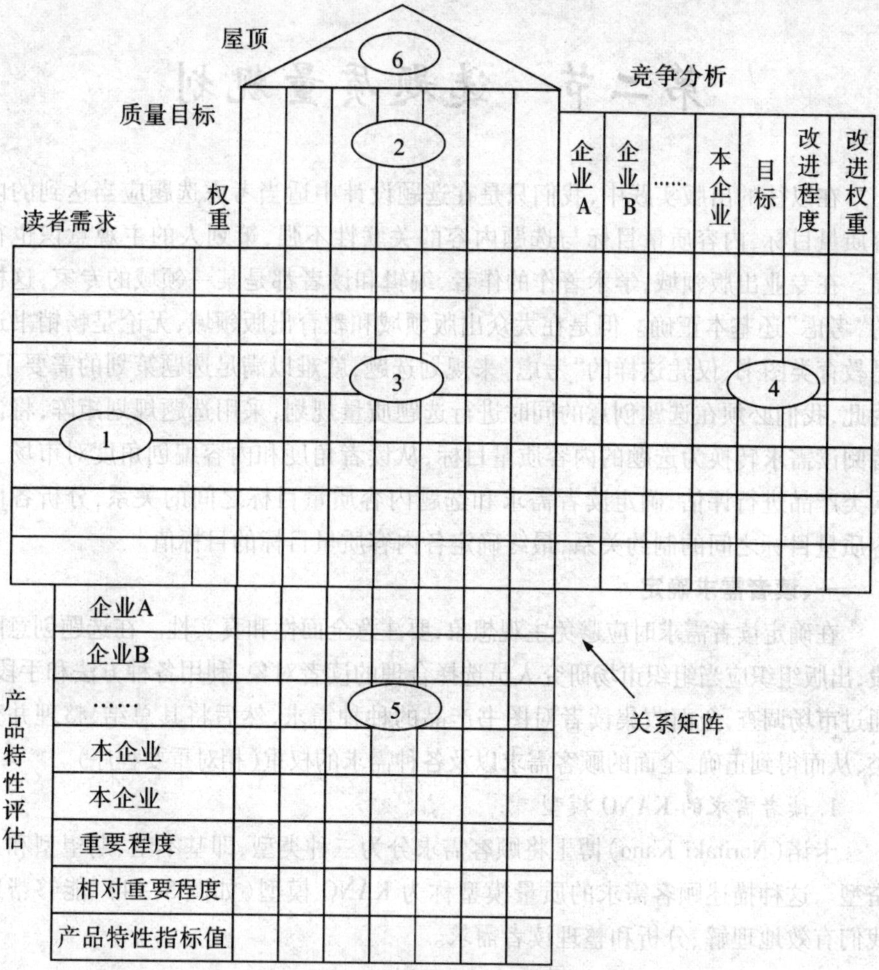

图 5－3　质量屋结构形式示意图

5－3 所示）来描述的质量屋结构，QFD 瀑布式分解过程中的其他配置矩阵的质量屋结构完全相同，所不同的是读者需求中的读者已变成了广义的顾客，内容质量目标也进一步扩展为引申的编创方面的需求，但仍是质量屋中的“什么”和“如何”。这时，QFD 瀑布式分解过程中的上一级质量屋，如图 5－3 中的产品规划矩阵，就变成了其下一级质量屋——内容配置矩阵的顾客，相应地，下一级质量屋——内容配置矩阵的内容质量目标也就具体地变为关键内容特性。其余以此类推。

第二节 选题质量规划

在以往的出版实践中,我们只是在选题设计中适当考虑选题应当达到的内容质量目标,内容质量目标与选题内容的关联性不强,策划人的主观意识也很强。在专业出版领域,学术著作的作者、编辑和读者都是某一领域的专家,这样的"考虑"还基本正确。但是在大众出版领域和教育出版领域,无论是畅销书还是教育类图书,仅凭这样的"考虑"来规划选题,就难以满足选题策划的需要了。为此,我们必须在选题创意的同时进行选题质量规划,采用选题规划矩阵,将读者阅读需求转换为选题的内容质量目标,从读者角度和内容编创角度对市场上同类产品进行评估,确定读者需求和选题内容质量目标之间的关系,分析各内容质量目标之间的制约关系,最终确定各内容质量目标的目标值。

一、读者需求确定

在确定读者需求时应避免主观想象,要注意全面性和真实性。在选题创意阶段,出版组织应当组织市场研究人员选择合理的读者对象,利用各种方法和手段,通过市场调查,全面收集读者对图书产品的种种需求,然后将其总结、整理并分类,从而得到正确、全面的顾客需求以及各种需求的权重(相对重要程序)。

1. 读者需求的 KANO 模型

卡诺(Noritaki Kano)博士将顾客需求分为三种类型,即基本型、期望型和兴奋型。这种描述顾客需求的质量模型称为 KANO 模型(如图 5-4),能够帮助我们有效地理解、分析和整理读者需求。

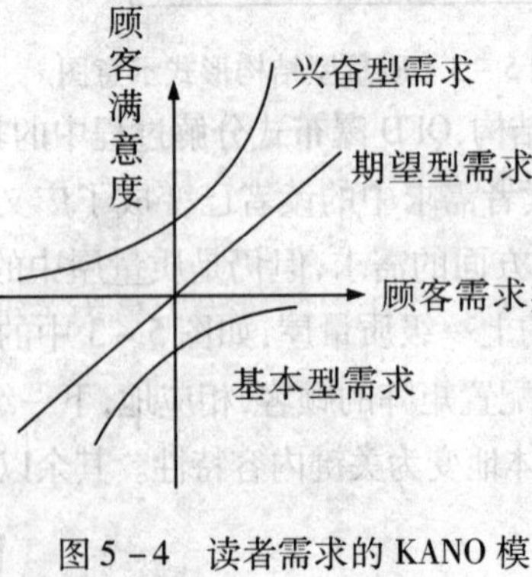

图 5-4 读者需求的 KANO 模型

(1)基本型需求

基本型需求是读者认为图书产品应该具有的基本功能,一般情况下读者不会专门提出。基本型需求作为图书产品应具有的最基本功能,如果没有得到满足,读者就会很不满意;相反,当完全满足这些基本型需求时,读者也不会表现出特别满意。例如,通过部首笔画索引和音序在工具书上检索词条就属于基本型需求,一般读者不会专门提出这种需求,因为他们认为这是理所当然的。然而,无论是部首笔画还是音序,只要检索不到词条,读者就会非常不满。

(2)期望型需求

在市场上读者经常谈论的通常是期望型需求。期望型需求在产品中实现得越多,读者就越满意;相反,当不能满足这些期望型需求时,读者就会不满意。出版组织要不断调查和研究读者的这种需求,并通过合适的方法在产品中体现这种需求。例如,教辅图书举一反三就属于这种需求。期望型需求满足得越多,读者就越满意。

(3)兴奋型需求

兴奋型需求是指令读者意想不到的产品特性。如果产品没有提供这类需求,读者不会不满意,因为他们通常就没有想到这类需求;相反,当图书提供了这类需求时,读者对图书就会非常满意。例如,陕西师范大学出版社出版的《学生成语词典》,对每一条成语,除了释词外,还增加了直译和抽象释义。对成语的直译和抽象释义,就是这部成语词典提供的兴奋型需求,实现了从三个层面对成语的全息解读,既使读者明白整条成语的意义,又使读者对成语意义与字词间的关系心领神会,读者对此极为满意。通过满足兴奋型需求,这部词典使读者彻底摆脱过去只朦胧懂得成语释义而不理解成语中每个字词含义的情况,在层层深入的逻辑思维中对成语释义达到全面掌握。随着时间的推移,兴奋型需求会向期望型需求和基本型需求转变,因此,为了使出版组织在激烈的市场竞争中立于不败之地,应该不断地了解读者的需求,包括潜在的需求,并在产品设计中体现出来。

2. 读者需求的获取

如前所述,获取读者需求是 QFD 实施过程中最为关键也是最难的一步。获取读者需求具体包括读者需求的确定、各种需求的相对重要度的确定以及读者对市场上同类产品在满足他们需求方面的看法等。读者需求的获取主要通过市场调查,然后经整理和分析而得到。获取读者需求的一般步骤是:

①合理选择调查对象。对于新选题,应重点调查与该选题相类似的产品的

用户;对于现有产品的更新换代,应重点调查现有产品的用户。

②合理选择调查方法。市场调查的方法很多,各有其优缺点,必须结合实际情况合理地选择。常用的方法有面谈调查法、问卷调查法和观察调查法等。

③进行市场调查。

④分析与整理调查信息。通过对调查信息的分析与整理,形成 QFD 配置所需的顾客需求信息及形式。

例如,经过调查、分析和整理后的某同步类教辅图书的读者需求如图 5－5 所示。

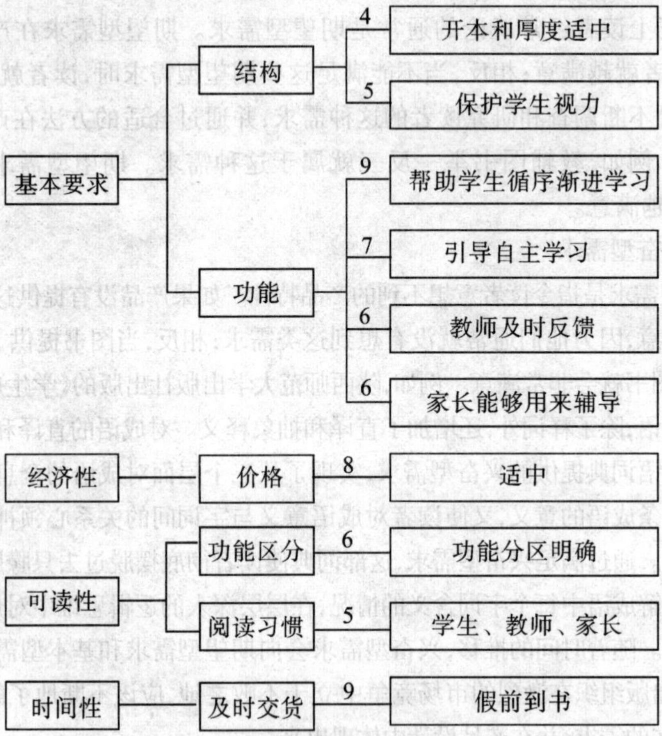

图 5－5　某同步教辅图书选题读者需求展开图

该选题的读者需求展开图用类似系统图树形结构,将读者的需求按基本要求、经济性、可读性和时间性分成四大类,每一类又有相应的要求指标。最后一级的需求前的数字表示顾客需求的重要程度,即权重,它也是通过市场调查、分析得到的。

二、读者需求与内容质量目标转换

通过选题规划矩阵,即选题规划质量屋,将读者需求转换为选题的内容质量目标,也就是图书产品的最终内容特征,并根据顾客需求的竞争性评估和质量需求的竞争性评估,确定各个内容质量目标的目标值。

1. 读者需求重要度(权重)

首先,对读者需求按照功能、可信性(包括可读性、可靠性等)、适应性、经济性(开发成本、印制成本和使用成本)和时间性(产品寿命和及时交货)等进行分类,并根据分类结果将获取的顾客需求直接配置至产品规划质量屋中相应的位置。然后,对各需求按相互间的相对重要度进行标定。具体可采用0~9数字分10个级别标定各需求的重要度。数值越大,说明重要度越高;反之,说明重要度越低。

2. 配置内容质量目标

在配置内容质量目标时,应注意满足以下三个条件。

①针对性。内容质量目标要针对所配置的顾客需求。

②可测量性。为了便于实施对内容质量目标的控制,内容质量目标应可测定。

③宏观性。内容质量目标只是为以后的选题设计提供指导和评价准则,而不是具体的产品整体方案设计。对于内容质量目标,要从宏观上以图书产品功能的形成来描述。例如,当读者提出"希望同步类教辅图书能引导自主学习"的要求时,相应的内容质量目标就应配置为"评价体系"。同步类教辅图书的评价体系越完善,读者就越满意。

例如,针对图5-5所示某同步类教辅图书的读者需求,可以配置"增加习题难度"、"更新评价体系"、"优化例题"等七项内容质量目标。图5-6的上方就是内容质量目标。

3. 关系矩阵

内容质量目标和读者需求之间的关系程度是不同的,即某项内容质量目标对读者需求的影响程度是不一样的,要将内容质量目标和读者需求之间的关系密切程度用量化指标表示出来。简单的表示方法是用"强"、"中等"、"弱"三种级别表示,在图中分别用符号"◎"、"○"和"△"表示,它们分别对应数字"9"、"3"和"1"。也可以用更详细的量化方法表示该关系,如用模糊关系和神经网络等方法表示。图5-6的中间是前文举例的同步类教辅图书的关系矩阵。读者需求与内容质量目标之间的相关程度越强,说明改善内容质量目标会越强烈地影响到对读者需求的满足情况。读者需求与内容质量目标之间的关系矩阵,直观地说明了内容质量目标是否适当地覆盖了读者需求。如果关系矩阵中相关符号很少或大部分是“弱”相关符号，则表示内容质量目标没有足够地满足读者需求，应对它进行修正。

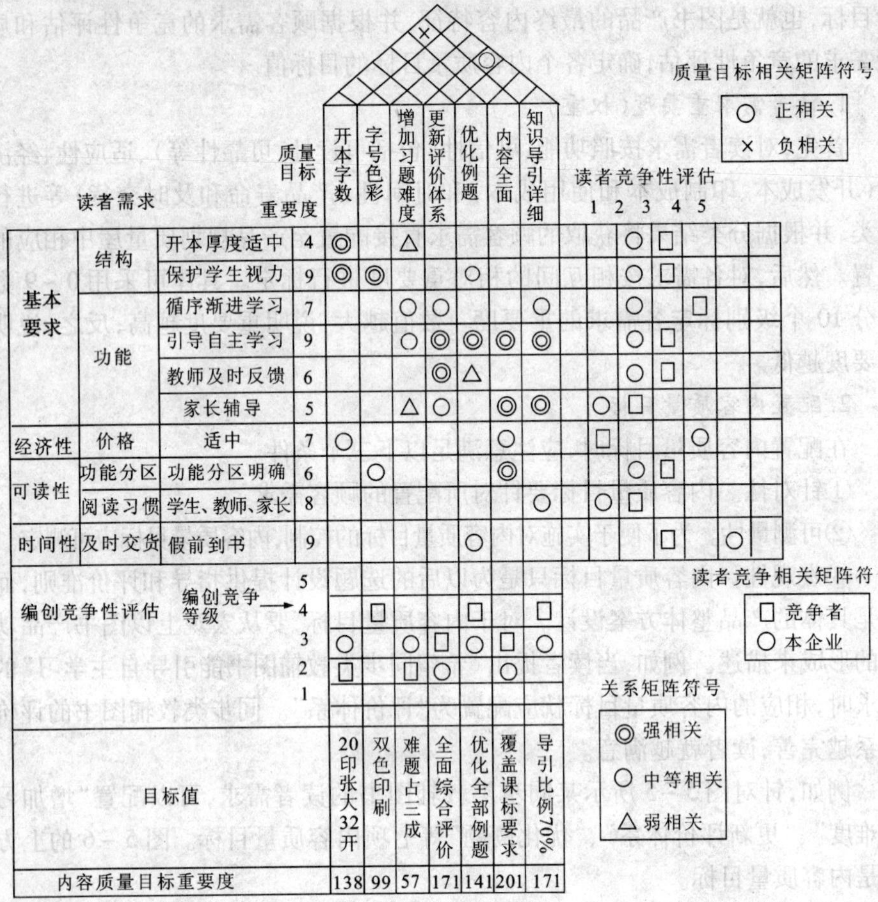
质量目标相关矩阵符号
○ 正相关
× 负相关
质量目标
读者需求
重要度
开本字数
字号色彩
增加习题难度
更新评价体系
优化例题
内容全面
知识导引详细
读者竞争性评估
1 2 3 4 5
基本要求
结构
开本厚度适中 4
保护学生视力 9
功能
循序渐进学习 7
引导自主学习 9
教师及时反馈 6
家长辅导 5
经济性
价格
适中 7
可读性
功能分区
功能分区明确 6
阅读习惯
学生、教师、家长 8
时间性
及时交货
假前到书 9
读者竞争相关矩阵符号
□ 竞争者
○ 本企业
编创竞争性评估
编创竞争等级
5 4 3 2 1
关系矩阵符号
◎ 强相关
○ 中等相关
△ 弱相关
目标值
20印张大32开
双色印刷
难题占三成
全面综合评价
优化全部例题
覆盖课标要求
导引比例70%
内容质量目标重要度
138 99 57 171 141 201 171

图5-6　同步类教辅图书产品规划矩阵

对关系矩阵中的相关符号可以按“强”相关为9、“中等”相关为3、“弱”相关为1，直接配置成数字形式。也可按百分制的形式配置成[0,1]范围内的小数或用其他方式描述。下述是关系矩阵的数学表示：

$$R=\begin{bmatrix} r_{11} & r_{12} & \cdots & r_{1np} \\ r_{21} & r_{22} & \cdots & r_{2np} \\ \cdots & \cdots & & \cdots \\ r_{nc1} & r_{nc2} & \cdots & r_{nc,np} \end{bmatrix}$$

其中 nc 和 np 分别指的是读者需求和内容质量目标的个数，$r_{ij}(i=1,2,3,\cdots,nc;\ j=1,2,3,\cdots,np)$ 指的是第 i 个读者需求与第 j 个内容质量目标之间的相关程度值。

在完成读者需求和内容质量目标的关系矩阵需求后，还要对其进行评审和分析，主要检查关系的每一行和每一列，看是否有空行或空列存在。如果某一行无关系符号或只有“弱”的关系，则表示已有的内容质量目标没有足够地满足顾客的需求，应补充新的内容质量目标。如果某一列无关系符号或只有“弱”的关系，则意味着其对应的内容质量目标是多余的，应予以剔除。除此之外，还要分析关系矩阵中关系符号和填充率，它表示内容质量目标是否足够地覆盖了所有的读者需求，一般填充率应为25%～40%。

三、内容质量目标的确定

竞争评估分为读者竞争评估和编创竞争评估。

1. 读者竞争评估

读者竞争评估是从读者的角度对本企业所规划的产品和竞争者的产品满足他们需求方面的评估。它反映了市场现有产品的优势和弱点以及产品需要改进的地方。其数据也是通过市场调查得到的。一般将读者对某类产品的满意程度用量化指标表示，分为五个等级，用数字1～5表示，5表示满意程度最高，1表示最不满意。然后根据本企业现状和改进目标计算出对读者需求的改进程序（比例）。最后，再根据改进程序、重要性等计算出读者需求的权重（绝对值和百分比）。

下面是竞争分析配置计算过程中的各项计算公式。

改进程序（比例）= 改进目标/本企业现状；

权重绝对值 I_{ai} = 改进目标 × 读者需求的重要度；

权重相对值 $I_i = (I_{ai}/\sum I_{ai}) \times 100\%$，$i$ 表示读者需求的编号。

进行读者竞争评估的目的是为确定选题的编创指标和对产品的改进目标，以便确定本选题的编创重点。图5-6右方是同步类教辅图书的读者竞争评估。图中的“□”表示竞争者，“○”表示本企业。

2. 编创竞争评估

编创竞争评估是QFD产品规划矩阵的重要部分，它包括内容质量目标值的确定、编创竞争的评估和内容质量目标重要度的计算。

编创评估的配置主要是完成对各内容质量目标的编创水平及其重要性的计算与评估。其任务之一是通过与相关外企业状况的比较，评估本企业所提出的这些内容质量目标的现有编创水平；任务之二是利用竞争分析的结果和关系矩阵中的信息，计算各项内容质量目标的重要程度（绝对值和百分比），以便作为制定内容质量目标具体编创指标或参数的依据。

内容质量目标的重要程度按下面两式计算：

重要程序 T_{aj}的绝对值 = $\sum r_{ij} \cdot I_i$

重要程序 T_j 的相对值 = $(T_{aj}/\sum T_{aj}) \times 100\%$

其中 i 表示读者需求的编号，j 表示内容质量目标的编号，r_{ij}是关系矩阵值，I_i 是读者需求的权重。

由于各内容质量目标采用的测量单位不同，为了便于评估，要将它们转换成统一的规范，一般也用数字 1 ~5 表示编创竞争评估的级别，分别表示其他企业和本企业产品在市场中的竞争能力的大小。5 表示最好，1 表示最差。这些数据也是通过市场调查和分析整理得到的。

编创指标通常根据顾客需求的权重、读者需求与内容质量目标的关系矩阵和当前产品优势和弱点（编创竞争评估和读者竞争评估结果）来确定。

内容质量目标重要度的计算按前面所给出的相关公式进行。例如，在图5－6中，内容质量目标“更新评价体系”影响到四项读者需求（循序渐进学习、引导自主学习、教师及时反馈和家长辅导），其对应的重要程度分别为3、9、9、3，权重为7、9、6、5，则其内容质量目标重要程度为：

$T_{aj} = r_{ij} \cdot I_i = 3 \times 7 + 9 \times 9 + 9 \times 6 + 3 \times 5 = 171$

图5－6 下方表示同步类教辅的编创竞争评估结果。

3. 内容质量目标之间的相互关系

质量屋的屋顶表示出了各内容质量目标之间的相互关系，这种关系表现为三种形式：无关系、正相关和负相关。屋顶中的内容不需要计算，一般只是用单圆圈表示正相关，用符号 × 表示负相关，将其标注到质量屋屋顶的相应项上，作为确定各内容质量目标具体编创参数的参考信息。例如，“内容全面”和“开本字数”是负相关的，意味着“内容全面”则可能增加字数。又如“知识导引详细”和“更新评价体系”是正相关的，意味着“更新评价体系”也同时使知识导引更详细。

在根据各内容质量目标重要程序等信息确定产品具体编创参数时，不能只单独、片面地提高重要程度高的产品内容质量目标的编创参数，还要考虑各内容质量目标之间的相互影响或制约关系。特别要注意那些负相关的内容质量目标。负相关的内容质量目标之间存在着相反的作用，提高某一内容质量目标的编创参数则意味着降低另一内容质量目标的编创参数或性能。此外，对于那些正相关的内容质量目标，可以只提高其中比较容易实现的内容质量目标的编创指标或参数。

4. 内容质量目标的确定

开发 QFD 矩阵主要是为了促使出版组织在选题策划阶段同读者进行接触，了解他们的需求，同时帮助出版组织在有限的资源制约下确定选题设计阶段的内容质量目标，以使读者的满意度最大。一般来说，不必选择太多的内容质量目标项进入下一阶段的展开。选择进入下一阶段展开的内容质量目标时，原则上是根据以上所计算的内容质量目标的重要程度进行，选择一些重要度高的内容质量目标进入下一阶段的展开。实际上要综合考虑多种因素，这些因素包括内容质量目标的重要度、读者竞争评估、编创竞争评估、编创实施难度、成本和内容质量目标相关矩阵等。它主要凭借选题策划者的经验进行。例如，如果读者竞争评估和编创竞争评估表明某企业产品的某项内容质量目标在现有的条件下就能使读者较为满意，在此情况下就没有必要将该内容质量目标展开到下一阶段去。相反，当读者对企业产品的某项内容质量目标不太满意时，选题策划小组成员应权衡利弊，综合考虑后决定是否将该内容质量目标展开到下一阶段。

第三节 选题质量设计

选题质量设计不同于选题设计，但与选题设计密切相关。首先，通过选题质量设计，选题规划得出的图书产品内容质量目标被转换为选题关键内容特性，使选题设计能够有的放矢，进而为最终实现图书产品的质量目标打下坚实基础。其次，选题设计将关键内容特性转换为关键工序，制定工序质量控制规划，作为选题策划方案的一部分，指导其后各个出版环节的质量管理工作。

一、选题关键内容特性的确定与选题设计

选题关键内容的确定需要采用内容规划矩阵。与产品规划矩阵不同，主要内容规划矩阵要简单得多，它包括了矩阵的几个基本组成部分，即内容质量目标、关键内容特性、关系矩阵和关键内容特性目标值。内容规划矩阵的开发过程同产品规划矩阵基本相同。

例如，前文述及的同步教辅图书的内容规划矩阵如图 5－7 所示，它主要由以下几个部分组成。

(1)内容质量目标

从产品规划矩阵中选择后转移到该矩阵。根据产品规划的结果，我们特选

取“更新评价体系”、“内容全面”和“知识导引详细”三项重要度高的内容质量目标进入该阶段展开。

(2)关键内容特性

由 QFD 小组根据内容质量目标分析结果等因素决定。

(3)内容质量目标与关键内容特性的关系矩阵

(4)关键内容特性的编创规范

内容特性在内容规划阶段同样要对关系矩阵进行评审,按要求补充新的内容特性,也可去除多余的内容特性。

内容规划矩阵分析出的图书关键内容特性是选题设计最为重要的依据。内容规划矩阵分析工作一般由质量管理部门负责,出版流程涉及的其他部门人员共同参与并协同工作,最终形成分析报告,明确指出该选题的关键内容特性。

选题策划部门根据内容配置中所确定的关键内容的特性及已完成的选题初步设计结果等,进行选题详细设计,完成选题各部分内容的设计工作。

例如,根据图 5 - 7 中内容质量目标的重要程度和各内容目标的权重,该同

关系矩阵符号

◎ 强相关
○ 中等相关
△ 弱相关

		关键内容特征	教材导引系统		学习过程系统			促进学习的综合评价系统			
			知识导引	能力发展建议	学习态度养成	习题	例题	知识水平评价	学习方案	学习能力评价	情感态度评价
编创需求	目标值	重要度									
更新评价体系	全方位评价并提出改进学习的方案	8	△	△	◎	○	△	◎	◎	◎	◎
内容全面	覆盖教材要求的知识、态度、能力等	9	◎	○	△	○	△	○	○	○	○
知识导引详细	全面解析教材	7	◎	◎	△	○	○	△	△	△	△
		内容特征目标值	引导比例超过70%	根据评价结果建议	通过过程端正态度	难度超过教材	根据课标全部优化	根据测试结果客观评价	根据结果给出个性化方案	分级综合评价读者学习能力	综合评价读者学习态度
		权重	145	98	88	72	38	106	106	106	106

图 5 - 7 同步教辅图书的内容规划矩阵

步教辅图书的关键内容要突出知识水平评价、学习能力评价、情感态度与价值观评价、在评价基础上的个性化学习方案、学习态度养成及全面知识导引等,也

就是说在这些方面要有所突破。

二、编校装帧工艺规划

完成该矩阵的构造与有关参数计算后，就要选择需要进入编校装帧工艺规划矩阵的关键内容特性。通过工艺规划矩阵，确定为保证实现关键产品特征和各部分内容特征所必须给以保证的关键工艺步骤及其特征，即从出版流程中选择和确定出对实现内容特征具有重要作用或影响的关键工序，并确定其关键程序。

QFD 小组一般应先分析那些"强"相关符号较多的内容特性，结合内容特性的权重、可靠性分析、风险分析及经验知识等，选择应进行下一阶段工艺规划矩阵的展开。

工艺规划矩阵的开发步骤同内容规划矩阵基本类似，主要有以下几步。

①从内容规划矩阵中选择的关键内容特性被配置到工艺规划矩阵中，成为工艺规划矩阵的输入。

②决定关键编校装帧工艺步骤及其相应的特性（工艺/质量控制参数）。它们是为了保证满足待展开的内容特性和出版组织需求所必须控制的参数。

③决定相关关系矩阵并建立编校装帧工艺规范。

④分析编校装帧工艺规划矩阵，决定应进入下一步质量控制规划阶段的关键工艺特性。

关键工艺特性和参数也是根据关键内容特性和经验确定的，它们是为了保证内容满足其需求在制造中必须加以控制的要素。例如，前文所举的同步教辅图书完整的工艺规划矩阵如图 5－8 所示。从严格的 QFD 观点出发，工艺规划矩阵应只包含两个条件的工艺特性：关键编校装帧过程中的一些工艺特性；直接针对工艺规划矩阵的关键内容特性而设置的工艺特性。但在实际应用中出版组织在进行工艺规划时，它们可能希望对整个工艺进行研究，而不局限于上述范围。

工艺规划矩阵的分析同内容规划矩阵类似，也应选择需要展开到质量控制规划阶段的关键工艺特性。一般根据矩阵中每个工艺特性的重要度和经验来选择关键工艺特性。对于大多数工艺来说，其工序数和关键工艺特性数不会太多。因此，可以将所有的工艺特性转移到质量控制规划矩阵阶段中，因为这样做不会增加太多的时间，而且不需要再选择展开质量控制规划阶段的关键工艺特性。

编校装帧工艺流程	关键工艺特征	教材导引系统	学习过程系统	促进学习的评价系统	编校装帧工艺规范
组稿	确定编撰要求	◎	◎	◎	选题方案
	选择作者	○		◎	作者的评价和选择程序
	沟通并确定约稿关系	○	○	○	组稿的验证程序
	样稿检查并协助作者编写	○	○	◎	组稿的验证程序
审稿	责任编辑初读	○	○	◎	审稿控制程序
	责任编辑评价性阅读及审读报告撰写	○	○	○	审稿控制程序
	复审终审选择性阅读	○	○	○	审稿控制程序
	书稿退改	○	○	○	审稿控制程序
编辑加工	加工准备	○	○	◎	编校及装帧设计控制程序
	粗读摸底	○	○	○	编校及装帧设计控制程序
	通读加工	○	◎	◎	编校及装帧设计控制程序
发稿	责编复查及作者复核	○	◎	○	编校及装帧设计控制程序
	部室主任复核	○	○	○	编校及装帧设计控制程序
	总编辑批准发稿	○	○	○	编校及装帧设计控制程序
装帧设计	版式设计	△	△	○	编校及装帧设计控制程序
	封面设计	○	○	○	编校及装帧设计控制程序
	整体美术设计	△	△	○	编校及装帧设计控制程序
校对	一校核定版式校异同	○	◎	○	原稿
	二校校异同并质疑	○	◎	○	原稿
	三校校异同并机读检查	○	○	○	原稿
	四校校是非付印	◎	◎	◎	编校及装帧设计控制程序

关系矩阵符号：◎强相关　○中等相关　△弱相关

图 5－8　同步教辅图书的工艺规划矩阵

三、工序质量控制规划

通过工艺/质量控制矩阵，将关键内容特性所对应的关键工序及工艺参数转换为具体的工艺/质量控制方法，包括控制参数、控制点、样本容量及检验方法等。

前三个阶段的展开矩阵的结构大多基本相似，其构造与分析方法也相似。到了工序质量控制规划阶段，情况就有差别，没有形成一个比较规范的格式。在应用 QFD 进行工序质量控制规划时，应结合出版的实际，充分利用并体现在长期生产中积累的行之有效的制造质量控制方法。表 5－1 是质量控制规划阶段经常使用的 QFD 矩阵样表。

表 5－1　一种工序质量控制规划矩阵表

关键工艺步骤	关键工艺参数	控制点	控制方法	检验方法

我们回到前面所举的同步教辅图书。根据以上对该教辅图书的工艺规划矩阵分析，结合在该教辅图书中增加促进学生学习的评价系统的实际，我们可

以整理出这套教辅图书的编校装帧工序质量控制规划矩阵表,如表5-2所示。

表5-2　教辅图书的编校装帧工序质量控制规划矩阵表

关键工艺步骤	关键工艺参数	控制点	控制方法	检验方法
组稿	一次审稿通过率	确定编撰要求 选择作者	策划部、编辑部 相互核查验收	选题策划人复检 编辑部三审书稿
编辑加工	发稿齐、清、定率	通读加工	作者复核书稿 室主任复核书稿	抽查
校对	编校差错率	一校、二校	质检员复核	抽检
		校是非付印	责编、责校交叉核查	抽检

第四节　选题质量论证

选题质量论证从质量管理的角度对选题设计进行评审、验证和分析,是选题论证的重要组成部分,包括选题设计缺陷分析和选题质量经济分析。通过选题设计缺陷分析评价,可防止和识别选题设计工作中的偏差和错误,确保开发设计质量,防止将设计缺陷带到组稿、编校、印制等环节中影响选题实现和图书质量。而选题质量经济分析评价,则是通过对选题质量成本的分析,确保拟开发的选题能够做到质量和经济效益的最佳结合。

一、选题设计缺陷分析评价

为及早发现、防止和弥补选题设计本身的缺陷,在选题开发设计过程中各阶段决策点上,组织与选题形成过程有关但不直接参与或对选题开发设计不负直接责任的专家,对选题设计及可能出现的缺陷进行评审,及早发现和补救设计中的问题。

选题设计缺陷分析就是要分析出选题可能出现"不足质量",即在编校、印制过程中容易导致粗制滥造使读者蒙受损失的质量目标。缺陷分析可按照一定程序,有步骤地分析选题设计每一部分可能出现的缺陷模式及对整个选题的影响程度。

学术专著和文学作品的选题策划多为作者主导,而且对读者的影响是多元的,所以采用定性分析即可。但是对针对性极强的大众娱乐类、普及类图书,以及教科书和教辅图书,应尽可能采用定性和定量相结合的方法进行缺陷分析。例如,作为学生学习辅助工具的教辅图书,其全部内容就可分为知识导引系统、例题—习题系统和评价系统，三个系统又分别由各自的分析系统构成。图书选题设计缺陷分析通常按照选题的系统、分系统、子系统的构成模式分级进行，其工作内容包括查明选题内潜在的各种缺陷模式、查找缺陷产生的原因、分析缺陷对图书造成的影响并提出改进的对策或措施。

选题设计缺陷分析评价一般按照下列程序进行：

①明确图书选题的质量目标；

②明确缺陷质量目标的判定基准，即劣化到何种程度才可判定为缺陷；

③找出可能发生缺陷的内容；

④分析选题内容可能发生哪些缺陷并分析发生缺陷的原因；

⑤分析缺陷部分对整本图书可能产生的影响；

⑥分析预测缺陷的严重程度，将缺陷的影响按严重程度分级，如表 5－3 所示，填写缺陷影响程度评价基准表，用评分法做出缺陷严重性综合评价——$C=E\times P\times T$，评分值 C 可作为评价各种缺陷严重程度的尺度；

表 5－3 质量缺陷程度分级表

分级	对选题的影响程度(E)	缺陷发生的频率(P)	对策时间(T)
Ⅰ	颠覆性问题	高(极易发生)	对策时间紧
Ⅱ	重要问题	易发生	对策时间短
Ⅲ	次要问题	有时发生	对策时间长
Ⅳ	一般性问题	不易发生	对策时间无限

⑦根据评价结果的严重程度，以 C 值较大的缺陷模式为主要对象，确定修订方案；

⑧写出分析报告，说明预防缺陷和控制缺陷的必要措施。

二、选题质量经济分析评价

根据现代质量管理理论，从选题设计和作者创作开始，直到图书出版后完成使命的全过程中，图书出版者要始终考虑价值、功能和成本的关系：

$$V=F/C$$

其中，V 为价值，F 为功能，C 为成本。产品价值的选择，应以适当的成本提供最高的功能为基准，就是说要选择“最佳效费比”。因此，选题质量经济分析就是从图书功能与成本的结合上，对选题设计、作者创作、编校装帧、排版印制和销售服务全过程进行经济评价，分析质量与经济效益的结合状况，确保以最低的成本获得最佳的图书质量水平。从这个角度看，选题质量经济分析评价，主要是分析评价可能产生“过剩质量”的质量目标。对这类质量目标，也必须在分析评价的基础上进行修订，唯有如此，才能实现“最佳效费比”。

选题质量经济分析评价一般按照下列程序进行：

①明确图书选题的质量目标；

②分析各质量目标在选题中的作用，将其对选题的作用程度按照“不可替代”、“重要”、“一般”、“可替代”分级；

③重点分析“一般”和“可替代”两级质量目标，判断其中可能产生“过剩质量”的质量目标；

④修正或删除这些质量目标。

例如，一些教辅图书的选题设计，在知识导引系统外增加“花边内容”，提出“活动拓展”、“创造性体验”等质量目标，根据这些质量目标设计的内容，不仅对读者使用教辅图书没有多少实际价值，而且还可能冲淡知识导引系统的作用，就极可能产生“过剩质量”。通过选题质量经济分析评价，就可以避免不必要的浪费，实现“最佳效费比”。

【复习思考题】

1. 简述选题质量管理的内容，说明选题质量管理与选题策划的关系。

2. 试述选题质量功能配置的原理，说明其在选题质量管理中的作用和意义。

3. 怎样在选题质量规划中实现读者需求与内容质量目标的转换？

4. 简述选题质量设计的方法步骤。

5. 如何进行选题设计缺陷的分析评价？

第六章 组稿审稿质量管理

【本章重点】

组稿关键点分析及组稿质量控制的方法。

审稿过程的关键点控制。

原稿是图书出版的原材料,原稿质量的高低,很大程度上决定了图书质量的高低。组稿是出版组织计划、组织、协调资源,即根据选题方案选择作者并组织作者写作书稿的过程。审稿是审查作者稿件,对稿件进行全面评价并决定取舍的过程。因此,原稿的质量依赖于组稿过程和审稿过程的质量控制。

第一节 作者与组稿质量管理

一、组稿关键点分析

出版组织对组稿的管理既有业务方面的,也有行政方面的,还有经营方面的,存在着关键的少数和次要的多数这种不均匀分布的关系,在组稿过程中,同样存在着对组稿质量起着关键作用的质量管理的"关键的少数",即达到目标的关键点。控制组稿过程的关键点,会使质量管理任务相对单一,可行性强,管理的效果自然也显著。因此,这些达到目标的关键点也就成为组稿质量管理的关键点。对这些关键点的控制比盲目地对整个过程的控制要有效得多,有成效的组稿质量管理就是着重强化那些会提高管理效果的关键点的管理。

1. 关键点管理的 ABC 管理法

1897 年,意大利经济学者帕累托(Vilfredo Pareto,1848—1923)在他所从事的经济学研究中偶然注意到了 19 世纪英国人的财富和收益模式:如果 20% 的人口享有 80% 的财富,那么就可以预测,其中 10% 的人拥有约 65% 的财富,而

50%的财富,由5%的人所拥有。也就是说,财富在人口的分配中是不平衡的。后来,帕累托对此进一步研究,他运用大量的统计资料分析当时的一些社会现象,概括出一种“关键的少数和次要的多数”的理论,并根据统计数字画成排列图,后人把它称为帕累托曲线图。

1951年,管理学家戴克将其应用于库存管理,命名为ABC法,其核心思想是在决定一个事物的众多因素中分清主次,识别出少数的但对事物起决定作用的关键因素和多数的但对事物影响较少的次要因素。后来,帕累托法被不断应用于管理的各个方面。1951~1956年,约瑟夫·朱兰将ABC法引入质量管理,用于质量问题的分析。1963年,彼得·德鲁克(P. F. Drucker)将这一方法推广到全部社会现象,使ABC法成为企业提高效益的普遍应用的管理方法。

在质量管理活动中,帕累托曲线图(排列图)是按照质量问题发生频率大小顺序绘制的曲线和直方图,表示有多少结果是由已确认类型或范畴的原因所造成,是将出现的质量问题和质量改进项目按照重要程度依次排列而采用的一种图表,可以用来分析质量问题,确定产生质量问题的主要因素。具体来说,排列图有两个纵坐标、一个横坐标、几个长方形、一条曲线,如图6-1所示。左边纵坐标表示频数。右边纵坐标表示频率,以百分数表示。横坐标表示影响质量的各项因素,按影响大小从左向右排列。曲线表示各种影响因素大小的累计百分数。一般的,是将曲线的累计频率分为三级,与之相对应的因素分为三类:

A类因素,发生频率为70%~80%,是主要影响因素;

B类因素,发生频率为10%~20%,是次要影响因素;

C类因素,发生频率为0%~10%,是一般影响因素。

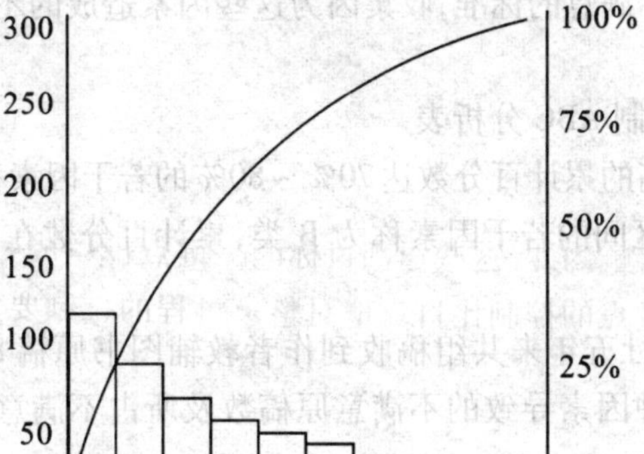

图6-1　排列图

值得我们注意的是，在关键控制区域中，有众多已经根据重要程度排序的影响因素，关键点就是在这些因素中寻找。理论上看，所有的影响因素都应该是可以控制的，并且是可以衡量的。但在实际组稿和审稿工作中，有些因素虽然重要，并且也是工作中需要严格控制的，但却无法获得相应的数据，或者需要更多的附加成本来获取这些原始数据，这种因素毫无疑问是不能成为关键控制点的。因此，这里所说的关键控制点，肯定是可以衡量的，也是可以控制的。不过需要说明的是，虽然一些重要因素由于不可衡量性而无法设计成关键控制点，但图书出版的一体化过程，使得这些因素可以在其他关键控制点得到体现。

2. 组稿关键点分析

组稿工作包括研究选题、明确编撰要求、选择作者、约稿决策、确定约稿关系等内容。在这些内容中，哪些是对组稿质量起着关键作用的质量管理的“关键的少数”？我们可采用 ABC 管理法，按照收集统计数据，分类，编制 ABC 分析表、ABC 分析图等步骤进行关键点分析。

(1)收集统计数据

根据组稿工作程序和以往工作经验，我们从责编(组稿人)、作者、责编与作者之间以及出版社组稿决策四个方面列出影响质量的因素：责编方面包括对选题的研究程度、书稿的编撰方案撰写、领会选题意图、帮助与督促作者写作；作者方面包括写作素质(写作能力、思想品质、学识水平、写作水平、写作风格)、写作态度、写作时间、写作精力、提交写作提纲和样稿；责编和作者之间包括研究编撰要求、讨论样稿及写作准备、草拟约稿合同；出版组织组稿决策方面包括确定约稿合同、约稿决策等。以作者能否按截稿日期交来稿件、原稿是否退作者修改作为满意与不满意的标准，收集因为这些因素造成的不满意原稿占总原稿的累计百分率。

(2)分类并编制 ABC 分析表

把不合格原稿的累计百分数达 70% ~80% 的若干因素称为 A 类，累计百分数在 10% ~20% 区间的若干因素称为 B 类，累计百分数在 10% 左右的若干因素称为 C 类。

例如，某出版社五年来共组稿收到作者教辅图书原稿 856 部，其中不满意原稿 121 部。各种因素导致的不满意原稿数及所占不满意原稿的累计百分数统计如下表。

表 6-1　某出版社 5 年来影响教辅图书组稿质量因素 ABC 分析表

影响组稿质量的因素	不满意原稿累计数	占不满意原稿总数百分数	分类结果
选题的研究程度	39	32.23	B^+
编撰方案撰写	3	2.48	C^-
帮助与督促作者写作	2	1.65	C^-
领会选题意图	21	17.36	B
作者学识水平	13	10.74	C
作者写作能力	2	1.65	C^-
作者写作风格	2	1.65	C^-
作者写作态度	8	6.61	C^-
作者写作时间	1	0.83	C^-
责编和作者研究编撰要求	25	20.66	B^+
讨论样稿及写作准备	3	2.48	C^-
草拟约稿合同	1	0.83	C^-
确定约稿合同	1	0.83	C^-
不满意原稿合计	121	100%	

(3)绘制组稿质量排列图

我们以纵轴表示由于各项因素造成的不满意稿件数量(左)以及不满意稿件占不满意原稿总数的累计百分率(右),横轴按影响大小从左向右排列表示影响质量的各项因素,在坐标图上取点,并联结各点,就可以绘成 ABC 曲线。除利用直角坐标绘制曲线图外,也可绘制成直方图,按照从大到小顺序排列影响产品质量的各个因素。这样,我们就可以很容易地将影响产品质量的因素分为 A 类、B 类和 C 类因素。

图 6-2 是前例某出版社组稿质量排列图。其中 a 表示选题的研究程度,b 表示责编和作者研究编撰要求,c 表示领会选题意图,d 表示作者学识水平,e 表示作者写作态度,f 表示讨论样稿及写作准备,g 表示编撰方案撰写,h 表示帮助与督促作者写作,i 表示作者写作能力,j 表示作者写作风格,k 表示作者写作时间,l 表示草拟约稿合同,m 表示确定约稿合同。

(4)确定组稿质量管理的关键点

根据 ABC 分类结果,权衡管理力量和质量效果,确定组稿质量管理的重

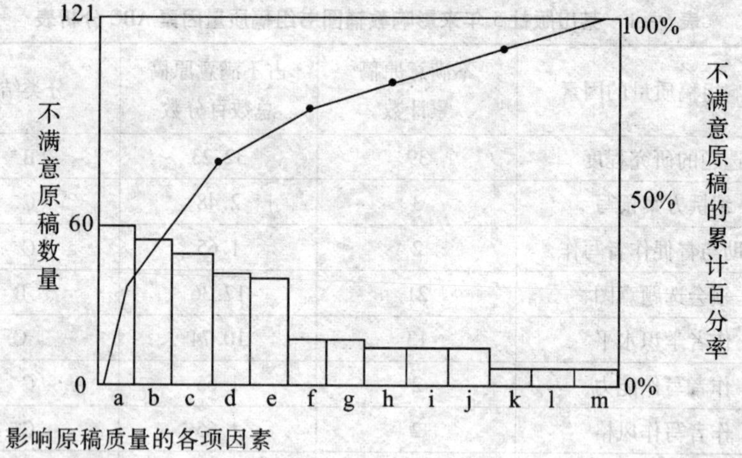

图6-2　组稿质量排列图

点，进而确定组稿质量的重点管理方式。如前例分析，这个出版社影响组稿质量的各种因素中虽然没有70%～80%的A类因素，但关键因素仍然很清楚，即责编对选题的研究程度、责编与作者对编撰要求的研究程度、作者对选题意图的领会、作者写作能力和写作态度等。

不同出版社、不同的稿件，具有不同的组稿关键点。出版组织应当针对自己出版的不同类型出版物，结合自己的特点进行组稿关键点分析，这样才能有的放矢地进行质量管理。

二、组稿质量控制

结合前面对某出版社五年来组稿质量的ABC分类，总结其他出版社组稿管理的经验，我们不难得出组稿准备、选择作者、约稿、约稿后服务应当是组稿管理的关键点。组稿质量管理，应当是对这些关键点进行有效的管理控制。

1.组稿准备工作的质量控制

组稿准备管理包括领会选题和研究作者两个方面。

领会选题就是组稿之前要研究选题设计方案，明确书稿的编写要求。组稿准备管理，首先要进行领会选题的质量管理。由负责组稿的编辑部检查选题设计方案是否包括出版宗旨、读者对象、质量要求、篇幅字数等内容的编写要求，然后在充分理解选题的基础上，依据编写要求写出书稿的编撰方案作为组稿的依据和标准。假如没有编写要求、编写要求不尽合理或组稿编辑对编写要求有异议，组稿编辑要与选题设计者研讨选题设计方案，重新完成这部分内容。

研究作者就是根据选题要求研究哪些作者适合承担写稿任务。对作者研究的质量直接影响对作者的选择，进而影响组稿质量。编辑部对作者研究质量的管理，从检查落实编撰要求开始，到完成组稿方案结束。编辑部要根据编写要求，从思想品质、学识水平、写作水平、写作风格等方面明确提出选择作者的标准，提出备选作者，提列详细的组稿计划，完成组稿方案。如果选题设计方案已有明确的备选作者，编辑部要根据编写要求，就所掌握的情况从思想品质、学识水平、写作水平、写作风格等方面对这些备选作者做出评价。

2. 选择作者管理

选择作者，就是根据书稿选题和编撰要求，从可供考虑的作者人选中选择最佳的和最合适的作者。

作者的学术水平是影响组稿质量的关键因素之一，选择作者，首先要通过了解作者学术成就、阅读作者既往作品特别是对与欲组稿内容相似的作品、访谈等措施对备选作者的学术水平进行全面考核。此外，还需就写作态度、写作素质、写作时间和精力等方面综合考察备选作者，权衡各方面因素，最终提出合适人选，填写作者考核表，由编辑部主任审批并报质量部备案。

需要注意的是，对选择作者质量完全进行量化控制是不可能的。特别是对一些刚开始写作的新作者，他们没有既往作品可供参考，也没有显赫的学术成就，这种情况下面对面的沟通就显得特别重要。只有这样，才能保证选择写作能力强、写作态度端正、精力充沛且适应选题特殊要求的作者。

3. 约稿质量控制

约稿过程一般有这样几个质量关键点：说服作者写作、组稿编辑与作者共同研究编撰要求、讨论写作提纲和样稿、确定约稿关系。

(1)说服作者写作

说服作者按照出版社意图写作是影响约稿质量的第一个关键点。出版社对作者考核再认真，作者不愿承担写作任务时，一切将都无从谈起。对说服作者写作进行质量控制是比较困难的，因为这个过程是作者与组稿编辑心灵沟通和思想交锋的过程。但有困难并不是说不可能，在约稿前检查组稿编辑对作者的了解认识情况、核查组稿编辑组稿方案是否完备等都可作为对说服作者写作进行质量控制的手段。

(2)组稿编辑与作者共同研究编撰要求

作者同意承担书稿写作任务后，组稿编辑还要就书稿写作问题和作者充分交换意见，共同研究编撰要求。研究书稿编撰要求的过程是编辑构思和写作构思融合、统一的过程，是一项十分细致的工作，往往要经过反复讨论才能完成。

一部书稿，作者认为应该写什么和怎样写是作者的构思，编辑认为应该写什么和怎样写是编辑的构思，两种构思常有矛盾。对这一过程进行质量控制，关键是组稿编辑要向作者提出坚持出版的宗旨，说明出版意图和书稿写作要求，然后听取作者的意见，或者对作者的写作计划和原稿提出意见，使之符合出版社的选题方向和出书要求。出版社在约稿前要检查组稿编辑的谈话提纲是否是从出版的角度、从读者角度提出意见，是否就有关书稿的学术观点、篇章结构、叙述风格等问题提出建议，强调在约稿过程中充分尊重作者的意见，不能强迫作者接受，要保证作者有自由创作的广阔天地。

(3)讨论写作提纲和样稿

经过讨论，取得共识之后，编辑人员还要请作者提交写作提纲和样稿。编辑人员看了提纲和样稿再提意见，直到双方比较满意后再开始写作。对这一过程进行质量控制，编辑部要检查组稿编辑对作者提纲和样稿的书面意见，保证与作者讨论能够有的放矢。这样做可以保证书稿质量和交稿时间，避免作者交稿后再返工修改，减轻编者审稿加工的任务。

(4)确定约稿关系

在研究编撰要求的基础上，编辑人员要代表出版社正式向作者约稿。出版社和作者的约稿关系最终要以约稿合同的形式确定下来。

对确定约稿关系进行质量控制，主要是检查约稿合同是否反映作者和约稿者的权利义务关系，并保护作者和约稿者的合法权益。要核对其重要内容：著译者和约稿者姓名，著译稿名称、字数，对著译稿的编写要求，交稿时间，付酬标准，双方违约责任和处理办法等。控制确定约稿关系质量，还要注意向作者说明以下内容：

第一，稿件如被出版社接受出版，即签订出版合同，约稿合同自行废止；

第二，如果书稿不能达到出版水平，出版社将书稿退还作者，并按约稿合同付约稿费，作为作者劳动的部分补偿；

第三，因约稿者的原因导致书稿不能出版，除将原稿退还作者外，还要按一定比例支付基本稿酬，约稿者损坏或丢失作者的原稿，要负责赔偿；

第四，作者不能按合同规定交稿，出版社有权废除合同，并要求作者赔偿经济损失。

此外，约稿质量控制还要注意正确处理提高质量与抓住约稿时机的关系。在实际工作中，编辑人员如果认为书稿有重大的价值，应在向作者表示约稿的愿望和意向的同时，抓紧时间进行组稿准备，在得到出版社领导批准后正式向作者约稿。

4. 约稿后服务的质量控制

确定约稿关系后,良好的约稿后服务也是保证书稿质量的关键点。主要是编辑人员要和作者保持密切联系,掌握作者写作进度,帮助作者解决写作中的困难和问题,督促作者按期交稿。帮助、督促作者写作是编辑与作者进一步沟通的过程,许多书稿就是在这种编辑与作者的磨合中一步步成熟的,因而也是组稿质量的关键点。对这些工作,出版社也必须进行质量控制,主要是建立组稿编辑与作者联系的制度,要求组稿编辑在作者写作期间定期与作者联系,并将结果以书面形式交编辑部存档。

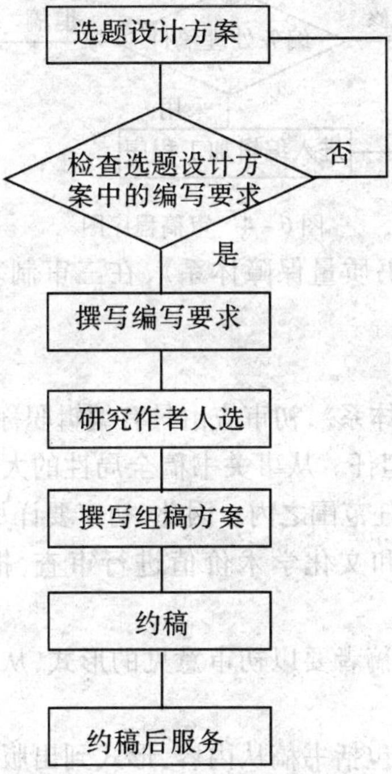

图 6－3　组稿的关键点控制程序

第二节　审稿与原稿质量管理

一、审稿的一般程序

三审制是我国出版社的基本审稿制度,《图书质量保障体系》对其基本原则和实施办法做了全面规定。尽管由于书稿内容不同,审稿的重点、方法都不尽相同,但出版机构的基本审稿程序还是要以三审制为基础制定。

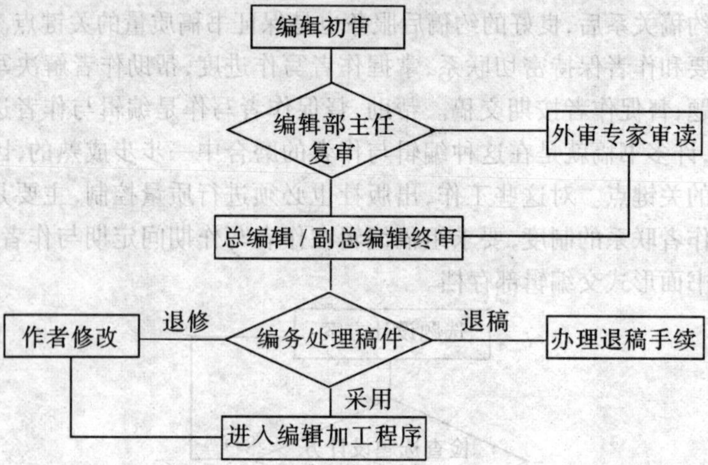

图6-4 审稿程序图

图6-4是根据《图书质量保障体系》,在三审制基础上制定的图书审稿程序。

1. 编辑初审

根据《图书质量保障体系》,初审应由具有编辑职称或具备一定条件的助理编辑(一般为责任编辑)担任。从事关书稿全局性的大问题到涉及一应具体的细节问题,都在初审的责任范围之内。因此,初审要详尽阅读全文,要从专业的角度对稿件的社会价值和文化学术价值进行审查,把好政治关、知识关、文字关。

初审工作结束后,审稿者要以初审意见的形式,从以下几个方面对稿件质量做出综合性评价:

①书稿成功的一面,包括书稿从内容、形式到出版要求对选题编写意图的贯彻情况,书稿有哪些特点,效益预测等;

②归纳出书稿存在问题的一面,即差距和不足;

③处理意见,包括书稿取舍意见,提请复审人和终审人着重审查之处,对是否需要社外专家外审的建议等。

2. 编辑部主任复审

复审是指在初审工作基础上,对原稿再次进行审查,一般由具有副编审以上职称的编辑部(室)主任担任。

复审是在通读全稿的基础上，对初审进行审查并做出总结，回复初审提出的问题，并将审读意见提升到更凝练、更准确的高度上。具体工作包括：

①复核初审工作是否客观、全面、中肯；

②复核初审是否有遗漏问题；

③对书稿再次做出客观评价，如有与初审意见不一致之处或有较大修改意见时，要与初审者共同商讨，以达成共识，确实起到把关的作用；

④对复审中发现的问题，视具体情况或退回书稿至初审者重新初审，或决定聘请社外专家外审。

根据以上工作结果，撰写书稿复审意见，明确提出稿件采用、退修或退稿的建议。

3.总编辑/副总编辑终审

终审由总编辑、副总编辑或由他们授权的具有副编审以上职称的人员担任，一般情况下可以采取抽查方式，审查若干重点的或有代表性的章节。但是对于涉及国家安全、社会安定等方面内容的重大选题，或在初审意见与复审意见不一致的情况下，应当审读全文。

终审的核心任务是对稿件的思想倾向、学术质量、社会效果、是否符合法律法规及政策规定等方面做出最终评价，并就书稿退修、退稿和采用做出最终裁决。需要注意的是，如果决定稿件退作者修改或采用，终审者要同时决定该书稿的责任编辑人选。

4.终审后稿件处理

终审结束后，总编办编务人员要按照终审意见对稿件做出处理。终审意见退稿，要按照有关制度办理退稿手续；终审意见退作者修改，要通知作者来出版社取回稿件，按照修改意见修改，必要时协调作者与初审、责任编辑（如果初审者不是责任编辑）就稿件的进一步修改进行研讨；如果采用稿件，要按照终审意见将稿件当面交给有关科室及责任编辑，并办理有关手续。

二、审稿过程的关键点控制

审稿过程同样存在着对其质量起关键作用的质量控制关键点，控制审稿过程的关键点，对提高书稿质量具有显著作用。但与组稿过程关键点不同的是，不同出版社审稿过程的质量控制关键点共性较强，对这些关键点的控制也必须依靠审稿者的自觉行为。

审稿的目的是审查稿件的社会价值和文化学术价值，把好政治关、知识关和文字关，同时提出取舍及修改意见。因此，无论初审、复审还是终审，其质量控制的关键点都可归纳为政治内容审查把关、知识内容审查把关、出版要求审查把关、知识产权审查把关和外审把关。

1. 政治内容审查把关

政治内容的审查把关包括方针政策与立场观点、国土疆界、讲话引述、涉外关系、保密、宗教问题与民族问题六个方面。

(1)方针政策与立场观点

在方针政策方面,重点审查书稿与党和国家在一个时期或者当前的方针政策是否一致,书稿对政治、政策等问题的表述是否得当,有没有政治思想倾向错误。

立场观点左右着编辑策划和作者的写作,对于书稿的立场观点,初审要从书稿指导思想和编写原则是否得当,是否背离了马克思列宁主义、毛泽东思想和邓小平理论等方面全面审查。

(2)国土疆界

国土疆界事关重大,初审要对书稿中的文字表述和地图严格审查。特别是涉及国境线的地图,一定要与当前权威的地图进行比对。由于许多担任初审的编辑都是低年资编辑,审稿中有时会顾此失彼,特别是对地形图等专业地图,常常只注意其专业性而忽视国土疆域问题以至于酿成大错。

(3)讲话引述

书稿中引用领袖、国家领导人或名人的讲话,必须核对可靠出处,确保其严肃性、可靠性。如果发现书稿引用了还未公开发表,仅见于内部文件的现任党和国家领导人的讲话,审查时更要谨慎,一般要作为与复审者和终审者讨论的重要问题记录在案。

(4)涉外关系

涉外关系是敏感的问题,主要包括国家名称、国体、外交、国际时事等。初审应当以当时国家的提法为准,进行全面仔细审查。

(5)保密

初审要按照国家和上级有关规定,对书稿中引用有密级规定资料的内容,泄露国家机密和技术机密的内容进行严格审查。在以往出版实践中,军事题材文学作品泄露国防机密和科技图书泄露技术机密的事情时有发生,对这两类书稿进行初审更要慎之又慎。

(6)宗教问题与民族问题

对书稿中的宗教问题和民族问题,初审一定要严格按照党和国家的宗教政策和民族政策全面审查,对吃不透或把握不了的问题要及时向上级反映。

2. 知识内容审查把关

尽管不同书稿的知识内容都有特定的具体要求,但知识内容正确是初审把关最起码的要求。归纳起来,知识内容审查的重点应包含科学性、时代性、独创性、可读性与实用性、超前性五个方面。

对书稿科学性的审查,重点在于审查书稿观点是否正确、材料是否确凿、逻辑推理是否严密、结构体例是否完备等。除学术著作外,普及性图书和文学艺术类图书也要符合科学性的要求。就如曹雪芹在谈到《红楼梦》的创作时说他所写的事迹,“俱是按迹寻踪,不敢稍加穿凿,至失其真”。

时代性是知识内容审查的关键点之一,我们应当采摘当代最优秀的文化成果传播积累,使图书必须具有时代气息,保证出版必须与时代发展步伐相吻合。需要注意的是,时代性与图书内容的稳定性并不矛盾,强调审查书稿的时代性,不能牺牲图书内容的稳定性,也就是说审查时要注意书稿所载内容是否适合图书传播。

独创性也是知识内容审查的关键点。对于学术著作,要注意审查书稿是否采用了具有与众不同的新思想、新见解、新方法或新材料,是否具有超越前人的新发展和新贡献。对于文学艺术作品,重点审查书稿是否塑造了充满个性的艺术形象,是否采用了独具魅力的表现形式。对于普及类图书,例如科普图书,主要审查其能否以独特的形式再现人类已有的认识成果。对于以教科书为代表的教育类书稿,则要审查其能否深入浅出、循序渐进,将学科知识发展维度、学科教育发展维度和学生认知维度紧密结合。而对于工具书,审查的重点是书稿词条选择是否有新意,释义是否得当。在以上关于独创性审查的基础上,还要注意严格区分著作和剽窃、抄袭的界限。一本读物即使有部分剽窃抄袭行为(从内容到形式大段照抄别人的作品而不加说明)也是不能允许的。初审者要在审稿报告中明确指出书稿是否涉及剽窃、抄袭,是否属于低水平重复出版,创新性表现为思想、方法、材料或呈现形式哪一个层级。

可读性指作品要适合于阅读,对读者有吸引力和感染力,语言文字符合规范化的要求;实用性是指书稿定位准确,能够切实满足细分读者的要求。初审者在进行知识内容审查时,一定要注意书稿的可读性与实用性。

书籍和报刊有不同的特点和任务。书籍要求内容比较稳定,可供读者长期使用。如果书籍的生命很短,出版不久即过时,就起不到文化积累的作用。因此,审查书稿的知识内容,不仅要面对现实,还要有超前性,综合考虑书稿将来的再版重印价值。

3. 出版要求审查把关

书稿是否满足出版要求也是初审质量控制的关键点。

初审编辑拿到书稿，首先要检查书稿正文、辅文、图稿是否齐全。如果作者只通过网络提供了电子稿，一定要与作者联系，确认该稿为最终定稿，随即打印并做出相应标记，编务同时进行归档登记，确保其在以后流转过程中的标准性。

初审要审查书稿布局是否合理。书稿的布局主要体现在框架设计上，审查书稿的整体布局，首先要全面考察其一级结构之间是否具有严密逻辑关系，是否具有内在的有机联系。再审查由一级结构派生出的二级、三级结构是否紧密围绕确定的主题，能否充实和完善一级结构。

检查体例也是对书稿进行出版要求审查把关的重要内容。通常情况下，初审编辑要以出版社的《著译者须知》为主要标准，从章节层次的设置和编号，图、表、公式的表述和编号，计量单位的使用和换算，参考文献的呼应方式和著录要求，外文缩略语的使用规定，语言对照性辞书中各种符号和标点的使用规定，数字使用规则，附录的设置原则，索引的编排要求等方面进行全面审查。强调的是必须全书统一，系列书整体统一。

检查书稿整体行文语言情况是对书稿进行出版要求审查把关的又一项重要内容。初审要从宏观上对书稿文笔是否通顺、文字表达是否符合汉语语法规范、文风如何、是否符合逻辑等方面进行鉴别评价。在行文审查中要注意不同类别书稿对语言运用的不同要求。对多人合著作品，一定要注意每位作者的行文特点，尽量及时发现文风差异较大的问题。

审查图稿也是对书稿进行出版要求审查把关的重要内容。初审要全面审查作者提供的底图是否齐全，底图是否规范，底图比例是否合理、清楚，图序、图题、图文、图注的表示是否规范，照片能否达到制版要求，图与文是否呼应。对通过网络传输或经扫描存入光(磁)盘的图稿，要检查分辨率是否符合制版要求，格式能否与制版系统兼容。

此外，标点符号使用是否规范、名词术语是否符合国家标准或行业标准、公式表格是否规范、书稿是否执行了国家法定计量单位的相关规定、数字使用是否符合国家标准、注文书写打印是否规范统一、参考文献著录是否符合国家标准、表格的设计是否规范等，都属于对书稿进行出版要求审查把关的重要内容，初审都要予以关注，不能大意。

4. 知识产权审查把关

初审的第四个关键点是对书稿进行知识产权审查把关。

对书稿进行知识产权审查把关，主要是审查书稿是否存在引用过度造成抄袭和剽窃的现象。进行知识产权审查把关，初审编辑的经验非常重要。审查自己比较熟悉的领域的稿件，如果有似曾相识的感觉，就要查验同类图书，确定是否过度引用。如果初审者对书稿涉及的学术领域不太熟悉，就要特别注意作者的行文风格，如果发现书稿部分内容前后行文风格跳跃过大，就要借助网络搜索引擎，通过搜索关键词发现相关文献，进而阅读文献，确认书稿是否存在引用过度的问题。

5. 外审把关

对于专业性强、编辑对内容难以把握的书稿，出版组织一般要请社外专家进行外审。外审的目的是借助专家力量解决书稿的定性问题，保证淘汰平庸书稿，让有价值的书稿不被贻误。因此，外审质量的关键点在于对外审专家的选择和专家对审查书稿的深入程度。如果决定书稿外审，担任复审的编辑室主任一定要提供详细的外审要求，并根据初审要求选择在书稿涉及的知识领域有较高学术造诣的专家担任外审。外审者应在通读书稿的基础上，对书稿的整体水平、编写（或翻译）质量、成功之处和不足之处、是否有出版价值等提出中肯意见，并撰书面材料做出综合性评价。

【复习思考题】

1. 通过调查访谈，对科普类图书进行组稿关键点分析。

2. 教辅图书的审稿关键点分析的重点是什么？

第七章 编校装帧质量管理

【本章重点】

编校装帧流程的优化方法。

影响编校装帧质量的关键因素及质量控制点的设置。

编校装帧质量改进及标准操作规程。

编校装帧差错管理的理念和方法。

编校质量管理是对图书产品承载的信息的过滤加工质量的管理,包括编辑加工、校对、装帧设计等环节的质量管理,在图书出版质量管理中具有举足轻重的地位。编校活动突出表现为原稿和校样在出版组织多个部门之间来回穿梭,具有很强的流程特征。因此,我们认为编校质量管理的重点应当是在认识编校活动和编校质量特点的基础上,以编校装帧流程分析为主线,建立并实施编校质量管理体系。

第一节 编校装帧流程的分析优化

编校装帧活动是实现图书物化的关键步骤,是编辑出版人员向原稿施加编辑行为的具体表现。出版组织为了向读者提供合格的产品,需要将读者对图书的需求和期望转化为图书质量特性。因此,编校质量在出版质量管理体系中具有特殊的意义。

一、编校装帧的特点

出版组织对图书产品承载的信息进行过滤加工的流程,是典型的知识生产。与选题、组稿和审稿不同,编校装帧活动具有以下特点。

1. 员工综合素质对编校质量起关键作用

编校工作主要依靠编辑校对人员智力劳动完成，是高度智力密集和人力密集的工作。无论是编辑加工、校对还是装帧设计，都要靠具有一定知识水平，具备一定学科专业素质和出版专业能力的员工来完成。参与编校工作的出版组织员工的综合素质，对编校质量起到了关键作用。因此，对编辑、校对和装帧设计人员的培养和激励对提高编校质量是至关重要的。

2. 标准繁多，工作复杂

与一般物质产品生产不同，编校工作需要遵从的既有公开发布的法律、法规和标准，也有语言和生活习惯，还涉及意识形态政策，形而上的，形而下的，林林总总，不一而足。因此，编校活动中的每一项工作都是主观性很强的复杂工作。例如，在编辑加工环节，责任编辑需要解决作者原稿的政治思想性问题、科学性问题、文字表达问题和出版规范问题，大到协调结构层次、核对引用文献和各类标准，小到检查标点符号、公式字母用法，都要由责任编辑通盘解决。在校对环节，校对员除了要以加工过的原稿为标准，保证校样与原稿的一致性外，还要校是非，质疑作为校对标准的原稿，并要与责任编辑一起对原稿加工错漏之处进行重新加工。

3. 以责任编辑为中心的生产流程

编校活动是围绕责任编辑展开的。首先，责任编辑按照正规出版物的规范要求，通读、精读经审查决定采用的书稿，发现并解决书稿中的问题，同时润色、修改和整理书稿，消灭书稿内容及形式上存在的不足和差错，使其在思想性、科学性、可读性、文字表达方面及体例规范方面达到出版要求，经总编辑或主管副总编辑审查合格后发稿。其次，责任设计编辑对图书进行整体设计，并就设计方案与责任编辑进行全面讨论，待方案成熟报编辑室主任和总编辑审查，合格后设计制作部门按方案排版制作。接着，校对员依照原稿及设计要求分三次在校样上检查、标注排版差错，并将作者和责任编辑的意见统一在校样上，就随时发现的原稿中的问题与责任编辑商榷。最后，责任校对与责任编辑分别通读校样，确认无误后付印。因此，编校装帧流程是以责任编辑为中心展开的，编校活动的实际组织者是责任编辑，编校质量的责任几乎全部由责任编辑承担。但是，我国出版社的组织结构一般都为职能型，责任编辑的职权有限，如何在有限的职权范围内担负起保障产品质量的责任，不仅是对每位责任编辑的考验，更是出版组织编校质量管理的重要任务。

4. 层层演进的标准制定

责任编辑将语言文字规范、出版体例规范、国际及国家的量和单位标准、思想性及科学性标准综合运用,对作者原稿进行编辑加工,校对员保证校样与原稿的一致性,装帧设计人员对书稿的技术设计、封面设计及整体设计,是综合各类标准进行精神生产的流程,同时也是为印刷复制制定标准的流程。从制定标准的角度看,发稿后的原稿是校样的标准,付印样是印刷复制的标准,编校活动实际上是层层演进制定标准的流程。因此,编校活动多数情况下不能用检测设备测量,全靠具有较高知识水平和业务能力的专家目视检查,进行综合评价。

二、编校装帧流程概述

流程,要求组织对每一个环节都强调程序化处理,更加强调程序、手续和步骤,以责任编辑为中心的编校活动就表现出强烈的流程性。

1. 编校装帧流程的概念和基本要素

编校装帧流程是为了完成编辑加工、装帧设计和校对任务,实现将原稿加工成复制模板(或标准)的目标,编辑人员、校对人员、装帧设计人员和编务人员一系列逻辑相关行动有序的组合,这一系列活动都是为读者提供特定的图书产品而实施的。这些行动以确定的方式发生或执行,带来发稿、设计、一校、二校、终校、付印等特定结果的实现。在编校装帧流程中,哪些人员做了哪些事,产生了什么结果,向谁传递了什么信息,都体现了出版组织的价值。

纵观整个编校装帧流程,其输入的是经过三审的作者原稿,输出的是作为大规模复制模板的付印样。编校装帧流程包含有人和其他资源,其中以责任编辑、责任设计和责任校对为代表的出版人力资源是该流程的核心资源,其他资源如设备、软件、办公场所等都属于次要的资源。以装帧设计阶段为中点,编校装帧流程前期的核心处理对象为作者原稿,后期处理对象为校样,最终以作为批量复制模板的付印样结束流程。

活动、活动的逻辑关系、活动的实现方式和活动的承担者是组织流程的四个基本要素。目前普遍应用的编校装帧流程中,编辑加工、装帧设计、发稿、校对、付印等一系列活动对图书质量具有巨大的增值作用,是编校工作的关键。这些活动的承担者分别是责任编辑、美术/技术编辑、编务人员、校对员,其实现方式是确立复制标准(发稿)和制定复制模板(付印),并且存在着严密的逻辑关系,表现为编辑加工(加工复制标准)—装帧设计、排版(制作复制模具)—校对(比对复制标准修订复制模具)—付印(确定复制模板)。

2. 编校装帧流程的特点

质量管理的流程方法认为，任何流程都具有增值性、分合性、网络性和黑箱性等特性。从流程的角度来看，编校装帧是出版业务流程，服从业务流程的普遍规律，同样具有这四种特性，但也表现出鲜明的个性。

首先，编校装帧流程的增值性主要表现为原稿精神内容的增值。编校装帧流程包含着以编辑、装帧设计人员和校对人员等为代表的出版专业人力资源和他们的一系列活动，输入转化为输出后，作者原稿就被附加了出版者的思想和智慧，成为大批量复制的模板，社会效益和经济效益都发生了巨大的增值效应。

其次，编校装帧流程的分合性比较明显。整个编校装帧流程可以分解为编辑加工、装帧设计、发稿、校对、付印等子流程。与此同时，这些子流程又可以结合成较大的编校装帧流程。编校装帧流程还可与组稿审稿等流程组成出版流程。

再次，编校装帧流程并不是单向的流程，一个子流程的输出通常会直接成为下一个子流程的输入，以网络形式相互联系。例如，编辑加工子流程的“二级发稿审批制”，校对子流程的“三校一读”，各个子流程以网络形式相互联系、相互影响、相互制约，表现出极强的网络性。

最后，编校装帧活动几乎全部依赖专业人员进行，是创造性极强的智力劳动。责任编辑、装帧设计人员和校对人员的行为，对读者来说全部是黑箱，对出版组织管理者来说大部分是黑箱，就是不同子流程负责人相互之间，也存在着大量黑箱。因此，编辑质量管理的一项重要任务就是尽量通过外部质量保证、内部质量保证、产品检验与试验、流程要素检查记录等活动减少黑箱，让流程变得可以认识。

3. 编校装帧流程的功能

编校装帧流程表明了任务完成的时间与阶段，界定了编校活动的执行者和接收者及其相互关系，让复杂的编校活动实现了分工的一体化。具体来说，编校装帧流程具有以下功能。

（1）在操作层面上细化编校管理制度

编校装帧流程能够指导相关专业技术人员如何进行编校活动，遇到问题如何处理，是对编校行为的导引。例如，很多新编辑不知道如何优质高效地进行编辑加工，遇到审稿不严导致原稿问题太多而无法加工，这种情况下，编校装帧流程就能指引新编辑一步步对其进行处理。对于老编辑，编校装帧流程一样有指导意义。例如，出版组织需要加强某一特殊图书产品项目的质量，就可以修改编校装帧流程,老员工只要遵照新的流程,就能迅速改变工作方式而不至于茫然失措。反过来讲,如果只是更改管理制度,没有将管理制度体现在流程中,就会导致员工或者按照各自的理解行事,或者无所适从,这就影响了决策的贯彻执行。

(2)描述相关部门的角色的权力和职责

编校装帧流程有清晰的审批人(权力)和执行人(职责),这样就在操作层面明晰了相关部门的权力与职责的界限,因而可以描述相关部门和角色的权力和职责。例如,责任校对申请增加校次,校对科科长考虑申请人是否适合工作需要(职责是人员和工作管理),主管副总编要评估编辑加工是否合格、装帧设计是否难度太大、校对或排版是否达标(职责是全面负责编校装帧流程),出版制作部要评估制版设备是否合理(职责是制作管理)。

值得注意的是,编校装帧流程的黑箱性,决定了其中不可避免地存在着大量灰色的无法确切界定权力和职责的工作。这类工作,大家多是基于某些共识、惯例、默契来划分权力和职责。对于这些没有涉及的职责,或者本身就模棱两可的职责,如果相关员工不敢或不愿承担,就可以以流程没有规定来推诿,造成官僚作风。如果处理不当,就会使流程在一定程度上限制员工的积极性,因而这个副作用需要良好的企业文化和有进取心的领导来平衡。

(3)防范风险

编校装帧流程具有防范风险的作用。编校装帧流程通过增加控制环节增加工作的透明度,想方设法打开黑箱,同时配合使用人海战术,就能有效降低可能的风险。但与此同时也增加了编校活动成本,降低了效率。一些时效性强的产品,如果环节很多,需要多个领导审批,会拉长编校流程,在降低效率的同时大大增加工作量。同时,审批签字的人数增加,相应分散了责任,出现名义上大家都负责,最后大家都不负责的情况。

三、编校装帧流程的识别与分析

出版组织现有编校装帧流程是否合理,有没有优化改进的必要,必须应用流程方法对其进行描述识别,进而进行深入分析。

1. 编校装帧流程的识别

优化编校装帧流程的基础是识别编校装帧流程,包括明确流程包含的任务和主要步骤、确定流程范围、识别核心流程、确定编校装帧流程的范围和边界、识别输入输出及对应的质量规格和测量指标等内容。

在分析优化编校装帧流程之前,出版组织一定要明确自己的编校装帧流程包含的任务和主要步骤,并对其进行描述。

总体上说,出版组织编校装帧流程包含的活动不外乎编辑加工、装帧设计、发稿、校对和付印,但我国的出版机构大多数是专业出版社,不同出版组织的编校装帧流程一般都具有自己的专业特色。例如,很多出版社严格执行“三审制”和编辑加工后的“二级发稿审批制”,但有些出版社的“三审制”是审稿和编辑加工合二而一的“三审制”。因此,必须首先明确本组织编校装帧流程包含的主要任务,在此基础上再对流程的主要步骤进行描述。例如,很多出版组织对“三审制”认识模糊,没有明确描述自己编校装帧流程的主要任务,造成对编校装帧流程主要步骤认识不清,将《图书质量保障体系》规定的审稿“三审制”应用在编辑加工环节,对本来属于编校装帧流程的“二级发稿审批制”反而不去执行。需要注意的是,对编校装帧流程任务和主要步骤需要一直描述到各子流程,即必须切实明确各子流程包含的主要任务和主要步骤。

2. 分析确定编校装帧流程的范围和边界

从出版组织全局来看,编校装帧流程实际上是其图书出版流程的子流程。因此描述识别编校装帧流程,首先需要厘清编校装帧流程与出版组织图书出版流程其他子流程的界限,即确定编校装帧流程的范围。确定流程范围和边界时,一般运用组织管理大师戴明提出的组织系统模型。戴明认为任何一个组织都是一个由供应者(Suppliers)、输入(Inputs)、流程(Process)、输出(Outputs)、顾客(Customers)这样相互关联、互动的五个部分组成的系统。这五个部分的英文单词的第一字母就组成 SIPOC,因而将此称作 SIPOC 组织系统模型。实际实施步骤为:首先确定输出项,然后确定输出项对应的内部和外部顾客,接着确定符合流程特定需求的输入项,最后确定输入项对应的供方。这些工作做完后,同所有有关人员讨论后做最后的确认。例如,通过组织系统模型,某出版社将编校装帧流程的范围描述为从编辑加工开始到付印出片为止,将其边界描述为由责任编辑从编务人员处接受通过三审的书稿开始,直到责任编辑、责任校对签字付印出片后核对软片结束。

在确立编校装帧流程的范围和边界外,出版组织还需用同样方法对编校装帧流程的各个子流程进行范围和边界确认。如此一来,包含众多复杂且相互关联的任务的编校装帧流程及其子流程就能准确定位,出版组织就能从时间和空间的结合上准确定位编校装帧流程。如图 7 – 1 所示。

3. 分解现行编校装帧流程

对现行编校装帧流程的分解,可以帮助我们明确编校装帧流程的各项任务,继而分析流程、任务与部门的关系。

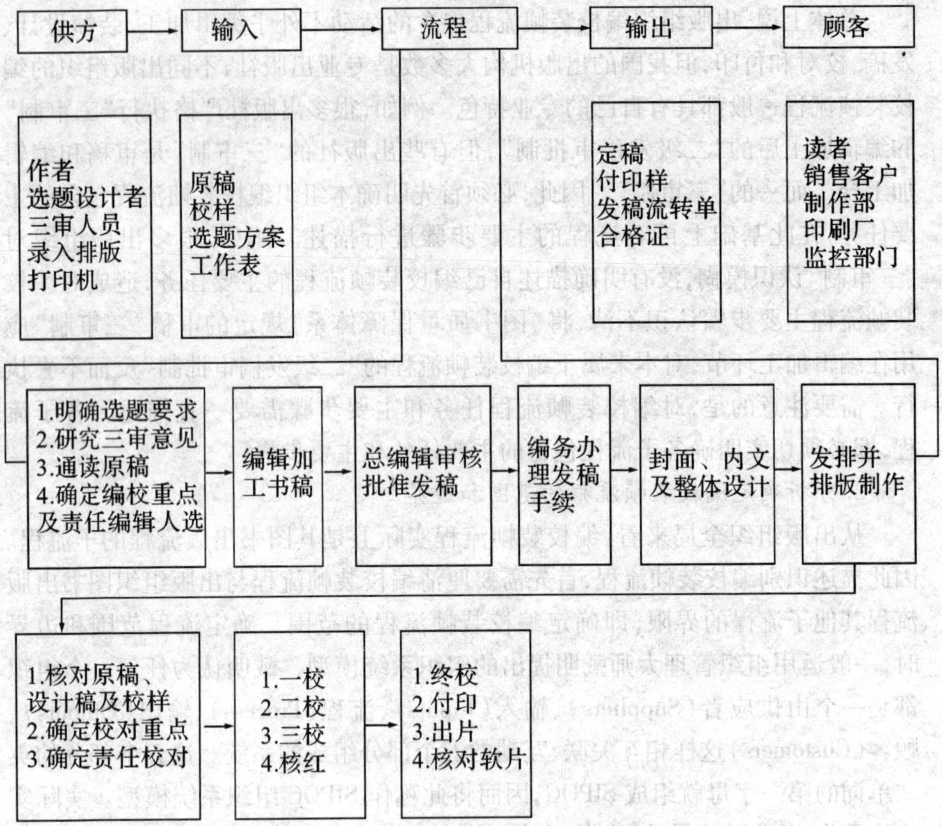

图 7－1 运用组织系统模型对编校装帧流程边界的确定

对组织现行编校装帧流程可采取系统模型—业务流程—工作流程的层次逐级分解。例如,某出版社编校装帧流程的系统模型可表示为编辑加工、装帧设计、校对和出片发印四个子流程。在业务流程层次,就可将这些子流程分解为多项相互联系的任务,例如,编辑加工可分解为加工准备、加工和发稿三项任务。而在工作流程层次,各项任务还可分解为不同的活动,例如,加工准备就可分解为研究选题方案、研究三审意见、通读全稿等不同活动,如图 7－2 所示。通过分解,现行编校装帧流程的任务、活动一目了然,再根据现行组织结构,我们很容易发现它们属于哪一个部门。

4. 识别分析输入输出及对应的质量规格和测量指标

在确定编校装帧流程的范围和边界的基础上,运用组织系统模型还可进一步识别输入、输出及对应的质量规格和测量指标,进而确定流程输入和输出。

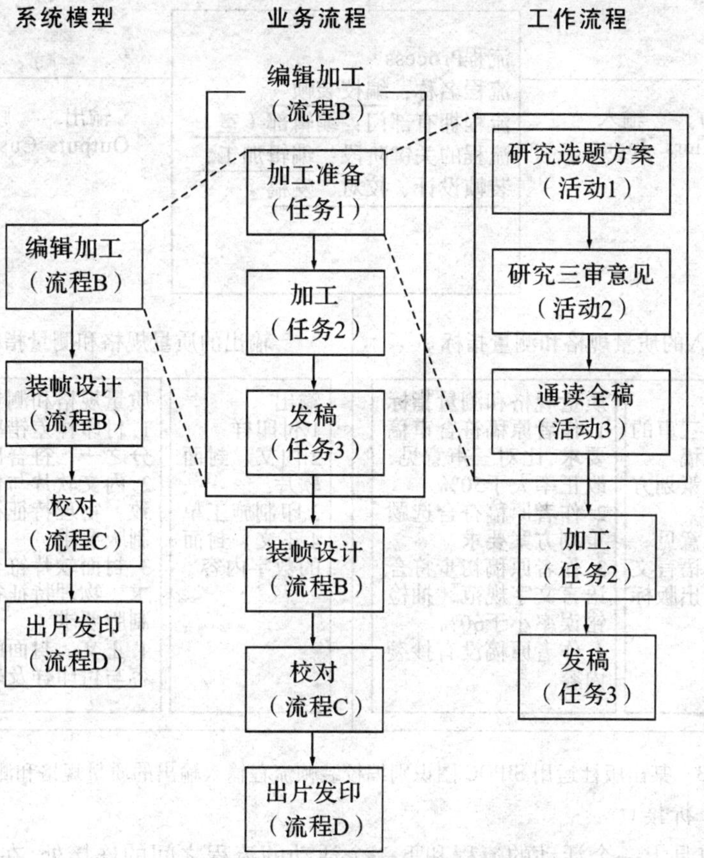

图 7－2　编校装帧流程的分解

常用方法是在识别流程边界的基础上，通过填写编校装帧流程的 SIPOC 图，首先确定出版组织编辑加工、装帧设计和校对流程所需的输入，通过质量规格的测量指标保证输入受控。然后确定流程所需的输出，保证输出满足一定的规范和要求。图 7－3 即为某出版社运用 SIPOC 图对编校装帧流程输入输出的质量规格和测量指标的识别分析。

在识别整个编校装帧流程输入输出及质量规格和测量指标的基础上，出版组织还要填写每项任务（子流程）的 SIPOC 图，确定其所需的输入，通过质量规格的测量指标保证输入受控，然后确定流程所需的输出，保证每项任务的输出满足一定的规范和要求。图 7－4 是某出版社运用 SIPOC 图对编校装帧流程中编辑加工子流程输入输出的质量规格和测量指标的识别。

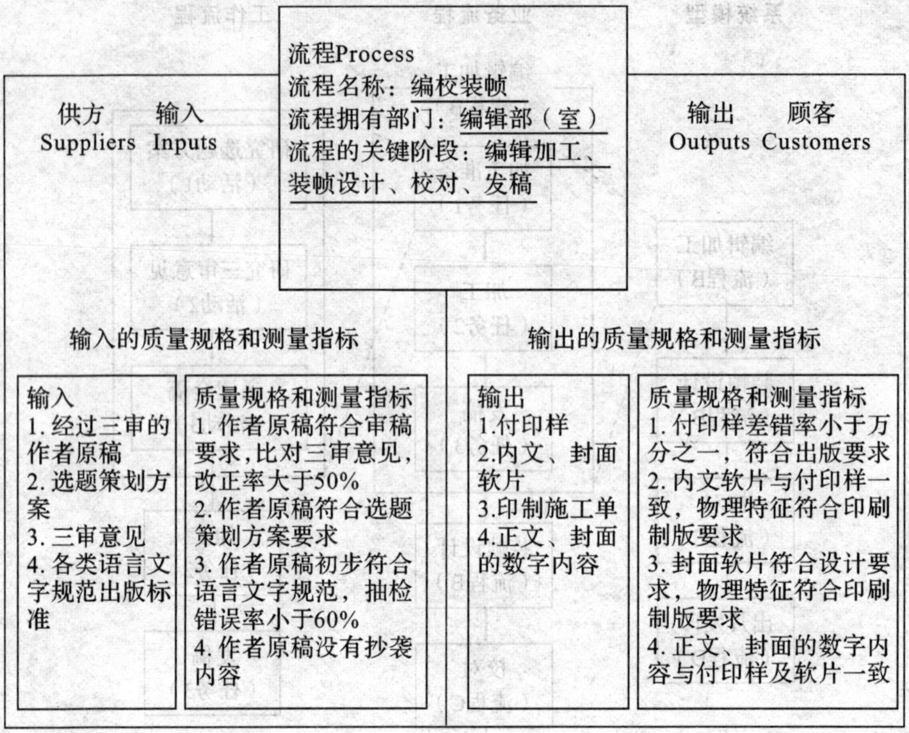
流程Process
流程名称：编校装帧
流程拥有部门：编辑部（室）
流程的关键阶段：编辑加工、装帧设计、校对、发稿
供方 输入
Suppliers Inputs
输出 顾客
Outputs Customers
输入的质量规格和测量指标
输出的质量规格和测量指标
输入
1. 经过三审的作者原稿
2. 选题策划方案
3. 三审意见
4. 各类语言文字规范出版标准
质量规格和测量指标
1. 作者原稿符合审稿要求，比对三审意见，改正率大于50%
2. 作者原稿符合选题策划方案要求
3. 作者原稿初步符合语言文字规范，抽检错误率小于60%
4. 作者原稿没有抄袭内容
输出
1.付印样
2.内文、封面软片
3.印制施工单
4.正文、封面的数字内容
质量规格和测量指标
1. 付印样差错率小于万分之一，符合出版要求
2. 内文软片与付印样一致，物理特征符合印刷制版要求
3. 封面软片符合设计要求，物理特征符合印刷制版要求
4. 正文、封面的数字内容与付印样及软片一致

图 7－3 某出版社运用 SIPOC 图识别编校装帧流程输入输出的质量规格和测量指标

5. 分析接口

接口是上一个活动的流程和下一个活动的流程之间的连接处，在出版活动中，质量问题多出现在接口处。编校装帧流程中的各个接口，无论是系统模型层面的各个子流程之间，业务流程层面的各项任务之间，还是工作流程的各个活动之间，都会发生质量问题，因此，接口分析是编校装帧流程分析的重要内容之一。例如，某出版社曾在一年内连续出现过两次较大的编校质量事故。按照上述方法对编校装帧流程系统模型的接口进行分析，发现存在编辑与校对接口、文字编辑与美术编辑接口无专人管理的严重问题。虽然该出版社也有相应的规章制度，但由于无专人管理，只能依靠接口相关人员的责任心来落实制度，效果大打折扣。于是，出现了上一个流程的输出信息不能及时准确地传递给下一个流程，下一个流程对上一个流程的输出情况没有反馈的现象。考察其他一些出版社的接口，我们还发现编辑与校对之间还存在争夺接口权利的问题。当然，这些问题后来都通过上一级管理人员协调解决了，但这提示我们应当按照

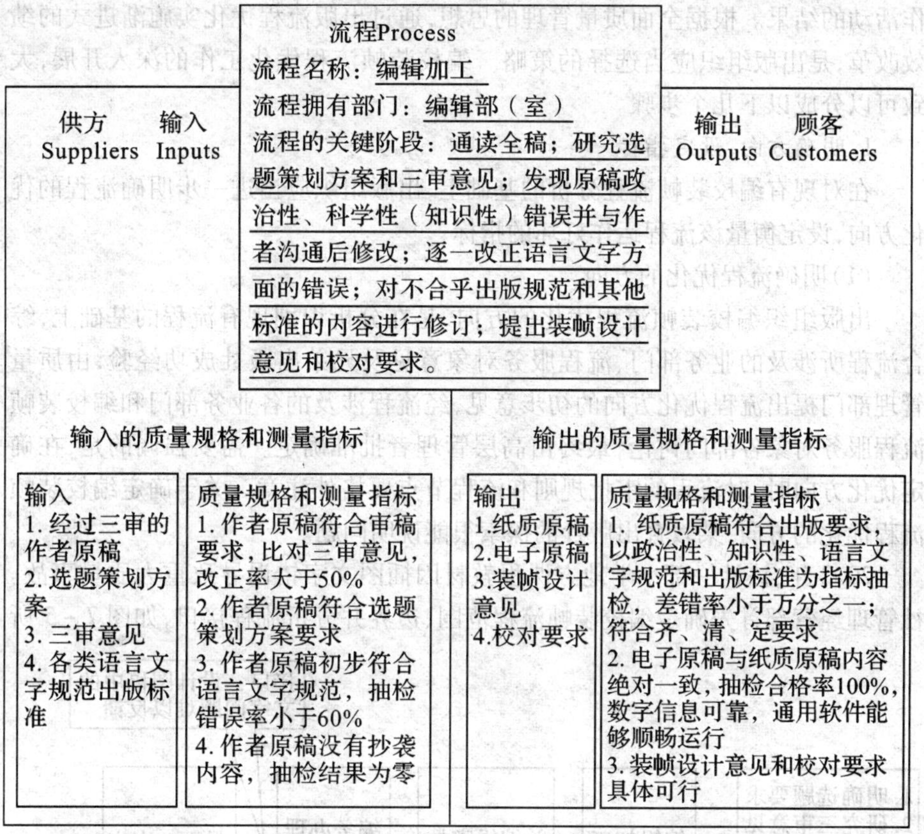
流程Process
流程名称：编辑加工
流程拥有部门：编辑部（室）
流程的关键阶段：通读全稿；研究选题策划方案和三审意见；发现原稿政治性、科学性（知识性）错误并与作者沟通后修改；逐一改正语言文字方面的错误；对不合乎出版规范和其他标准的内容进行修订；提出装帧设计意见和校对要求。
供方 Suppliers
输入 Inputs
输出 Outputs
顾客 Customers
输入的质量规格和测量指标
输入
1. 经过三审的作者原稿
2. 选题策划方案
3. 三审意见
4. 各类语言文字规范出版标准
质量规格和测量指标
1. 作者原稿符合审稿要求，比对三审意见，改正率大于50%
2. 作者原稿符合选题策划方案要求
3. 作者原稿初步符合语言文字规范，抽检错误率小于60%
4. 作者原稿没有抄袭内容，抽检结果为零
输出的质量规格和测量指标
输出
1.纸质原稿
2.电子原稿
3.装帧设计意见
4.校对要求
质量规格和测量指标
1. 纸质原稿符合出版要求，以政治性、知识性、语言文字规范和出版标准为指标抽检，差错率小于万分之一；符合齐、清、定要求
2. 电子原稿与纸质原稿内容绝对一致，抽检合格率100%，数字信息可靠，通用软件能够顺畅运行
3. 装帧设计意见和校对要求具体可行

图7－4　某出版社运用SIPOC图识别编辑加工子流程输入输出的质量规格和测量指标

由高到低对编校装帧流程逐层分析的原则，逐条找出编校装帧流程系统模型、业务流程和工作流程的各个接口是否存在以下五个方面的问题：

①上一个流程的输出能否满足下一个流程输入的需要；

②上一个流程的输出信息能否传递给下一个流程；

③接口处有无专人管理，接口之间是否需另加流程来补救；

④下一个流程对上一个流程输出的情况有没有反馈意见；

⑤上、下两流程是否争夺接口权利。

需要注意的是，对现有的流程接口分析，应当是从人、财、物、信息等方面进行的全面研究。只有这样，才能选择更好的接口方式，从而实现流程优化。

四、编校装帧流程优化

从流程理论的角度来看，编校质量是编校装帧流程所有部门、所有员工工

作活动的结果。根据全面质量管理的思想,通过出版流程优化实施渐进式的绩效改革,是出版组织应当选择的策略。编校装帧流程优化工作的深入开展,大致可以分成以下几个步骤。

1. 明确方向,设定指标

在对现有编校装帧流程分析的基础上,出版组织应当进一步明确流程的优化方向,设定衡量该流程运作好坏的指标。

(1)明确流程优化的方向

出版组织编校装帧流程优化的方向,是在分析识别现有流程的基础上,综合流程所涉及的业务部门、流程服务对象意见及兄弟出版社成功经验,由质量管理部门提出流程优化方向的初步意见,经流程涉及的各业务部门和编校装帧流程服务对象各部门讨论,最终由高层管理者批准确定。需要强调的是,在确定优化方向时,对流程的审批规则和流程节点要格外注意。关于确定编校装帧流程优化的方向,某教育出版社的探索很能说明问题。

2002 年,该社一部小学地方课程教材因插图文字错误导致重大质量事故。社管理经营部首先确定编校装帧流程范围、边界并分析流程接口,如图 7-5 所示,接着组织流程涉及的编辑部、装帧设计室、校对科和选题策划部、出版部、照排公司等对流程服务进行充分讨论分析,找出流程存在的问题:文字编辑和美术编辑职责不明确,插图上的文字内容由谁负责不清楚;美编在设计中难以将

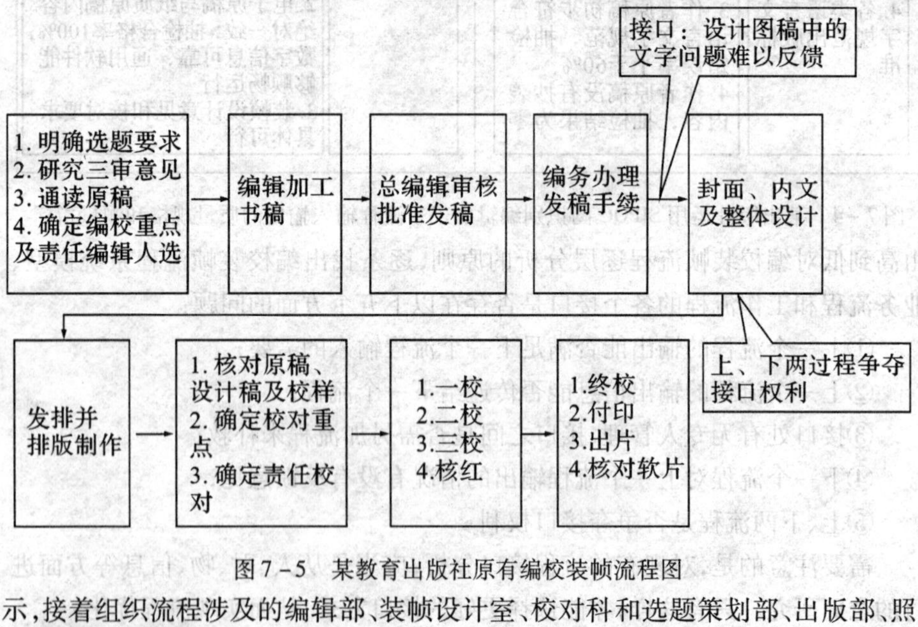

图 7-5 某教育出版社原有编校装帧流程图

图中文字问题反馈给责编；现有流程难以适应作者提交的越来越多的电子稿件。

针对这些问题，借鉴兄弟单位成功经验，该社进一步明确了流程优化的方向，即适应教材插图越来越多的趋势，适应作者越来越多地提交电子稿的趋势，改变接口反馈不力和上下两流程争夺接口权利的弊病。优化后的流程如图7－6所示。

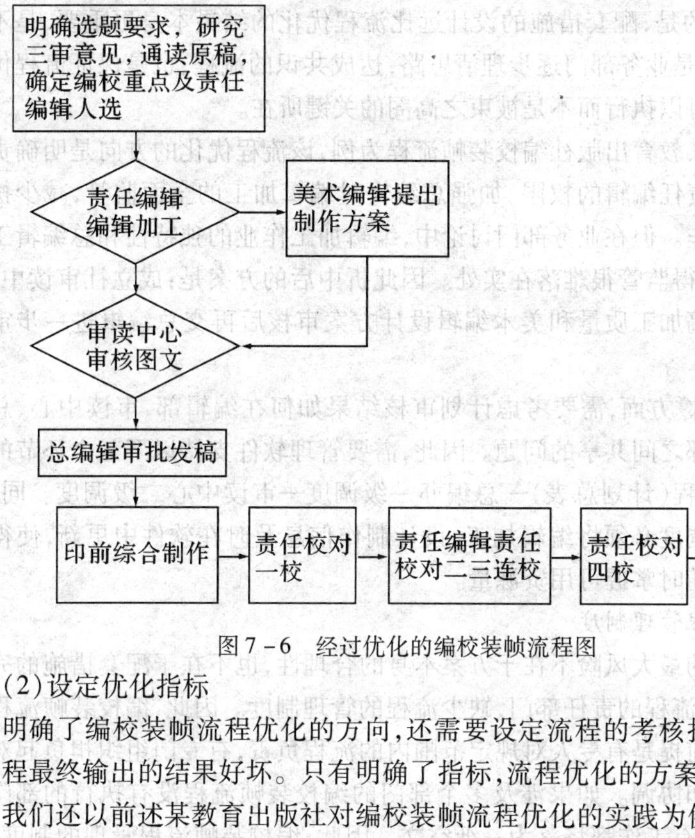

图7－6　经过优化的编校装帧流程图

(2)设定优化指标

明确了编校装帧流程优化的方向，还需要设定流程的考核指标，以此来衡量流程最终输出的结果好坏。只有明确了指标，流程优化的方案才有制订的依据。我们还以前述某教育出版社对编校装帧流程优化的实践为例来说明问题。该社在确定流程优化方向后，设定了以编校差错率，选题策划部、设计制作部对装帧设计、加工质量满意率，出版部对校对质量满意率为核心的一系列优化指标。此外，在确立了流程的指标后，该社把该指标落实到流程责任部门的绩效考核中，以加强对流程的控制。

2. 考虑方案的配套措施

编校装帧流程的优化不能仅仅停留于用电脑画框连线上。出版组织必须详细考虑流程每个节点,特别是节点之间关系背后所蕴涵的管理思路,以及管理思路执行下去所需的配套措施。因此,流程优化的初步方案必须经过相关业务部门深入讨论,流程的相关责任部门针对改进的方案充分发表看法。除了论证方案本身的合理性,讨论主要针对方案落实所需要的配套措施设计进行,包括组织结构、绩效、IT的支撑等。最终方案经过完善,或者一定的折中后被确定,并以作业文件的形式成文。

需要注意的是,配套措施的设计远比流程优化的结果本身更重要,是不能缺省的流程,它是业务部门逐步理清思路,达成共识的流程,也是保证流程优化的结果一定是可以执行而不是被束之高阁的关键所在。

还以前述某教育出版社编校装帧流程为例,该流程优化的方向是明确责任的前提下扩大责任编辑的权限,加强总编辑对编辑加工的全面监管,减少执行层面的协调工作。但在业务部门讨论中,编辑加工作业的独特性和总编辑工作的繁忙程度,使得监管很难落在实处。因此折中后的方案是:成立社审读中心,对责任编辑书稿加工质量和美术编辑设计方案审核后再交总编辑进一步审批发稿。

在IT的支撑方面,需要考虑计划审核结果如何在编辑部、审读中心、总编辑和设计制作部之间共享的问题。因此,需要管理软件支持以下三个环节的计划:计划协调流程(计划总表)—总编办一级调度—审读中心二级调度。同时,审读中心二级调度必须将编辑加工、设计制作信息及时在软件中更新,使得总编办一级调度随时掌握可用资源量。

3. 强调流程管理制度

流程优化的最大风险不在于方案本身的合理性,也不在于配套措施的完备性,而在于缺少流程的责任部门,缺少流程的管理制度。因此,编校装帧流程优化的一个重要前提是有专人对规定范围内的流程负责,有专门组织担负起对整个流程的管理和协调。如果涉及多个部门的编校装帧流程没有执行的部门和制度,前期的所有工作都将落为一纸空文。因此,编校装帧流程管理的制度,应该纳入流程优化需要考虑的范畴中去。流程管理的制度是企业自身开展流程优化、逐步提高优化能力的重要保障。

流程管理是持续不断的流程,设计好新流程之后,需要建立一整套流程的维护和管理体系来保证流程能够按照设计的要求运作,并能够实现持续改进。通常情况下,出版组织可以通过规划责任矩阵来反映流程和组织之间的对应关系,在此基础上确立并巩固业务部门在流程管理(建立、维护、优化、监控)中的

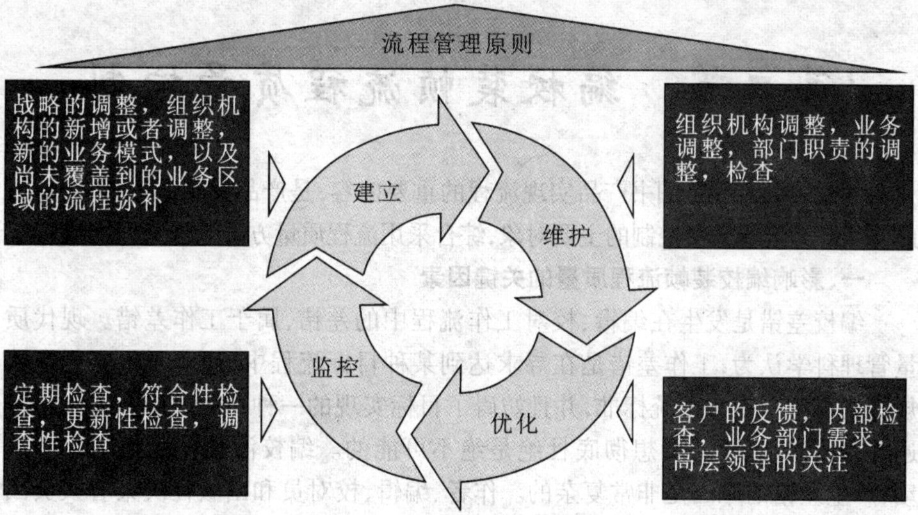

图 7－7　编校装帧流程的维护和管理体系

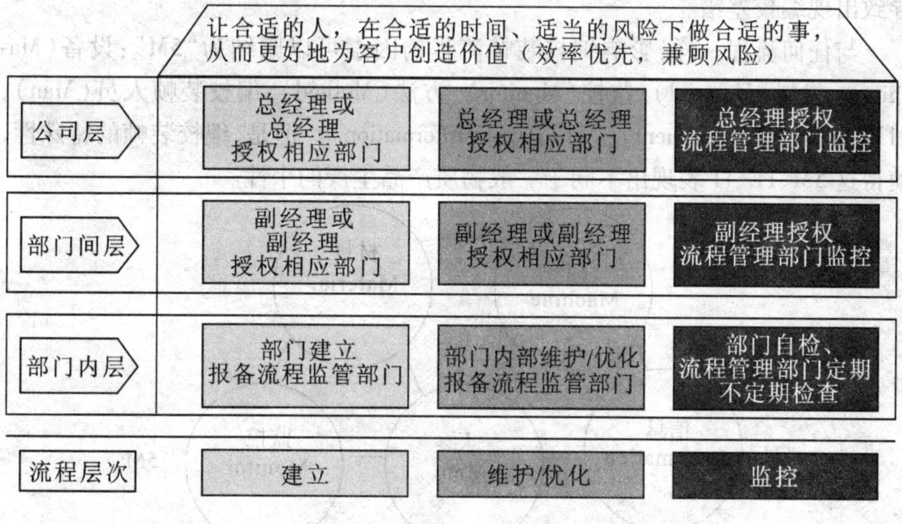
让合适的人，在合适的时间、适当的风险下做合适的事，从而更好地为客户创造价值（效率优先，兼顾风险）
公司层
总经理或总经理授权相应部门
总经理或总经理授权相应部门
总经理授权流程管理部门监控
部门间层
副经理或副经理授权相应部门
副经理或副经理授权相应部门
副经理授权流程管理部门监控
部门内层
部门建立报备流程监管部门
部门内部维护/优化报备流程监管部门
部门自检、流程管理部门定期不定期检查
流程层次
建立
维护/优化
监控

图 7－8　流程管理矩阵

主体地位。流程管理部门、流程管理制度的规范，是为了保证责任部门按标准来管理、维护流程。这样，整个企业业务流程就处于企业的检查、控制、协调和改进的管理体系之下。

第二节　编校装帧流程质量控制

编校装帧流程是图书产品实现流程的重要内容，是产品实现的直接体现，因此应当作为流程质量控制的主要对象，综合采用流程质量方法进行流程控制。

一、影响编校装帧流程质量的关键因素

编校差错是发生在编辑、校对工作流程中的差错，属于工作差错。现代质量管理科学认为，工作差错是在寻求达到某种目标流程中，违背了事先制定的规则或不符合正常系统标准，并且妨碍了目标实现的一种行为。工作差错是普遍存在的客观现实，要想彻底杜绝是绝不可能的。编校活动作为精神生产活动，产生差错的原因是非常复杂的。作者、编辑、校对员和出版社决策者人员因素，原稿的质量因素，编校流程的完善程度，或是出版企业的内外环境，都可能导致出现编校差错。

与任何流程一样，影响编校装帧流程的因素可以归纳为“5M”：设备（Machine）、材料（Material）、监控（Monitor）、方法（Method）、编校装帧人员（Man）；“1E”：环境（Environment）；“1I”：信息（Information）。但是，编校装帧的特殊性，使得这5M、1E、1I表现出不同于一般物质产品生产的个性。

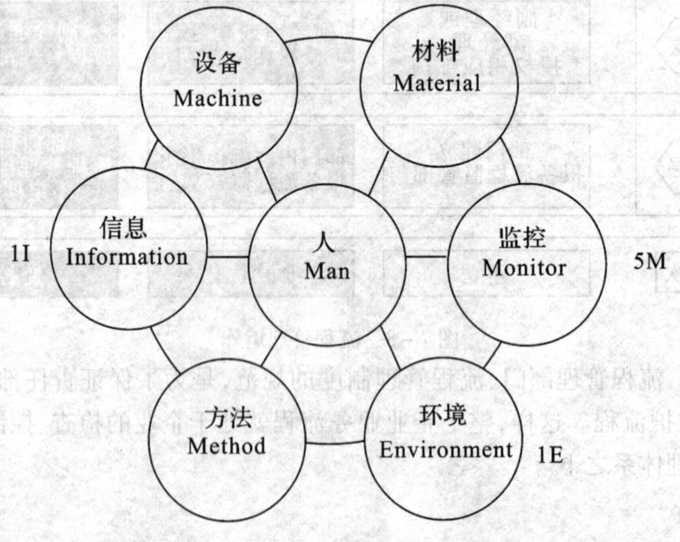

图7－9　影响编校装帧流程的因素

1. 人(Man)

编校装帧流程,始于编校装帧人员的创意,终于编校装帧人员的劳动。编校装帧人员是编校装帧活动的关键,是影响编校装帧质量的第一要素。

编辑校对工作是典型的精神劳动,人的精神劳动在编辑校对流程中起着决定性的作用。正所谓"人非圣贤,孰能无过",长期的编辑工作中,编校人员绝对不可能不出差错。因此,人的因素是导致编校差错最重要的原因。

导致编校差错的人的因素首先表现为编校人员个人因素。编校人员责任心缺失在很大程度上会引发编校差错。图书质量就是图书的生命所在,捍卫图书生命的是编校人员。编校人员不能够对书稿尽职尽责,将直接导致编校差错,影响图书的质量。

编校流程主要靠人来完成,编校人员的语言文字修养、学科专业修养和科学文化素质如何,直接决定编校质量。此外,综合性是图书的一大特征,图书编校人员必须是具有较高学科专业修养和出版专业素质的复合型人才,过于狭窄的知识面必然导致编校差错层出不穷。

2. 材料(Material)

作者提供的原稿浓缩了作者的思想精华,是出版生产最基本的原材料。经过编辑加工的原稿融入了编辑的精神劳动,是作者、编辑精神劳动的物化成果,也是排版的依据和校对的标准。因此,原稿质量的高低,同样也决定了编校差错的多少。

飞速发展的信息时代同样影响着作者的写作。瞬息万变的图书市场要求作者必须尽量提高写作速度,汉字录入技术的飞速发展和计算机的普及为作者写作速度的提高提供了技术保障,但同样也为编校差错的出现埋下了隐患:一些图书作者直接在网络上下载引用的文献,不加审核就提交出版社。出版界同仁都有这样的感觉:进入 21 世纪,作者写作的速度越来越快,精雕细刻的图书原稿屈指可数。

除此之外,越来越多的出版社采取"创作出版"模式,严重影响了原稿质量。按照"创作出版"模式,编辑进行选题的"创作",提出详细要求,作者根据编辑"创作"的选题写作。这样写出来的原稿,常常是编辑的水平决定了原稿的水平。此外,编辑人员完成选题的"创作"就已经十分困难,哪有精力去对作者原稿进行深入的加工?

3. 监控(Monitor)

是否对编校装帧流程进行质量监控,或监控的成效如何,也直接影响着编校装帧质量。

4. 方法(Method)

无论是编辑加工、装帧设计还是校对,其方式、方法是否正确有效,都直接影响着编校装帧质量。例如,有些责任编辑对书稿进行编辑加工,不看审稿意见,不通读作者原稿,对原稿没有一个整体印象,提笔就改,经常是加工到一半发现对作者原稿的理解有误,于是再重新开始。这样,对原稿的错误"修改"难免留在原稿中,出现了编辑加工过程中的"改错成错"。

编校流程的设计缺陷和实施不力也会导致编校差错。审稿加工的"三审制"和校对工作的"三校一读",既是国家强令推行的制度,也是目前我国出版界普遍采用的编辑校对流程。毫无疑问,以"三审制"和"三校一读"为主的编校流程,能够将作者对原稿遗留专业错误的识别优势,编辑对原稿疏漏、排录校对失误的识别优势和监控作用,以及校对员在微观处理和文字辨识上的敏感优势结合起来,通过交叉作业、优势互补,发现和改正原稿和排录中的错误。在铅与火的时代,低速运转的铅排工艺使作者、编辑和校对人员都能从容地按照这种基于铅排工艺设计的编校流程有条不紊地工作。但是进入21世纪,现代社会的高效率和信息时代的快节奏,特别是图书的强时效性,要求出版业把生产周期缩短再缩短。在出版流程中,飞速发展的激光照排技术和现代印刷技术为这种快节奏提供了技术保障。但是,编辑校对工作不能违背以脑力劳动为基础的唯一性、不可替代性等高智力工作的基本规律,因此十多年来,编校流程始终不能与印制技术的飞速发展相适应。尽管不少有识之士基于图书出版快节奏的要求,围绕激光照排的排录工艺,在改革编校流程方面进行了一系列的探索工作,但是总地说来,并没有在更高层次上得到肯定,在更大范围内进行推广。如此一来,图书编校流程各环节因快节奏产生的高留错率就有增无减,很大程度上为编校差错率居高不下推波助澜。

出版组织管理流程中人的因素也影响着编校质量。我们必须承认,人的能力是有极限的,但急功近利的经营思想导致的经营管理的误区,却漠视编校人员的能力极限,导致图书编校质量严重下降。从20世纪90年代开始,出版业逐渐陷入经营不善引发的创新危机,创新不足又导致效益下滑的发展怪圈。有些出版社推行"广种薄收"政策,不顾本社的编校人员的承受能力,一味增加出书品种数量。进入21世纪,这种情况愈演愈烈,不少编辑一年要编发十几种书稿,上千万字,而且背负着沉重的"创利指标",一面做编辑工作,一面还要忙着做推销,做校对,管印制,谓之"编、印、发一条龙",根本没有精力审读加工,导致审读加工粗放,甚至不加工就发排。此外,一些编校力量不足的出版社,为了赶市场,快出书,只得减少审读和校对次数,甚至将三审合一,三校合一。以这种方式做出版,"无错不成书"就是必然的了。出版组织管理流程中人的因素对编校质量的影响还表现为激励机制不合理。激励机制往往是员工努力的方向,近年来,各出版社的激励机制都在向选题策划倾斜,致使重策划、轻加工成为我国出版界普遍存在的现象。一些出版社的决策者甚至把设置校对机构、配备专职校对人员视为经济负担,把撤销校对机构当做"改革"举措。如此一来,编校质量肯定难以保证。

5. 设备(Machine)

编校装帧活动是高质量的脑力劳动,几乎可以不使用一般意义上的设备。它实际上就是在责任编辑和装帧设计师创意的基础上,比对工具书和各项标准,使原稿成为复制的标准,并在此基础上"制作"复制的模板——付印样(或软片)。因此,编校装帧活动所依赖的"设备",主要是编校装帧人员必备的各项标准、工具书、计算机系统等。这些"设备"准确与否,很大程度上决定了图书的质量。

设备对编校装帧流程的影响主要表现为标准、工具书和相关计算机软件的准确性、适时性,以及计算机系统的稳定性。很难想象使用过期标准和错误工具书,运用不符合国家标准的校对软件,编辑加工出质量合格的图书来。

值得注意的是,便捷的计算机录入技术在一定程度上会使作为发排和校对依据的加工过的原稿失去标准意义。在编校流程中,编辑对原稿的加工,既可视为对原材料的加工活动,也可视为制定产品标准的行为。有了编辑加工,校对工作就有了标准。以往纸质原稿经过编辑加工就可以基本固定,作为发排和校对的标准。但是,存储在计算机内的电子原稿可以不留痕迹地加以修改,只要打开计算机,谁都可以进行加工,编辑加工过的原稿再也不像铅排时代那样严肃和神圣,无论是发排还是校对,都没有了标准。这是一种致命的质量隐患,直接动摇了发稿的齐、清、定原则,必然会导致大量编校差错。

计算机系统同样也会导致付印样失去标准意义。尽管与编辑加工相比,校对工作的加工含量高、标准制定的含量小,但校对工作是作者、责任编辑和校对员共同为复制环节制定标准的流程,一旦完成了编校工作,付印样就成为复制的标准。因此,在出版流程中,付印样同样具有神圣的标准意义。计算机系统在大大提高录入排版速度的同时,也增加了对付印样标准意义的干扰因素:计算机系统故障、校对员上机校对检查、作者与出版社之间对校样的网络传输等,往往都能在不知不觉中修改付印样。然而,对计算机系统的校准和针对电脑排版流程的质量管理却一直是编校质量控制的空白,因此由于设备因素导致的编校差错比比皆是。

6. 环境(Environment)

环境对编校装帧流程质量的影响主要表现为对编校装帧人员情绪的影响。编校装帧是高强度的脑力劳动,编校装帧人员的情绪对工作效果影响极大。出版组织应当努力营造平和、舒缓的编校装帧环境。

此外,图书出版的短周期和快节奏使重策划、轻加工成为普遍现象,苏州大学出版社总编辑吴培华将这种倾向称为"编辑职责后移"。"编辑职责后移"导致编辑发排的书稿错误百出,把本应由编辑负责处理的原稿差错推给了校对员。于是,校对环节压力日益增加,面对编辑含量不足的原稿,要花大气力改正其中差错,甚至替代编辑做文字加工,致使校是非点多面广,增加了校对工作量,失去质量保障。

7. 信息(Information)

编校装帧流程中不同环节之间的信息、不同编校装帧人员之间沟通的信息,以及编校流程与外界沟通的信息,都会影响编校装帧流程。

二、编校装帧流程质量控制的条件和内容

流程控制的目的是使流程长期处于稳定的受控状态。具体到编校装帧流程,就是根据图书产品的质量要求,研究产品质量的波动规律,找出造成异常波动的因素,并采取各种措施,使编校质量波动始终保持在产品的技术要求范围内。

1. 编校装帧流程质量控制的条件

为了搞好编校装帧流程控制,必须具备以下三个条件。

(1)控制所需的各种标准

编校装帧流程的质量控制必须具有控制所需要的各种标准,包括图书产品标准、流程作业标准、设备保证标准、设备校正标准等。这些标准是判断流程是否处于稳定状态的依据,出版组织可根据国家相关标准,结合具体情况将其进一步细化。

(2)灵敏的信息反馈系统

对编校装帧流程进行质量控制,必须获得实际执行结果与标准之间差异的信息。为此,出版组织有必要建立一套灵敏的信息反馈系统,及时把握流程的现状及可能的发展趋势。

(3)具体的纠正措施

要具有纠正偏差的具体措施,否则,流程控制就会失去意义。

2.编校装帧流程质量控制的内容

对流程工作条件进行控制,就是对工作流程中的人、机、料、法、环、测六大影响因素进行控制。精神产品的特点,决定了编辑加工、装帧设计和校对主要由"人"完成,"机"只是"人"工作的辅助,这与一般物质产品生产中"人"操作"机"进行产品生产有本质的区别。因此,编校装帧流程质量控制应当包括以下内容。

(1)控制编校装帧工作条件

管理部门要为编校装帧流程提供并保持合乎标准要求的条件,特别是编辑加工、装帧设计和校对使用的计算机硬件和软件系统,以工作质量去保证流程质量。同时,还要求文字编辑、美术编辑和校对员等各个环节的操作者对所规定的工作条件进行有效的控制,包括工作开始时的检查和工作流程中的监控,检验人员应给予有效的监督。

(2)保证编校装帧人员按工作规程操作

出版组织应以作业指导书的形式规定编校各项作业的具体内容。作业指导书应由流程涉及的各科室起草,经多次论证修改,保证每位编校人员都能严格按工作规程操作。作业指导书应以编辑加工、装帧设计和校对工作规程为重点,例如,编辑加工作业指导书,除了对责任编辑的工作责任和权力、编辑加工各程序的操作规则等做出详细规定外,还要对一些关键工作,如加工前对书稿和审稿意见进行的阅读检查,书稿重大问题处理记录,书稿发排和校对员接受校样等,还要明确规定接口各方的责任与权力,确保流程涉及的任何人员都能按照工作规程工作。

(3)对关键流程进行控制

编校装帧是影响图书产品质量的关键流程,除控制生产条件外,还要随时掌握流程质量的变化趋势,采取各种措施使其始终处于良好的状态。为此,出版组织要建立流程的控制点,并在控制点设立专职检验员,按规程逐项检查。尽管《图书出版质量保障体系》的一些规定已经涉及控制点的检查,例如,总编辑及编务人员对编辑发稿的检查,但大部分出版组织都没有按照现代质量管理的要求建立质量控制,明确质量检验的要求。因此,出版组织有必要在发稿、发排、各个校次之间、付印前等处建立控制点,由专职检验员进行质量检验,检验合格者打上相应标记,并在工序流程卡上签字或盖章,一旦发现质量问题可进行追溯,查明原因并采取纠正措施,确保这些工序处于严格受控的状态。

(4)对计量和检测条件进行控制

计量和检测条件关系到质量数据的准确性,必须严格加以控制。与一般物质产品生产不同,编校装帧质量的计量和检测对质检员的依赖要大于对计量器具的依赖。因此,控制计量和检测条件,出版组织必须首先制定严格的质检工作制度,明确质检规则,保证质检员工作行为受控。此外,还应制定质量检定制度,编制有关图书质量的各项政府、行业协会标准文件送检计划,保证这些标准有明显的合格标记,超期未检定应挂禁用牌。

(5)对不合格品进行控制

对不合格品的控制不能由检验部门负责,而应由质量管理部门负责。质量管理部门除负责对不合格品进行管理外,还应据此掌握质量信息,以便进行预防性控制,组织质量改进活动。对不合格品的控制应有明确的制度和程序。

三、编校装帧流程质量控制点的设置

编校装帧流程不仅直接产生了编校质量、装帧质量等浅层次的图书精神质量特征,对深层次的图书内容质量特征也产生了深远的影响。编校质量特征有时表现为具体定量的质量特性,如版心大小、图的位置比例;有时表现为定性的质量特性,如图书内容创意、文字表述;有时表现为定量与定性的双重特点,如封面设计。因此,出版组织必须在编校装帧流程中,运用重点控制和预防为主的思想,通过分析图书产品编校装帧关键的质量特性,寻找流程中的关键环节和薄弱环节,保证编校装帧流程质量处于受控状态。

1. 编校装帧流程质量控制点的类型

编校装帧流程质量控制点主要有以下三种类型。

(1)以质量特性值为对象设置的控制点

以某项具体的关键质量特性为对象,通过对有关影响因素的控制,使得质量特性值保持在允许的范围内,使流程处于受控状态。大多数编校装帧流程控制点属于这种类型。

(2)以编校装帧人员为对象设置的控制点

编校装帧流程属于单件生产,每一位文字编辑、校对员或美术编辑要完成多种书稿的编辑、校对和装帧工作,于是就形成了以编校装帧人员为对象的控制点。同一个人加工、校对或装帧设计,影响质量波动的因素是有一定规律的,因此可以使用同一套控制工具(如使用同一张流程质量分析表)。例如,对某一类专业书稿进行编辑加工,书稿内容的专业相同或相似,只是表述方式不同,如普及图书与学术专著就可以在责任编辑的学科专业加工上设置控制点，编制同一张学科专业流程质量分析表。

(3)以接口为对象设置的控制点

接口是编校装帧质量问题频出的地方，出版组织应当在编校装帧流程的每一个接口设置控制点，例如，发稿、装帧设计与图文制作接口，各个校次之间等。

2. 选择编校装帧流程质量控制点的原则

选择编校装帧流程的质量控制点，不能仅凭主观想象决定，也不能根据产品的复杂程度来决定，而是要按照以下原则进行：

第一，以编校装帧过程模型为依据；

第二，全盘考虑形成产品主要质量特性的活动；

第三，考虑对产品质量有重大影响的关键活动；

第四，考虑需要进行特殊控制的活动和经常发生质量问题的活动；

第五，质量控制点必须能够测量。

3. 任务分析与编校装帧流程质量控制点的选择

编校装帧过程，输入的是经过审查的作者原稿，输出的是可以作为复制模版的付印样。其中重要的活动包括原稿的识别，完整性评价，编辑加工、校对和

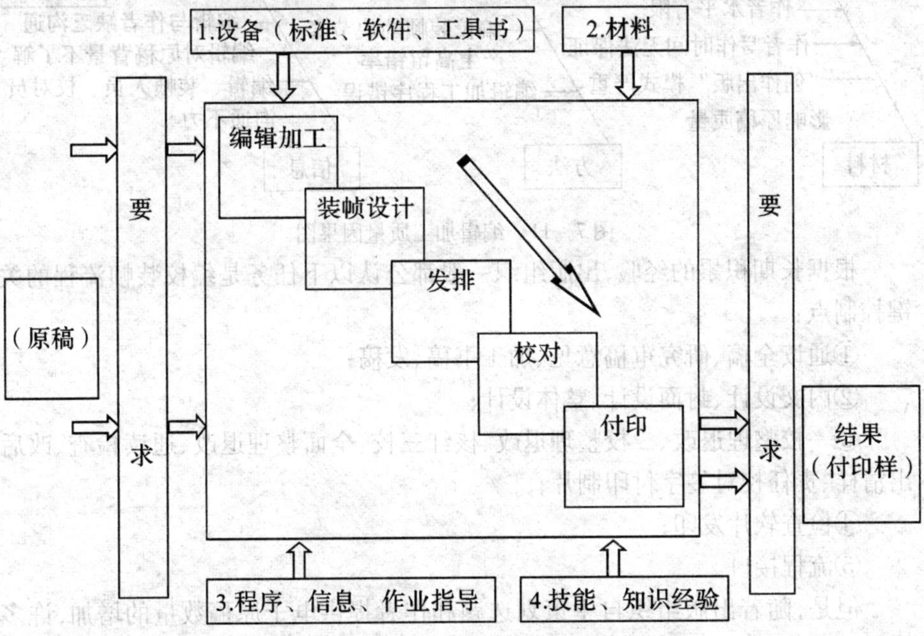

图7-10　编校装帧流程模型

装帧的准备，完成编校装帧流程，报告结果。这个流程的每一个步骤都需要质量控制，或者完成每一个工序的详细说明，这就是所谓的编校装帧流程模型。如图 7－10 所示。

编校装帧流程中的各项任务同样遵守“帕累托曲线图”，关键的少数任务决定了编校质量，这些关键点就是编校装帧流程的质量控制点。因此，寻找编校装帧流程关键点，当然可以运用 ABC 法。不过最简便也是最有效的方法是因果图法，即在质量管理部门组织编辑、校对和装帧设计人员，根据编校装帧流程模型列出的每一道工序，从影响编校装帧质量的 5M1E1I，即设备（Machine）、材料（Material）、监控（Monitor）、方法（Method）、编校装帧人员（Man）、环境（Environment）、信息（Information）七个方面寻找影响质量的关键因素，经过综合分析，最终确定质量控制点。例如，图 7－11 是某出版社针对编辑加工工序绘制的因果图。

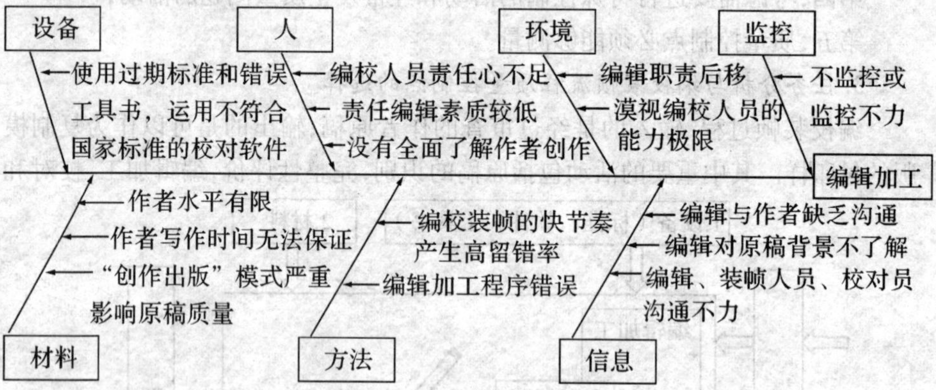

图 7－11　编辑加工质量因果图

根据长期积累的经验，出版组织一般都公认以下任务是编校装帧流程的关键控制点：

①通读全稿、研究审稿意见、加工书稿、发稿；

②内文设计、封面设计、整体设计；

③一校整理退改、二校整理退改、核红三校、全面整理退改、通读检查、改后出清样、责任校对签字付印制片；

④检查软片发印；

⑤流程接口。

但是，随着出版组织自主策划选题和作者提供电子原稿数量的增加，许多出版组织增加了责任编辑加工前准备和责任校对及各校次校对的校对前准备工作,这两项任务是不是关键控制点呢?我们可以这样提问:责任编辑加工前准备对编校装帧流程的结果有没有决定性影响?责任校对、各校次校对员在校对前的准备工作对编校装帧流程的结果有没有关键性影响?众多编辑都有这样的体会:加工前不认真阅读选题策划方案,就无法全面了解书稿出版的目的和意义,无法想象选题成书后的形象;加工前不认真研究三审意见,就不会对书稿的特点、初稿的缺陷、作者的写作习惯和终审意见有深入了解,难以做到有的放矢地加工。校对前的准备工作进行得不具体、不深入,同样存在对编辑加工不够了解、校对抓不住重点的问题。因此,这两项任务应当作为编校装帧流程的关键控制点。

4. 对流程质量控制点的设置

对设置的流程控制点,有以下几方面的要求。

①应明确控制对象和目标。

②要有完整的控制文件,明确对操作者的培训和资格要求,规定操作、控制、检测和记录等要求。

③明确对设备的精度要求,并用文件的形式下达给有关部门。

④根据不同类型的流程控制点,规定连续监控的方法和要求,有针对性地选用控制图,分析控制效果。如发现异常情况,应及时采取纠正措施。

⑤制定详尽的管理办法,并认真贯彻执行。

5. 提出控制标准

对每个关键因素进行详细分析,确定控制标准,并填写流程控制标准表,如表 7－1 所示。

表 7－1　流程控制标准表格

所在科室		控制点		控制因素		文件号		制定日期	
控制内容									
流程标准									
控制理由									
测量规定									

续表

所在科室		控制点		控制因素		文件号		制定日期	
数据报告途径									
控制点		控制图类型		制定者 制定日期		批准者 批准日期			
纠正措施									
操作程序									
审核程序									
制定者		审批者							

四、编校装帧流程质量数据的采集

以编校装帧质量控制系统为基础，对编校装帧流程质量控制点进行数据采集，并在此基础上进行统计分析，是编校质量控制的重点。

1. 质量控制的基础数据

采集的数据可分为计量数据和计数数据。对于计量数据可用数据采集卡采集或手工录入，对于计数数据可采用人工输入的方式将数据保存在数据库中。

在质量管理和控制中，常用平均值、中位数等表示数据的集中性，采用极差、标准偏差等表示数据的分散性。

(1)平均值 $\bar{x}$

设 n 个质量数据分别为 $x_1, x_2, \cdots, x_n$，则它们的平均值为：

$$\bar{x} = \frac{\sum_{i=1}^{n}}{n}$$

(2)中位数 $\tilde{x}$

把质量数据按大小顺序排列，两个中间位置的数称为中位数。但当 n 为偶数时，中位数为两个中间位置数据的平均值。

(3)极差 R

极差是一组质量数据 $x_1, x_2, \cdots$ 中最大值 $x_{\max}$ 与最小值 $x_{\min}$ 的差值。

$$R = x_{\max} - x_{\min}$$

极差 R 能反映出质量数据的分散程度，计算简单方便，但不够精确。

(4)标准偏差 S

当计算精度要求较高时,可以用样本的标准偏差来表示质量数据的分散程度,其计算公式为:

$$S=\sqrt{\frac{\sum_{i=1}^{n}(x_i-\bar{x})^2}{n-1}}$$

在实际工作中,为了简化计算,也可采用下式:

$$S=\sqrt{\frac{\sum_{i=1}^{n}x_i^2-\frac{1}{n}(\sum_{i=1}^{n}x_i)^2}{n-1}}$$

2. 编校装帧质量控制所需的基本数据

编校差错率一直是出版组织考查图书成品编校质量的标准,是对编校装帧质量进行终结性评价的重要指标。但是,不同原稿和校样的基础差错不同,用编校差错率作为控制编校装帧质量的基本数据难免失之客观。此外,编校装帧是一个动态的过程,特别是校对工作,必须由多人多次比对同一标准校准,而差错率反映的是编校装帧的结果,用来作为编校装帧过程质量控制的数据很不方便。因此,有必要引入编校装帧正确率指标作为编校装帧质量控制的基本数据。

编校装帧正确率包括绝对正确率、相对正确率和累计正确率三种数据。

编校装帧正确率是指某原稿或校样已校出的错误占该原稿或校样全部应校出错误的比值。已校出的全部错误与应校出的全部错误肯定会存在一定的差距,但一般情况下这种差距很小,在不太可能获得应校出的全部错误时,为了考查编校装帧不同工序的质量情况,可以把已校出改正的全部错误作为求校对正确率的分母,这样求得的编校正确率可以看成是理论编校正确率的近似值。严格地说,无论是编辑加工还是校对,这样计算出的正确率应当为相对编校正确率。全部校出的错误减去前校次已校出改正的错误后剩下的错误为分母,求出的校对正确率,则为绝对校对正确率。例如,编辑加工由责任编辑完成,总编辑审核批准,那么实际上两人都对作者书稿进行加工改正。如果某书稿的编辑加工应进行加工的地方为100处,责任编辑改正了80处,则责任编辑加工环节的编辑加工正确率为80%,审核批准时总编辑又改正了10处,相对正确率为10% (10/100),而绝对正确率为50%[10/(100-80)]。由于我国出版机构普遍实行“三校一读”的校对制度,对校对过程的质量控制更要注意二者的区别。

由于有了编校正确率,我们就可以计算累计编校正确率。它是指多次编辑加工或校对相对正确率的累加值。如二校的累计校对正确率为一校与二校已校出的错误之和与应校出的全部错误的比值。二校累计校对正确率和绝对正确率都不同于二校校对正确率。例如,某书稿全部应校出错误为100处,一校已校出80处,二校又校出了10处,则二校累计校对正确率为90%[(80+10)/100],而二校的校对正确率则为10%(10/100),二校的绝对正确率为50%[10/(100-80)]。若用公式表示,则可表达为:

$$\text{累计校对正确率}\, j = \frac{E_1 + E_2 + E_3 + \cdots\cdots E_n}{\text{应校出的全部错误}} \times 100\%$$

(E 为已校出错误,J 为校次,$j=1,2,\cdots,n$)

3. 收集数据的方法

收集的质量数据是否具有代表性,能否客观地反映产品的质量信息,在很大程度上取决于收集数据的方法。在现代质量工程中,为了确保收集的质量数据具有代表性,多采用随机抽样的方法获取产品的质量数据。随机抽样法就是使待检产品中的每个单位产品都具有同等被抽到机会的一种方法。常用的随机抽样法有以下几种。

(1)简单随机抽样法

在抽样时不带任何主观性,使待检原稿、校样中每个单位均能以相等的概率被抽到,可以通过查随机数表、掷骰子、翻扑克牌以及用计算机程序生成等方式。

(2)分层随机抽样法

首先将待检原稿、校样按不同的特点(如按责任编辑、责任校对等)进行分层,以便使同一层内的原稿、校样质量均匀一致,然后在各层内分别按简单随机抽样法抽取一定数量的单位产品合在一起构成一个样本。这种方法可以保证样本对产品质量具有较好的代表性。

(3)系统随机抽样法

系统随机抽样法首先给待检原稿、校样中的每个单位产品分别依次编上1~N的号码,设需要抽取的样本容量为n,可将N/n的整数部分(设为K)作为抽样间隔,然后采用简单随机抽样法在1~K之间确定一个随机数作为样本中的第一个被抽到的产品号码,以后就按抽样间隔依次抽取n个样品。

在实际工作中,不能采取有意抽样法,专抽看上去质量好或差的原稿或校样;同时要尽量避免总不去抽检不方便抽取的部分,如某些公式、图表较多的科技类原稿和校样,这样才能得到有代表性的随机抽样结果。

出版组织应当为每一部书稿建立编校正确率档案,每一处质控点都应有专人负责审读校样,统计校样的正确率。例如,编务科、校对科分别在责任编辑发稿和校对各个校次交接处进行审读并填写编辑、校对正确率表,如表7-2、表7-3所示。

表7-2　编辑加工正确率统计表

书稿名:＿＿＿＿＿＿＿＿　审读人:＿＿＿＿＿＿＿＿

编辑工序	编辑加工正确率(%)	绝对正确率(%)	累计正确率(%)	责任者签名
责任编辑发稿	80.0	80.0	80.0	
审核批准发稿	10.0	50.0	90.0	

表7-3　校对正确率统计表

书稿名:＿＿＿＿＿＿＿＿

校次	校对正确率(%)	绝对正确率(%)	累计正确率(%)	校对人	审读人
1	68.2	68.2	68.2		
2	8.5	26.7	76.7		
3	7.2	30.9	83.9		
4	12.1	75.1	96.0		

五、编校装帧流程的工序质量控制

如何对出版组织的编校装帧流程进行质量控制?可以借鉴的思想和方法是工序质量控制。

工序质量控制就是对影响工序质量水平的因素进行分析、控制和管理的过程。工序质量控制(Statistical Process Control,简称SPC)也称为统计过程控制,根据产品的工艺要求,利用数理统计的方法,研究产品的波动规律,判断造成异常波动的因素,并采取各种措施,使波动保持在技术要求的范围内,从而达到改进与预防的目的。

SPC的思想基础是全过程预防为主,核心是控制图理论,方法是数理统计,尤其是控制图。基于SPC的思想,我们可以建立行之有效的编校装帧质量控制系统。

1. 工序质量控制理论的要点

自从休哈特于1924年首次提出SPC的概念,至今SPC已经在制作过程和服务过程得到广泛应用,取得了巨大的经济效益。SPC的特点是强调全员参加,人人有责,特别是强调采用科学的方法来达到目的,因此,这既符合我国大多数出版组织在质量控制中强调员工责任心教育的传统,又能够用科学方法提升质量管理水平。

以往对 SPC 的应用都是以大批量生产加工为基础的,控制的着眼点是产品,通过运用 SPC 技术来分析产品数据的变化曲线,发现生产过程中的异常波动,找到造成波动的原因并做出调整。但是,编校装帧的目的是为大量复制加工制造模板,是精神生产,表现为多品种、单批量的生产加工模式,影响其加工过程的因素多且复杂,以产品为着眼点进行质量控制存在许多缺陷,必须把控制的目标转移到工序上。

实行编校装帧流程的统计工序控制,对大多数出版组织来说还是一件新生事物,需要它们在学习 SPC 理论的基础上树立工序质量控制观念。

(1)图书产品编校质量的统计观点

SPC 理论认为,产品质量不仅总是存在变异,而且这种变异具有统计规律。这种产品质量统计观点是休哈特提出用统计理论来保证与改进产品质量的思想基础,也是控制图的指导思想,已经成为现代质量工程的基本观点。毫无疑问,图书产品质量也服从于这种观点,统计理论应该能够用来保证和改进图书产品的编校装帧质量。

(2)异常因素是编校质量问题的主要矛盾

根据 SPC 理论,引起工序质量波动的因素分为异常因素和随机因素两大类。异常因素虽然在编校装帧过程中偶然存在,但对产品质量的影响很大,而且具有易于识别,也易于消除的特点,是编校质量问题的主要矛盾。因此,在编校装帧过程中一旦发现异常因素,就应抓主要矛盾,设法尽快将其找出来,采取措施予以消除,本书第四章已经述及的控制图是发现异常因素的科学工具。随机因素对编校装帧质量的影响比较小,属于次要矛盾,但具有难于识别、难于消除的特点,需要我们在日常的编校装帧质量管理中予以重视。

(3)编校装帧流程工序控制追求的目标是稳定状态

在编校装帧流程中,只有随机因素,不出现异常因素的工作状态是相对稳定的状态,现代质量工程也将这种稳定状态称为生产的统计控制状态。在稳定状态下,编校质量控制不仅可靠而且经济,所产生的不合格品最少。因此,稳定状态生产是编校装帧流程工序控制所追求的目标。

(4)预防为主是编校装帧流程统计工序控制的重要原则

图书编校装帧质量是加工出来的,不是检验出来的。编校装帧流程的统计工序控制,应当坚持预防为主的原则。

(5)坚持控制图与诊断理论相结合

控制图是进行工序质量控制时必不可少的工具,它是 1924 年由美国贝尔实验室工程师休哈特创立的。它能科学地分出生产过程中产品的偶然波动与异常波动，从而对过程的异常及时预测，以便人们采取措施，消除异常。但是，控制图虽然能够显示异常状态是否发生，但无法探知发生异常的原因，以及异常发生在何处。工序诊断则可以解决这个问题，因此，在实际工作中，要将二者结合应用。

(6)采用 SPC 的系统分析方法

从一条生产线的整体上对质量问题进行系统的分析，是 SPC 分析方法的主要特色之一。因此，编校装帧流程工序控制不是从孤立的一道工序出发，而是从上下工序的相互联系中进行分析。

2. 编校装帧质量控制系统的组成

编校装帧质量控制系统由数据采集、数据统计分析、工序质量监测等几部分组成，如图 7－12 所示 。

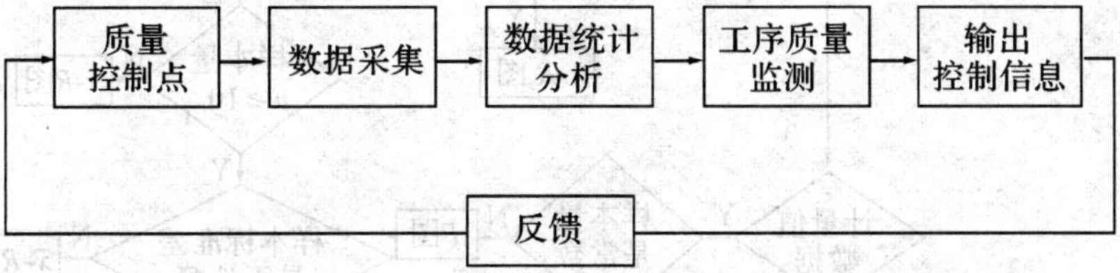

图 7－12　基于工序质量控制思想的编校装帧质量控制系统

3. 控制图的选择

对于计量数据可选择的控制图有均值极差控制图（$\bar{x}-R$ 控制图）、均值标准差控制图（$\bar{x}-S$ 控制图）、中位数极差控制图（$\tilde{x}-\mathrm{R}$ 控制图）等。对于计数数据可选用不合格品率控制图（P 控制图）。

对于计量数据，控制图可分为分析用控制图和控制用控制图，如图 7－13 所示。分析用控制图的作用是对已完成的编校装帧过程进行分析，以此来评估

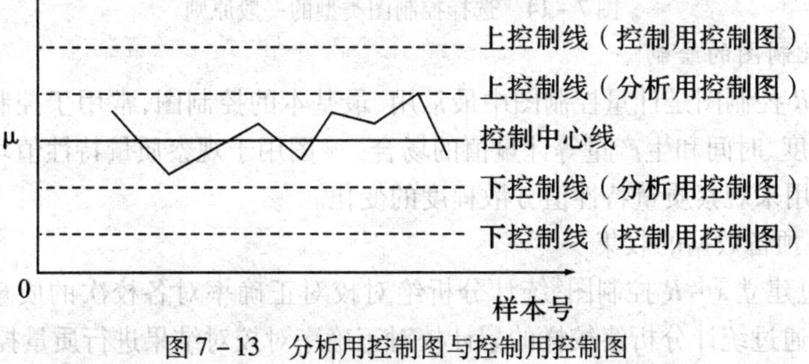

图 7－13　分析用控制图与控制用控制图

该过程是否稳定，也可用来确认改进的效果。控制用控制图主要用来对编校装帧过程实施质量控制，以保持过程的稳定状态。在具体应用时，应先采用分析用控制图对要控制的编校装帧工序进行分析诊断，再将分析用控制图的控制界限延长，转化为控制用控制图。

控制图的类型要根据质量特性和质量数据的收集方式来决定，选择过程如图 7－14 所示。

根据图 7－14 及编校装帧正确率的数据特征，编校装帧质量控制一般采用均值极差控制图（$\bar{x}-R$ 控制图）。

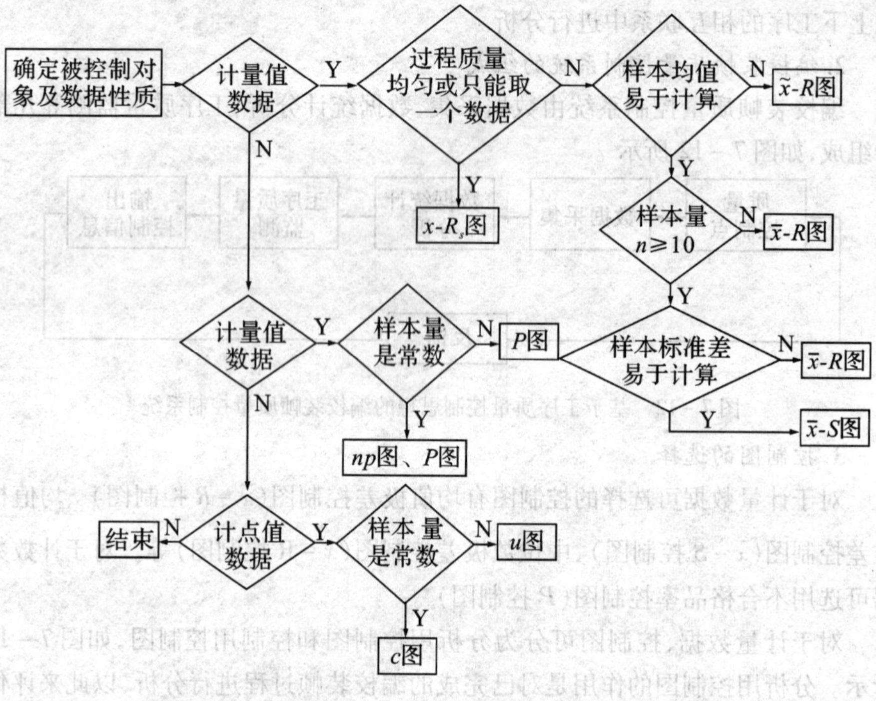

图 7－14　选择控制图类型的一般原则

4. 控制图的绘制

$\bar{x}-R$ 控制图是计量控制图中最常用、最基本的控制图，常用于控制对象为强度、纯度、时间和生产量等计量值的场合。$\bar{x}$ 图用于观察质量特性值均值的变化，R 图用来观察质量特性值分散程度的变化。

（1）预备数据的收集

通过建立 $\bar{x}-R$ 控制图，统计分析绝对校对正确率对各校次的质量进行控制，也可通过统计分析终校样的累计校对正确率对校对结果进行质量控制。

例1,某出版社随机抽取25位校对员正在校对的二校样样本,每位校对员的样本包括5份校样的二校绝对校对正确率,如表7－4所示。通过计算统计量可制作二校的绝对正确率的控制图,就可对这25位校对员的二校质量进行分析控制。

表7－4　二校绝对校对正确率数据表

单位(%)

样本序号	观测值					x_i	R_i
1	25.91	25.92	25.90	25.92	25.89	25.90	0.03
2	25.95	25.00	25.90	24.97	25.05	25.37	0.98
3	25.00	25.30	25.28	25.35	25.40	25.26	0.40
4	25.07	25.16	25.38	25.30	24.99	25.16	0.39
5	25.00	25.90	25.38	25.29	25.69	25.45	0.90
6	24.90	24.95	25.60	25.06	25.10	25.12	0.70
7	24.89	24.90	25.50	25.20	25.30	25.16	0.61
8	24.98	25.60	25.70	25.09	25.00	25.27	0.72
9	25.00	25.20	25.60	25.90	25.98	25.54	0.98
10	25.18	26.00	26.20	25.80	25.60	25.76	1.02
11	26.05	25.70	26.00	25.65	26.10	25.90	0.45
12	24.98	24.86	25.20	25.60	26.10	25.35	1.24
13	24.99	26.06	25.80	25.20	25.90	25.59	1.07
14	24.90	24.80	25.10	26.00	25.60	25.28	1.20
15	25.60	26.10	25.90	24.80	24.60	25.40	1.50
16	25.00	25.30	25.60	25.70	26.00	25.52	1.00
17	24.90	25.70	26.20	25.90	26.00	25.74	1.10
18	26.06	25.70	25.80	25.20	25.60	25.67	0.86
19	25.00	26.10	25.20	26.00	24.60	25.38	1.50
20	25.60	26.00	26.20	25.90	25.20	25.78	1.00
21	25.16	26.00	24.90	25.96	25.40	25.48	1.10
22	25.86	26.10	24.99	25.86	25.70	25.70	1.11
23	25.80	26.00	24.98	25.80	26.10	25.74	1.12
24	25.90	25.18	25.10	25.80	25.92	25.58	0.82
25	25.62	25.48	25.10	25.60	25.62	25.48	0.52
					小计	637.58	19.71
					平均	$\bar{x}=25.50$	$\bar{R}=0.89$

(2)计算统计量

计算每一组样本的平均值,记入表 7－4 中,如第一组:

$$\bar{x}_1 = \frac{\sum_{i=1}^{n}}{n}$$

$$= \frac{(25.91 + 25.92 + 25.90 + 25.92 + 25.89)}{5}$$

$$= 25.90$$

计算每一组样本的极差,记入表 7－4 中,如第一组:

$R_1 = x_{max} - x_{min} = 25.92 - 25.89 = 0.03$

计算 25 组样本平均值的总平均值:

$$\bar{\bar{x}} = \frac{1}{25}\sum_{i=1}^{25}\bar{x} = 25.50$$

计算 25 组样本极差平均值:

$$\bar{R} = \frac{1}{25}\sum_{i=1}^{25}R_i = 0.89$$

(3)确定控制界限

合理确定控制界限是绘制控制图的关键所在。

概率理论认为,正态分布曲线可以用平均值 μ 和标准差 σ 这两个基本参数来表征。平均值 μ 反映正态分布曲线中心所处的位置,标准差 σ 反映的是曲线的"高矮"和"胖瘦"。标准差越小,正态分布曲线就越"瘦",大部分质量数据都接近中心值,质量波动范围越小,反之,则质量波动范围越大。生产过程处于稳定状态,即使存在各种偶然因素影响,产品总体的质量特性值一般都呈正态分布。根据正态分布曲线的性质,质量特性值在 $\mu + 3\sigma$ 的范围内的概率值为 99.73%,如果取 $\mu + 3\sigma$ 作为控制图的上下控制界限,则能使 99.73% 的产品处于合格状态,从而使生产过程基本上实现受控的目的。

以质量特性值的平均值 μ(或 $\bar{x}$)和极差 R 的平均值 $\bar{R}$ 作为中线,取质量特性值的平均值加减 3σ 作为上下控制界限,这样做出的控制图叫做 $\bar{x}-R$ 控制图。控制图的上下控制界限根据公式计算如下。

上控制界限:$UCL = \mu + 3\sigma$,表达为:$UCL = E(x) + 3D(x)$

下控制界限:$LCL = \mu - 3\sigma$,表达为:$LCL = E(x) - 3D(x)$

中心线:$CL = \mu$,表达为:$CL = E(x)$

由数理统计理论可知,当特性值 x 服从总体 $N(\mu, \sigma)$ 的正态分布时,n 个样

本 $x_1, x_2, \cdots x_n$ 的平均值 $\bar{x}$、极差 R 有以下性质：

$\bar{x}$ 的期望值 $E(\bar{x}) = \mu$　　　$\bar{x}$ 的标准偏差 $D(\bar{x}) = \frac{\sigma}{\sqrt{n}}$

R 的期望值 $E(R) = d_2\sigma$　　　R 的标准偏差 $D(R) = d_3\sigma$

μ 和 σ 可通过样本容量为 n 的 k 组样本数据求得：

μ 的估计值 $= \bar{\bar{x}}$　　　σ 的估计值 $= \frac{\bar{R}}{d_2}$

其中，$\bar{\bar{x}}$ 为 $\bar{x}$ 的平均值，$\bar{R}$ 为 R 的平均值，d_2、d_3 为由 n 确定的系数，可由控制图系数表查出，如表 7－5 所示。

表 7－5　控制图系数表

系数 / n	A_2	A_3	A_4	D_4	D_3	D_2	D_1	B_3	B_4
2	1.880	2.659	1.880	3.267	—	1.128	0.893	—	3.267
3	1.023	1.954	1.187	2.579	—	1.693	0.888	—	2.568
4	0.729	1.628	0.796	2.282	—	2.059	0.880	—	2.266
5	0.577	1.427	0.691	2.115	—	2.326	0.864	—	2.089
6	0.483	1.287	0.549	2.004	—	2.534	0.848	0.030	1.970
7	0.419	1.182	0.509	1.924	0.076	2.704	0.833	0.118	1.882
8	0.373	1.099	0.432	1.864	1.136	2.847	0.820	0.185	1.815
9	0.337	1.032	0.412	1.816	0.184	2.970	0.808	0.239	1.761
10	0.308	0.973	0.363	1.777	0.223	3.078	0.797	0.284	1.716

因此，$\bar{x}$ 图的控制界限计算公式为：

$$\mathrm{UCL} = E(\bar{x}) + 3D(\bar{x}) = \mu + 3\frac{\sigma}{\sqrt{n}} = \bar{\bar{x}} + 3\frac{\bar{R}}{d_2\sqrt{n}} = \bar{\bar{x}} + A_2\bar{R}$$

$$\mathrm{LCL} = E(\bar{x}) - 3D(\bar{x}) = \mu - 3\frac{\sigma}{\sqrt{n}} = \bar{\bar{x}} - 3\frac{\bar{R}}{d_2\sqrt{n}} = \bar{\bar{x}} - A_2\bar{R}$$

$$\mathrm{CL} = \bar{\bar{x}}$$

R 图的控制界限计算公式为：

$$\mathrm{UCL} = E(R) + 3D(R) = d_2\sigma + 3d_2\sigma = \left(1 + 3\frac{d_3}{d_2}\right)\bar{R} = D_4\bar{R}$$

$$\mathrm{LCL} = E(R) - 3D(R) = d_2\sigma - 3d_2\sigma = \left(1 - 3\frac{d_3}{d_2}\right)\bar{R} = D_3\bar{R}$$

$CL=\overline{R}$

其中，A_2、D_4、D_3 是由 n 确定的系数，其值可通过计算获得，也可由控制系数表（表 7－5）直接查出。当 $n=5$ 时，查表 7－5 知：

$A_2=0.577$，$D_4=2.115$，D_3 为负数不予考虑；

查表 7－4 知：

$\overline{\overline{x}}=25.50\%$，$\overline{R}=0.89\%$

将数据带入公式，得到 $\overline{x}$ 图的控制界限：

$UCL=25.50\%+0.577\times0.89\%=26.01\%$

$LCL=25.48\%-0.577\times0.89\%=24.99\%$

$CL=25.50\%$

R 图的控制界限：

$UCL=2.115\times0.89\%=1.88\%$

$CL=0.89\%$

D_3 为负数，导致极差 R 控制线为负值，故不考虑 LCL。

（4）作分析用控制图

根据所计算的 $\overline{x}$ 和 R 图的控制界限数值，建立两个坐标系，分别以各组数据的统计量、样本号对应一组数据，在控制图上打点连线，即可得到分析用的控制图，如图 7－15 所示。

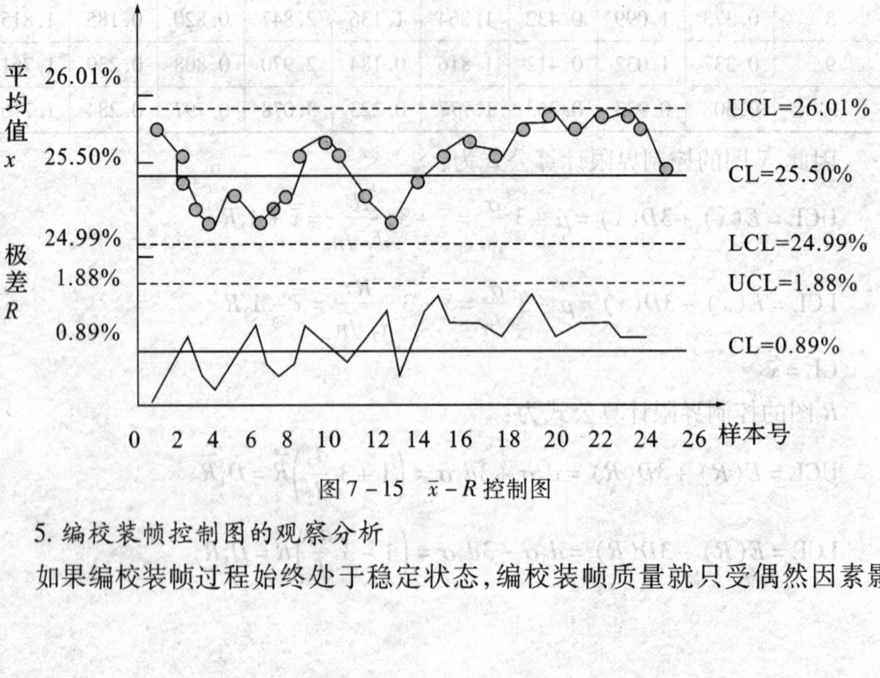

图 7－15　$\overline{x}-R$ 控制图

5. 编校装帧控制图的观察分析

如果编校装帧过程始终处于稳定状态，编校装帧质量就只受偶然因素影响,不随时间的变化而变化。如果编校装帧过程处于失控状态(又称异常状态),书稿校样的编校质量就随时间的变化而变化。对控制图进行观察分析就是为了判断编校装帧过程是否稳定,是否处于受控状态,以便决定是否采取措施,消除过程中的异常因素,使编校装帧过程保持稳定。

控制图对过程异常的分析判断主要依据概率理论中的"小概率原理"进行,小概率事件一般是不会发生的,但如果经过一次或几次试验,小概率事件发生了,就意味着生产过程中有异常情况发生。

分析生产过程是否处于受控状态,主要是通过研究控制折线所处的位置及其走向实现的。当生产过程处于受控状态时,控制图上的点在中心线的两侧附近,分布在中心线附近的点越多,接近上下控制界限分布的点就越少。当控制图同时满足以下两个条件时,就可以认为编校装帧过程处于受控状态。

条件一,控制图上没有点越出控制界限外。要注意的是,判断时最少应该连续判断 25 个点,用少量数据作控制图容易产生错误的判断,至少应有 25 个点才能做出相对正确的判断。

条件二,点在控制界限内的排列是随机的。因为在受控状态下,过程只受到一些很小的、偶然因素的影响,属于随机变量。

从图 7-15 可看出,例 1 的 $\bar{x}$ 和 R 都处于稳定状态,可将其控制界限加以延长,作为控制用控制图。

若控制图有异常,即违反了判稳准则,质量监控人员就要发出警告,并选择相应质量改进方法分析质量问题产生的原因,进而进行质量改进。

第三节　编校装帧质量改进

质量改进与质量控制都是质量管理的一部分，前者致力于增强满足质量要求的能力，而后者致力于满足质量要求。

质量控制用来消除编校装帧过程中的偶发性问题,使质量维持在规定的水平上。如果生产加工存在系统性问题,就要通过质量改进来解决。编校装帧过程是单批次的设计加工生产,对本批次产品而言,只能通过再版或重印来提高质量,这与一般物质产品生产有着本质的区别。因此,编校装帧过程的质量改进的意义,主要在于改进选题设计和编校装帧流程,更加合理有效地使用人才和资金,充分挖掘潜力,发挥组织各部门的质量职能,提高工作质量,为产品质量提供强有力的保证,全面提高编校装帧质量。

一般说来,编校质量改进的步骤是分析测量值的分布状态,找出主要的质量问题,分析产生质量问题的原因,判断变量之间是否存在相关关系。

一、找出主要的质量问题

我们在第六章应用过的排列图也可用来寻找编校装帧过程的主要质量问题。美国质量学家朱兰将排列图(帕累托曲线图)应用于质量管理,认为80%的变异源于大约20%的变量因素,这些变量被称为“关键的少数”,对过程质量影响较小的因素则被称为“次要的多数”。

1. 确定分析对象及数据类型

一般来说,出版组织可以将一个校次或多个校次的校样、付印样或编发的原稿作为分析对象,也可以选取一段时间的校样、付印样或编发的原稿作为分析对象,还可以按照不同类别分析原稿或校样,从中发现产生质量问题的原因。

2. 分类统计

针对需要分析的对象,按照《图书质量保障体系》、《图书质量管理规定》以及出版组织的质量标准,统计其编校装帧质量缺陷,并列表汇总每个项目发生缺陷的数量,及频数 f_i,按照从小到大的顺序排列。以全部项目为100%来计算各个项目出现的百分比,得出频率 P_i。

为了统计分析的需要,有时需要观察某一数值以下或某一数值以上的频率之和,即计算累积频率 F_i。从变量值小的一方向变量值大的一方累加,称为向上累积,反之称为向下累积。

3. 绘图并记录数据信息

画出排列图的纵横坐标。排列图中有两个纵坐标和一个横坐标,左纵坐标表示频数 f_i,右纵坐标表示频率 P_i,横坐标表示拟分析的质量对象,按照频数大小由左至右排列。这样,就可通过纵向的高度表示分析对象对应的频数和频率。此外,还根据各累积频率作出排列曲线。

绘制完毕,应填写排列图的标题,在空白处写明分析对象的名称、统计时间、各种数据的来源、数据数量、记录者及制图者等项目。例如,表7－6是某出版社某年一个季度付印的166种付印样质量缺陷调查表,图7－16为该社季度一校样质量缺陷排列图。

表 7-6　某出版社季度付印样缺陷调查表

序号	质量缺陷因素	频数	频率（%）	累积频率（%）
1	语言文字错误	112	50.00	50.0
2	量和单位错误	70	31.25	81.25
3	插图表格错误	20	8.93	90.18
4	知识性错误	12	5.36	95.54
5	索引、目录、参考文献错误	6	2.68	98.22
6	其他	4	1.78	100
7	总计	224	100	

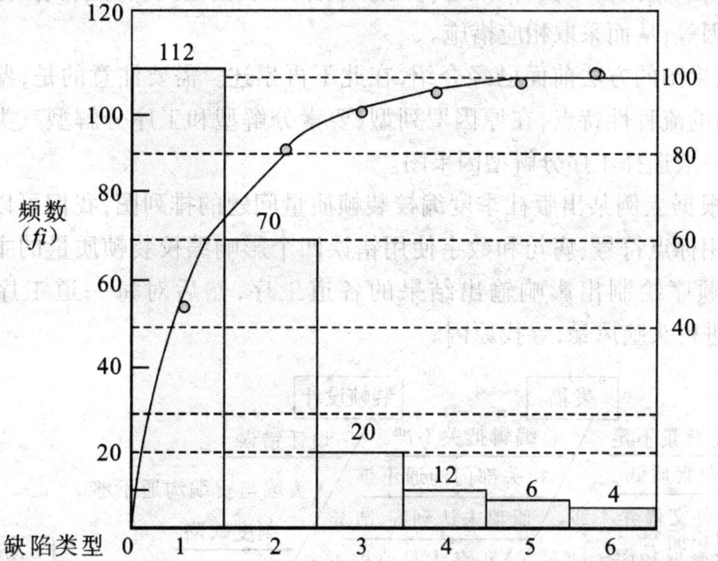

图 7-16　某出版社季度一校样质量缺陷排列图

4. 分析排列图

根据帕累托原理，按照影响大小可以将影响质量的因素分为三类：

A 类因素，发生频率为 70% ~80%，累积频率在 80% 以下，是主要影响因素；

B 类因素，发生频率为 10% ~20%，累积频率在 80% ~90%，是次要影响因素；

C 类因素，发生频率为 0% ~10%，累积频率在 90% ~100%，是一般影响因素。

排列图可以从诸多质量问题中寻找主要问题并以图形方式直观表示出来，通过分析排列图，我们可以集中力量解决主要问题。如图 7－16 所示，显然上例中的主要质量问题是语言文字及量和单位错误。

二、分析产生质量问题的原因

因果图可以作为分析产生编校质量缺陷的原因工具。

1. 绘制质量缺陷因果图

针对影响编校装帧质量的主要因素，出版组织可以以质量负责人为首组成质量缺陷分析小组，从"5M1E1I"，即设备（Machine）、材料（Material）、监控（Monitor）、方法（Method）、编校装帧人员（Man）、环境（Environment）、信息（Information）七个方面，借助因果图，按照各种因素分别归类，由主到次分别找出主要原因、次要原因等，从而采取相应措施。

绘制因果图的方法前面已经介绍，在此不再累述。需要注意的是，鉴于编校装帧活动的流程性特点，在原因罗列型、要素分解型和工序分解型三类因果图中，我们一般选择工序分解型因果图。

例如，根据上例某出版社季度编校装帧质量问题的排列图，我们可以针对错别字、错用标点符号、病句和数字使用错误四个影响编校装帧质量的主要因素，首先按顺序绘制出影响输出结果的各道工序，然后对每一道工序按照"5M1E1I"进行头脑风暴，寻找原因。

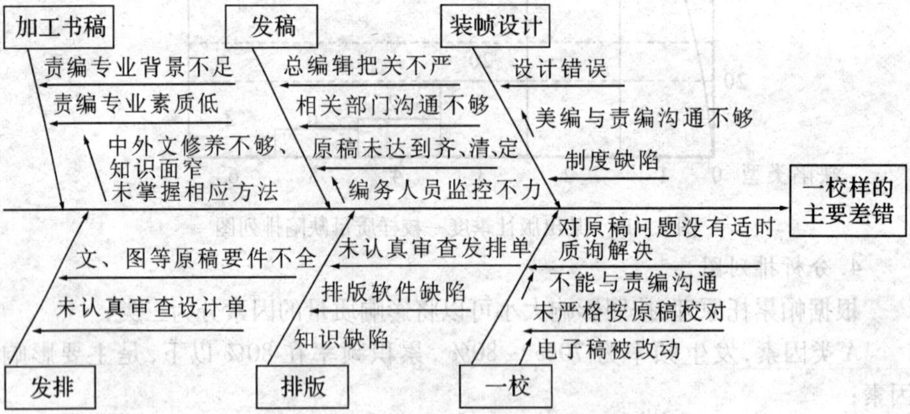

图 7－17 某出版社季度一校样质量缺陷因果图

绘制因果图要坚持发扬民主、集思广益、畅所欲言的原则，质量负责人可采取合理的提问方式，尽量激发参与分析的各个部门人员的热情和创造性思维；

分析小组成员则要积极思考、踊跃发言，不能约束自己的想象力。

2. 对因果图原因分支分析表决

完成因果图绘制后，分析小组要对所有原因分支进行分析，并从是否容易验证、出现的可能性、消除/解决问题的难易程度三个方面，按照三个级别，对这些原因逐条表决：是否容易验证分为容易（V）、有困难（S）、不容易（N）；出现的可能性分为很可能（V）、不太可能（S）和不可能（N）；消除/解决问题的难易程度分为较容易（V）、不大容易（S）和很困难（N）。

表决结果应记录在表决结果表中，例如，表7－7为前例某出版社季度一校样质量缺陷因果图的分析表决结果。

表7－7 某出版社季度一校样质量缺陷因果图分析表决结果

原因	是否容易验证	出现的可能性	消除/解决问题的难易程度
责编专业素质低	V	V	S
编务人员监控不力	V	V	V
美编与责编沟通不够	V	V	V
责编未掌握相应方法	S	S	V
原稿未达到齐、清、定	V	V	V
总编辑把关不严	S	S	V
对原稿问题未适时质询解决	V	V	V
相关部门沟通不够	S	V	V
排版软件缺陷	V	S	S
电子稿被改动	S	V	V
校对员与责编沟通不力	V	S	V
未认真审查发排单	S	V	V

三、列出改进对策表并撰写质量改进报告

因果图分析表决结果表中，VVV组合是产生质量问题的关键原因，VSS、VSV、SSV等组合是主要原因。针对这些原因，质量管理部门要从原因、改进目标、措施、负责人、进度要求、效果检查、存在问题等方面列出质量改进对策表，并根据这些内容撰写质量改进报告。如表7－8所示即为前例某出版社季度一校样质量改进对策表。

表7-8 某出版社季度一校样质量改进对策表

原因	编务人员监控不力	美编与责编沟通不够	对原稿问题未适时质询解决	责编专业素质低	电子稿被改动
改进负责人	总编办主任	总编辑	校对科科长	总编辑	总编办主任
存在问题	纸质稿件与用于排版的电子稿不对应	文编与美编接口无人管理，造成图中文字差错率居高不下	校对员不与责编协商，随意处理原稿疑似问题	未掌握编辑方法；专业面窄；中外文修养不够	发稿后排版、校对过程中电子稿屡屡被改动
改进目标	确保纸质稿与电子稿一致	明确插图中文字美编设计—责编审查发稿	保证原稿疑似问题由责编处理	尽可能使处理的稿件与编辑专业相对应；提高出版素质及中外文水平	保证修改原稿必须征得责编同意
改进措施	完善发稿制度，保证电子稿发稿由总编办锁定后发出	建立文图编辑交接发稿制度	完善相关制度	相关编辑部主任做到知人善任；落实编辑上岗培训；建立编辑带薪学习制度	严格执行改动电子原稿责编知情同意，编辑部主任、制作部主任、校对科科长签字同意；着手调研相应软件情况
进度要求	一周内文件出台，两周内制定技术措施	一周内出台相关文件	一周内出台相关文件	一周内出台相关文件	立即执行已经出台的制度文件，一周内上交相应软件的调查报告
效果检查	全面制度和技术措施检查	一个月后抽查全社一校样，进行插图质量检查	检查文件及执行情况	检查文件制定落实情况	检查落实情况

排列图、因果图和对策表俗称“两图一表”，在质量管理中应用最为普遍，用来进行编校装帧质量改进是完全可行的。

第四节　编校装帧标准操作规程

标准操作规程（Standard Operation Procedure）是以统一的格式描述出来的、用来指导和规范日常的工作的标准操作步骤和要求，英文缩写为SOP。在质量管理中，SOP解决的是如何做的问题，就是对某一程序中的关键控制点进行细化和量化。如前所述，人的智力劳动对编校装帧质量起着绝对重要的作用。因此，为了规范编校装帧人员的工作规程，保证编校装帧过程质量，出版组织必须根据国家颁布的《图书出版质量保障体系》等法规、文件，结合本组织的产品特点，制定相应的编校装帧标准操作规程。

一、编校装帧标准操作规程的内涵

标准操作规程是实实在在的操作层面的程序，不是理念层次上的东西。从质量管理体系文件来看，SOP属于三级文件，即作业性文件。但值得注意的是，SOP中的“标准”具有最优化的内涵。因此，尽管编校装帧标准操作规程属于质量管理体系文件，但它不是随便写出来的，而是尽可能地将编校装帧相关操作步骤细化、量化和优化，保证相关人员都能理解又不会产生歧义。从这个意义上说，编校装帧标准操作规程是经过不断实践总结出来的，在当前条件下可以实现的最优化的编校装帧操作程序设计。

“标准化”常让人产生起照章行事、流水线生产的刻板印象。出版界普遍也有这样的看法，即认为标准化的操作规程是保障物质产品生产质量的法宝，不一定适应精神产品生产。这样的认识，只是看到了标准化的表象，只把标准作业程序当成是一份控管文件、一项训练工具，是写完后就束之高阁的官样文章，是把员工变成机器人的训练手册。对编校装帧活动来说，制定实施编校装帧标准操作规程，这种看似平凡无聊的工作，却有惊人的功效。首先，尽管编辑、校对员和装帧设计师处理的每一部书稿都是不同的，但处理书稿的过程却是可重复的。当工作是可重复的时候，标准操作规程就是已然经过验证的最佳操作方法，可以确保获得稳定、正确的产品。其次，与其他任何工作相同，“做什么”和“怎么做”是做好编校装帧工作的基础。编校装帧标准操作规程将二者归纳整合成书面化的制式规范，让即使不熟悉作业方法的人，也能快速进入状况，“以正确的方式,做出正确的事”,在有限的时间内以有限的资源执行复杂的任务。再次,通过将编校操作程序标准化的过程,还能保证稳定的编校工作流程,出版组织才能够知道编校工作究竟是改善了什么,又有哪些地方需要改善。此外,建立编校装帧标准操作规程,出版组织就能更有效地掌握编校业务流程,进一步从中发掘出有哪些程序或步骤不具价值或效益,从而考虑委外处理。因为,出版组织如果长期负担庞大的成本支出,然后动辄以减薪、裁员等治标不治本的方式来降低成本,最后非但无法切除企业赘肉,反倒切断骨干,导致危机。

从出版质量管理体系文件的角度来看,质量手册和质量计划规定了在出版过程中各部门、各有关人员应当做什么的问题,标准操作规程则规定了具体如何做的问题。《图书质量保障体系》是具有法规性质的保障我国图书出版质量的指导性文件,颁布以来为提高编校装帧质量起到了决定性的作用。但是,我国出版业发展极不平衡,各出版组织编校装帧工作情况千差万别,出版组织应当以《图书质量保障体系》为指导,结合自身特点,制定自己的编校装帧标准操作规程。

二、编校装帧标准操作规程的基本内容和格式

各个出版组织所处环境不同,企业文化不同,产品各有不同特点,编校装帧标准操作规程理当有所不同。但是,总结图书出版的规律,根据《图书质量保障体系》,出版组织的编校装帧标准操作规程应当具有一些共同的内容和基本格式。

1. 制定思路

制定 SOP 的目的就是要使执行人员按标准的规范去做,编校装帧标准操作规程就必须首先标准规范。对其编写要在符合要求的前提下做到简单、易懂并具有可操作性,可参照以下思路制定。

①标题:简明扼要地概述操作名称。

②目的:简述本规程需达到的目的。

③职责:明确执行人范围、责任以及监督检查人的职责。

④参考文件:指明参考的法规、标准、文件及说明书等。

⑤相关程序:指明与编校装帧标准操作程序相关的 SOP。

⑥附表:指明执行本规程时需要填写的相关表格。

⑦材料器具:标明执行本规程需要使用的主要材料、器具、设备及型号等。

⑧操作程序:写明准备过程、操作过程和结束过程,并将过程的控制、复核、安全和注意事项、操作标准、操作结果评价以及异常情况处理融入整个程序中。

2. 基本格式

不同出版组织的编校装帧标准操作规程可以采用不同的格式，但必须与本组织作业指导书的格式统一，并统一纸张规格及装订规格，基本格式具体可包含如下内容。

①编号标志。包含出版社代号、部门代号及 SOP 编号，如：SJ（出版社代号）-SOP-01（部门代号）-001（SOP 编号，部门内可在百位数上进行分类）。

②题目类别。标示标准操作规程（SOP）字样以区别其他规程。

③修订版号。指有 SOP 的版本，如：修订版号 2（表示第 2 版）。

④权限。标明拟定人、复核人、批准人姓名及日期（以表格形式）；标明颁发部门、分发部门、生效日期、复印数（以表格形式）。

⑤标题。写明标准操作规程的题目。

⑥正文。详见 SOP 的主要内容。

3. 主要内容

编校装帧标准操作规程包括以下主要内容：

①作者纸质原稿和电子原稿的接收、标识、保存、领用；

②责任编辑对书稿的编辑加工处理方法，总编辑（副总编辑）对书稿加工质量的监督、评价、放行；

③编辑加工、装帧设计所用标准、辞书、计算机软件的准备、维护、使用和管理；

④美术编辑对书稿的技术设计、封面设计及美术设计；

⑤责任编辑、技术编辑、美术编辑发稿及印前制作发稿程序；

⑥书稿、校样流转规程；

⑦人工校对、计算机校对的方法、规则和程序；

⑧编辑加工、装帧设计、发排、校对接口的处理；

⑨工作人员的培训制度；

⑩质量保证部门的工作规程；

⑪SOP 的编辑和管理；

⑫有必要制定 SOP 的其他工作等。

三、编校装帧标准操作规程的制定原则和程序

尽管不同出版组织面临的具体情况不同，但制定编校装帧标准操作规程仍然要遵循一定的原则和程序。

1. 制定编校装帧标准操作规程的原则

撰写编校装帧标准操作规程，不仅仅是将编校装帧工作步骤转化为白纸黑字，而是要制定出应当依据充分、标准规范、简明准确并具有可操作性的标准操作规程。为此，必须坚持以下几个原则。

(1)情境明确

标准操作规程要清楚说明各种情境下该执行的行动或措施，保证编校装帧人员遇到情况知道该怎么处理。

(2)引据、用词一致

标准操作规程中所有的参数、引据、用词都要相同，保证不会引起混淆与误解。

(3)步骤完整连贯

标准操作规程的内容不仅要涵盖各种情境，显示相对应的各种步骤，而且每个步骤都要环环相扣，所有信息或措施也都要相互贯连。即要让员工明白，每一道工序都不是可有可无的摆设，如果漏掉这一道工序，就无法进行下一道工序。

(4)强调回馈

标准操作规程叙述的每一项编校活动都要有回馈。例如，没有总编辑的审读意见就不能发稿，没有后一校次的反馈意见就不能返设计制作部改版等。

(5)行文正确

编校装帧标准操作规程中的文字、语法都不该有错。

(6)内容明晰

标准操作规程是用来解说操作的程序和方法，用以确保成果质量和一致性的，不是运作原理的说明书。因此，内文要容易阅读与理解，避免出现专业术语或艰涩词语，让人不知所云。

2. 制定编校装帧标准操作规程的程序

进入 SOP 实际撰写与执行阶段后，最重要的三件事情是：谁写？谁审？怎么写？参照制定 SOP 的一般程序，结合图书出版编校质量管理的具体问题，我们将编校装帧标准操作规程的程序分为以下几个步骤。

(1)撰写前准备

撰写前必定要先厘清“谁该负责什么工作”以及“工作该如何进行”，也就是为撰写 SOP 这件工作进行组织规划，包括决定文件格式、撰写者与撰写方式、审阅者、核定者，以及要分发给哪些人等事项。

(2)起草

只有大家都理解而接受的规定才会被执行,编校装帧标准操作规程一般先由部门负责人或有经验的相关工作人员起草,通常分为以下几个步骤。

第一步,画出编校装帧流程的草图,采取系统模型—业务流程—工作流程的层次逐级分解:将编校装帧系统模型分解为若干子流程,将子流程分解为若干相互联系的工作任务,再将工作任务分解为更加具体的活动,分析这些活动,标出其中重要的活动,通过讨论、回顾,尽可能罗列出以往出版组织在这些重要活动中的经验和教训,作为起草编校装帧标准操作规程的重要基础。

第二步,找出每一个活动与其他活动的接口部门和接口人,思考这样的问题:流程中他们是否会发生冲突?如何解决这些冲突?如果流程有异常,与相关人员做好流程沟通确保流程畅通是编写SOP的根基。

第三步,对每一项活动需要的说明材料进行采集,如图片、资料照片,保证编校装帧标准操作规程形象直观。

第四步,根据前面思考、讨论的结果编写制定编校装帧标准操作规程。这一步是制定编校装帧标准操作规程的核心内容,也就是很多人直接看到的SOP,其中细节与量化是关键。编写中要注意语言规范,少用或不用口头语言。

(3)核对验证

在编写过程中,编撰者务必要反复核对与验证各式文献与书面资料,确保写出来的内容和出版组织原本的作业规范相符。必要时可亲自到各相关部门观察,或对相关人员进行访谈,实地了解一些关键的小细节,例如,"文字编辑与美术编辑这样沟通行不行?"

(4)审核实施

对编校装帧标准操作规程的审核确认通常由质量管理部门完成。审核确认不是走过场,质量管理部门必须广泛征求意见,在确保规程中的各项操作是保证编校装帧质量的最佳方案,并且相关人员能够按照规程完成相应操作的前提下签字确认。确认后,出版组织负责人书面批准生效,公告宣布,知会各部门和全体员工后开始执行。如需任何修改,要再经质量保证部门审核,机构负责人批准后更新。

四、编校装帧标准操作规程的实施和修订

建立了编校装帧标准操作规程,并不意味着就可以高枕无忧了,保证编校装帧质量重在标准的实施上。再好的规程,如果只是停留在文件上,就难以发挥其应有的作用。实施及修订编校装帧标准操作规程,重点要做到以下几个方面的工作。

1. 分发宣传与检查测试

尽管我国图书出版业全面质量管理工作刚刚开始，在实施 SOP 方面还没有多少经验，但其他企业实施 SOP 中普遍存在的“写完”就等于“做到”的教训值得我们反思：一些企业制定 SOP 后，经理、主管人手一本，一线作业员工根本没有看到，以过程管理为核心的全面质量管理仍然停留在依靠部门主管执行的结果管理上。因此，编校装帧标准操作规程完成后，要公告周知，以方便相关部门和员工阅读与理解。

2. 培训考核

图书出版推行全面质量管理严重滞后，编校装帧人员往往强调精神产品生产的特殊性而不愿意受 SOP 的约束，具体工作中主观随意性较强。因此，实施编校装帧标准操作规程，首先必须对全体员工进行规程的培训考核。进行编校装帧标准操作规程培训的目的，就是要让每一位员工都能正确无误地按 SOP 操作，都能认识到不正确操作会带来什么样的后果。

编校装帧标准操作规程培训分为新员工培训、岗位在职培训和继续教育培训。

(1)新员工培训

负责对新进入编校装帧岗位的员工进行编校装帧标准操作规程培训的，应当是人事部和新员工所属的部门及岗位。培训工作的第一步是全面介绍企业生产经营情况，使新员工了解图书产品的特殊性和产品质量的重要性，了解全部生产过程，了解企业的规章制度；第二步，结合学习编校装帧标准操作规程培训，帮助新员工适应其工作；第三步，建立新员工培训档案，赋予每一位新员工在出版组织内唯一的培训档案号；第四步，完成规定的培训内容后，考核合格，填写岗位操作证审核表，由质量管理部审核批准后，发给上岗证，新员工持证上岗。

(2)岗位在职培训

对编校装帧人员进行岗位在职培训的目的，不仅是使他们对所在岗位专业知识、技能应知应会，更重要的是促使他们能够按照标准操作规程正确做好本岗位工作，达到标准化、规范化，提高工作质量和效率，改进或改变工作态度。负责培训部门为员工岗位所属部门，培训主要内容为：编校装帧工作理论学习；岗位 SOP 学习；编辑加工、装帧设计、校对的新手段和新方法训练；编校装帧相关设备软件使用训练。每次岗位在职培训需做好培训记录。

(3)继续教育培训

继续教育培训的内容以国际、国内图书出版的新规范、新指南及有关政策、新的标准操作规程、新的操作系统为主,同时也可根据实际需要巩固和深化原来的培训内容。负责组织培训的为质量管理部。培训对象为出版组织的高、中级管理人员,基层管理人员和编校装帧工作人员。公司高、中级管理人员和基层管理人员须通过继续培训考核,取得培训师资格,以便开展新员工职前培训和员工在职培训。

接受培训教育的所有员工,经培训后都要进行考核。考核要求员工对标准操作规程准确理解,深刻领会,论述有据。考核内容包括对编校装帧理论的掌握程度、编校装帧技能水平和实践经验等,并进行资格认证,必要时发给资格证书,凭资格证书上岗(填写上岗证审核批准表)。上岗证每年换发。考核的形式可以是口试、笔试或现场实物操作,结果要记录在培训成绩评核表等文件中。

为了便于日后对员工的考察,要设立员工个人标准操作规程培训记录,记录员工个人每次培训的情况。员工个人培训记录内容包括姓名、职称、岗位或职务,每次培训的日期、内容、课时、考核情况及结果、培训人等。每次培训需经培训师签名或部门主管签名,由员工所属部门主管负责保存。培训记录需严格按培训部统一格式书写,培训记录要有档案号,各部门须每月建立本部门的员工培训统计记录。各部门须按期将本部门的员工个人培训统计记录(拷贝)交质量管理部统一存档。质量管理部负责定期查证员工个人培训情况,并统计培训记录。培训计划完成后,应由质量管理部公布培训计划完成情况,并公开培训考评结果,对培训的成果进行总结,检查是否达到原定的目标。

3. 执行

执行编校装帧标准操作规程,实际上就是在编校装帧工作中推行 SOP 管理,用 SOP 管人、管事、管权、管物,量化、细化、优化编校装帧的关键环节。在编校装帧过程中,任何与之相关的工作,都必须完全按照 SOP 进行,这样不但可以提高工作效率,而且可以避免因人为原因造成工作失误,影响编校质量。因此,编校装帧标准操作规程一经发布,与编校装帧工作相关的各部门和人员必须严格执行。各部门应当在培训的基础上,通过部门负责人示范和对规程操作进行讨论,将规程落在实处,保证编校装帧标准操作规程的进一步实施。

4. 修订

编校装帧标准操作规程公布实施后,相关负责人必须随时接受第一线人员的意见反映,检查作业的流程方法是否真的合乎所需,必要时再做修正。编校装帧标准操作规程修订稿的拟定、审核与批准程序和制定时相同，在修订期限内可根据需要，由班组或部门提出申请修改，审查、批准程序与制定时相同。新的编校装帧标准操作规程制定后，旧的即废止收回，留底保存。

5.档案管理

作为质量管理文件，出版组织应当根据实际情况确定编校装帧标准操作规程应当由哪一部门负责保管，确定其修订期限及是否允许负责等问题。

第五节　编校装帧的差错管理

应用现代质量管理科学的理论来分析出版活动，研究编校装帧差错的应对策略，我们会发现出版过程中诸多因素都在影响着编校质量，编校装帧差错实际上是一种客观存在，无法彻底杜绝。因此，与其采用差错防范策略，梦想通过严格的奖惩措施严管重罚来消灭编校装帧差错，倒不如正视现实，应用现代质量管理学倡导的差错管理策略，积极主动地处理差错。

一、应对编校装帧差错的两种策略

从主观愿望上讲，谁都不希望差错发生。在工作过程中，我们一直都试图通过防范差错的发生来达到目标或完成任务，以防止不良后果的产生，质量管理学将这种应对差错的策略叫做差错防范策略。到目前为止，国际上比较常见的差错处理方法还是差错防范策略，虽然在我国有“吃一堑长一智”的明见，但在工作上对付差错的方法主要也是差错防范策略。为了使工作差错降到最低限度，企业投入许多人力和物力用于开发和实施差错防范系统，如审计制度、全面质量管理和管理信息系统等。

另一种处理差错的思路是差错管理策略。差错管理策略最大的特点是认为在复杂的、动态的环境中，差错是行为必要的副产品，是一个包含着差错检查、差错解释和差错处理的动态过程。这就是说，差错管理策略与差错防范策略都强调事先估计差错发生的可能性，但差错管理策略能客观地看待差错，更多地强调如何积极地处理差错。因此，差错管理策略重视分析差错发生的原因，加强对差错的公开讨论和沟通，培养差错处理能力。通俗地讲，差错管理策略就是将差错按照过程管理起来，不怕出现差错，当差错发生时，鼓励主动采取积极的措施，减轻甚至消除差错可能造成的不良后果，而不是掩盖差错或者责备出现差错的员工。这样，差错管理策略可以克服差错防范策略的不足和增强差错提供的好处。

差错管理策略是管理实践和管理研究发展变化的产物，也是人们对不良工作行为全面认识的结果。在复杂、动态的工作环境中，差错管理策略是处理差错更加积极有效的方法。

二、单纯应用差错防范策略的局限性

迄今为止，我国出版界一直采用差错防范策略处理编校装帧差错。毫无疑问，在出版物市场竞争还不激烈、出版周期相对较长、出版物生产的技术含量相对较低的“铅与火”的时代，差错防范策略在降低编校装帧差错问题上发挥过巨大作用。但是，随着出版物市场竞争加剧、出版周期急剧缩短和出版技术含量日益增加，差错防范策略的局限性不断凸现出来，在处理编校装帧差错上越来越力不从心。

1. 陷入对编校装帧差错的认识误区

尽管从表面上看，差错防范策略似乎是非常理想的差错处理方法，但是却违背了差错无处不在的客观现实。这种貌似合理却违背客观事实的差错处理策略，给编校质量带来的最大危害就是使出版界陷入对编校装帧差错的认识误区。在编校装帧差错防范策略下，出版机构将主要精力放在建立、改进差错防范系统和严格执行相关制度上。但是，对决策者和管理者来说，只要认为制度是解决问题的法宝，就会盲目依赖制度，忽略对出版活动的研究和管理；对执行者来说，只要认为有了制度，编校装帧差错就不会发生，在工作中就会降低对差错的警觉程度。于是，编校装帧差错就在看似严密的防范系统与规章制度中发生了。

2. 对编校人员工作行为产生不良影响

差错防范策略一般不允许编校人员在工作中出现差错，一旦出现编校装帧差错，会对当事人采取一系列惩罚措施。毫无疑问，差错防范策略的这种“严管重罚”措施对防止差错发生起到了一定的警示作用，会在一定程度上增强员工的责任心。但正是因为“严管重罚”，会导致编校人员一系列不良的行为反应，如掩盖工作差错、相互推诿责任等。特别是当编校装帧差错出现时，从决策者到科室主管和有关当事人，都单纯将注意力放在责任认定和处罚措施上，使编校人员、管理者、决策者乃至整个出版组织失去了从差错中学习的机会。于是，应该解决的问题没能解决，同样的差错仍然会出现。长此以往，就会出现“出现差错—严管重罚—差错再现”的怪圈，杜绝差错就成为一句空话。

3. 影响出版机构和编校人员处理差错的技能

差错防范策略的重心是如何防范差错发生,很少考虑到如何处理差错。因此,采用差错防范策略,出版组织的决策者、管理者和编校人员没有机会使用积极的差错处理策略来应对差错,因而没有掌握有效处理差错的技能。这样,一旦在工作中出现差错,整个组织都会不知所措,从而造成巨大损失。例如,2001年春季开学的第一天,读者向某出版社投诉,该社出版的教材中地图出现差错。由于缺乏应对重大差错的经验,该出版社接到投诉后首先处理当事人,然后才仓促决定采用不干胶覆盖的方法处理差错,委托各地新华书店向使用教材的学生发放印有正确内容的不干胶,让学生自己粘贴。由于保障不力,许多不干胶没有送达学校,一些拿到不干胶的学生也没有及时覆盖教材中的差错,结果导致媒体报道,造成了更大的损失。

由此看来,尽管出版机构需要建立差错防范系统以降低差错发生率,但是单纯应用差错防范策略却不一定是最佳选择,因为编校装帧差错就目前的工作环境而言是不可避免的,必须给战略失败和差错学习提供一定的空间。

三、差错管理策略下的编校装帧差错管理

由于编校装帧差错是不可避免的,再加上差错防范策略在当前形势下表现出的种种缺陷,我国出版业的当务之急是在加强防范的基础上,采用更加积极有效的差错管理策略,建立差错管理系统,并通过差错管理系统来管理差错。

1. 建立编校装帧差错管理系统,如实报告差错

结合当前出版界普遍采用的审稿编辑加工“三审制”和校对工作“三校一读”的编校工作流程,我们以为以审读员为核心的编校装帧差错三级管理系统比较合理。

编校装帧差错三级管理系统实际上就是在文件体系上建立的一个较为完备的质量问题报告系统。三级管理系统的第一级为责任校对,第二级为校对科科长,第三级为审读员。作为第一级管理者,校对员要改变以往只对责任编辑和前一个校次校对者质疑并解决差错问题的做法,如实填写原稿、校样差错处理报告流转单,对编校装帧差错进行归纳,将处理报告流转单分别送责任编辑、前一个校次校对者和录排人员。在解决校对者质疑的问题后,责任编辑或前一个校次校对者以及录排人员要在差错报告流转单上填写改正结果。校对科科长为第二级管理者,对每次差错报告和处理结果进行编校装帧差错分析,指出差错原因,并将结果填写在原稿、校样差错报告流转单上随付印样转审读员。

审读员作为第三级管理者,一方面要在流转单上对是否进行印制前审读及审读重点提出建议,另一方面要对付印样在编校过程中的编校装帧差错及整改措施进行总结,并呈报业务主管领导。

如上所述,编校装帧差错三级管理系统的特点是报告、调查分析和结论同步进行,将图书精神生产不同环节之间相互报告的行为与差错管理融为一体,既能使产品生产过程中的差错改正有据可查,也能使出版组织对编校人员的编校行为进行实时监控,以便发现问题及时调控,还能及时对质量管理措施进行整改,可谓一举多得。

能否如实报告差错是管理差错的基础。编校人员如果不能如实地报告差错,再好的管理系统也难有所作为。因此,无论是编校人员还是决策者,必须具有差错管理所倡导的差错观:差错是行为必要的副产品,差错对企业来说也是有用的信息。

由于差错是行为的副产品,编辑、校对员在差错面前就不必产生恐惧心理,而应当勇敢地承认差错,如实地报告差错,并认真地反思自己的工作行为,努力汲取教训。同样,出版组织的决策者也没有理由将对编校装帧差错的处理简单化为严厉责备、加重惩罚,而应当积极从组织的质量管理体系方面寻找原因并加以解决。

由于差错也是有用的信息,决策者和编校人员,甚至整个出版组织都可以从失败中学到比成功更重要的东西。错误中包含成功的种子,当错误得到纠正时,成功的种子就会开花结果,我们就会得到属于自己的真理。

2. 科学分析编校装帧差错

能否科学地分析编校装帧差错是管理差错的关键。根据差错管理策略,对差错的分析一般按照差错调查、差错定义和原因分析的“三步法”进行。

(1)差错调查

当编校装帧差错发生时,要首先明确差错发生的源头,这就是所谓差错调查,是科学分析编校装帧差错的第一步。出版流程是分层进行的,层层相因,环环相扣,责任是从最低层向上传递的。对编校装帧差错的调查,一般采用自上而下层层追究的方法,即要从差错发生的地方一直向下游追踪,直到发现差错的源头。差错调查最重要的任务就是分清责任,最常见的例子就是追究编校装帧差错是校对错误还是编辑加工错误。作为差错管理系统中心的校对科科长和审读员,都应当根据原稿和每一个校次的结果进行差错调查,并将结果呈现在流转单中。

(2)差错定义

所谓差错定义,就是要明确差错的性质和程度。编校装帧差错的性质可以分为两类:一类是没有规律随机发生的,属于偶发编校装帧差错,例如,一些语法错误、错别字漏校等,这类差错在编校装帧差错中占有相当大的比例;另一类是按一定规律发生的差错,我们将其称为系统编校装帧差错,这类差错在不同的书稿和校样中所占的比例不完全相同,主要取决于编校者的水平、书稿的编校难度和编校的时间长短等因素。

根据差错造成损失的大小,编校装帧差错可分为一般编校装帧差错和严重编校装帧差错两类。一般编校装帧差错是指在编校过程中,因编校人员的过失,发生了一般性的错误,但责任者能实事求是地及时报告和处理,未造成危害,无任何不良后果者。如责任编辑加工出现错漏,被担任一校的校对员发现,或担任二校的校对员出现漏校,被担任三校的校对员发现后及时通知终校,差错没有造成损失等。严重编校装帧差错是指已造成了一定的不良后果的差错,如审读不合标准、读者投诉、书店退货等。

根据差错能否被监控,编校装帧差错还可划分为可以监控的良性差错和无法监控的恶性差错。原稿或校样中语法错误、错别字、一般单位制错误、录入错误等都属于良性差错。原稿或校样内容超出编校人员的专业领域,致使编校人员无法发现的差错就是恶性差错。其实,差错管理的核心就是尽可能地将差错置于监控之下,也就是尽量减少恶性差错,从而实现降低差错率的目的。

(3)原因分析

编校装帧差错通常是一果多因,同样的编校装帧差错产生的原因,对不同资历、不同专业、不同知识水平的编校人员来说是不一样的,对不同的出版机构、不同的工作环境来说也是不同的。由于编校活动主要依赖于人的精神劳动,因此对书稿校样的编校装帧差错要结合具体编校人员的责任心、知识水平、心理状态、技术能力,编辑部、校对科的内外环境,以及出版组织的编校管理情况进行深入分析。

偶发编校装帧差错与编校人员关系密切。对原稿或校样的偶发编校装帧差错分析,首先应以具体编校人员的资历和既往业绩为基础,采用排除法进行。对于资历较深或既往编校业绩较好的编辑人员,偶发编校装帧差错过多的主要原因可能在于其心理状态、责任心和专业背景。资深编校人员心理状态不佳背后的原因很复杂,往往涉及其工作环境、家庭生活和社会影响,需要通过长期共事深入了解才能准确把握。资深编校人员的专业背景与原稿或校样涉及的知识领域差距较大,往往也表现出偶发差错,这需要我们深入了解具体编校人员的学科专业背景和兴趣爱好,结合具体差错深入分析。如果不是这两方面的原因,就可以基本确定是责任心的问题。对于资历浅或既往业绩不佳的编校人员加工或校对的书稿,偶发编校装帧差错过多的原因比较简单,主要是业务能力和责任心原因。此外,编辑加工和校对时限要求过短,也会产生随机差错,只是对不同资历的编校人员影响的程度不一定相同而已。这个问题在分析中也应加以充分考虑。

系统编校装帧差错的最大特征是按照一定规律系统性发生。尽管系统编校装帧差错的原因同样离不开人,但多数情况下引发编校系统差错的主要原因来自对编校活动的管理工作。因此,对系统编校装帧差错的分析,应当从具体差错入手,采用编校者、制度、程序、调度、管理综合分析的方法进行,即在考虑编校人员的基础上,从制度缺陷、程序不完善或调度不周方面找原因。例如,付印样上循环出现的单位制差错,对一个资历相对较浅的编辑或校对员而言,业务能力低可能是主要原因,但对于资深编校人员来说,编校制度缺陷或排版设备出现故障则可能是主要原因。出版实践中这样的例子比比皆是。如在审读中曾碰到这样的问题,某部图书地图图例中的文字反复出错,该书文字编辑是资深编辑,美术编辑是聘请的社外编辑,校对者是刚参加工作的学生。在调查导致差错出现的原因的过程中,文字编辑认为对原稿中图文均进行了认真加工,没有差错,自己只对原稿负责,因此没有认真改读校样中图上的文字。美术编辑表示,他只知道美术编辑保证图的质量和装帧设计,所有文字要由文字编辑负责。对原稿和校样的调查表明,原稿中图上的文字确实是对的,差错出在制图环节上。校对员业务能力低,没有发现校样中的错误。因此,这一差错的出现就不能单纯归咎于某一个或某几个编校人员,而应当是制度不严密、调度执行不严肃、对编校人员培训不完善的综合原因。

3. 系统地处理差错

根据差错管理策略,处理编校装帧差错分为纠正、执行纠正措施和预防措施三个步骤。

纠正是消除差错的行为。在编校过程中,复审改正初审遗留的差错,校对员改正责任编辑遗留的差错都是纠正行为。但是,这样的纠正只能消除已经发现的编校装帧差错,无法触及潜在的差错,不能避免编辑或校对人员再次发生类似差错。

差错管理策略认为,为了消除潜在的差错或者避免同类编校装帧差错再次出现,就要制定并执行纠正措施。质量管理学将纠正措施定义为“为使项目工作的未来绩效与项目管理计划保持一致而为项目实施工作所作的书面指示”。我们已经知道,编校装帧差错通常是一果多因,采取纠正措施就是要找出问题产生的原因,消除隐患,预防差错再次发生。编校装帧差错纠正措施可借鉴一般质量管理的做法用表格来呈现,内容包括差错简述、差错原因分析、纠正措施完成情况和纠正措施验证情况。差错简述、差错原因分析由负责编校质量监控的校对科科长、终校者或审读员填写,纠正措施完成情况由该书稿的编校责任人填写,纠正措施验证情况由相关科室负责人填写。编校工作是一个过程,出现差错在所难免,纠正措施针对已发现差错的根本原因,所以起到预防的作用。

纠正措施是在编校装帧差错已经出现的情况下采取的应对措施,只能对与已出现的差错类似的编校装帧差错具有预防作用,有一定的被动性,可以形象地比喻为“有则改之”。如果在编校装帧差错尚未出现之前主动地完备制度、细化职责、完善设施,就能做到防患于未然。这种主动的“防患于未然”的措施,就是预防措施。以往的出版实践中,我们对编校装帧差错的预防往往是口号多而行动少,缺乏针对性。相对而言,由于潜在的编校装帧差错不易发现,预防措施的提出往往需要运用统计的方法,寻找变化趋势,由表及里地分析、预测潜在因素或可能隐患,实施起来时间跨度长,更多地表现出系统性和完整性。

值得注意的是,作为处理差错的两种不同方法,在工作中差错防范策略和差错管理策略是相辅相成的。出版组织需要建立差错防范系统以降低编校装帧差错发生率,从而提高出版物质量。尽管这样,由于工作差错就目前的工作环境而言是不可避免的,因此也需要给差错学习提供一定的空间,建立差错管理系统。一旦通过差错管理系统,找到产生编校装帧差错的原因和处理方法,就可以加强差错防范系统,减少编校装帧差错发生的可能性。总而言之,差错管理策略能够增强人们对差错的预计、对原因的理解和纠正差错的能力,从而有助于编校装帧差错防范策略的实施和改进。

【复习思考题】

1. 简述编校装帧流程的特点和功能。

2. 就编校装帧流程问题做一次专题调研,针对发现的问题尝试进行流程优化。

3. 怎样设置编校装帧流程质量控制点？

4. 如何进行编校装帧的质量改进？

5. 编制一份美术专业出版社的编校装帧标准操作规程。

第八章　出版质量成本管理

【本章重点】

质量成本的概念及数据收集处理。

质量成本分析的内容和方法。

质量成本的控制与预测。

质量与经济密不可分，传统企业的质量成本要占到销售收入的25%～40%，仅质量损失就占到销售收入的10%以上，朱兰博士就曾把质量损失比做“企业的一座未被发掘的金矿”。出版物的精神产品特性和出版活动的特点，使出版质量成本的管理在出版质量管理中具有举足轻重的地位。可以说，出版组织的质量成本控制得当，效益就会得到很大的提高，反之，如果质量成本失控，效益就会受到极大的影响。出版质量成本的管理，就是要将潜在的效益通过质量成本控制挖掘出来。

第一节　质量成本的概念

质量成本的概念最初由美国质量管理专家费根堡姆在20世纪20年代提出，在实践中得到不断的发展和完善，为无数企业创造了大量的利润。作为一个质量管理的概念，质量成本把质量与企业的经济效益联系起来，因而受到质量管理界的高度重视，质量成本的概念被广泛应用于企业管理中。

一、什么是质量成本

国家标准GB/T6583—1994对质量成本所下的定义是：为了确保和保证满意的质量而发生的费用以及没有达到满意的质量所造成的损失。标准对该定义有两项注解：组织应根据各自的情况对质量成本进行分类；某些损失可能难于量化表示，但很重要，如丧失名誉等。根据这个定义，我们可以从以下几个方面来理解质量成本的概念。

1. 经费投入是提高图书质量的保证

标准所说的"为了确保和保证满意的质量而发生的费用"，明确指出确保和保证产品质量必须要有相应的投入。确保和保证产品质量需要花钱，这个貌似简单的问题却一直没有在出版界取得共识。出版是智力密集型劳动，编校装帧人员的知识水平、业务能力、综合素质是图书质量的决定因素。但是，谈到提高图书质量，许多出版组织的领导者却认为，图书质量低的根本原因是编校装帧人员的责任心不强，加强思想教育就能解决一切质量问题，从不考虑对编校装帧人员的成长的投入。因此，"为了确保和保证满意的质量而发生的费用"应包括哪些内容，其在图书成本构成中应占多大的比例，值不值得投入，应该投入到什么地方，是出版质量成本首先应当分析并解决的问题。

2. 读者不满意的图书质量是会带来经济损失的

毫无疑问，同质化的图书产品充斥市场，今天的图书市场已经进入买方市场时代，质量是读者选择图书产品时考虑的主要因素。对质量不满意的图书，读者是不会购买的。出版组织失去读者，就不可能发展，这种损失是巨大的、显而易见的，"没有达到满意的质量所造成的损失"指的就是这部分损失。

3. 质量成本是不良质量的经济表现

企业成本是从事生产活动必须发生的成本，包括材料费、工时费、场地费、设备费等。但是，假如我们不会产生任何质量问题，所有的劣质品都不存在，一切质量问题都消失，质量成本就不会发生。因此，质量成本只与不良质量有关。出版合格图书本身的费用、获得合格质量本身的费用都不是质量成本所描述的对象，只有与不良质量有关的费用才能归入质量成本。因此，质量成本是对获得不良质量的成本及不良质量造成的收益损失的综合概括，仅与不良质量、劣质产品、质量缺陷和质量问题有关，不应归入企业成本。将质量成本与企业成本混为一谈，不利于评价质量改进的经济效果。基于此，质量成本可以分为出版组织因质量问题实际支付的费用和因质量缺陷减少的效益两大部分。

(1)因质量问题实际支付的费用

这部分费用包括：因质量缺陷造成的无效损害，如因内容质量和编校质量低劣产生的废品，对成品书返修、再版书挖改等产生的费用；为了防止质量缺陷所进行的有意识的投入，如开展质量管理的费用、检验费用等。出版组织实际支付的这些费用，通过销售收入可以得到补偿，能够反映在企业财务的账目中。

(2)因质量缺陷减少的收益

如质量问题引起的退货损失和销售额降低等。这些减少的收益,实际上是一种负效益,不是实际发生的金额,不需要也不可能从销售收入中得到补偿,也不能在账目中得到反映。

质量成本属于管理成本。财务成本是对已经发生或将要发生的劳动消耗进行考察和描述,而管理成本则可将负收益作为一种成本来对待,以供分析和决策之用。正是由于质量成本含有的这部分成本需要进行估算,使得质量成本不能像生产成本、销售成本等传统成本那样精确计算。

二、质量成本的构成

质量成本的定义勾勒出了质量成本的总体轮廓。为了更好地进行质量成本管理,我们还需要把质量成本的概念具体化,明确哪些成本属于质量成本的范畴。一般认为,质量成本由运行质量成本和外部质量保证成本两部分构成。

1. 运行质量成本

运行质量成本可细分为预防成本、鉴定成本、内部损失成本和外部损失成本。

(1)预防成本

预防成本是指用于预防产生不合格品或发生故障而需的各项费用,包括:

①质量工作费。出版组织质量体系为保证和控制产品质量、预防事故发生、开展质量管理所发生的费用,办公宣传、收集情报、制定质量标准、编制质量手册和质量计划、进行质量审核和工序能力研究、开展质量管理活动等所支付的费用都应列入质量工作费。

②质量培训费。为达到质量要求提高人员素质,对有关人员进行质量意识、质量管理、检测技术、操作水平等培训而发生的费用,包括制订培训计划费用和实施培训费用。

③质量奖励费。为确保和改进产品质量而支付的各种奖励费用,如 QC 小组成果奖、产品创优奖、质量管理先进奖及有关质量合理化建议奖等奖励支出。

④质量评审费。指实施选题质量设计、选题设计评审和图书质量的评审所发生的费用。

⑤质量改进措施费。建立质量体系,提高产品质量及工作质量,改进产品设计、开展工序控制、进行技术改进的措施费用(属成本开支范围的)。

⑥工资及福利基金。从事专职的质量管理人员的工资及福利基金。

(2)鉴定成本

鉴定成本是指为评定是否符合质量要求而需要的费用,包括:

①检验费。如审稿费用,对出版过程中的校样、成品按质量要求进行检查、测试的费用,对工具书、相关标准、软件进行更新发生的费用,对设计制作设备校正所发生的费用。需要注意的是,审稿是类似于物质生产企业对采购的原材料进行检验的过程,应当作为鉴定成本。

②工资及福利基金。指专职检验和计量人员的工资及福利基金。

③办公费。为检验所发生的办公费用。

(3)内部损失成本

内部损失成本是指图书正式发行前未能满足规定的质量要求所造成损失的费用,包括:

①废品损失。因内容质量、编校质量不合格,无法返工修复的原稿、校样、软片报废所造成的净损失。

②返修损失。对不合格成品、在制品及半成品进行返修所耗用的材料和人工费用。

③停工损失。由于质量问题而引起的停工损失。

④事故分析处理费。对质量问题进行分析处理所发生的直接损失。

⑤产品降级损失。指产品因印制质量问题达不到质量标准,又不影响主要性能而降级处理所造成的损失。

(4)外部损失成本

外部损失成本是指图书发行后未能满足质量要求所发生的费用,包括:

①调换费用。按合同规定为读者调换图书所发生的费用。

②退货损失。图书发行由于质量问题而造成的退货、换货所发生的损失。

③索赔费用。发行后由于质量缺陷而赔偿用户的费用。

④诉讼费。发行商或读者认为产品质量低劣,提出申诉要求索赔,企业为处理申诉所支付的费用。

⑤产品降价损失。产品出厂后因低于质量标准而进行降价所造成的损失。

2. 外部质量保证成本

外部质量保证成本是在合同环境下,根据客户要求提供客观证据所支付的费用,包括:

①为提供特殊的质量保证措施、程序、数据等所支付的费用。

②产品验证、实验和评定费用。

③为满足用户要求进行质量体系认证所支付的费用。

三、出版质量成本管理的意义

出版质量成本管理，就是通过对质量成本数据的收集、计算和分析，对质量成本计划进行控制，促进质量改进的实施，力求降低成本，提高产品和服务质量，使各种质量活动的费用构成合理化，进而使出版组织收到巨大的经济效益。

概括起来，出版组织开展质量成本管理的意义如下。

1. 深化质量管理

通过分析质量成本，使决策层和全体员工充分认识质量管理和降低成本的重要性，意识到不合理的质量成本会给企业带来巨大的损失，积极推进质量改进活动。

2. 强化质量责任制

通过质量成本分析，出版组织可以更深入地认识质量活动中的不合理环节，促进质量责任制的落实。

3. 提高企业的经济效益

通过质量成本管理，可以找到出版组织的最佳质量成本构成比例，有利于确定最佳质量水平，既满足读者的需求，又提高了企业的经济效益。

4. 提供质量活动效果评价的依据

质量成本分析所提供的数据，可作为评价企业质量活动效果的依据，有助于提高质量管理水平。

5. 提高管理水平

质量成本管理可使员工深入质量管理中的经济问题，进而提高出版的管理水平。

第二节　质量成本的数据收集和计算

为了找出影响图书质量的主要问题和质量管理的薄弱环节，降低生产成本，调整质量成本的构成比例，出版组织需要结合有关质量信息，综合运用质量成本核算资料和指标对图书出版质量成本进行统计、计算，分析质量成本形成的原因和效果，进而寻求最佳质量成本。

一、质量成本数据的来源

数据的收集和整理工作是质量成本控制的关键环节。由于要保证收集的质量成本数据完整、准确、及时和全面，要对收集到的数据正确地分类和存储，再加上质量成本涉及的项目比较多,数据收集复杂,因此工作量很大。出版组织应对成本核算科目进行认真分析,在实践中不断探索,才能将质量成本数据收集完整。

质量成本数据来源分为凭证、台账和估计费用两部分。

1. 凭证和台账

一般情况下,质量成本数据主要来源于各种凭证和台账,包括:

①质量成本废品计算通知单、质量成本内部损失费用转账单、质量成本内部损失费用按产品类别分配单、质量成本鉴定费用分配单、质量成本预防费用分配单等会计分离凭证;

②外部损失费用月度统计表、鉴定费用月度统计表、预防费用月度统计表、返修损失月度统计表、质量成本月度统计表等统计记录凭证;

③废品通告单、铸件质量分析月报、锻件质量分析月报、机械加工质量分析月报等质量统计凭单;

④质量成本总分类台账、预防费用明细账、鉴定费用明细账、内部损失费用明细账、外部损失费用明细账等质量成本台账。

2. 估计费用

除上述各种有明显数值反映的质量成本数据外,还有一些只能靠估计的费用,如由于产品质量问题而产生的市场信誉损失,也应纳入质量成本。

二、质量成本数据的收集方法

出版组织在实行质量管理的不同阶段,应当采取不同的质量成本数据收集方法。

1. 无质量成本原始记录阶段

刚开始进行质量成本管理时,出版组织一般都没有质量成本专有原始记录,质量成本数据的收集只能以综合质量管理人员的估计为主,辅之以会计资料。这一阶段数据的来源主要有从现有的账目中直接收集,如检验费用、返工费用等;从现有的账目中分析收集,区分质量成本和非质量成本;从原始会计凭证中统计收集;通过估计收集;通过建立临时记录收集。在这一阶段,质量成本数据的收集以准确性为主。

2. 有一定的质量成本数据积累

当质量成本管理工作已经取得一些经验时,出版组织已有一定的质量成本数据积累。这一阶段的数据来源应以会计资料为主,质量管理人员的估计为辅。从这一阶段开始,就应逐步建立质量成本数据的记录、统计和控制方法,将质量成本数据列入会计账目,以保证数据收集的准确性和及时性。

3. 质量成本管理走上正轨阶段

当出版组织质量成本管理走上正轨时,有关数据的收集就应建立在正式的会计凭证和台账上。这一阶段质量成本数据的收集应体现准确性、及时性、全面性和完整性。

三、质量成本计算

只有数据准确无误,质量成本计算才有意义。因此,进行质量成本计算时,首先,出版组织必须要有良好的基础管理工作,能够提供完整而准确的统计资料。很多企业的质量成本管理失败,就在于质量成本数据的不准确。其次,出版组织质量成本计算一定要正确区分各种费用的界限,如生产成本费用和质量成本费用,完工产品和在制品质量费用,显见成本和隐含成本等。再次,出版组织还要对质量费用进行正确分类,如某项费用是否应计入质量成本费用,质量费用应划归哪一产品等。

1. 质量成本计算方法

质量成本的计算应从实际出发,以会计计算为主,统计计算为辅,按质量成本的各级科目进行。一般来说,显见成本按会计科目、采用会计方法计算;隐含成本按统计项目、采用统计方法进行估算。对于刚刚开始质量成本管理的出版组织来说,在计算质量成本时应注意以下几点。

(1)增设质量成本会计科目

为了监督和反映质量成本费用的增减变动情况,出版组织应该在会计科目中增设"质量成本"一级科目。该科目下设内部损失成本、外部损失成本、鉴定成本和预防成本四个二级科目。在二级会计科目下设明细账(成本子项目),明确各个科目计算的内容,以便分门别类地对一定时期内发生的各种质量成本进行汇集和计算。对于已经明确的质量成本开支,可直接计入质量成本科目的有关二级科目和子项目。对于不易直接划分的质量成本,可以先计入产品成本科目,然后由财务部门根据原始凭证予以区分,最后归入质量成本。

(2)定期汇总质量成本报表

根据质量成本统计和财务账目归集结果,出版组织质量管理部门要按质量报表进行最后汇总。汇总的形式可根据实际情况而定,如按质量成本项目进行汇总,也可按产品、零件或工序进行汇总。

2. 质量成本计算的一般程序

不同出版组织应当有不同的质量成本计算程序。图 8-1 为某出版社进行质量成本计算所采用的工作程序，它具有一定的代表性，可供参考。

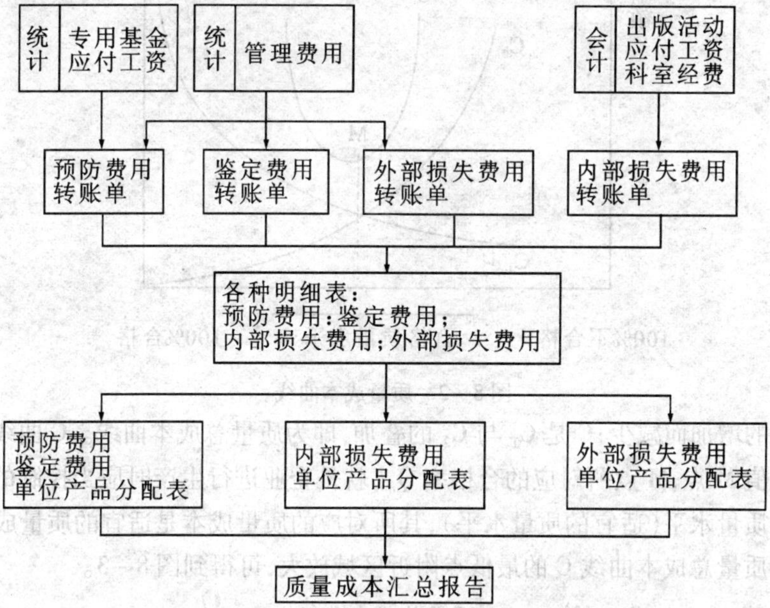

图 8－1　某出版社进行质量成本计算采用的工作程序

第三节　质量成本分析

所谓质量成本分析，就是结合有关质量信息，根据质量成本核算资料和指标，对质量成本形成的原因和效果进行的分析，是质量成本管理中最重要而又富于创造性的管理环节。质量成本分析的目的是通过识别影响图书质量的主要因素，寻找质量管理的薄弱环节，为降低生产成本、调整质量成本的构成比例、寻求最佳质量水平提供依据。

一、质量成本构成的合理比例

经实践证明，构成出版运行质量成本的预防成本、鉴定成本、内部损失成本和外部损失成本四种质量成本是相互关联的，它们之间的关系如图 8－2 所示。

图 8－2 表示四种质量成本项目之间存在的关系。C_1 表示预防成本和鉴定成本之和，它随着合格率的增加而增加；C_2 表示内部、外部损失成本之和，随着

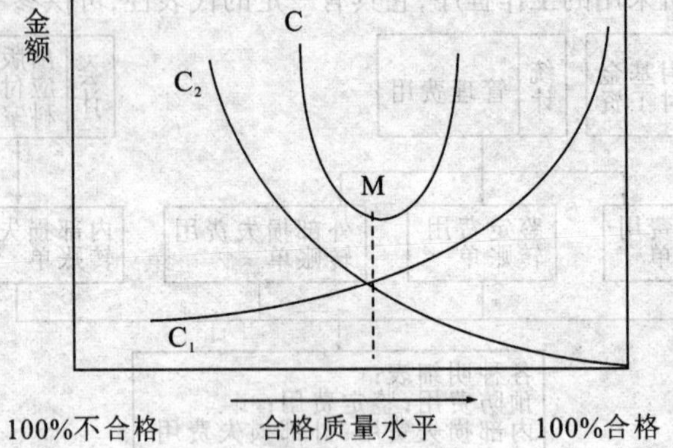

图 8－2　质量成本曲线

合格率的增加而减少；C 是 C_1 与 C_2 的叠加，即为质量总成本曲线。C 曲线有一个极小值 M 点，M 点所对应的合格率 Q_m，就是企业进行生产时应当控制的经济的制造质量水平（适宜的质量水平），其所对应的质量成本是适宜的质量成本。

将质量总成本曲线 C 的最低点附近区域放大，可得到图 8－3。

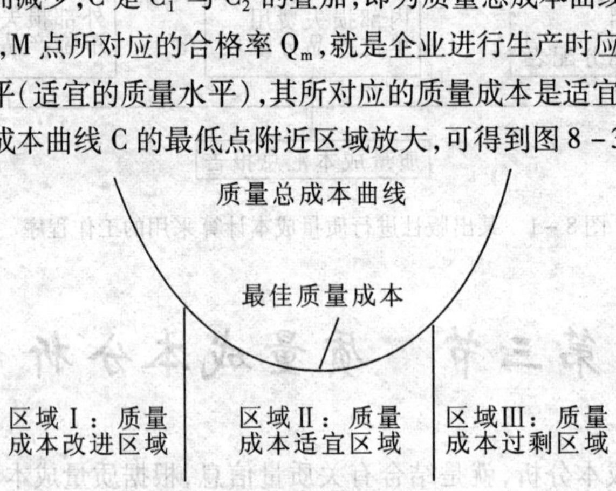

图 8－3　质量总成本曲线

区域Ⅰ称为质量成本改进区域。在此区域，质量损失成本在质量总成本中占的比重很大，高于 70%，而预防成本却低于总额的 10%，反映出出版组织质量管理水平低下。出版组织应设法降低质量损失成本，增加鉴定成本和提高预防成本。具体来说，就是要加强质量管理工作和检验工作，结合 PDCA 循环确定和实施改进项目，采取积极的预防措施，提高质量水平，以减少损失，使质量总成本趋于下降。

区域Ⅱ称为质量成本适宜区域。从图 8－3 中可以看出，质量总成本曲线存在着一个最小值，质量成本分析和管理，就是要使质量成本总额达到这一最小值。在区域Ⅱ范围内，质量总成本曲线基本处于或接近质量成本总额的最小值,因而是比较理想的区域。这个区域的特点是:内、外部损失成本占总质量成本的比例趋向于50%,预防成本趋向于10%。产品为用户提供的使用价值适宜,质量成本费用相对较低。当质量成本总额处于这一区域时,应尽量保持这一理想水平,严格控制各项质量成本,以免偏离这一区域。

区域III是质量成本过剩区域。在此区域,鉴定成本超过了质量损失成本,占质量成本总额50%以上。出现这种情况,一般是因为对合格率和产品质量提出了过分高的要求,而又没有很好地考虑产品质量的经济性。此时产品质量水平很高,产品所提供的使用价值超过了用户的实际需要,出现了"过剩质量"。严格来说,选题、组稿、编辑加工、装帧设计、校对等精神生产活动不存在"过剩质量",图书出版的"过剩质量"一般只存在于印装方面。在这种情况下应采取抽样方法,对印装工序减少检验层次,降低鉴定成本,结合读者实际需要,修订产品标准,适当降低产品质量水平,消除由于提供不必要的质量而增加的质量成本。

二、质量成本分析的内容和方法

质量成本分析的目的是要找出影响产品质量的主要缺陷和质量管理的薄弱环节,为降低生产成本、调整质量成本的构成比例、寻求最佳质量成本提供依据。质量成本分析包括以下几方面内容。

1. 质量总成本分析

分析质量成本,首先必须求出某一时间段内的质量成本总额,并在此基础上计算质量成本率及各项质量成本在质量总成本中所占的比例。质量成本率的计算公式如下:

$$质量成本率=\frac{质量总成本}{企业总成本}\times 100\%$$

质量成本率可以说明出版组织所支出的质量总成本是高还是低,是合理还是不合理,各项质量成本在质量总成本中的比例是否合理,并找出改善措施。因此,对出版质量总成本的分析,可以使我们在对出版组织质量成本初步认识的基础上,发现质量成本管理中存在的问题,并找出原因。需要注意的是,在对总额数据进行对比的同时,还应考虑质量改进状况。

2. 比较基数分析

由于各个时期企业的总成本、总产值和销售总收入各不相同,所以单独计算质量总成本和各项质量成本的数值,在不同的时期便不具备可比性。因此,应该以企业的总成本、总产值和销售总收入作为比较的基数,将质量总成本和各项质量成本与这些基数进行比较，建立一系列的分析比较指标，通过这些指标来分析不同时期企业的质量管理工作和改善产品质量对企业经济效益所作的贡献，以及产品质量问题给企业带来的经济损失。

分析比较质量总成本的指标主要有以下几个。

(1)产值质量成本率

产值质量成本率反映了销售收入中质量成本所占的比例。

$$产值质量成本率=\frac{质量总成本}{企业总产值}\times 100\%$$

(2)销售额质量成本率

销售额质量成本率反映了销售收入中质量成本所占的比率，是衡量出版组织质量管理水平的重要指标。

$$销售额质量成本率=\frac{质量成本总额}{企业销售收入总额}\times 100\%$$

(3)质量损失成本率

质量损失成本率是质量损失成本在企业总成本中所占比率的反映，是考核出版组织质量经济性的重要指标。

$$质量损失成本率=\frac{内部损失成本+外部损失成本}{企业总成本}\times 100\%$$

(4)产值质量损失成本率

产值质量损失成本率一般作为出版组织内部制订质量成本计划的重要指标，反映了质量问题对出版组织总产值造成的损失。

$$产值质量损失成本率=\frac{内部损失成本+外部损失成本}{企业总产值}\times 100\%$$

(5)销售额质量损失成本率

销售额质量损失成本率是考核出版组织质量经济性的又一个重要指标，反映了质量问题造成的经济损失对销售收入的影响。

$$销售额质量损失成本率=\frac{内部损失成本+外部损失成本}{企业销售收入总额}\times 100\%$$

通过对以上比较基数的分析，出版组织可以比较全面地认识自身质量管理水平，从而制定相关的质量管理目标和措施。大量质量管理的经验证明，用销售额质量成本率衡量企业质量管理水平，是非常实用的方法。一般来说，质量成本占销售收入的25% ~30%是三西格玛水平，占15% ~25%是四西格玛水平，占5% ~15%是五西格玛水平，在1%以下是六西格玛水平。这种用销售额质量成本率进行质量成本分析的方法,值得出版组织借鉴。

3. 趋势分析

将一段时间内的质量成本数据描绘在坐标图上,以观察质量成本的变化趋势,即为趋势分析。趋势分析既可用于报警,也可用来研究质量成本不佳的原因。某出版社某年度质量成本的变化趋势如图 8-4 所示。

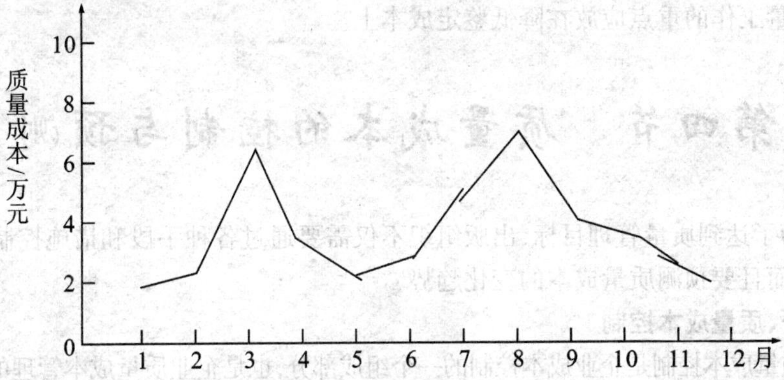

图 8-4 某出版社某年度质量成本趋势图

从图中可看出,该年度 3 月和 8 月出现了两个质量成本高峰,而 1 月和 5 月质量成本最低。要想正确认识这种现象,找出质量成本的变化趋势,就需要联系外部损失成本、内部损失成本和销售业绩,通过比较基数分析做出综合评价。

4. 质量成本构成比分析

质量成本的各个组成部分之间的关系是比较复杂的。如果加强检验工作,则鉴定成本和内部损失成本上升,但外部损失成本则会减少。相反,产品不检验或少检验,则鉴定成本和内部损失成本下降,但外部损失成本又会增加,这样会使总质量成本上升。如果增加预防成本,则其他三项质量成本均可下降,总质量成本一般情况下也会下降。

因此,出版组织需要研究正常情况下质量成本的各组成部分与总质量成本适宜的比例关系,找出提高质量、降低成本的潜力所在。大量企业质量管理的实践经验表明,以上四个组成部分占总质量成本的比例一般为:

内部损失成本 25% ~40%;

外部损失成本 20% ~40%;

鉴定成本 10% ~50%;

预防成本 0.5% ~10%。

如果出版组织质量成本各组成部分之间的比例关系发生较大变化,必须采取相应的措施使质量成本各部分之间的比例恢复到正常状态。例如，当内、外部损失成本占的比例超过60%，且预防成本大大小于10%时，质量工作的重点应放在加强质量预防控制和提高质量措施的研究上；当内、外部损失成本大约为50%，预防成本大致为10%时，质量工作的重点应放在维持现有质量水平上；当内、外部损失成本占质量总成本的比例小于40%，且鉴定成本大于50%时，质量工作的重点应放在降低鉴定成本上。

第四节 质量成本的控制与预测

为了达到质量管理目标，出版组织不仅需要通过各种手段和措施控制质量成本，而且要预测质量成本的变化趋势。

一、质量成本控制

质量成本控制是企业成本控制的一个组成部分，也是企业质量成本管理的一项重要内容，主要是指通过各种措施和手段达到质量成本目标的一系列管理活动。

1. 质量成本控制的含义

质量成本控制包括控制质量成本目标、控制质量成本目标的完成过程、改进未来工作并降低成本质量三个层面。

(1)控制质量成本目标

质量成本控制的基础是对质量成本目标本身的控制。制定质量成本目标应以最少的投入取得最大效益，即应符合效益性原则。如果质量成本目标与效益性原则有悖，质量成本控制则具有重新审定和修正质量成本目标的积极作用，使其始终保持先进水平。

(2)控制质量成本目标的完成过程

制定质量成本目标是前提，完成质量目标是目的。质量成本目标的完成过程，也是质量成本的形成过程。在这一过程中，出版组织应采取一系列措施和手段，对生产经营活动中发生的各种质量费用实施有效控制，发现偏差及时纠正，保证质量成本目标的实现。

(3)改进未来工作并降低成本质量

质量成本控制不能局限于控制当前质量成本，还应着眼于未来，为改进以后的工作，不断降低质量成本，促进和提高产品质量，寻找更加切实有效的措施。

2. 质量成本控制的工作程序

质量成本控制的一般程序可分为三个步骤，即事前控制、事中控制和事后处理。

(1)事前控制

事前控制的主要内容是确定质量成本控制的标准。

一般来说，企业质量成本控制标准可分为理想标准、基本标准和正常标准。

理想标准是在企业生产技术与经营管理处于最佳理想条件下所确定的质量成本标准。基本标准是指一定时期内企业的实际质量成本的平均值。正常标准是以企业自身现有的生产技术水平和有效经营条件为基础而制定的质量成本标准。正常标准已将生产经营中不可避免的损失估计在内，因此是实际工作中采用的标准，否则，就会出现标准过高或过低，难以实施有效的控制的问题。企业根据质量成本计划所定的目标，为各项费用开支和资源消耗确定其数量界限，形成质量成本费用指标计划，作为目标质量成本控制的主要标准，以便对费用开支进行检查和评价。

(2)事中控制

事中控制是质量成本控制的重点，主要是监督质量成本的形成过程。出版组织要对日常发生的各种费用按照事先确定的标准进行监督控制，力求做到所有直接费用都不突破定额，各项间接费用都不超过预算。

(3)事后处理

事后处理的主要工作是查明实际质量成本脱离目标质量成本的原因，并在此基础上提出切实可行的措施予以纠正，最终达到降低质量成本的目的。

3. 质量成本控制的方法

质量成本控制的核心是根据质量波动情况对质量成本进行控制，与工序质量控制、不合格品管理、质量责任制等有密切的联系。质量成本控制主要有以下两种方法。

(1)限额控制质量成本

限额控制质量成本控制的重点是内部损失，是控制质量费用的重要环节。根据出版组织生产经营的实际情况，质量损失可能来自不合格品或返工等不同情况。因此，要结合工序质量控制，加强对编辑加工、发稿、装帧设计、排版、校对等过程中不合格品的管理控制。为此，出版组织首先要分科室、分人员设立台账，做出投入、产出比较，分清正常和不正常损耗；其次，按具体对象采用不同的控制成本目标，进行限额费用控制，如限额不合格原稿、不合格校样损失，限额编校时间消耗，限额加班夜班费，限额科室经费等；再次，提出均衡生产要求，原稿、校样超过盈亏指标要以罚款等措施来控制费用的开支，使员工提高质量意识，遵守工艺纪律，加强效益观念，以提高质量，降低成本。

此外，如果限额项目能够针对质量波动和质量损失的主要问题，并且数量界限适度，对于降低质量损失和费用就能起到较大的作用。从这个意义上说，限额控制实际上对质量异常波动也进行了间接控制。

(2)质量改进

如果出版组织的质量成本处于改进区域，就要通过对质量成本的分析，找出影响质量成本的主要因素。一般说来，这些影响因素大多已被归入允许的损失范围之内，因而解决起来难度较大，需要组织力量进行正常波动范围内的质量突破活动，这种活动就是质量改进。因此，质量改进的重点在于对质量成本进行优化，常用方法是进行相对控制，即把企业的产销量、质量成本和质量收入三者结合起来进行控制，以求取得质量水平与质量成本的最佳匹配，最终达到增加盈利的目的。

二、质量成本预测

质量成本预测就是根据历史资料和有关经济信息，分析研究影响质量成本的因素与质量成本的依存关系，结合质量成本目标，利用大量的观察数据和一定的预测方法，对未来质量成本变动趋势所作的定量描述和逻辑判断。

1. 质量成本预测的目的

进行质量成本预测，首先是为了挖掘降低质量成本的潜力，进而明确提高产品质量的方向，同时为出版组织编制质量成本计划提供可靠依据。其次，通过质量成本预测，还能明确内部各部门降低产品质量成本的方向和途径，为编制增产节约计划和拟定产品质量改进措施计划提供可靠的依据。

2. 质量成本预测的工作程序

质量成本预测的工作程序可分为以下三步。

(1)调查和收集资料

质量成本预测需要掌握以下基本资料：市场资料，即读者对产品质量的要求；同类出版社的质量水平资料；国家、地区和行业有关质量的政策法规和标准；出版工作新方法、新流程的发展和应用；软硬件设备修理和更新状况；原稿、审读手段和审读标准对图书产品质量的影响程度；本出版组织质量成本的历史资料；其他相关资料等。

(2)整理分析资料

整理以上资料,并在此基础上对资料进行系统的分析和研究,以便做出符合客观规律的判断。

(3)提出质量成本改进计划和措施

根据整理分析后的资料,提出质量成本改进计划和措施,对预测期内的质量成本结构和水平等方面做出估计,为编制质量成本计划打好基础。

3. 质量成本预测的方法

质量成本预测一般是根据质量成本明细项目逐项进行的,对于不同性质的项目,可以根据企业的实际状况而选用不同的预测方法。具体地讲,质量成本预测基本方法有如下几种。

(1)经验判断

组织与质量管理有关的编校装帧、财务、营销、质量管理等方面的经验丰富的人员,根据准确可靠的信息资料,对预测期内质量成本有关项目进行预测。长期质量成本预测经常采用这种方法。

(2)计算分析

根据质量成本的历史资料对未来时期各有关因素变化可能引起质量成本升降的程度,采用一定的数学分析方法,对质量成本进行计算和分析预测。此法一般用于短期质量成本预测。

(3)比例测算法

根据质量成本的历史资料,通过预测其占产值、销售收入利润等的比例来预测质量成本。

以上三种方法各有特点,出版组织进行质量成本预测,应注意将三种方法有机地结合起来运用。

【复习思考题】

1. 质量成本由哪些要素构成?
2. 质量总成本的主要指标有哪些? 怎样计算?
3. 简述质量成本控制的工作程序。

第九章　发行质量管理

【本章重点】

发行质量管理体系的关键因素。

发行质量管理体系的建立和实施。

出版物发行的宗旨是让顾客满意,目的是成功销售和延续服务。随着信息时代的到来和我国出版体制改革的加速,出版企业无论是在国际市场还是在国内市场,都将面对强大的国际竞争对手。发行质量与产品质量一样,都将成为影响企业竞争力的重要因素。谁能赢得顾客,谁就能取得竞争的胜利。从这个意义上说,加强发行质量管理对出版组织具有特别重要的意义。

第一节　发行质量管理体系基础

对出版组织来说,出版物发行是各种正式出版物以商品销售形式由生产单位传送给读者的一系列活动,它既是一项传播思想与知识的宣传文化工作,又是一项组织商品流通的经济工作。加强出版组织的发行质量管理,必须首先对出版物发行质量特性有正确的认识。

一、出版物发行质量特性

出版物的发行实际上是帮助读者实现阅读需求的过程,更具体地说,发行就是通过为读者提供服务,向客户介绍出版物所能提供的利益,最终满足读者特定需要的过程。通过这个交换过程,出版组织则同时得到适度的报酬。

根据 ISO9000 族标准关于质量特性的定义,发行质量特性应当是指销售发行满足读者阅读需要和各级客户利润时所具备的属性和特征,即发行过程、体系与要求有关的固有特性(可区分的特征)。据此,发行质量特性就可以概括为以下几个方面。

1. 功能性

与一般物质产品不同,出版物具有精神产品和物质产品双重属性,而且精神产品属性是其根本属性,其使用价值表现为对人们精神世界的影响和对社会实践的指导。因此,出版物发行的质量特性,除了具备一般物质商品销售完成洽谈、进货、储运、结算等交换过程,实现销售利润的一般性质量特性外,还具有选择合格精神文化产品、保证出版物信息内容健康、符合社会主义精神文明建设需要的文化选择特性。

2. 经济性

经济性指发行活动过程中各环节的成本和利润,是出版组织和客户共同关心的质量指标。各环节利润分成是否合理,发行投入产出比是否合适,是出版组织在销售竞争中得以生存的关键特性。

3. 安全性

安全性指发行过程中产品、资金、人身和环境免遭危害的程度。出版物的精神产品属性,决定了其内容的安全性是出版组织发行质量最重要的安全性特性。尽管图书内容质量把关的任务首先主要由编辑部门承担,但发行部门也责无旁贷,应当作为从生产走向流通的最后"把关人",保证内容、形式质量明显不合格,甚至十分有害的产品不进入流通领域。

4. 时间性

时间性表现为发行活动中供应产品的速度,即能否及时供应出版物。

5. 文明性

文明性表现为方便读者、客户的程度和服务周到的程度。

以上发行质量特性主要反映在发行人员的行为表现、发行设备条件和发行的管理等方面。

二、发行质量管理体系的关键因素

根据"以顾客为关注焦点"的质量管理原则,出版组织的发行质量管理体系的各项工作必须最大限度地满足或超越读者及客户的需求和希望。

管理科学认为,管理职责、人员及物质资源、质量管理体系结构是组织销售或服务成功的关键因素。在出版组织的发行活动中,这三种因素分别表现为发行策略、发行人员及服务设施、发行质量管理体系结构。这就是说,出版组织的发行活动要获得成功,必须要围绕着读者满意这一根本目的,设计出一套完善的发行策略,造就出一批具有良好职业素质并能精心为客户服务的发行人员和相应的服务设施，摸索并制定出一种适合图书出版物市场需要、行之有效的质量管理体系结构。

图9－1表示发行业质量管理体系的关键因素之间的关系。发行策略、发行人员及设施、发行质量管理体系结构构成了一个三角形，读者和客户是三角形的焦点，体现出"以顾客为关注焦点"的质量管理原则，说明发行质量管理体系的各项工作必须以最大的限度满足或超越读者的需求和期望。

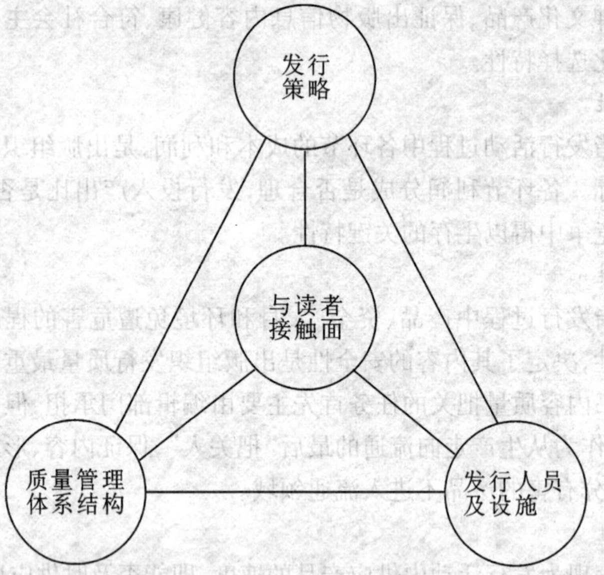

图9－1 发行质量管理体系的关键因素之间的关系

图9－1显示，只有当发行策略、发行人员及设施、发行质量管理体系结构三者之间相互协调、配合时，才能达到使顾客满意的目的。因此，发行质量管理关键要做好以下三项工作。

第一，强调管理职责，此为发行质量管理的前提。出版组织最高管理者必须考虑发行策略，包括出版物产品的定位、特色，主要读者群，确定读者的需求和期望，在将其转化为产品质量特性的同时，明确发行质量特性，然后在出版组织的质量方针和目标中反映出来；组织相关人员通过质量策划明确为达到方针目标的要求所需要的资源、程序及控制措施，并组织实施。

第二，建立并实施发行质量管理体系，此为发行质量管理的基础，是关键中的关键。出版组织要按照ISO9000系列标准的要求建立并实施服务业的质量管理体系，坚持持续改进，对发行质量环节的各阶段实施严格的管理，对各个过程和发行业绩进行检查、分析与改进，建立一种适合市场需要、严格管理的服务组织。

第三，建立高素质的发行员工队伍，此为发行质量管理成功的保证。发行人员的素质、服务技能和态度直接影响服务质量。应选聘合适的人员，并对其进行必要的培训，激励他们提高发行水平、沟通艺术与业绩。加强内部沟通与检查考核，提高质量意识，营造全心全意为顾客服务的氛围，培养出一批能精心为顾客服务、具有良好素质的服务人员。加强资源管理，重点是加强对服务人员的管理。

三、发行服务的实现过程

根据发行活动特性，可将发行过程划分为市场开发过程、发行设计过程和发行服务提供过程三个子过程，如图9－2所示。发行质量直接与这些过程相关，发行质量检查结果的信息反馈，例如，供方对所提供发行服务的评定结果，读者及客户对所接受发行服务的评定结果，内部质量审核发现的问题等，也有助于发行质量改进。

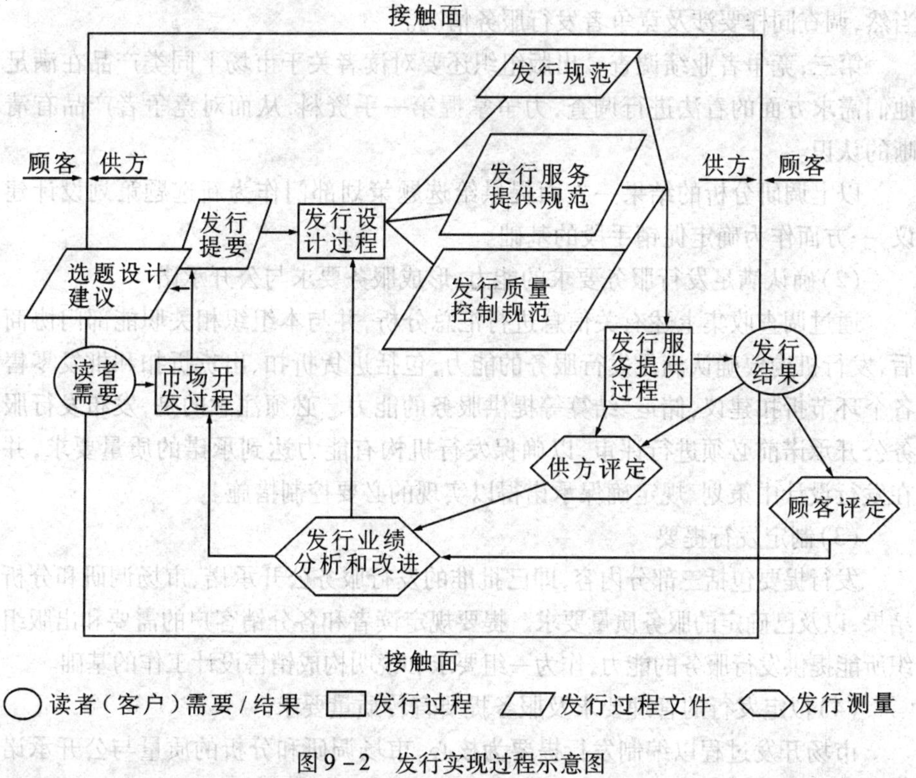

图9－2　发行实现过程示意图

1. 市场开发过程

市场开发过程是出版组织通过市场调研，了解读者需求、评价自我能力、明确相关义务、确定适销对路的图书产品、进行市场定位的过程。其主要工作内容如下。

(1)进行市场调研和分析，确定读者和分销客户的需求

通过市场调查，整理分析调查数据，出版组织发行机构要确定读者明确的和潜在的阅读需求，以及各类需求的重要程度，主要调研内容如下。

第一，确定读者对图书产品的需要和期望。读者需求具体包括读者需求的确定、各种需求的相对重要度的确定以及读者对市场上同类产品在满足他们需求方面的看法等。读者需求的获取主要通过市场调查，然后整理和分析而得到。

第二，对普通读者、零售客户和批发客户需求进行调查，例如，批发客户在结算、储运服务的可靠性方面，零售客户和普通读者在服务的时间性方面等。当然，调查同样要涉及竞争者发行服务情况。

第三，竞争者业绩调查。出版组织还要对读者关于市场上同类产品在满足他们需求方面的看法进行调查，力争掌握第一手资料，从而对竞争者产品有清晰的认识。

以上调研分析的结果一方面提供给选题策划部门作为新选题策划设计建议，一方面作为确定促销手段的基础。

(2)确认满足发行服务要求的能力，形成服务要求与公开承诺

通过调查收集上述有关信息进行汇总分析，并与本组织相关职能部门协商后，发行机构要确认满足发行服务的能力，包括进货折扣、出货折扣和批发零售各个环节折扣建议，储运、结算等提供服务的能力。必须注意的是，发布发行服务公开承诺前必须进行评审，以确保发行机构有能力达到承诺的质量要求，并在发行设计中策划、规定确保承诺得以实现的必要控制措施。

(3)制定发行提要

发行提要包括三部分内容，即已批准的发行服务公开承诺、市场调研和分析结果，以及已确定的服务质量要求。提要规定读者和各分销客户的需要和出版组织所能提供发行服务的能力，作为一组要求和说明构成销售设计工作的基础。

(4)拟定发行的管理要求及服务提要宣传质量要求

市场开发过程以编制发行提要为核心，市场调研和分析的质量与公开承诺为编制发行提要创造前提，发行的管理和宣传的质量为发行提要能充分发挥作

用打好基础。

2. 发行设计过程

发行设计过程，包括把发行服务提要的内容转化成发行规范、发行服务提供规范和发行质量控制规范，同时反映出发行服务组织的方案选择。它是发行的关键过程，确定了组织提供的发行服务和发行提供过程的内在的固有质量。

发行设计过程的工作内容如下。

(1) 确定参加设计的人员职责

管理者应确定发行设计的职责，并确保所有对设计起作用的人员都能意识到他们对达到服务质量的职责。在这一阶段，发行缺陷的预防比在发行服务提供中纠正服务缺陷的费用要少得多。设计职责应包括：

①发行规范、发行服务提供规范、发行质量控制规范的策划、编制、批准、保持和控制；

②为发行服务提供过程规定需采购的产品和服务；

③对发行设计的每一阶段执行设计评审；

④确认发行服务提供过程是否满足发行提要的要求；

⑤需要时，根据反馈的或其他外部意见，对发行规范、发行服务提供规范、发行质量控制规范进行修正。

(2) 发行规范、发行服务提供规范、发行质量控制规范是中心工作

发行规范、发行服务提供规范、发行质量控制规范的编制是设计过程的中心工作，设计人员依据市场开发过程编制的服务提要，经过分析、策划和开发等活动将服务提要的要求转化为三个规范。其具体内容为：

①发行规范规定了所提供的服务的内容和要求；

②发行服务提供规范规定了用于提供服务的方法和手段；

③发行质量控制规范规定了评价和控制服务和服务提供特性的程序。

这三个规范的设计在整个设计过程中是相互依赖和相互影响的。流程图是描绘全部活动相互关系的有用方法。

(3) 编制发行规范、发行服务提供规范、发行质量控制规范

在设计发行规范、发行服务提供规范、发行质量控制规范时，应特别注意以下几点：

第一，要有针对发行服务需求变化的计划；

第二，对可能发生的系统性和偶然性的事故，以及超出供方控制范围的发行事故的影响进行分析预测；

第三,制订发行服务中意外事件的应急方案。由于发行服务的生产和消费同步进行,又常常是一次性的发行服务提供过程,事后无法对缺陷进行弥补,因此,在设计阶段就应开始预防失效,特别是须考虑一些偶发的事故,预先制定应急措施。

(4)由相关职能部门对设计结果进行评审

出版组织的质量管理部、出版部、设计制作部、选题策划部、编辑校对部领导要集体对三个规范的设计进行评审。

(5)在实际或模拟的条件下对三个规范实施确认

通过评审的规范尽量在实际环境条件下试运行后再予以确认,如条件不允许,可在模拟环境下实施后再确认。

3. 发行服务提供过程

发行服务提供过程是出版组织发行机构按照发行服务设计过程提出的规范实施服务的具体过程,它决定了出版组织所提供的服务产品的最终质量。发行服务提供过程的工作内容包括如下几点。

(1)确定实施发行服务提供过程的全体员工的岗位职责

管理者应将包括供方评价和顾客评价在内的各项具体职责分配给实施发行服务提供过程的全体员工。

(2)明确发行服务提供过程的规范要求

(3)对发行服务提供过程进行监控

提供给读者和客户的发行服务应该遵守发行服务规范,发行机构要对是否符合发行服务规范进行监控,出现偏差时应对过程进行调整。发行服务过程的监控包含发行服务质量的供方评定和发行服务质量的顾客评定。

发行服务质量的供方评定是发行服务提供过程工作的一部分,主要是对拟发行的产品内容质量、装帧制作质量和可为客户提供的培训等服务能力进行评价,避免出现不符合需要的倾向和读者或客户不满意之处,在与客户接触时做出的最终供方评定,以了解供方对所提供的服务质量的期望。对供方可采取以下几种方法进行评价。

①样品或选题评价:根据不同情况,发行机构对出版部提供的图书样本、设计制作部提供的模拟书、选题策划部提供的选题计划分别进行检测并出具“样品检测报告”,此为常用的评价方法。

②现场评价:发行机构有关人员参加选题策划活动,或是深入设计制作现

场，对其质量管理现状、检测手段、现场管理、人员结构等情况进行现场评价。

③以往业绩评价：根据出版组织不同部门或项目组，发行机构可根据以往提供的产品或选题的质量状况与信誉，如校样合格率、供货是否及时等，对其进行评价。如供方以往的业绩记录没有保存，则以对供方近期所交产品进行检验或验证的方式，对其进行评价。

发行服务质量的顾客评定是对发行服务质量的基本测量。顾客很少自愿地向出版组织提出对服务质量的评定，他们反馈的意见可能是及时的，也可能是滞后的或回顾性的，通常是主观的评定。不满的顾客总是在出版组织未能采取纠正措施时就停止使用或不购买这项服务。以顾客无抱怨作为顾客满意的依据，可能导致错误的结论。

对顾客满意的评定内容必须覆盖服务提要、服务规范和发行服务提供过程等范围。出版组织常常以为自己提供了良好服务，但顾客并不认可，这表明了规范、过程和测量中的不足。应将顾客的评定与供方自身的感受和对所提供服务的评定进行比较，从而评价两种服务质量测量的相容性及为服务质量改进而采取相应措施的必要性。

(4)记录发行服务状况

(5)对发生的不合格发行服务采取纠正措施

对不合格发行服务的识别和报告是发行机构内每个人的义务和责任。每个人应努力在顾客受影响之前识别潜在的不合格服务。在发行质量管理体系中应规定纠正措施的职责和权限。

发现不合格时，应采取措施记录、分析和纠正不合格。纠正措施通常分两步进行：先采取积极的措施以满足顾客的需要，再对产生不合格的根本原因进行评价，确定采取必要的、长期的纠正措施防止不合格再次发生。长期的纠正措施应适应问题的大小和影响，纠正措施的实施也应受到控制，以确保其有效性。

(6)建立并保持测量系统，对发行服务质量实施控制

由于发行服务提供过程属于特殊过程，因此，出版组织应在实施发行服务前对人员、设备、设施和服务方法与程序进行确认，以确保发行服务满足顾客的需求和期望。

4. 发行规范

发行规范是发行服务质量管理的基本文件，是对发行服务质量控制、评价、审核的依据，是出版组织建立质量管理体系的关键。发行规范规定了出版组织

发行机构要“干什么”，内容包括由读者和客户评价的对发行服务特性的描述和每项发行特性的验收标准，是发行服务的要求和质量标准。

(1)对各项发行服务项目特性的描述

出版组织发行应按其业务及读者客户要求明确规定应在哪些方面实施控制，并研究具体的控制内容，对必须干好什么做出具体规定。在进行发行对服务项目的各项服务特性的描述时，要避免没有明确的发行规范或发行规范不完善，发行规范没有按设计控制要求制定。以下示例一以发行机构本版图书读者服务部营业员规范为例提供了考虑问题的思路。

[示例一]

本版图书读者服务部营业员规范

实行规范发行服务是本版图书零售逐步走向科学管理的一个重要方面，也是提高经济效益和社会效益的重要途径。为此，特制定本规范。

1. 职业道德

(1)接待读者要一视同仁。不优亲厚友，不以貌取人，不对读者评头品足，做到主动、热情、耐心、周到、细致。

(2)货真价实，明码标价。严格执行商品供应政策、价格政策，不硬性搭配，严禁出售非法出版物和盗版图书。

(3)推荐图书要实事求是，不欺骗读者。

(4)耐心听取读者意见，及时反馈市场信息。

2. 着装仪表

(1)穿着整洁，仪表文雅、美观大方，服务号码章(牌)要端正地佩戴在左上胸，有工作服的要穿商店的统一服装。

(2)姿势端正、自然，精力集中，不托腮，不抱肩，不叉腰，不背手插兜，不背向顾客，不前趴后仰。

3. 文明用语

(1)营业员的基本文明用语。营业员要使用文明、礼貌、亲切、准确、精练的服务工作用语，比如：您、请、谢谢、对不起、欢迎您再来、再见。

(2)柜台服务禁用语。要做到有伤读者自尊心的话不讲，有损读者人格的话不讲，埋怨、责怪读者的话不讲，粗话、脏话、无理的话不讲，讽刺、挖苦读者的话不讲。

4. 接待读者

(1)读者临近柜台时，将视线转向读者，主动招呼，态度和蔼热情，语言、动作要有礼貌。

(2)接待读者要尽可能做到“接一答二招呼三”。

(3)要主动实事求是地向读者介绍图书等出版物的内容、特点、价格等,同时也要介绍系列性、连带性的图书商品。

(4)根据图书的不同特点来确定展示方式和方法,既要使读者看清楚,又要保护图书不受损坏,使读者认清图书商品的特点、明显地看到其外观质量。

(5)包扎商品要按不同商品的不同特点采取相应的方法,做到牢固、美观、便于携带,包扎动作要迅速。

(6)收找货款、票券要唱收唱付,迅速准确,交代清楚。

(7)递交商品要轻拿轻放,不扔,不摔,帮助挑选。

5. 营业场所纪律

(1)不在营业场所吸烟、吃东西、干私活。

(2)不与读者顶嘴吵架。

(3)不在营业场所聊天打闹。

(4)不在营业场所会客长谈。

(5)不因结账、点货不理睬读者。

(6)不在营业场所看书报。

(7)不坐着接待读者。

(8)不擅自离开工作岗位。

(9)不挪借销售款和票券。

(10)不内部私分商品。

6. 图书陈列卫生

要不断地改进图书商品陈列,保持美观的店容、店貌,尽量使陈列布局格调高雅、讲究艺术。

(1)柜台货架

商品要摆放整洁、美观丰富、重点突出、一目了然,要注意商品之间的连带性和系列性,便于读者选购。陈列商品要有样有货。

(2)橱窗布置

要体现经营特点,指导消费,做到介绍商品和陈列艺术的统一。

(3)清洁卫生

要搞好企业内外环境、货柜、货架、营业用具、设备以及商品的清洁卫生。

7. 退换商品

本着对读者和企业负责的精神，执行退换商品制度。

8. 人员素质

要着眼于提高营业员的素质，按照上岗素质标准有计划地进行人员培训。对新招收的营业员，上岗前要进行培训，上岗后要有试用期，达不到标准要求的不能上岗。

(2)将发行服务特性转化为发行服务指标(标准)

例如《发行服务等级标准》，不仅要对发行项目的各项特性做出完整和精确的描述，即包括进货、储运、发货等功能性要求，结算折扣和形式等经济性要求，还必须将其转化为可以定量或定性的服务指标，明确进货、发货结算时间和规范，以及结算能力等，形成验收标准。

5. 发行服务提供规范

发行服务提供规范是考核发行服务提供质量的依据，规定发行提供过程应如何干，包括发行过程所用方法的程序，是为提供发行服务过程制定的工作标准或操作标准。

制定发行服务提供规范时，可用发行服务过程的流程图把发行服务提供过程划分成几个阶段，每个阶段的工作用程序文件做明确规定。应特别注意各个工作阶段间的接口衔接，具体内容包括如下几方面：

①发行服务提供程序：描述服务提供过程各阶段工作内容与方法；

②发行服务提供过程中顾客使用的设备说明和维护：包括提供给顾客使用的设备说明；

③采购质量控制：包括进货及为完成发行服务而进行设备、人力等资源的采购、聘用控制要求和验收规定；

④发行服务的标识和可追溯性：即对发行服务及其组成部分的标识，以便发生不合格后能满足追溯要求；

⑤顾客财产的防护规定。

发行工作的一项质量活动往往会涉及 ISO9001 标准中的若干个要求，因此在编写程序文件时可以经营流程为主线进行描述，并做出相应的规定，同时列出对应的标准要求条款，以使对照标准的要求在程序中做出相应的控制规定，以内容包含的方式满足标准的控制要求。这种描述比较简单，操作方便，易为一线人员所接受。以下示例二提供了出版组织客户管理的基本流程，以供参考。

[示例二]

客户销售管理流程及注意事项

序号	主要流程	活动内容	涉及 ISO9001：2000 标准条款
1	销售增长	跑市场，做宣传，协助经销商使销售增长上去	5.2 + 7.2
2	销售数据	提供历年经销商销售数据，体现本社认真的态度，给经销商更好的协助	6.1 + 6.3 + 8.4
3	摆放位置	要求经销商尽量将本社的产品摆放在店面的合理位置，使其显眼，容易发现	7.2
4	渠道拓展	帮助客户加大对渠道延伸能力，尤其是产品的渠道延伸能力的管控	8.5
5	销售情况及问题分析处理	在不同时期对不同产品进行不同的处理，根据滞销或者畅销程度的不同，做出相应的调整	8.4 + 8.5

第二节　发行质量管理体系的建立和实施

我国出版社多为专业性出版组织，其发行工作各有特色，实现过程也不尽相同。出版组织应当坚持实事求是的原则，根据本组织出版经营图书产品的专业性特点建立发行质量管理体系。

一、出版组织发行质量管理体系的建立步骤

建立出版组织发行质量管理体系，按照 ISO9001：2000 标准的要求，结合服务业的特点，其步骤如下：

①识别读者和客户对服务的要求，并将读者和客户的需求转化为相应的发行服务质量特性；

②识别实现发行服务特性的所有过程，按优先次序排列这些过程；

③确定这些过程的顺序和相互作用；

④确定为使这些过程有效运作和得到控制所需的准则和方法；

⑤明确所需的资源和信息，以支持这些过程的运作和监视；

⑥测量、监视和分析这些过程；

⑦实施必要的措施，对过程及其结果进行持续改进。

出版组织发行机构不仅要与读者接触，而且要同大量经销商打交道，有的也有多个与客户接触的环节，使得来自顾客的意见增多。因此，组织内部需要有反应迅速的发行信息传递系统，同时还要明确在顾客接触面的沟通。

不同的出版组织发行服务过程不尽相同，一个出版组织的发行机构也不可能只发行一种图书产品，因此，应按优先次序排列一段时期内的发行服务过程，集中精力抓好关键过程的质量控制，使发行质量让读者和客户满意。

二、转变读者客户需求为发行服务的质量要求

了解、识别读者和客户的需求，并将其转化为发行服务的质量要求，这是建立出版组织发行质量管理体系的关键。只有明确了质量目标，才能制定控制的措施，才能衡量目标是否达到、体系运行是否有效。因此，制定发行服务质量要求，一定要注意以下几方面问题。

1. 识别分析读者及客户的需求和期望

出版组织发行机构面对的不仅有读者，还有各级经销客户。要对他们进行分析，还要分析客户，了解他们不同的需求，针对这些需求确定发行服务的质量特性。例如，一本图书，读者希望越便宜越好，但如果定价太低，经销商就会因利润太低不愿经销，只有了解二者不同的需求，才能针对这些需求和期望确定发行服务的质量特性。

2. 转化读者客户需求为发行服务质量特性

在分析读者及客户需求和愿望的基础上，出版组织要及时将其转化为具体的、可测量的、内容完善的发行服务质量特性。例如，发行机构可将经销商对发行服务的需求转化为退货率，用来考核产品销售和服务的针对性。退货率有相对退货率和绝对退货率两种情况。假设 a 为固定成本，b 为变动成本，c 为发行折扣，相对退货率为 X，绝对退货率为 Y，那么：

$X=1-b\%/c\%$，$Y=1-(a\%+b\%)/c\%$

如果退货率小于 X，那么参考其他指标发货；

如果退货率在 X 与 Y 之间，需要进行沟通，再考虑发货；

如果退货率大于 Y，进行沟通，考虑停发或者转换别家。

3. 验证发行服务规范

发行服务规范的制定应经必要的验证。发行服务规范的制定过程一般是一个自上而下和自下而上相结合的过程，必须是一个集思广益、广泛征求组织内部各部门人员的意见的过程，让各部门人员有充分理解的机会，并能贯彻于服务提供过程的控制中。对有些发行服务质量特性的规定还应该进行必要的验证,以证实其合理可行。

三、建立并实施发行质量管理体系

发行服务质量要求确定后,其主要内容应在质量方针和质量目标中反映出来。在分解、落实质量目标时,通过发行流程分析,结合发行过程的各个阶段制定具体的控制措施,使质量目标真正落到实处。当发行服务项目和质量活动较多时,应分析主要发行服务项目的关键质量活动,进行重点控制,贯彻“重点与一般相结合”的控制原则。

以发货流程为例,通过分析发行服务过程,结合 ISO9001:2000 标准要求,领会如何编写质量管理体系文件,建立文件化的质量管理体系。

发货的主要过程如下:

(1)主要过程

①客户需求、接受和评审;

②发货策划;

③制定出货单;

④储运发货;

⑤跟踪(客户到货—未到货、查处—上架等相关跟踪)。

(2)辅助管理

①元件和记录管理;

②人力资源管理;

③物业日常管理。

(3)发行管理评价和改进

①内部评价,包含日常工作检查和总结,定期发行管理大检查,内部质量审核和管理评审;

②外部评价,包含客户满意度评价和出版组织其他相关部门沟通;

③纠正和改进,包含不合格品处理,客户投诉处理,纠正和预防措施。

根据上述过程分析结果,按照 ISO9001:2000 标准对质量管理体系的要求,草拟出版组织发行机构的文件化质量管理体系的发货部分程序文件和作业指导书的目录。

【复习思考题】

1. 简述发行质量管理体系的关键因素之间的关系。

2. 发行服务是如何实现的?根据其实现过程确定发行质量控制的关键点。

参考文献

[1]何桢,等.因子试验、RSM与田口方法的比较研究[J].机械设计,1999(11).

[2]伍爱.质量管理学[M].广州:暨南大学出版社,2002.

[3]张公绪.现代质量管理学[M].北京:中国财政经济出版社,1999.

[4]戴克商,雷金溪.质量管理理论与实务[M].北京:清华大学出版社,北京交通大学出版社,2004.

[5]J.M.朱兰.质量管理手册[M].上海:上海科学技术文献出版社,1981.

[6]傅世乾,项础.质量管理教程[M].成都:电子科技大学出版社,1992.

[7]马林,罗国英.全面质量管理基本知识[M].北京:中国经济出版社,2001.

[8]罗国英,林修齐.2000版ISO9000族标准质量管理体系教程[M].北京:中国经济出版社,2001.

[9]秦观生.质量管理学[M].北京:科学出版社,2002.

[10]徐明达.质量管理小组活动:管理·工具·技巧[M].北京:清华大学出版社,2000.

[11]张根保.现代质量工程[M].北京:机械工业出版社,2000.

[12]中质协质量保证中心.ISO9001:2000质量管理体系的建立与实施[M].北京:中国标准出版社,2002.

[13]中国标准出版社.ISO9000质量管理体系文件及质量手册编写实用指南[M].北京:中国标准出版社,2001.

[14]张根保,何桢,刘英.质量管理与可靠性[M].北京:中国科学技术出版社,2005.

[15]林万祥.质量成本管理论[M].北京:中国财政经济出版社,2002.

[16]肖建华,李仁良.2000版质量管理体系国家标准理解与实施[M].北京:中国标准出版社,2001.

[17]詹姆斯·R.埃文斯,等.全方位质量管理[M].北京:机械工业出版社,2004.

[18]林志航.产品设计与制造质量工程[M].北京:机械工业出版社,2005.

[19]中华人民共和国新闻出版署.图书质量保障体系, 1997 - 06 - 26.

[20]中华人民共和国新闻出版总署.图书质量管理规定,2004 - 12 - 24.

[21]沈东山.图书选题质量的衡量和控制[J].编辑之友,2006(2).

[22]陈一君,周仲贤,沈晓明,等."成本、质量、绩效"一体化管理系统的开发与应用[J].解放军医院管理杂志,2007(6).

[23]李小兰,阎磊.期刊社引入质量管理体系的实践[A].第五届全国核心期刊与期刊国际化、网络化研讨会论文集[C].2007(6).

[24]韩福荣,宿妍娜.质量管理范式研究[J].世界标准化与质量管理,2007(1).

[25]石贵龙.中外质量管理之比较[J].商场现代化,2007(3).

[26]楚高利.照排软片的质量管理[J].丝网印刷,2007(2).

[27]张树敏,娜仁图亚.浅谈实验室质量管理体系的持续改进[J].现代测量与实验室管理,2007(4).

[28]刘徐湘.论高等学校的质量管理与质量生成[J].评价与管理, 2006(4).

[29]黄扶敏,和秀蓉.建立期刊一体化管理模式 提高期刊服务质量[J].科技文献信息管理, 2006(2).

[30]孙广建,王华,顾凌韬.基于数据挖掘的企业质量信息流管理系统的实现[J].机械设计与制造,2007(7).

[31]包凤达.工序质量管理方法的优化[J].数理统计与管理,2007(1).

[32]王东."零缺陷"质量管理在桥梁施工中的应用控制[J].西部探矿工程, 2007 (9).

[33]王卫东."零缺陷"质量管理的工作方法[J].中国质量, 2007(5).

[34]王勇安,田涛.虚拟出版形态下的质量管理体系研究[J].中国出版,2010(23).

[35]王勇安,佑新学.关于建构网络出版质量保证体系的思考[J].中国出版, 2011(5).

[36]王勇安,郝捷.出版的文化本位与图书质量关系研究[J].出版发行研究,2007(8).

[37]王勇安.差错管理视野下编校差错原因分析及解决对策[J].中国出版,2008(7).

[38]胡仕新,吴波.设计与制造中的质量问题[J].机械与电子,1999(1).

[39]王更新,韩之俊.如何提高产品设计阶段的质量[J].中国质量,1999(1).

[40]张玉崑.科技编辑实务[M].北京:北京工业大学出版社,2005.

[41]李苓,黄小玲.编辑出版实务与技能[M].成都:四川大学出版社,2005.

[42]苗遂奇.现代出版选题学引论[M].苏州:苏州大学出版社,2005.

[43]宫承波,要力石.出版策划[M].北京:中国广播电视出版社,2007.

[44]李普涛.选题策划的理论与实践[M].郑州:河南大学出版社,2004.